HUIZHOU JINDAI SHIFAN JIAOYUSHI

徽州近代师范教育史

（1905—1949）

方光禄　许向峰　章慧敏　等◎著

安徽师范大学出版社

责任编辑:沈　非　祝凤霞　王一澜
责任校对:潘　安
装帧设计:丁奕奕　朱　丽

图书在版编目(CIP)数据

徽州近代师范教育史:1905～1949 / 方光禄等著. —芜湖:安徽师范大学出版社,2013.9
(2025.1 重印)
　ISBN 978-7-5676-0801-6

　Ⅰ.①徽… Ⅱ.①方… Ⅲ.①师范教育—教育史—徽州地区—近代—1905～1949
Ⅳ.①G659.29

中国版本图书馆CIP数据核字(2013)第142308号

徽 州 近 代 师 范 教 育 史（1905 — 1949）

方光禄　许向峰　章慧敏　等著

出版发行:安徽师范大学出版社
　　　　　芜湖市九华南路189号安徽师范大学花津校区　　邮政编码:241002
网　　址:http://www.ahnupress.com/
发 行 部:0553-3883578　5910327　5910310(传真)　　E-mail:asdcbsfxb@126.com
经　　销:全国新华书店
印　　刷:阳谷毕升印务有限公司
版　　次:2013年9月第1版
印　　次:2025年1月第2次印刷
规　　格:700×1000　1/16
印　　张:20.25
字　　数:377千
书　　号:ISBN 978-7-5676-0801-6
定　　价:85.00元

序

王振忠

婺源"末代秀才"詹鸣铎,在其撰写的章回体自传《我之小史》中,有不少章节对晚清科举制度废除前后徽州的民风士习做了生动的描绘。例如,清末废除科举之后,为了满足大批旧学生员对功名的渴求,官方仍然举办优贡和拔贡的考试。这些人经朝考合格,可以择优分等授予官职或教职。宣统元年(1909),詹氏在省会安庆府投考拔贡交卷后,看到一位来自本省宿松县的老人,竟与儿孙三代同考,詹鸣铎认为鹤发苍颜仍来考贡,应是"名心不死"的缘故。接着,他又触类旁及,提到此前婺源县一位姓施的老生宿儒,此人虽已年逾花甲,但却仍然一再参加童子试。此后,科举制度彻底废除,大批读书人涌向新式学堂。结果,这位龙钟老叟亦随大流进入师范传习所,与年轻人一起时髦地习练起武术和体操,"别人跳,他也跳,以致跌坏了脚……"

詹鸣铎讲述的例子,反映了晚清教育与社会剧烈变动形势下读书人的心态举止,折射出民间社会对于新兴的师范教育之基本反应。事实上,当时的人们视师范教育为"科举时代之变相",在这种背景下,传统科举制度下显亲扬名的观念仍然根深蒂固。对此,耿夫在《歙县教育的面面观》中亦有类似的描摹:

> 歙县教育发达极了!居然有位七十多岁的老头子,带了自己的孙子,到国语讲习会里,去听了三个礼拜莫名其妙的ㄅㄆㄇㄈㄎ①,回到家来,门上贴起黄纸的报单,上面写着"国语讲习"、"祖孙及第",还有"高小毕业"、"叔侄甲等"、"小学卒业"、"升学录用"、"检定教育"、"教育部令"、"单级讲习"、"兄弟连科"等字样,不计其数。……又有一位教员先生,欺山里人无知识,居然私卖毕业文凭,得文凭的人,也就贴起报单来,开贺祭祖。从此以后,眼见得他又要做一个山皇帝了。
>
> 一般人的头脑太新了,还要把他移到光绪二十年去!一旦毕了业,第一着就是印报单文卷,第二着就是拜客,第三着就是开贺请酒。这也算是

---

① 民国时期按罗马字拼音法式拼写的几个声母符号,即今天汉语拼音中的"b、p、m、f、k"。

威风到顶,所谓踏到"十年窗下无人问,一举成名天下知"的美境了。那知今年有一位师范毕业生方某,以为像这个样子,还不算出风头,居然请了两个戏班,做对台戏,我想前清状元公,恐怕还没有这等风头哩!最奇怪的,还有城里一班大老先生,乘了轿子,洋洋得意的去道喜看戏。大约还叫唱戏的跳了两个加官吧!哈哈!

在传统徽剧的开场中有"利市三跳"之名目,内容是跳魁星、跳财神和跳加官,具体做法是演员扮演八仙、金童玉女、王母娘娘、魁星、财神和加官等角色,由锣鼓、唢呐等鼓乐伴奏,祝福当事人应举夺魁、招财进宝和加官进爵。跳加官时,演员头戴面具,身穿红蟒,腰系科带,脚着高靴,右手捧着朝笏,在锣鼓声中粉墨登场。及至戏台中央,便先后亮出加官条,众八仙等高声叫好助兴。此时,扮演"加官"的演员口中念念有词,说着"一品当朝"、"天官赐福"、"风调雨顺"、"五谷丰登"之类的利市话……

耿夫的这篇文章作于1925年,刊载于当年颇为重要的一份同乡刊物——《微音》上。其中,也提及徽州的师范教育。从中可见,尽管当时进入民国已有十余年了,但徽州人自师范学校毕业,黄卷青灯,壮志鹏飞,与明清时代科举及第的社会反响如出一辙。从迄今尚存的《安徽省立第二师范学校讲习科毕业试卷》来看,其间不但列有一长串先祖、业师之名讳,而且还特别强调"本校毕业考试及第",其格式与科举时代之朱卷并无二致。唯一稍有变化的,只是承印此类文卷的书坊,已由著名的"徽城乙照斋"改为时尚的"徽城维新斋"而已。

徽州的师范教育,始于光绪三十一年(1905)许承尧创办的新安中学堂附设之师范科。翌年,附设的师范科单设为徽州府紫阳师范学堂,其学堂经费来自著名的紫阳书院之常款。光绪三十二年(1906),歙县岔口举人张云锦等人,依靠茶捐及私人捐助创办了双溪师范,该校存续时间未久,即改为大洲公学。对于清末师范教育的早期历史,历史学者方光禄认为:徽州近代师范教育的诞生,"既是地方文化传统的自然延续与欧美近代文化的强势渗透相作用的结果,又是区域社会精英主动适应与国家行政力量强制推行相结合的产物"。

晚清时期,源自西方的师范教育制度传入日本,继而又由东瀛传入中国。早在光绪年间,美国传教士林乐知即在《万国公报》上发表《师范说》一文,其中提及:"自强之道,必以作育人材为本,而作育之事,则以设立书院为先,尊其名曰书院,核其实即学堂也。特是创院虽易,求师甚难,欲得一品学兼优者,俾诸生有所效法,已属难能而可贵,尤必循循善诱,引掖有方,庶能小以成小,大以成大,养其才以待用,不亦难之难乎!"在他看来,所谓师范,即"师之模范"。此种师范教育,与中国本土悠久的尊师重教之传统相互融合,遂形成具有鲜明特色的师范教育制度。在传统时代,学高为师,德高为范,这一观念也促成了清末、民国初期民间社会对师范毕业生的期许与敬重。

晚清以来,徽州师范之创立、嬗变,与救亡图存的启蒙思潮密切相关。在这一背景下,二十世纪历史上不少著名的人物,都与徽州师范教育紧密地联系在一起。譬如,许承尧是光绪三十年(1904)进士,钦定翰林院庶吉士。他于翌年返归歙县,先后创办了新安中学堂及紫阳师范学堂,并亲任监督,开启了徽州"新教育"的先河。许承尧是清末著名的诗人,杰出的徽州乡土史家,其人不仅胸藏万卷笔扫千军,而且还有着强烈的现实关怀。他与同盟会志士陈去病、汪律本及黄宾虹等人一起组织"黄社",以研究学问为名,开展反清活动。在他的交游圈中,陈去病为江苏吴江同里人,也是著名诗人,南社的创始人之一。而黄宾虹则是歙县潭渡人,为中国现代最为著名的画家之一。陈去病、黄宾虹等人都曾受聘在新安中学堂任教,为徽州早期的师范教育作出过重要的贡献。又如,著名的教育家胡晋接,曾以《中华民国分省地图集》蜚声国内,其人熟读诸子百家,尤精于程朱理学,1913年奉命创办安徽省第五师范学校(次年改称省立第二师范学校),担任校长长达十五年之久。其间,他倡导自力更生,勤俭办学,造就了众多的人才,为徽州教育作出了杰出的贡献。再如,"人民教育家"陶行知,也与徽州的师范教育密切相关。陶氏是歙县黄潭源人,曾任南京高等师范学校教授、《新教育》主编等,倡议组织中华平民教育促进会,推行平民教育。他认为:"徽州的教育问题,关系新安二十万子弟之前途。"1922年,安徽省立第四女子师范学校创办,陶行知出力颇多。他将该校作为推行平民教育的实验场,在他的直接帮助下,第四女师创办之初,即附设平民学校,在休宁隆阜周遭对村民推行识字教育。针对当时徽州师范教育中的佞佛风气,陶行知亦曾一针见血地指出:"佛学是值得研究的,但是只可让那田园充实、娱乐晚景的福人去皈依佛门,日诵菩提,断非可语于终日为生活而忙碌的劳工,和志在改良社会、为国捐躯的青年。可以闭起家门诵佛礼忏,断不可在公家办的师范学校里一面领薪俸,一面宣传佛法。"此外,还有相当不少,如绩溪人胡适、婺源人江峰青、江谦,黟县人胡元吉,江苏川沙人黄炎培等,这些在徽州本土和外埠鼎鼎有名的人物,都在不同程度上关注过徽州的师范教育。

民国以还,安徽省将全省师范学校划分为六个学区,徽州一带原来隶属于第五区,遂设有安徽省立第五师范学校,后迁休宁万安新棠村,改名省立第二师范学校(简称"二师"),这是在皖南最具影响的中等师范学校。该校的办学,崇尚"信实"、"勤俭"、"谦逊"、"亲爱"、"公德"、"常识"、"遵法"和"尚武"八个方面,在师范教育中提出过不少重要的理念。1922年,安徽省立第四女子师范学校建址于休宁隆阜,该校提倡"德、智、美",认为女子亦"要负改良旧社会的责任"。对此,一位叫许悦音的女士,曾写过《敬告徽属女师范生》的文章:

> 教育不是抬高人家身价的,不是做人家择配的广告的,受了教育,要使自己做一个完人,受了师范教育,要养成一个好的师资,同时还要负着改良旧社会的责任(就是小范围内的),乡里的教育如何,女子教育又如何,你们是要负改良之责的,乡里的婚姻制度如何,你们是要负改良之责的。"女子为国民之母",这一句极普通的话,想诸君总该知道的,所以我不希望你们做三从四德的贤妻良母,我只希望你们明白你们自己是家庭中之一员,是社会中之一份子,负着重大的责任,自己做人,教人做人……,那么,才不愧做一个女师范生。

当时的一些有识之士还认为,乡村教育是国民教育的基础,应使儿童由爱家爱乡观念养成爱国爱种的热忱。1917年4月,教育部通咨《各学校假期修学办法》,要求师范学校组织师生开展调查、采集、旅行、温习课业、讲演教育等活动。为此,二师提出了"旅行修学"的理念,"每年春秋佳日,因时因物,指导学生实地考察,明确其观念,锻炼其身心,并养成随时随地自动的研究学问之能力",也就是在旅行中对乡土社会做历史、地理、博物等诸多侧面的细致考察。当时展开的调查,明确指出"乡土"系指"住址所在之城镇或村落",并开列细目:如乡土历史,有族姓由来及变迁、模范人物、名人著作等;乡土地理,则包括山脉河流走向、地势、气候、土壤、地质、名胜山水、道路及水利工程、田地山的收成、菜圃与果园、交通、邮政、旅馆等内容。此外,还有乡土物产、乡土社会状况、乡土民生状况、乡土教育状况等方面的调查。在徽州师范教育的相关刊物上,至今还保留有当年学生撰写的十数篇调查报告,颇具学术价值。对此,专门考察过徽州师范的著名教育家黄炎培指出:"余观是校,不觉为之神往。夫所谓输入国民必须之思想学艺,而不破坏其淳朴懿粹之美德,卑异日有文明之启导,无习惯之扞格,与夫注意调查研究乡土历史、地理、农工、矿物,联络各地方小学,此岂仅新安师范学校家然也哉?而非易数靓矣!"(《安徽省立第二师范学校杂志》第二期"附录")

此种乡土调查的风气,曾影响了整整一代的青年学子。例如,歙县岔口是除县城之外最早设立师范学校的徽州村镇。从当地走出来的吴景超,是中国二十世纪上半叶研究都市社会学的代表人物之一,他与闻一多、罗隆基后来一同被誉为"清华三才子"。其人早年曾就读于南京金陵中学,他指出:岔口一带"自清初即崇礼教,重经学,雍、乾以降,有解元、举人数人,岁贡、廪生、生员十余人,武秀才亦有数人。科举废,学校兴,又设有师范传习所、国民学校,毕业其中者,多设馆教授,称良师"。岔口村位于新安江上游,大源河与小源河在此汇聚,呈"Y"形,岔口因此得名。晚清以来,岔口是歙县境内茶号最多的地方。此处之所以成为兴办师范的最早场所,显然也与茶叶贸易的兴盛密切相关。而从岔口走向世界的吴景超,于1919年即曾撰有《皖歙岔口村风土志略》,"首位置,次沿革,次物产,次宗法,次生活,次教育,次风俗,次胜景",此文显然也是当时乡土调查风气影响下的产物,迄今仍具有重要的学术价值。

揆诸实际,清末民国时期新潮激荡,异说争鸣,徽州的师范教育虽曾乞灵于先圣前贤,认为"教育以造成善人为职志","所谓师道立则善人多也","求善之教育,道学为体,科学为用",这些理念在众声喧哗的时代潮流中难免不无拘执腐见之嫌,亦曾惹启悠悠众口,招致时人的诸多批评,但外观大势内审国情,胡晋接等人苦心擘划对"道德实践"之提倡,也从一个侧面反映出欧风美雨冲刷下国人对于东方文化的固守与追求,这一点难以抹杀。鉴于此,我以为,徽州的师范教育颇具特色,在中国教育史上理应占有重要的一席之地,值得学界同仁深入探讨。

在我看来,教育史涉及个人、社会、国家和文化,它不应是各类学校有关政治事件流水账的大杂烩,也不应是目前市面上常见的那类向校庆"献礼"的仓猝之作颂祝谀词;教育史亦绝非教育学的"内史",而应当属于专门史的研究范畴;好的教育史成果应当在充分发掘历史文献的基础上,将教育史放在大的时代和社会背景中去考察,在人性的观照下,将精英教育和平民教育置诸区域文化的发展脉络中去阐释。以此为标准,迄今所见的不少教育史著作显然难以令人满意。这主要是因为一些作者缺乏历史学的基本训练,未能广泛收集第一手的档案文献,再加上常以中国大历史的分期作为小区域教育史之分析研究框架……,如此这般的教育史书写,明显过于粗疏,难以揭示教育史的内在脉络与区域特色。不过,令人欣喜的是,这一现状近年来已颇有改观,特别是一些学有专精的历史学者,将教育史作为自己的专门研究领域(如明清徽州教育史研究、近代教会学校教育史研究等),迄今已取得令人瞩目的学术成果。

光禄兄出生于黄山白岳之间,任职于徽州师范,他桑梓情深,早在1992年就曾编写过徽州的乡土教材。此后,随着海内外"徽学"研究的蓬勃开展,光禄兄立足于徽州乡土,采撷事实,殚心著述,发表过一些具有独立学术见解的论文。近年来,他又广泛收集资料,针对徽州师范教育史上的重要问题发表过数篇文章。此次他与许向峰等人合作,编写了《徽州近代师范教育史(1905—1949)》一书。对此,笔者拜读之余,颇多感触。

《徽州近代师范教育史(1905—1949)》一书的作者,采撷旧闻,探源竟委,对1949年以前徽州师范教育的历史脉络,做了颇为细致的勾勒。该书不尚泛论空谈,严格依据档案史料说话。在史料的取材方面,既有收藏于安徽师范大学图书馆、徽州师范学校档案室等公藏机构的相关档案,又有光禄兄个人从皖南各处辛苦收集到的民间文献。这些第一手的资料,很好地奠定了该书的史学研究价值。

对于该书的学术价值,以下仅据笔者个人的读书所见,稍做一点补充论述。前文述及,在二十世纪,二师是徽州的最高学府,培养过不少各方面的人才,特别是它为皖南基础教育之维持与发展,提供了相当的师资保障。在徽州当地,不少青青子衿都与二师有着千丝万缕的联系。在这方面,《徽州近代师范教育史(1905—1949)》一书,保存了不少重要的资料,亦提供了一些值得进一步探讨的线索,有助于我们对民间历史文献的深入解读。譬如,上个世纪九十年代末,笔者曾收集到一册日记抄本,封面题作"民国六年十二月省斋查辅绅",右上角另有"毋忘国耻,注意自治"的字样。今查《徽州近代师范教育史(1905—1949)》,查辅绅为二师第一届毕业生,系婺源北乡的山坑人。抄本内容约一万余言,是查辅绅1918年"本科第四年级上学期寒假中之日记"。当时,二师主张学生自治,认为此事体大,"欲造成公民,必自兹始",这一主张,也就体现在日记的封面上。从查辅绅的日记中,我们得以了解这位二师学生的所思所想。从中可见,心思旷远的查辅绅,经常阅读《通书》、《养真集》、《太极图说》和《华严原人论合解》等,他认为:"道家重命功,释门崇性功,各执一端,纷纷聚讼,考其由,皆于太极之理未深明也。"二月二十四日(旧历一月十四日),查辅绅曾作《中西格致之学之异同》,指出:"中国格致之学,兼道与艺,专以义理为重;西人格致之学,重艺兼道,故以物理为多,此则今日西人物质文明之所以一日千里也。而我国今日之一贫如洗,亦由趋重义理,至于极端耳。"这些文字虽稍显稚嫩,但也反映了他在读书之余对传统中国哲学思想及东西文化比较的思考与认识。徽州素以"程朱阙里"自居,当时,二师周围聚集了一些孜孜传授心法的耆儒硕学。例如,与胡晋接过从甚密、晚年曾讲学于二师的黟县人胡元吉,学宗程朱理学,著书立说,阐扬经义。他曾专门为师范科编有《初级修身教科书》,其内容以"简明显要,而切于身心日用为主"。通过此类教科书以及教师的言传身教,当时的不少师范学生均深受影响。二月十二日(旧历一月初二日),查辅绅曾写道:

　　……上午光阴于已告尽,回思年垂弱冠,马齿徒增,德业未进,正宜猛着祖鞭,临深履薄,毋枉来日为人师表。父亲评余平日行为"粗心浮气",此四字诚余之药石箴言。然余一生以至诚为终身修德之目的,欺人自欺之学,余不屑为。至于鲜衣华食,贪淫务博,尤非余意中所喜。男儿生世间,惟冀有以自效,使愚夫愚妇无不被己泽,方不负出阳间一番。兢兢业业,读圣贤书,所学何事?余力向至诚,犹不免粗心浮气,不可不力自反也。古来英雄豪杰,无不自磨折出,经一番磨折,必多一番振作,所谓好事多磨。今晨同父亲言,正好鼓奋精神,前进勿复,切切以见贤思齐为念可也!

查辅绅的日记笔触细腻,文字凝练。在他的言志咏怀中,在在可见先儒懿言道德要旨,字里行间充溢着对流光空逝、年华虚度的忧虑,亦时常流露出睥睨乾坤、浮云富贵的自我期许。从其间的纷涌思潮中,我们仿佛看到这位二师学生磊落不羁、反躬自省的模样……

数年前,笔者在屯溪老街觅获一刊本之复印件,该书题作《汉镜斋堪舆小识》,全书约70页,这是民国时期皖南颇为有名的一册风水著作。该书的作者查国珍(字玉耤,号汉镜斋主人),从封三的自述来看,该书应是他五十岁之前所作。书中附录有婺源《星江报》所载的《数理家查玉耤刊行〈堪舆小识〉》一则:"九区凤山查玉耤先生,结业于安徽优师,湛深数理,执教皖省,南北造就颇众。近年来,于教课之余,涉猎堪舆书籍,于玄空理气推究极深。其学以中国古代河洛理数为本,证明堪舆为吾国一种玄妙哲学,其吉凶应验之理,比之今日之无线电,而玄妙更进若干层。著有《堪舆小识》一书,刊行问世,以科学脑筋谈古代哲学,为吾国国粹放一异彩。其友洪瘦樵见而善之,称为蒋云间、刘青田而后一人,是亦我邑著作界之特色也。""九区凤山"即婺源东北乡的凤山,而"安徽优师"应当是指设在省会安庆的安徽优级师范学堂。作者受过现代教育的洗礼,后曾任教于二师,标榜以"科学脑筋谈古代哲学",颇为与时俱进。书中内容炫异矜奇,不仅有对传统坟墓的堪舆,而且还有相当时式的"公墓设计"。查国珍后来曾任婺源县教育局长,但即使是在公职任内,他也"到处宣传,不时下乡应聘,替各地富户,迁葬祖坟"(《安徽教育行政周刊》第三卷第三十七期)。这些,也从一些侧面反映出师范教育对一些毕业生的影响。事实上,当年二师的主事者就认为:东方文明端在精神,西方文明乃在物质,第一次世界大战是物质文明被判死刑的时代,有鉴于此,提倡佛学,讲求精神文明,于人类"功德无量"。为了修身养性,就必须让学生"尽性学佛,尽伦学孔,道学为体,科学为用"。而从两位查姓毕业生和教师的情况来看,不难看出师范教育的时代烙印和区域特色。上述的两个例子说明,不了解清末民国徽州的师范教育史,或许我们便难以对晚近的民间历史文献做出准确的解读。

由于师范教育与二十世纪徽州的社会变迁、文化发展关系极为密切,有关徽州师范教育的问题还有一定的开拓空间。仅以资料的发掘为例,就仍有不少可以进一步着力之处。例如,在徽州,一些师范教育方面的专刊以及相关的民间抄本仍有待于进一步的发掘、整理和研究。而近现代报刊资料(特别是徽州同乡组织的刊物)上,也有不少有关徽州师范教育的精彩论述,倘能广泛收集定有更多的斩获。此外,为广拓见闻,口述调查似乎亦是亟待展开的一项工作。当然,也正因为如此,更加凸显了该书选题的重要性以及学术纵深感。

综上所述,《徽州近代师范教育史(1905—1949)》一书,为清末民国徽州教育史的研究奠定了重要的学术基础,后人可以在此基础上,从社会文化史的角度覃思细绎,继续探讨二十世纪徽州的教育与社会变迁。我也希望光禄兄能再接再厉,在前期的学术基础上为"徽学"研究再创佳绩。

对此,我充满期待……

今值该书付梓前夕,匆促写下上述这段文字,权作此书的序文吧。

2013 年盛夏于复旦

目　录

第一章 徽州近代师范教育萌生的历史基础与现实需要

徽州近代师范教育是在国家力量引导和支持之下逐渐建立起来的。它的萌生既是地方文化传统的自然延续与欧美近代文化强势渗透相作用的结果，又是区域社会精英主动适应与国家行政力量强制推行相结合的产物。它反映了历史基础与现实需要在这一特定区域和时期引发的教育制度的突变。

第一节 徽州近代师范教育萌生的历史基础

素有"东南邹鲁"之誉的徽州，宋元以降，一直是我国教育较为发达的地区之一。

首先，学校类型众多，数量庞大。除了政府办的府学、县学外，书院林立。据李琳琦先生统计，宋代徽州建有书院（含精舍、书堂等）18所，约占全国总数（约400所）的4.5%；元代建有24所，约占全国新建书院总数（约282所）的8.5%[1]；明清时期共存在过的书院更多达93所[2]。此外，具有基础性、民间性的社学、塾学、义学遍布城乡，书屋、文会也所在多有。据康熙《徽州府志》记载，明代徽州六县有社学562所[3]。因此，"自井邑田野，以至远山深谷、民居之处，莫不有学、有师，有书史之藏"[4]，形成了"十家之村，不废诵读"[5]和"户诵家弦"[6]的繁荣景象。

其次，徽州教育的目的具有明显的多元性。在传统社会，虽然普遍认为"万般皆下品，唯有读书高"，但生活的事实告诉人们，"读书—获得功名—成为公卿"毕竟只是极少数人的人生轨迹，大多数人不得不从事一般的劳动以求生存。"凡我子孙，能读书作文而取青紫者，固贤矣。苟有不能者，毋诅置之不肖，尤当从容化诲，择师取友，以俟其成，庶子弟有所赖而不至于暴弃。虽不能为

---

[1] 李琳琦：《徽州教育》，安徽人民出版社，2005年，第14页。
[2] 李琳琦：《徽州教育》，安徽人民出版社，2005年，第61页。
[3] 徽州地区地方志编委会：《徽州地区简志》，黄山书社，1989年，第257页。
[4] （元）赵汸：《东山存稿》卷4《商山书院学田记》。
[5] 民国《重修婺源县志》卷4《风俗》。
[6] 康熙《祁门县志》卷1《风俗》。

显公卿,亦不失为才子弟也。"①徽州不少宗族的如此教诲,以及"三代不读书,好比一窝猪"的民谚,促使徽州人即便从医、经商、学手艺甚至务农,也多曾接受过程度不等的正规教育,从而提高了徽州民众的整体素养。

最后,徽州教育培养出大批的社会精英。作为发达教育的最直接的受益群体,就是参加科举考试获得功名者。据学者统计,明、清两代徽州文进士分别为452人、684人,各占明、清全国文进士总数的1.82%和2.55%,位居全国各府前列②。在其他领域,也涌现出大批出类拔萃的徽州人,如医学界的汪机、汪昂,商业界的江春、鲍志道、胡雪岩,文艺界的张潮、渐江等,在全国都极具影响力。

徽州传统教育的发展与繁荣,是多种因素综合作用的结果。

第一,与徽州崇儒重教的文化传统有关。从汉代起,特别是两晋南北朝、唐末和两宋之交,不少显宦门第或儒学世家,从北方不断辗转迁入徽州定居,他们继承了崇儒尚教的优良传统,特别重视文化教育,走读书进仕、科甲起家之路。他们的成功,起到了深远的示范作用,逐渐带动了整个徽州教育、文化的兴盛。正如南宋淳熙年间著名地方志学者罗愿在《新安志·风俗》中所言:唐代以前,徽州"特多以材力保捍乡土为称",故"武劲之风"较盛;唐末,"黄巢之乱,中原衣冠避地保于此,后或去或留,俗益向文雅"。南宋以后,随着程朱理学被奉为官方哲学,朱熹的思想在徽州的影响扩大,这种崇儒重教的传统也在不断加强。

第二,徽商为徽州教育的发展提供了厚实的经济基础。"贾而好儒"的徽商,对家乡子弟的教育和培养可谓情有独钟,他们凭借财力的优势,全方位、多层次、多形式地资助教育事业。徽州各级各类教育机构的创立与维持,无不和徽商结下不解之缘。可以说,在徽州,是教育造就了一支"儒商";而这支儒商在鼎盛之后,又以其巨额利润反哺教育、发展教育,进而造就了璀璨的徽州文化。

第三,宗族为徽州教育的发展提供了坚强的组织保证。徽州是中国封建社会后期宗族制度最为强大巩固的地区之一。这些具有深厚传统文化渊源的徽州宗族深知,宗族的巩固、发展、壮大,仅靠财力是不够的,更重要的是通过发展教育,以确立宗族在政治和学术上的地位。所以,徽州的强宗巨族对教育都有强烈的追求,不仅将其作为宗族教化和规范的内容之一,还主持创办、组织管理多种传统教育机构。

第四,大批名儒硕士热衷于教育事业,为徽州教育的发展提供了质量上的

①歙县《仙源吴氏家谱·家规》。

②李琳琦:《徽州教育》,安徽人民出版社,2005年,第160页。

保证。如宋元时期的程大昌、吴儆、程逢午、胡一桂、胡炳文、陈定宇、倪士毅、郑玉，明清时期的朱升、吴曰慎、施璜、戴震、程瑶田、凌廷堪等，他们除著书立说外，不是讲学书院，就是潜心训蒙事业，许多人甚至终生从教。在教材和讲义的编写、教学方法的改进、教学内容的选择等方面，他们积极探索、不断创新，积累起丰富的教学经验，形成了颇具特色的教育思想，从而保证了徽州教育具有较高的质量①。

经过数百年的不断调适，徽州人终于将经济、宗法、教育、文化等不同元素有机地整合成相互依存、相互促进、稳定和谐、有机结合的较为完美的社会整体。这样的传统一旦定型，即便社会遭受到外力的强势干涉，其潜在的活力依然不容忽视。

第二节　徽州近代师范教育萌生的现实需要

19世纪下半叶，欧美的坚船利炮让曾国藩、李鸿章、张之洞等稍有眼光的中国官僚羡慕不已，由此揭开了轰轰烈烈的学习西洋技艺的洋务运动大幕。然而，甲午海战的惨烈失败和八国联军入侵的隆隆炮声，宣告三十余年投入的巨大财力、物力和精力付诸东流。中外差距日益拉大，根源何在？爱国志士痛定思痛，苦苦思索。在众多留洋学子尤其是留日学子对中外社会充分比较后，大家如梦方醒：社会制度的落后是造成国家衰弱的主要根源；重建新的社会制度最需要的是有全新理念的一代新人；造就新人，只能通过教育实现。因此，学习西方、创立新式教育制度就成为时代和社会的急迫需求。

肇始于隋朝的科举制度，逐步规范和左右着历朝学校制度的发展。尤其是在南宋以后，程朱理学被统治者提升为官方哲学，元朝时，朱熹编著的《四书章句集注》成为科举考试的主要内容和唯一标准。明朝以后，八股文的刻板程式进一步束缚了学子的思想。到了近代，科举制度从形式到内容，无不散发出一股陈腐的气息，有识之士对其发出的抨击之辞逐渐汇聚成一股汹涌激荡的浪潮，身居朝位且稍有见识的官员也不断上奏，向掌握国家最高权力的皇帝建言，希望先从考试的内容，再到考试的方式，逐步改革早已不能适应时代需要的人才选拔制度。

较早提出改革科举制度的主张可以追溯到道光二十三年(1843)。这一年两广总督请开制器通算一科，同治元年(1861)贡生黎庶昌请开绝学之科，均被礼部驳斥，皇帝也认可礼部的意见②。同治九年(1870)，闽浙总督英桂、船政大

① 李琳琦、储常连：《简论徽州传统教育发达的原因》，《光明日报》，2009-03-03。
② 舒新城：《中国近代教育史资料》上册，人民教育出版社，1981年，第28页。

臣沈葆桢再次上奏,认为"水师之强弱,以炮船为宗;炮船之巧拙,以算学为本"。"朝廷于闽沪造船,津门造炮,可谓备矣",但工匠依图仿造,"纵尽得其所当,然亦步亦趋,势且不及"。京师设同文馆、闽沪两厂均设学堂,"以讲明算法,可谓求其本矣"。"然精通算学者,必不肯轻去其乡以远涉重洋;杂出商贾间者,所指授皆肤浅之谈,未必有精心妙理。"因此,建议"特开算学一科"。军机大臣奉旨交礼部议奏。而礼部直至光绪元年(1875)才复奏,认为若开此科,"将不独应试者人数不敷,即主考者亦恐骤难其选。至若定以程式,又必开剽窃等弊而无济于用"。因此,按照已有成法,"多设其途,较之特开一科尤觉鼓励奋兴,不至以实求而以名应,庶算学不难日益精密矣"①。其后的光绪十年(1884),国子监司业潘衍桐又奏请仿照翻译之例,在乡、会试中"另开一艺学科:凡精工制造、通知算学、熟悉舆图者,均准与考",并提出分途取进、分地录取、择人襄校、酌定试期、酌定阶级、酌定事宜、广其仕进、核其课程、查访认真、宽严并用、广示招徕、破格收取等十二条具体措施②,可惜朝廷亦无下文。

中日甲午战争之后,改革科举制度的呼声一浪高过一浪:梁启超等公车上书请变通科举;光绪二十四年(1898),严修奏请设经济专科;康有为"请废八股试帖、楷法试士,改用策论"。终于,倾心变法的光绪皇帝在光绪二十四年(1899)五月初五发布上谕:"著自下科为始,乡、会试及生童岁科各试,向用《四书》文者,一律改试策论。"旋将乡、会试仍定为三场:第一场试中国史事、国朝政治论五道;第二场试时务策五道,专问五洲各国之政,专门之艺;第三场试《四书》义两篇,《五经》义一篇。首场按中额十倍录取,二场三倍录取,取者始准考次场,每场发榜一次,三场中毕,如额取中③。与此同时,京师大学堂得旨兴办,各省府州县现有的大小书院,一律改为兼习中学、西学的学校。

虽然戊戌变法以失败告终,京师大学堂硕果仅存,但科举制度退出历史舞台的趋势无人能挡。其后的新政中,新式学堂依然在各省开办。鉴于科举之存在,"天下士林谓朝廷之意并未专重学堂也",致使绅富不愿筹捐,学堂经费紧张,又让入学堂者"不肯专心向学"、"不肯恪守学规"。于是,张百熙、荣庆、张之洞于光绪二十九年(1903)底联合上了《奏请递减科举注重学堂折》,提出了具体的递减方案:

> 乡会试中额,请自下届丙午科起,每科分减中额三分之一,俟末一科中额减尽以后,即停止乡会试。

① 舒新城:《中国近代教育史资料》上册,人民教育出版社,1981年,第27页。
② 舒新城:《中国近代教育史资料》上册,人民教育出版社,1981年,第30页。
③ 舒新城:《中国近代教育史资料》上册,人民教育出版社,1981年,第44—45页。

学政岁科试取进学额，请于乡试两科年限内分两岁考、两科考四次分减，每一次减学额四分之一，俟末一次学额减尽，即行停止学政岁科考，以后生员即尽出于学堂。

科举停止之后，主考与各省学政等则可继续存在：

会试总裁改于大学堂毕业考试时奏请简放，分别内外场考试。乡试主考，改于各省高等学堂考试时奏请简放，分别内外场考试。

科举停止后，各省学政毋庸裁撤，即令会同该省督抚考查整顿全省学堂功课，并中学堂以上选录学生及毕业考试等事务，以昭慎重。①

此外，该折也为已经通过科举考试获得初级功名者考虑了相应的出路。应该说，这是相对稳妥、震荡较小的一种制度设计，对最终光绪皇帝下决心停止科举产生了一定影响。

光绪三十一年（1905）八月，清帝下旨：自丙午科始，所有乡、会试一律停止，各省岁科考试亦即停止；以前之举贡生员分别量予出路。至此，沿袭一千多年的科举制度走到了尽头。

与此同时，改革各类教育机构的呼声也日趋高涨。自同治十三年（1874），徐寿暨英人傅兰雅发起，得到南北洋通商事务大臣批准和中西绅商捐资襄助而在上海设立格致书院后，改革原有书院制度、注重西学的想法得到更多人的认同。光绪二十二年（1896）六月，山西巡抚胡聘之等人递交了《请变通书院章程折》，认为书院"或空谈讲学，或溺志词章"，已经"教失其道，名存实亡"，虽"合天下书院，养士无虑数万人，而朝廷不免乏才之叹"。因此，建议裁汰原额，添设算学、格致等课，广购译刻西学之书②。同年九月，翰林院侍讲学士秦绶章更上奏提出"定课程"（经学、史学、掌故之学、舆地之学、算学、译学）、"重师道"、"核经费"的具体整顿方案③。各省乡绅也有积极响应者。湖南通省书院不下百余，积弊亦深，翰林院庶吉士熊希龄等人目击时艰，向抚院提出了整顿通省书院的请求，并拟出定教法、端师范、裁干修、定期限、勤功课、严监院、速变通等详细办法④。

即便是民间广泛存在的学塾，在新时代大潮的冲击下，也出现了些许与往

① 舒新城：《中国近代教育史资料》上册，人民教育出版社，1981年，第60—61页。
② 舒新城：《中国近代教育史资料》上册，人民教育出版社，1981年，第69页。
③ 舒新城：《中国近代教育史资料》上册，人民教育出版社，1981年，第71页。
④ 舒新城：《中国近代教育史资料》上册，人民教育出版社，1981年，第77页。

日不同的色彩。端方在湖北巡抚任上,鉴于武昌游民甚多,或沦为流氓、窃贼,认为"其故由于不识字,不明理,遂致不能谋生",特于光绪二十八年(1902)十月,颁行《鄂省普及学塾章程》,用官费开设学塾三十处,专收街店户识字无多及不识字之人,要求他们按日到堂听讲,以期"识字稍多,渐渐明理,能谋生计,不犯国法"①。无论办学目的、出资方式、招生办法,还是教学内容,都发生了新的变化,昭示着教育变革的大浪已经从朝廷向民间、由上层向底层渐次推进。

伴随着科举制度的废除,新式学堂的开办也逐渐推进。早在光绪二十八年(1902),朝廷就颁布了由张百熙负责起草的《钦定学堂章程》,其中包含了蒙学堂、小学堂、中学堂、高等学堂、考选入学、京师大学堂等六份办学章程。次年,又颁布了修订的《奏定学堂章程》,从普通教育到职业教育,从学堂开办到学校管理,都作了明确规定。光绪三十一年(1905),清帝又"严饬府州县赶紧于城乡各处遍设蒙小学堂,慎选师资,广开民智"②。新式学堂的普及终于成为势不可挡的潮流。

事实上,各地新式学堂的创办,都面临着许多具体的困难。当时,以守旧文人为主体的传统势力还很强大,他们或造谣中伤,或肆意诋毁,更有甚者,还动用武力从事破坏。而一般的民众,既因民智未开,多漠不关心,也不乏附和守旧势力进行攻击者。同时,各地财力的紧张,也使新学创办所需的校舍及基本设备的投入与建设步履维艰。新式学堂教学内容偏重近代西方社会科学、自然科学,这让一贯长于经史的传统文人难以授课。因此,师资紧缺也是制约新学发展的一个十分普遍且严峻的问题。

洋务运动期间,曾开办几所新式学堂,当时的主要管理者和外语、自然学科教员基本外聘。如同治二年(1862)创立的京师同文馆,美国人丁韪良在此任总教习(即教务长)20多年(1869—1894)。随后,一些洋务学堂的优秀毕业生留洋回国后,也有部分从事教育工作。如严复,从英国格林尼次海军大学毕业后,回到福建船政学堂任教习,后在北洋水师学堂执教20年。但是,以上两种途径,对于在全国大规模兴办新学以开发民智来说,都有劣势。

对于聘请外教之弊,梁启超总结有五:

> 西人言语不通,每发一言,必俟翻译辗转口述,强半失真,甚不相宜一也。西人幼学,异于中土,故教法亦每不同,往往有华文一二语可明,而西人衍至数十言者,亦有西人自以为明晓,而华人犹不能解者,其不相宜二

---

① 舒新城:《中国近代教育史资料》上册,人民教育出版社,1981年,第77页。
② 璩鑫圭、唐良炎:《中国近代教育史资料汇编·学制演变》,上海教育出版社,1991年,第536页。

也。西人于中土学问，向无所知，其所以为教者，专在西学，故吾国之就学其间者，亦每拨弃本原，几成左衽，其不相宜三也。所聘西人，不专一国，各用所习，事杂言庞……其不相宜四也。西人教习，即不适于用，而所领薪俸，又恒倍于华人，其不相宜五也。①

若从留洋归国毕业生中选聘师资，也很有限。时人曾有这样的认识：

合计我国之留学东京者，不下二三千人，非学政法则学武备，非学武备则学实业，鲜闻有入高等师范者。目下所有学师范者，不过速成科而已。夫速成师范只可以救目下之急，不能备将来之用。②

因此，一些有识之士提出了兴办近代师范教育的呼声。最早有此建议的是郑观应，他在19世纪80年代初刊行的《易言》中，以"师道院"为名介绍和分析了西方近代的师范教育，在中国人中首先倡行近代师范教育。光绪二十二年（1896）梁启超在《变法通议》中的《论师范》一文，则对兴办师范教育的意义、课程设置、实施方略等方面进行了深入论述，在理论上作了一定准备③。而次年盛宣怀筹设的南洋公学师范院，则是第一次对他"惟师道立则善人多，故西国学堂必探源于师范"认识的真正实践。自此，虽然"中国他事不如人，宁读书犹待人授法耶"④的质疑仍不绝于耳，但"中国之不振，则因乎无人才；所以无人才，则因乎不能兴学；所以不能兴学，则因乎师之不得其教"⑤已渐成共识。

光绪二十八年（1902），张謇、张之洞、袁世凯分别创立通州师范学校、湖北师范学堂、直隶师范学堂。同年8月，清政府公布了由管学大臣张百熙"上溯古制"并参照日本学制拟定的《钦定学堂章程》（即壬寅学制），首次对我国的师范教育制度作了初步规定：整个学校教育体系以普通教育为主体，分为初等、中等和高等三段；作为旁系的师范教育、实业教育分别对应于中等、高等的相应位置；附设于大学堂的师范馆和附设于高等学堂的师范学堂属于高等师范性质，招收举贡生监入学，修业4年，以培养中学堂教员为目标；附设于中等学

---

①梁启超：《论师范》，《饮冰室合集》，中华书局，1989年，第35-37页。
②璩鑫圭、童富勇、张守智：《中国近代教育史资料汇编·实业教育 师范教育》，上海教育出版社，1994年，第607页。
③崔运武：《中国师范教育史》，山西教育出版社，2006年，第13页。
④舒新城：《中国近代教育史资料》下册，人民教育出版社，1981年，第974页。
⑤璩鑫圭、童富勇、张守智：《中国近代教育史资料汇编·实业教育 师范教育》，上海教育出版社，1994年，第606页。

堂的师范学堂属于中等师范教育,招收贡、监、廪、增、附生员,修业4年,以培养小学堂教员为目标。虽然该章程中师范教育没有取得独立的地位,且章程实际上也没有实施,但其引领师范教育发展的贡献不可忽视。正如张謇所言:"管学大臣奏定学堂章程:大学堂、高等、中等学堂并设师范,明定章程,奉旨照办。教育之兴,渐有其导矣。"①

光绪三十年(1904)一月,张百熙、荣庆、张之洞复奏的重订学堂章程获批准,此即《奏定学堂章程》(癸卯学制)。该学制中,有关师范教育的《优级师范学堂章程》《初级师范章程》《实业教员讲习所章程》,构成了一个上下贯通的完整的师范教育体系,从而贯彻了《学务纲要》中提出的兴学"宜首先急办师范学堂"的思想。至此,从理论到制度、再到实践的一系列探索和规定,已经为在全国兴起开办师范学堂的热潮奠定了坚实基础。

徽州地处皖南山区,明清两代有无数徽州人从这里走出,来到长江中下游地区的城乡市镇从事商贸活动。大批徽州人在经济、文化堪称发达的地区的这种活动,对于徽州社会的变动有着深远的影响。正如从徽州走出的著名学者胡适所指出的:

> 不过在经济的因素之外,我乡人这种离家外出、历尽艰苦、冒险经商的传统,也有其文化上的意义。由于长住大城市,我们徽州人在文化上和教育上,每能得一个时代的风气之先。徽州人的子弟由于能在大城市内受教育,而城市里的学校总比山地的学校要好得多,在教育文化上说,他们的眼界就广阔得多了。因此在中古以后,有些徽州学者——如12世纪的朱熹和他以后的,尤其是十八九世纪的学者像江永、戴震、俞正燮、凌廷堪,等等——他们之所以能在中国学术界占据较高的位置,都不是偶然的。②

在兴办新学的时代大潮中,一些徽州人也积极地参与其中。光绪二十九年(1903),张之洞奏设三江师范学堂(后改称两江师范学堂)于金陵,拣选知县、歙县人汪律本("江南大儒"汪宗沂次子)在该校任监学检察,休宁人汪树璧、黟县人范恩溥均任译员③。据宣统三年(1911)统计,光绪二十八年(1902)张謇建立的通州师范学校中,共有教职员工39人,其中江苏籍有34人,其余为日本籍1人、江西籍1人(陈寅恪),而徽州籍有3人:附贡生、休宁人林承炯,光

---

① 舒新城:《中国近代教育史资料》下册,人民教育出版社,1981年,第974页。
② 胡适:《胡适口述自传》,安徽教育出版社,1999年,第4页。
③ 朱有瓛:《中国近代学制史料》第2辑下册,华东师范大学出版社,1989年,第352页。

绪二十九年（1903）始任会计；附监生、婺源人江谦（字易园），光绪三十年（1904）始任国文教习，光绪三十二年（1906）升任监理（主持稽查校规、纠核全校工程、饮膳及暂时权代总理之事）；监生、休宁人江燮，宣统元年（1909）始任畜牧课员①。

徽州最早兴办的新式学堂是小学堂。早在光绪二十七年（1901），皇帝就发布上谕：

> 人才为政事之本。作育人才，端在修明学术……除京师已设大学堂应行切实整顿外，着各省所有书院，于省城均改设大学堂，各府及直隶州均改设中学堂，各州、县均改设小学堂，并多设蒙养学堂。②

最先付诸行动的是婺源县，在光绪二十九年（1903）正月将县城内原崇报书院改设为官立高等小学堂，由绅士胡宗程主其事，以毛茶捐及学费为常年经费，学生28人。次年八月，知县邓之望又将县儒学署改设为官立两等小学堂，以毛茶捐及知县捐助为常年经费，学生55人③。这是徽州开办最早的新式小学堂。

歙县作为徽州府的首县，理应为各县倡。但由于办学经费无法有效筹措，县府对于上司屡屡催办新学颇感为难。经过一番努力，终于在光绪三十年（1904）十一月，县知事郑瑜在府城开办官立两等小学堂。当年在芜湖由陈独秀任主笔的《安徽俗话报》还为此特地刊载了一则题为《歙县学堂章程》的颇有招生意味的消息：

> 现各大宪催办蒙小学堂十分紧急，徽州府歙县地方，官立、民立的蒙小学堂，本来没有一个，现已草草的设了一个官立的小学堂，择定十月初五招考，正额学生二十名，附额学生十名，每个学生每月要贴三元洋钱的伙食，若是不遵守学堂里的规矩，还要罚十块洋钱哩。④

或许是招生遇阻，或许是原先拟以宾兴、征信册费、肉捐、水碓捐为常年经费的考虑难以操作，歙县官立两等小学堂实际是在光绪三十一年（1905）开办。学堂先是租用民宅，光绪三十三年（1907）才迁至县明伦堂，以问政书院款产租

---

① 朱有瓛：《中国近代学制史料》第2辑下册，华东师范大学出版社，1989年，第304页。
② 璩鑫圭、唐炎良：《中国近代教育史资料汇编·学制演变》，上海教育出版社，1994年，第5页。
③ 冯煦：《皖政辑要》，黄山书社，2005年，第514页。
④ 王中秀：《黄宾虹年谱》，上海书画出版社，2005年，第40页。

息和水碓捐为常费。

相对于官立学堂的开办艰难,徽州民众对开办私立和公立小学堂的热情却很高。光绪三十年(1904)正月,绩溪绅士程宗球兄弟在仁里开办私立思诚两等小学堂,绅士胡本琪在扬溪开办公立尚志两等小学堂。特别是随后几年,新式小学堂如雨后春笋般涌现。据冯煦主修的《皖政辑要》统计,光绪三十一年(1905)全府开办5所小学堂(歙县唐模私立敬宗,祁门公立高小,黟县官立高小,绩溪官立高小、王村私立植基);光绪三十二年(1906)增加12所(歙县湖田公立崇正、岩镇公立凤山、府城私立启悟、呈坎私立溧川、潭渡私立惇素,婺源江湾公立初小、曹门公立初小、大庙私立初小、培坞口私立初小、城内董氏私立初小,黟县城中私立连云初小,绩溪尚田公立簧进);光绪三十三年(1907)更新增16所(歙县堨田公立求是、郑村公立师山、蕃村公立乐育,休宁官立高小、屯溪民立两小、城里私立原道,婺源城内汪氏公立初小、大畈公立初小、沱川公立初小,祁门十八都公立两小,黟县北门私立环山初小、碧山第一初小、屏山私立启蒙,绩溪官立明伦、临溪公立两小、旺川公立振起);至光绪三十四年(1908)又开办了3所(婺源凤山公立正谊,黟县私立碧山初小,绩溪校头公立竞实),使总数达到了40多所。

中等学堂的开办同样经历了一番波折,拉开其序幕的是歙县唐模村人许承尧。光绪二十年(1894),许承尧乡试中举,光绪三十年(1904)中进士,授翰林院庶吉士。其时,正值"庚子而后,外侮日深,清廷昏乱日甚",他"目击心伤,浩然有归志。又以新潮激荡,育才为亟"[①],遂于次年初,告假回到原籍徽州办学。许承尧一回歙县,就在唐模协助其祖父许恭寿创办私立敬宗两等小学堂,移迎神赛会之款(每年480元)为经常费,再以收取部分学费作为补充[②]。但其主要精力还是放在创办新安中学堂和紫阳师范学堂上。

新学的开办,是在与守旧势力不断较量的过程中艰难前行的。光绪三十二年(1906)八月五日的上海《汇报》,就报道了歙县呈坎民众因听信将抽人口捐、菜子捐、米捐、牛猪捐的传言,深夜捣毁了溧川两等小学堂和参与创办者罗凤藻[③]的家。即便是在三年后,休宁县临溪人程管侯与同人拟停废重阳神会,将做会经费移作创办临川小学之用,也为当地势力所不容,被指责为"兴洋学,不敬神",本人几乎被活埋,其母服毒自杀,最后他只能避居浙江菱湖[④]。

　　① 鲍义来:《许承尧与敦煌遗书拾掇》,《档案》,2001年,第5期,第22页。
　　② 许承尧:《歙县志·学校》。
　　③ 据张振鹤、丁原英编《清末民变年表》(中国社会科学院近代史研究所编《近代史资料》,1982年第3期),罗凤藻为该校"堂长",但许承尧著《歙县志》(民国)、冯煦辑《皖政辑要》(黄山书社,2005年)均记载堂长为罗凤耆。罗凤藻为堂长罗凤耆之弟,与其子罗会垚均参与创建该校。
　　④ 王坚白:《彤管流芳》,绩溪县胡稼民教育思想研究会编《会刊》,第72期。

　　歙北呈坎潨川两等小学堂于"光绪三十二年由罗凤翥、罗亨濂、罗尚杰、罗运松、罗会坦诸人创立,以罗氏宗祠为校舍……历举罗凤翥为堂长"[①]。当年秋季开始招生。因呈坎人口集中,文风昌盛,经济良好,学校又实行男女同校,因此学生很多。光绪三十四年(1908)达到79名[②],在徽州府41所小学堂中,人数最多,规模最大。村民捣毁该学堂的起因,是办学经费的筹措。该校"以罗氏族捐及潨川文会款为常年经费",总资产1 660元,岁入经费184元,年支出264元[③]。显然,学堂的正常运转曾存在经济困难,但呈坎毁学事件有着深刻的时代背景。

　　首先,它是晚清徽州乡村贫困达到极限的信号。徽商虽素有盛名,但清末歙县从商者已减少,约占总人口的10%。而营商致富者又极少,"往往夫商于外,所入甚微,数口之家,端资内助"[④]。大多数民众依靠农、副业生产度日。徽州山多田少,"地隘斗绝,厥土骍刚不化"。以民国8年(1919)为例,歙县种植水稻175 892亩,产量351 789石;种植小麦93 768亩,产量187 536石[⑤];如加上玉米(产量视同水稻),全县自产粮食人均约280斤(以1石等于120斤、100斤稻产米70斤计),与时人所言"本县米产丰年可供全县半年之用,荒年只敷三个月"相近。以人均年耗粮360斤计,尚缺粮食80斤,人均需支出银一两四钱(清末歙县南米每石折银二两一钱)。多数农民的收入靠茶叶获得。民国2年(1913),歙县输出茶叶1 750吨,以民国6年(1917)每担均价30元计,人均收入3元(折合大米约55斤)。可见,农民每年农、副业总收入,大致上只能解决全家一年的温饱。同时,民众还须承担中央和地方政府的附加等赋税。据民国6年(1917)调查,全县农户52 560户,其中自耕农18 520户,占35.2%;半自耕农7 840户,占14.9%。还有至少30%的农户只有极少一点土地[⑥]。可见,全县半数以上农户很难通过劳动解决生存问题。

　　其次,它是儒家传统信仰在乡间丧失中心地位的结果。"打洋学堂"是呈坎毁学事件的"口号"。民众对"洋"学堂如此反感,皆因其与传统的塾学、社学、书院在教学内容等方面有太大的不同。此前的塾学、社学,自宋元以降,教材一直采用儒家经典的释读本,如元末明初休宁"理学名贤"朱升为蒙童编辑的《小四书》(方逢辰《名物蒙求》、程若庸《性理字训》、陈栎《历代蒙求》、黄继善《史学提要》);作为塾师,也"一意从事圣贤之学,以仁为己任,以明道相砥砺,以进德相

---

①　许承尧:《歙县志·学校》。

②　冯煦:《皖政辑要》,黄山书社,2005年,第514页。

③　冯煦:《皖政辑要》,黄山书社,2005年,第514、558页。

④　许承尧:《歙县志·风土》。

⑤　歙县地方志编委会:《歙县志》,中华书局,1995年,第135页。

⑥　歙县地方志编委会:《歙县志》,中华书局,1995年,第129页。

期待"。因此,塾学、社学是地道的儒家思想根据地和传播源。而新式"洋"学堂则不同,虽有修身、读经讲经等课程,但新设的地理、格致、图画、体操等课程偏重于"技艺",明显冲淡了传统的价值观,容易激起民众不满。

再次,它是新型学校与传统乡绅的进仕之途断裂的反映。此前,即使徽州人从业种类丰富,也无法掩盖骨子里根深蒂固的强烈的进仕愿望。方回、许国、凌廷堪等人幼始攻举业,直至中老年方如愿;而汪机则因母病而弃儒,郑之珍因屡试不第乃弃举业。由儒而商或医者,多因生存之需;父商而子儒者,多为实现前人愿望。即便曾留学或游学回国的徽州学子,也对功名情有独钟,主动参加留学生考试。该校创办者之一罗会坦在光绪三十二年（1906）首次科举考试中,获农科举人,次年又被殿授内阁中书。春风得意的他将"农科举人""钦点内阁中书"两块牌匾悬挂于祖屋以光宗耀祖。光绪帝下诏"停科举"后,传统的进仕之途中断,对于希望通过科举改变现实的徽州民众来说,无疑是当头一棒。虽《奏定学堂章程》中有与传统对接的制度设计,但从制度实施到最低一级功名的取得,至少需要九年时间。在清末那种政局动荡、朝令夕改的年代,有谁还会对此抱有耐心与期望呢？在乡民看来,正是"洋"学堂的兴办,才导致上述变动的发生,由此对"洋"学堂产生心理上的抵制和反对也就在所难免。

最后,它表明清末的乡村统治面临严重危机。作为行使中央权力的代表,知县事务繁杂,人地生疏,更替频繁[据民国《歙县志》记载,乾隆八年（1743）到嘉庆二年（1797）,有13任歙县知县,人均任期不足4.3年;而从光绪二十年（1894）到宣统三年（1911）,有15任歙县知县,人均任期不足1.3年],管理粗放,难有作为。在乡间充当准政权性质的乡约地保,最大价值是承办具体事务。乡绅组织的文会,过去多"以名教相砥砺","乡有争竞,始则鸣族,不能决,则诉于文会,听约束焉;再不决,然后讼于官"[①]。呈坎的潨川文会首创于明嘉靖时,相传至民国。该校的创立,就是文会聚会的结果,又有文会的经济资助,堂长罗凤翥即文会会长,但民众公然与之对抗。可见,文会在清末处理群体矛盾时也无能为力。呈坎的罗氏宗族力量相当强。早在明嘉靖年间,族人为始祖罗秋隐墓地杨干院的归属权,与寺僧进行长达八年的艰难诉讼;其后,呈坎建祠成风,先后有前罗、后罗两个宗祠,加上支祠,共21座。族人、明大理寺丞罗应鹤手订的"新祠八则",也一直得到后人的严格执行。但宗族力量往往只在与外族产生利益冲突,或对族内极少数弱势个体实施惩戒时,才显示出其巨大力量。

---

① 许承尧:《歙事闲谭》,黄山书社,2001年,第602页。

就全国形势看,光绪末年是衰乱至极的时代,民众一再以极端方式表达对现实的不满。仅光绪三十二年(1906),徽州就有5月23日祁门民众暴动[①]、6月21日屯溪饥民抢食[②]。次年3月16日,临近的太平县又有民众千余人抢河内米船[③]。据不完全统计,在光绪二十八年(1902)至光绪三十二年(1906),见于当时报道的皖南民众起事有17起,遍及芜湖、南陵、宣城、宁国、繁昌和徽州;而同期全国民众起事更高达511起。这也是呈坎毁学事件深刻的社会背景之一。

新学的创办,对新师资也提出了要求。有的学校凭借宗族的力量,在内部解决,如歙县呈坎溧川两等小学堂,主要师资就是本村三名留日归国的学生罗会坦、罗运松、罗会垚。有的学校以外聘师资为主,如绩溪仁里私立思诚两等小学堂,初聘日本宏文学校普通科毕业的休宁人程宗泗管理,本县名儒胡晋接为堂长,留学生江鹏莹(婺源人)、程宗泗教英语、数学[④]、歙县名儒毕醉春教国文。实力如此强大的师资队伍,皆以雄厚的财力为基础,该校所聘教师,均发给同期国立大学堂的薪俸[⑤],这是一般小学难以做到的。更多的学校既无人力,也无财力,只有在可能的情况下,在原先塾师中择优选聘,新式学堂中旧私塾的痕迹相当明显。民国3年(1914)4月25日,民主主义教育家黄炎培一行到达婺源赋春,考察该村吴姓公立的高等小学,仍有"学生虽未尽脱私塾气,然见客则彬彬有礼"的感受[⑥]。

有鉴于此,素抱教育救国夙愿的许承尧在开办新安中学堂后,很快就感到:"教育基址在小学。小学不得良教师,因仍简陋,皮傅貌饰,根荄既乖,材质斯萎,非端本之善画也。"[⑦]于是,作为徽州近代师范教育之源的新安中学堂附设师范科应运而生。

①《汇报》,光绪三十二年(1906)闰四月一日。

②《东方杂志》,三卷七期。

③《汇报》,光绪三十三年(1907)二月十日。

④ 绩溪县地方志编委会《绩溪县志》(黄山书社,1998年,第703页)中记载为"留学生江鹏莹(婺源人)、程宗忻教英语、数学";周文甫《浅谈清末民国时期的徽州教育》(《社会科学战线》,2007年,第6期,第166页)中则是"程仲沂(宗泗,休宁人)"。此从周说。

⑤ 绩溪县地方志编委会:《绩溪县志》,黄山书社,1998年,第703页。

⑥ 黄炎培:《黄炎培考察教育日记》,商务印书馆,1914年,第134页。

⑦ 许承尧:《歙县志·艺文志·紫阳师范学堂记》。

第二章 徽州近代师范教育的兴起
——紫阳师范学堂的创立

徽州近代师范教育可追溯到光绪三十一年(1905)许承尧创办的新安中学堂附设师范科。次年,附设的师范科单设为徽州府紫阳师范学堂,民国元年(1912)并入新安中学[师范科继续存在,直至民国6年(1917)最后一届学生毕业]。也在光绪三十二年(1906),歙县岔口举人张云锦、吴汉云①创办双溪师范,招收本县秀才20名左右作为首届学生,教员有洪钱夫、吴清华、吴清望等。课程据说只设经学与科学,由于经费仅依靠私人捐助和茶捐,该校只办了两三年,未曾办理毕业,即改为大洲公学。这是徽州近代师范教育的第一页。

第一节 办学设施与经费

光绪三十年(1904),清政府颁布的《奏定中学堂章程》中提出:"中学堂定章各府必设一所,如能州县皆设一所最善;唯此初办不易,须先就府治或直隶州治由官筹费设一中学堂,以为模范,名为官立中学。"②徽州地方人士积极倡议创办新式中等学堂,拟为模范中学,限于首倡者的声望和资历,更困于经费筹措的艰难,未能如愿。次年,地方人士再次谋于茶商,获得支持,并公请于两江总督,得到以后每年将甲午年(1894)所增加的茶厘额外款项5 000两作为中学堂正常经费的允准,创办工作才进入正常轨道。光绪三十一年(1905)四月,新安中学堂正式创立,许承尧任监督。因校舍由旧试院(今歙县徽园一带)改建,工程未竣,故暂时借用古紫阳书院(时为校士馆,今歙县中学后面)开学,当年定学额60人。次年正月迁移到试院新址。改建新校舍投入了光绪三十年(1904)茶款等6 600多两银子,"改庑为斋,营室六十,容学额二百。楼宇栋通,前后疏朗。葺倾扶圮,旁剔瓦砾。庞然崔巍,高下弥望。既夷既旷,缭以周垣。垣北达闿,实洼为圃"③。负责工程的黄家驹、吴文杰倾心竭力,贡献巨大。

光绪三十年(1904),政府颁布的癸卯学制中,关于师范教育体系的设计

---

① 一说为吴汉臣,分见徽州地区教育志编写组的《徽州中等师范教育》概述与简表。孰是,待考。
② 舒新城:《中国近代教育史资料》中册,人民教育出版社,1981年,第501页。
③ 许承尧:《歙县志·艺文志·新安中学堂记》。

是："初级师范学堂为小学教育普及之基,须限定每州县必设一所。"但考虑到此时初办,"可先于省城暂设一所,俟各省城优级师范学堂毕业有人,再于各州县以次添设"①。如依此程序,优级师范学堂创办三年之后,方有首届毕业生,初级师范学堂才渐次设立,显然远远难以满足新式小学堂雨后春笋般创立的现实需要。因此,许承尧在开办新安中学堂之初,即着手小学师资的培养,考虑到校舍、师资、生源、经费等困难,仅在中学堂内附设师范科,选"年龄稍长,文理清通者"入学,又附设师范传习所②。光绪三十二年(1906),为更好地培养小学教师,许承尧请示知府王振声,并得到地方人士支持,动用紫阳书院常款,把新安中学堂附设师范科单设为徽州府紫阳师范学堂,校址仍在故试院,三月开学,先设一年制简易科(五年制称完全科),速成培养,以满足地方新式教育发展的需要。许承尧兼任监督,鲍振炳(字蔚文,歙县岩寺人,诸生,江苏候补知县)协助许承尧主持校务。次年正月,迁址于古紫阳书院,正式与新安中学堂分址办学。

《奏定初级师范学堂章程》对基本办学设施有着具体要求:

第一节 学堂建设之地,其面积必须与学堂规模相称,且须择其所坐落地方之水土,邻近人家之风俗,于道德卫生均无妨害者。

第二节 学堂内当按学科之门类,备设诸堂室如下:一、通用讲堂;二、物理、化学、博物、图画等专用讲堂;三、商业实习室、手工实习场;四、图画室、器具室;五、礼堂;六、管理员室及其余必需诸室。

……

第四节 学堂内应设体操场,分为屋内、屋外二式。

第五节 学堂内应分设学生自习室、寝室,以便于管理稽查为准。其他监学室、会食堂、盥所、浴所、养病所、厕所、应接所,均宜全备。

第六节 学堂应备几案椅凳黑板,必须取深合法度者。

第七节 凡教授物理学、化学、地理学、算学、图画、体操、农业、商业、手工等所用器具、标本、模型、图画等,均宜全备,且须取合于教授初级师范生学科之程度者。

第八节 图书当备可供教科用者,兼须备可供参考用者。

……③

① 舒新城:《中国近代教育史资料》中册,人民教育出版社,1981年,第665页。
② 许承尧:《歙县志·艺文志·记·紫阳师范学堂》。
③ 舒新城:《中国近代教育史资料》中册,人民教育出版社,1981年,第681页。

古紫阳书院在歙县县城东问政山西麓、县学之后,始建于南宋嘉定十五年(1222),时名文公祠。乾隆五十五年(1790),歙人曹文埴倡议、两淮歙县盐商鲍志道等捐资、程光国具体负责重建,定名“古紫阳书院”,中前为朱子堂[①],中为尊道堂,后为韦斋祠。左、右分别为据德舍、志道舍,依仁舍、游艺舍;朱子堂前坡下为考棚;东为院门,外有“古紫阳书院”石坊。咸丰、同治年间,书院遭兵毁,后筹工局拨款重修。由此,古紫阳书院与原在城南五里紫阳山的紫阳书院合而为一。对照上述清政府的颁定标准,古紫阳书院处于山间,地势高爽,临近县衙、县学,周围少有民居,下有名泉“文公井”,数百年来一直是办学场所,环境自然合适。作为书院,虽曾能容纳120人(其中生监80人,童生40人)的学额,但新式师范学堂采用班级授课制的近代教学形式和开设的近代自然科学课程,于教室、实验室、图书室、操场等都有新的要求,古紫阳书院建筑陈旧,周遭狭窄,都是难以满足的。因此,仅从硬件上说,紫阳师范学堂只是最低限度地保证教育教学的基本需要。

依《奏定初级师范学堂章程》规定,初级师范学堂经费,由各地筹款使用,学生“无庸纳费”。这样,地方政府的财力状况与民众创办新式教育热情的高低,就成为重要的制约因素。紫阳师范学堂的日常经费主要靠田、房、地租和盐捐,学生虽不交学费,但每生每年要交纳膳食费20元。随着规模扩大,两校共用的办学经费日渐紧张。据光绪三十四年(1908)统计,紫阳师范学堂有资产36 422两,岁入2 787两,岁出3 810两(新安中学堂资产总数17 000两,岁入7 155两,岁出7 675两)[②],入不敷出。原紫阳书院学款年息有4 000余元,早先经歙县人、进士汪宗沂请准,议定一半用在芜湖创办师范学堂,一半资助徽州出洋游学者。因徽州距芜湖路远,学生均感不便,游学者也很少有符合资格者,因此许承尧创办紫阳师范学堂后,将此项收还为基金。

为彻底缓解经费紧张问题,许承尧联合歙县人、内阁中书程锦稣,向知府及省府提出开征锡箔捐以弥补办学经费的请求,得到徽州知府黄曾源的支持,最终获得批准。“由街口厘卡委员随正附收,徽绅派人簿录提存,按月报查”,捐输额度按照值百抽一章程办理。大约从光绪三十二年(1906)九月一日开始,增生叶光录随带府印票照前往街口簿录抽收,街口厘卡委员、府经汪昌泰也给予协助。但是,此项捐输的收取很不顺利,尽管经办人员竭力开导,希望过卡业主照案输捐,但不少业主软抗硬顶,拒绝捐纳。如屯溪景昌等号,运输锡箔过卡,“共运箔四千八百九十觔,应捐钱十二千二百二十六文,平均计算,每觔

---

① 许承尧在其《歙县志·营建志·学校》(民国)介绍“紫阳书院”时,称“朱子堂”,但在卷一《古紫阳书院图》中,则标为“朱子殿”。

② 冯煦:《皖政辑要·学科》,黄山书社,2005年,第553~554页。

捐钱二文五毫"，但该号"仅将正厘完纳，附收学费一项抗不承认，一再劝导，始终坚持"。实际上，景昌号的锡箔，一小扎计三百张重量三两，如按照时价计算，可售钱百文。若每斤捐钱二文五毫，值百只是抽得四毫五丝，相较于"值百抽一"章程，尚未及半。更何况厘卡箔捐向来规定值百抽二，如今街口厘卡照厘捐减半收取，却依然遭遇抵制。叶光录只得"簿录注明号数，以便稽查"，并上禀知府，请示如何处置。

　　就开征三个月的情形而言，效果很不理想。叶光录曾有连续三个月的已收、未收记录：

> 九月分过卡锡箔共四万四十五觔，内已收者五千五百四十七觔，捐洋十二元八角六分八厘；未收者三万四千四百九十八觔，应捐洋八十六元二角四分六厘。十月分过箔共三万二千五百七十一斤，内已收者六千九百四十二斤，捐洋十七元三角五分七厘；未收者二万五千六百二十九斤，应捐洋六十四元七分四厘。十一月分过箔共三万一千七百六十三觔，内已收者六千三百斤，捐洋十五元七角五分二厘；未收者二万五千四百六十三斤，应捐洋六十三元六角五分八厘。[1]

可见，三个月内，街口厘卡实际收取箔捐仅四十五元九角七分七厘，但"每月局费洋十七元五角，三个月共支洋五十二元五角，另有开办费三十一元一角七分六厘"，两抵尚亏三十六元六角九分九厘。而如果征收顺利，"则以三个月为全年比例，箔数约四十一万七千余斤，捐数约英洋一千四十余元，除局内全年额支薪水二百一十元，活支夫马等费数十元外，学堂岁可得八百元"。由此看来，这的确不是"鸡肋"可比，自难放弃。于是知府多次"分饬各县照办"，无奈历时三月有余，"羽檄纷驰"，却"依然无效"。

　　随后，许承尧等又提出征收珠兰花捐一案，结果引起部分乡绅的不满，后"经知府作为调人，晓以合群之公理，始和平了结"。由此，光绪三十三年（1907）正月接任徽州知府的刘汝骥认识到，为解决学堂经费问题，"若再事罗掘，恐反对者愈有所借口，不得不慎重以出之"。并提出，"体察情形，欲教育之普及，仍以改良私塾为先。着现已饬劝学总董，实力奉行"[2]。因此，从根本上说，紫阳师范学堂及新安中学堂的经费困难未得彻底解决。

---

① （清）刘汝骥：《陶甓公牍》卷十《详府中学抽收箔捐情形文》，《官箴书集成》第10册，黄山书社，1997年。

② （清）刘汝骥：《陶甓公牍》卷十《徽州府禀地方情形文》，《官箴书集成》第10册，黄山书社，1997年。

第二节　师资的选聘

根据政府规定,初级师范学堂除监督(相当于校长)一人主持全学堂事务,附属小学设有关教育及管理职务外,应设教员(掌教育学生)、副教员(协助教员工作)、监学(掌学生斋舍事务)、庶务员(管理收支及一切庶务)等职,各视学生人数多少、事务繁简而聘相应人数充任。

从光绪三十二年(1906)到民国元年(1912),紫阳师范学堂监督由新安中学堂监督兼任,更换频繁。首任监督是许承尧。

许承尧(1874—1946),字际唐,号疑庵,歙县唐模人,方志学家、诗人、书法家、文物鉴赏家。光绪三十年(1904)中进士,入翰林。次年回歙创办新式教育,又在家乡协助祖父开办敬宗小学堂、端则女学堂。辛亥革命后,应皖督柏文蔚之聘,任筹建芜屯铁路总办。后随甘肃督军张广建入陇,历任甘肃省府秘书长、甘凉道尹、兰州代理道尹、省政务厅长等职。民国13年(1924)辞官,次年返歙,从此绝迹仕途,在家乡以著述终老。任《歙县志》总纂,著有《歙故》等[①]。

光绪三十三年(1907),许承尧因"黄社"一案辞去监督一职,次年由洪汝闿接任。

洪汝闿(1869—?),字泽丞,号勺庐,歙县人,工诗,著有《勺庐词》。光绪三十四年(1908)三月成立歙县教育会,任副会长(会长程锦)。民国3年(1914)为在屯溪巡缉队兵变遇难的队长汪俊(字孔璋)、副队长程名杰(字万人)编印《汪程二烈士哀挽录》。民国11年(1922)5月,在北京与朱师辙、邵瑞彭、杨树达等八人参与由吴承仕倡议组织的"思误社"(后改"思辨"),每两周集会一次,校订古书,以养成学术风气。

光绪三十四年(1908)十月前后,洪汝闿因事(可能是该校学生罢课)辞去两校监督之职,学生余宝勋等请求挽留,未得应允,遂上禀省府。后由汪国杰(1876? —?,副贡生,歙县人)暂代监督。不久,汪国杰也被人上禀攻击,一气之下,径自离校。年底,黄家驹继任监督。

黄家驹(1886—1946),号艮峰,歙县潭渡人,工书、善文、能画。清末举人,曾在江苏省任县知事。光绪三十四年(1908)奉谕接管新安中学堂,兼任教席。民国元年(1912),曾暂代歙县知事,未久,调任无为县知事。在任期间,因修浦圩功显,得无为州民赠献万民伞。后被选为安徽省咨议局议员,又任安徽省厘金局长。晚年辞职隐居乡里,参与民国《歙县志》编纂[②]。

---

① 歙县地方志编纂委员会:《歙县志》,黄山书社,2010年,第1 240页。
② 歙县地方志编纂委员会:《歙县志》,黄山书社,2010年,第1 200页。

宣统元年(1909)五月之后,监督易为张旺芝。张为留日学生出身,因新安中学堂与紫阳师范学堂学生联手发动学潮而去职。

约宣统三年(1911),监督再换为马维骎[民国12年(1923)前后,马维骎可能出任过安徽庐江县知事]。

新安中学堂和紫阳师范学堂的规模都不大,两校经费通用,师资兼顾。开设课程、教学组织、学生管理,基本遵从《奏定初级师范学堂章程》的相关规定。宣统元年(1909)五月编印的《徽州府紫阳师范学校职员录》显示,该校教职员一共才12人,请参见表2-1。

表2-1　徽州府紫阳师范学校职员表[①]

序号	姓名	字	籍贯	住址	履历	职务
1	黄家驹	艮峰	歙县	潭渡	举人	监督
2	汪达本	荫森	歙县	碣田	附贡生,花翎同知衔,江苏试用知县	监学
3	江之穆	畹芬	婺源	江湾	附生,通州师范讲习科毕业	管理
4	智贞益	亭荪	盐城		廪贡生,两江师范毕业	授伦理、历史、国文
5	高镵	琢如	贵池	通州	附生,通州师范乙班毕业	授算术、博物
6	方瑞云	克和	婺源	荷田	监生,通州师范乙班毕业	授地理
7	陈葆荃	岳生	桐城		上海理化专修科毕业生	授理化
8	黄赓	仲方	歙县	潭渡	增生,芜湖公学毕业	授图画
9	汪俊	孔璋	婺源		安徽步队弁目训练所卒业生,讲武堂第二期修业生	授体操
10	黄高镇	昂青	歙县	潭渡	附生,两江师范毕业	授音乐
11	李宏麟	书祥	休宁	郡城	附生,本校毕业	会计兼庶务
12	鲍天滋	培根	歙县	碣田	附生	书记兼掌书

但是,因是新式学堂,该校师资选聘问题不小。一方面,徽州本地的旧式文人只能承担修身、读经讲经、中国文学、历史、习字一类课程;另一方面,本徽州出洋回国者又凤毛麟角。因此,为了办好两所学校,许承尧等通过各种途径邀请合适的教师。

首先是选聘当地一些知名、学养深厚的文士,如歙县潭渡人黄宾虹。黄宾虹(1865—1955),谱名懋质,别名质,字朴存,号宾虹。善绘画,兼习篆刻。当时,正在芜湖协办安徽公学,被许承尧聘为国文教员,后改任管理。直至光绪三十三年(1907)初夏因"革命党"的罪名被控告于省而出走上海,才结束在紫阳师范学堂的教学生涯。

---

① 此件承歙县县委党校仇乃桐先生厚意,得以复印,谨致谢意。

　　经过新式学堂培养且具备近代自然科学知识者也在邀聘之列。如绩溪汪村人王昭三(1870—1940),字子乾,号抱吟馆主人,上海方言馆毕业,游幕于浙苏。光绪二十九年(1903)应邀创办婺源崇报书院,此时也接受新安中学堂、紫阳师范学堂任教之聘。宣统元年(1909),他任绩溪劝学第二学务所总董兼视学员,后协助父亲王维馥兴办植基两等小学堂,又婉辞内阁总理熊希龄襄助政务之邀,居家读书,著有《地学》《矿学》《珠算速成课本》《世界丛刊》等书①。表2-1显示,有一半教员毕业于近代的师范学校。

　　留洋回国者也是重要的选聘对象。严达(1874—1953),字莘槎,江苏清河人,寄籍歙县槐塘。曾留学日本学习音乐与表演,文学根基深,能诗善文,精通中西音乐,懂得国内十多种方言,被紫阳师范学堂聘为英文教员。民国以后,严达长住上海,从事作曲和电影表演,出演过《一江春水向东流》等多部影片②。他对语言也有精到研究,民国13年(1924)商务印书馆出版其《国语辨音》;民国34年(1945)世界书局出版其《话说流口辙》(《北平口语练习法》)。

　　许承尧还积极在外地选聘合适的师资,甚至敢于聘用一些思想先进的被朝廷关注的"危险人物"。在芜湖的安徽公学有教职的黄宾虹、江昹,交际很广,许承尧委托他们在外地代为选聘教师。光绪三十二年(1906),黄、江从芜湖安徽公学推荐了陈去病、费公直、费迈枢、陈鲁德等外地教师到紫阳师范学堂任教。

　　陈去病(1874—1933),原名庆林,字佩忍,号垂虹亭长,江苏吴江同里人。曾任上海《警钟日报》主笔,同盟会会员,后与柳亚子共组南社。一度受到时任两江总督端方的通缉。光绪三十二年(1906)春节后,他从江苏到芜湖,恰逢皖江中学堂因苏、皖学生冲突而停课,遂应黄宾虹之邀到歙县,担任紫阳师范学堂等两校教职。该年暑假曾取道新安江返沪,入秋回歙,直至冬月辞职离徽,再次取道新安江归里。

　　费公直(1879—1952),原名善机,字天健,号一瓢,吴江同里人,世居周庄。他是南社社员,工诗善画,擅长篆刻。光绪二十九年(1903)赴日本留学,与邹容剪辫留影。回国后密谋刺杀两江总督端方,失利,光绪三十一年(1905)再次东渡日本。次年春,费公直在芜湖由刘师培介绍加入同盟会,并受邀到歙县任教。

　　在教员当中,高琢如较受学生敬慕,因为"他功课门门都能动手","对于生理、音乐、体育确有特长"③。

---

① 绩溪县地方志编纂委员会:《绩溪县志》,黄山书社,1998年,第884页。
② 歙县地方志编纂委员会:《歙县志》,黄山书社,2010年,第1 324页。
③ 方与严:《方与严教育文集》下册,四川教育出版社,1995年,第832页。

一些技能科目(如体操)的教员,未必都能从师范学校毕业生中选聘。宣统元年(1909)上半年在该校任体操教员的汪俊,在五城中学堂(北京师范大学附中前身)退学后,进安徽武备学堂未毕业。下半年,"学堂当局请了一位陆军出身的体育教员,不知小学应用普通操"。继续在该校修业的学生方与严,在上学期学习时,因平时体操一天要教许多套,很不容易记,就在晚上和同学合作,他复习,同学程馨记录整理,方便其他同学借抄,毕业考试时体操成绩也不错,因此,下半年便和同学朱道远分任体育教员的助手,协助体育教员完成普通操的教学任务。

总之,限于当时正值教育制度草创之时及教员个人的诸多原因,紫阳师范学堂的教员队伍并不很稳定。总体上看,本地教员还是占较大的比例。

第三节　学生的招考

受新式小学教育发展所限,紫阳师范学堂创办时,并无高等小学四年毕业者可以招收。因此,遵照政府颁布的章程,暂时就本州县内"现有之贡廪增附生及文理优长之监生内考取",其主要录取标准是"品行端谨,文理优通,身体健全"。学生入学年龄,"完全科生须年在十八岁以上二十五岁以下者,简易科生须年在二十五岁以上三十岁以下者"[1]。

现存光绪三十二年(1906)以"徽州府正堂"名义发布的紫阳师范学堂招考布告(引者注:疑有残缺),对招收学生、课程开设、费用收取等情况作了简要介绍:

　　——须贡、廪、增、附生暨监生出身者;
　　——须品行端谨、文理优长、身体健全、绝无嗜;
　　——年龄须二十岁以上、四十岁以下者;
　　——学科分修身、教育、国文、历史、地理等科;
　　——学额暂定六十名,先授简易科;
　　——学生每年纳膳费英洋二十元,分;
　　笔、操衣等项自备。[2]

布告还规定:考生先期需赴徽州府礼房报名,三月十二日(农历)在府署扃试[3]。

紫阳师范学堂开办之初,只开设简易科,报考者需有贡生、廪生、增生或附生身分。由于乡村新学增加、师资不敷,有秀才功名且愿意再读师范后才从教者尚

---

① 舒新城:《中国近代教育史资料》中册,人民教育出版社,1981年,第679页。
② http://www.hzsf.com.cn/jwhl/news.asp？ArticleID=1841&classid=13&parentid=8。
③ 扃试:指科举时代考生各闭一室应答试题。

少,更由于科举制度已经废除,因此,从宣统元年(1909)开始,另行开办讲习科。

　　早在光绪三十年(1904)的《奏定初级师范学堂章程》中,出于从速培养、培训新式小学堂师资的考虑,就提出初级师范学堂除完全科及简易科外,并应添设预备科和小学师范讲习所。讲习所的招生对象为"由传习所毕业,已出为小学堂教员,复愿入初级师范学堂学习,以求补足其学力者,及向充蒙馆塾师,而未学过普通科,亦未至传习所听受过教法者"①。宣统元年(1909)七月毕业于紫阳师范学堂的歙县王充人方昌(字禹言,后改与严),入学之前就没有功名,只有三年塾师的经历。

　　起初,紫阳师范学堂的学制是一年,二三月入学,年底毕业。从宣统元年(1909)开始,通过每天增加课时的办法,加快教学进度,学制缩短为一学期。方与严当年春季考入,七月毕业。由于他毕业后没有找到事做,下学期请求准许入校补习半年(膳费照缴)。当时学堂规模也不大,讲习科每期一个班,宣统元年(1909)上半年26人,下半年约三四十人(方与严回忆半年补习时说,"多结识了三四十个学友")。《皖政辑要》记载该校"学生28人",不知是创办之初的数字还是光绪三十四年(1908,该书编辑收录资料的时间下限)的数字②,似乎没有达到创办时预定"学额六十名"的规模。

　　讲习所学生年龄普遍较大。在宣统元年(1909)五月编印的学生名录上的26名学生中,20岁有4人,21岁4人,22至29岁8人,30至39岁9人,48岁1人。生源均来自徽州府:休宁最多,达15人;婺源6人;歙县4人;祁门1人。除了休宁县城南街1人、厚街2人外,其余均来自乡间。

　　入学考试是必须参加的程序。由于交通不便,考试的组织似乎比较宽松。方与严曾在民国21年(1932)撰写《我的自白》一文,有一节题为《我的师范生生活》,回顾了他参加考试的经历:

　　　　在一个春光明媚的早晨,我母亲恳托村人仇良正先生送我去考,两人调换骑着一头秃背小驴,嘚嘚地进城,我的尾闾竟被驴脊骨颠破出血了。到了紫阳师范学堂(古紫阳书院旧址)考场,见着投考的人已经纷纷缴卷出场,我心慌了,急急把试卷打开,写了不满二百文字交卷。榜出,录取为倒数第三! 心中惭愧之至。③

　　操衣是我国近代学校学生的特有服装,为适应学校体操课程的学习需要而制作,十九世纪二三十年代依然普遍存在。民国16年(1927)3月,陶行知在

　　①舒新城:《中国近代教育史资料》中册,人民教育出版社,1981年,第666页。

　　②冯煦:《皖政辑要》,黄山书社,2005年,第500页。

　　③方与严:《方与严教育文集》下册,四川教育出版社,1995年,第831页。

其创办的南京实验乡村师范（晓庄师范），也有为学生统一制作操衣的安排。他在给家人的一封信函中这样说：

> 乡村师范现在选择了一种布做操衣，好得很。这布每匹五丈，只要四元五角，合九分一尺。我用它做了两件长褂，两身短褂裤，两套操衣，又省钱，又经穿。现寄布样两块，家里如觉合用，可以写信给我，我可以寄来。①

学生就学期间，每生每年只交纳膳食费20元，分两期交纳。宣统元年（1909）学制改为一学期后，膳食费依然维持在每生每学期10元的标准。学生零用自备，视家境而有很大差异。方与严家境贫寒，在紫阳师范学堂学习的一年中，他母亲总共给了6元零用："除去灯油之外，我还买了几本书和两套旧的白操衣。"多年后方与严清晰的回忆，与紫阳师范学堂光绪三十二年（1906）的招考布告上说明的情况是一样的。

紫阳师范学堂成立之日，监督许承尧曾作长文以训示学生。首先他从国际竞争引发国内政治危机入题，比较各种救国方案，得出非教育不能救国的结论：

> 自全球交通，外力横厄，族竞弥烈，优胜劣败，胜存劣泯，非澳前辙，言之寒心。于是海内志士，响和影附，舌枯笔秃，争有所改革，以固吾国藩户。是诚然矣！然吾窃有疑焉者，民德未进，民智未腴，而徒更张政制，将愈棼乱，而无效果之可言。此以群学公例断之，固万无可疑者也。故商榷今日所以振兴拯救吾国方法，或步武法美，或规范英日，鼾毕而号，万喙嚣声，悾儒孤诣，至殉躯命。当轴警醒，亦谋速化。不幸揆之学理，如其所设施，不特不能策其始愿所祈之效，且因果相反，往往有殊弊巨患，踪迹俱至，而不易避，是大可痛也。而时局沓纷，又复迫于眉睫，不容吾有从容暇豫、徐徐布画之一日，然则奈何？吾尝备举种种方法，比较其迟速利钝及百变之情态，而求其会归要，必以教育普及为的。

继而他对师范教育促进普通教育发展、社会风俗改造、国家危机解除的意义作了深入阐析：

> 教育普及者，国民之炉冶，而增进民德比智之喤导也。此方法似迟实速，似钝实利，安而不倾，坦而易由，质直而不迂廓。旷观万国，莫不率是

---

① 陶行知：《陶行知全集》第8卷，四川教育出版社，1991年，第149页。

以兴。诸生疑吾言疏缓不及事乎? 吾昔亦疑此,今乃知舍是无他道,而及今犹可为也。诸生注意! 无本之木必倾,无源之流必涸。重台崔嵬,奠基于址石;体魄强固,嘘生于血管。故今日学校乃吾国一线曙曦,诸生注意! 行陆无车,行水无航,踯躅流涕,废于半途,谓之不预。稚子制锦,侏儒扛鼎,强以不任,绝膑伤手,事所必然,不足诧笑。故今拯救中国方法,不以教育普及为的,无论如何,皆以长乱而召祸。如前说,学校之关系若何重大? 诸生之责任若何重大? 诸生试思之! 教育普及安始? 始于蒙、小学,则急设、多设蒙、小学为要。然无师范生,蒙、小学无由兴,则师范为尤要。此人人所熟之。然吾愿诸生注意! 诸生今日为本校之受学者,他日即各县、各乡蒙、小学之创造者。改造风尚,改造礼俗,改造行谊学术,改造莘莘童稚之脑藏,即改造林林同族之脑藏,可易言乎?

训示的最后,许承尧对学生提出了"崇公德,明公理,守秩序,教勇敢,励坚忍,戒偷惰,除嚣张"等具体要求,认为唯有如此,方可避免给予守旧势力以反对之口实,才能实现"藩国""卫种""私群""革汙习""存国粹"等宏伟目标:

> 吾徽局闭野塞,囿于闻见,盲人腾古扣槃而含沙,寻瑕蹈隙,犹有忍以学校为诋谤者。诸生所值愈艰,则愈不容已[1]于观导启警,愈不容有失检过激之行为彼所藉口而长疑。必先自进德,乃能进群德;必先自益智,乃能益群智。诸生勉之! 吾昔为中校诸生告有三义:曰爱国;曰爱身;曰爱时。充斯义也。崇公德,明公理,守秩序,教勇敢,励坚忍,戒偷惰,除嚣张,拳拳恳恳,以期教育普及。庶可藩国,可卫种,可私群,可革汙习、存国粹。诸生勉之! 时局艰迫,不吾久待。如行千里,今方裹粮。前途荣悴,诸生自择! 诸生学殖勤怠,行检敬肆,吾徽他日皆将食其报,固不徒关区区一校之令誉已也! 愿诸生常味吾言! [2]

真是其言谆谆,其心拳拳。

第四节　学制与课程

光绪二十三年(1897)至光绪二十八年(1902),为我国师范学校草创时期,

---

① 引用的原文如此。"已"疑为"己"之误,待考。
② 许承尧:《疑庵诗》,黄山书社,1990年,附录第11页。

课程方面无明确规定。光绪二十九年(1903)重订学堂章程,初级师范学堂完全科的课程,计有科目12门:修身、读经讲经、中国文学、教育学、历史、地理、算学、博物、物理及化学、习字、图画、体操。还规定,"视地方情形,尚可加外国语、农业、商业、手工之一科或数科目",如果"加数科目者,系就各学生所长,各专课一科目,并非令一学生兼习数科目"。

如此设置课程,目的在于实现培养目标。对于初级师范教育,《奏定初级师范学堂章程·学科程度章第二》有这样的总体要求:

一、一切教育事宜,必应适合小学堂教员应用之教法分际。

二、变化学生气质,激发学生精神,砥砺学生志操,在充教员者最为重要之务……

三、……必须常以忠孝大义训勉各生,使其趣向端正,心性纯良。

四、孔孟为中国立教之宗,师范教育务须恪遵经训,阐发要义,万不可稍悖其旨,创为异说。

五、……师范生将来有教育国民之重任,当激发其爱国志气,使知学成以后必当勤学诲人,以尽报效国家之义务。

六、膺师范之任者,必当敦品养德,循礼奉法,言动威仪足为楷模……

七、身体强健,成业之基;须使学生常留意卫生,勉习体操,以强固其精力。

……

同时,在教员的教学上,也提出具体的建议:

八、教授学科,当体认各学科教育之用意所在,且著眼今日国势民风,讲求实益。

九、讲堂教授,固贵解本题之事理,尤贵使学生于受业之际,领会教授之有法。

十一、学生造诣,不可仅以教员所授为足,尤当勖勉学生,使自行深造学识,研精技艺,勿得偷安自画,致阻学业进境。[①]

紫阳师范学堂当时是否按照章程开设课程,分门教授,我们可从安徽师范大学图书馆善本室收藏的一份宣统元年(1909)十二月徽州府紫阳师范学堂颁

---

① 舒新城:《中国近代教育史资料》中册,人民教育出版社,1981年,第667页。

发的毕业证书中得到了解。

　　这张毕业证书正面格式同清朝官府颁发的执照一样,黑色框线将页面分成两个部分,上面的小梯形框中横排"毕业证书"四字,下面的长方形框中为主体内容。首行的"徽州府紫阳师范学堂为"是大楷字,末行的"右给讲习科生金传裕收执"字体稍小,其他文字为小楷。除时间、地点、专业(科)、姓名、分数是填写外,其余为印制。证书正面在"宣统元年"的位置盖有"徽州府印"的方章(用汉文、满文分别书写),左侧平行地盖着"徽州府紫阳师范学堂之钤印"的长章。左侧有一竖行毛笔小字:"昔名传裕,字容轩。民国肇兴,更名铎,更字醒民。特此声明。"并各在"昔印""今印"字下盖有印章。此可能是金传裕在民国之后需向有关部门展示毕业文凭时,为解释名字不一问题而作出的说明。由此也说明,民国成立这一大事,对这位普通的社会下层年轻知识分子的思想、观念产生了强烈的冲击。

　　正文前两部分为:

　　　　徽州府紫阳师范学堂为给发证书事。照得本学堂于本年变通旧章招生肄业,设讲习一科,向章系一年毕业,今每日加增钟点,定一学期毕业。毕业后给与证书,分充各县城乡初等小学教习。今据讲习科生金传裕在校肄业一学期,应业各学科均已教授及程,业经本学堂会同府宪临校汇考,除分别等差、揭示并造册转详学宪转咨学部备案外,合经给毕业证书。
　　　　讲习科生金传裕,系本省本府休宁县附生,年二十一岁,于宣统元年七月入校,于宣统元年十二月出校。兹将各学科分数列左:
　　　　计开　考分
　　　　修身七十四分　教育四十分　心理三十五分　国文六十分　历史七十三分
　　　　地理八十五分　算术九十一分　博物六十六分　理化九十四分　体操八十分
　　　　笔画七十八分　乐歌八十九分
　　　　总计八百六十五分　平均七十二分一厘
　　　　平时考试平均七十五分二厘　总计一百四十七分三厘　平均七十三分七厘[①]

　　冯煦《皖政辑要·学科》中也辑录了设在省城安庆的公共师范学堂简易科开

---

　　① 承安徽师范大学历史与社会学院2009级硕士研究生刘猛同学关心,抄录全文并提供照片。中国社会科学院历史研究所也收藏有光绪三十三年十二月祁门汪逢源、宣统元年十二月休宁汪廷璧在徽州府紫阳师范学堂的毕业证书各一份。

设的课程及每星期的课时：伦理1课时，国文1课时，算术8课时，地理4课时，历史4课时，物理2课时，化学2课时，博物2课时，图画1课时，英文6课时，音乐1课时，体操3课时。

与国颁章程比较，紫阳师范学堂未开"读经讲经""习字"，却增设了"心理""乐歌"。物理和化学合开为一门课程，在方与严的回忆中也得到了验证："当时教理化的是一位陈先生，大约要小我一二岁……"①

按照朝廷颁布的章程，"各种学科，务以官定之教科书为讲授之本"，有的科目明确了课本的选用。如修身科"摘讲陈宏谋《五种遗规》：一、《养正遗规》，二、《训俗遗规》，三、《教女遗规》，四、《从政遗规》，五、《在官法戒录》"；读经讲经科"《左传》应用武英殿读本，讲读《周礼》应用通行之《周官精义》"；练习官话"即用《圣谕广训》直解"。更多的则只是大体规定了教学内容，既无详细纲要，又不定教材版本，如教育科：

先讲教育史，当讲明中国外国教育之源流，及中国教育家之绪论，外国著名纯正教育家之传记，使识其取义立法之要略。但外国历代教育家立说亦颇不同，如有持论偏谬易滋流弊者，万万不可涉及。

次讲教育原理，当讲明心理学之大要，及中国现在教育之宗旨，及德育智育之要义，并讲辩学（日本名论理学）及教授法之大要。

次讲教育法令及学校管理法，当据现定之教育法令规则，讲学校建置编制管理卫生筹集经费等事，宜兼讲关系地方治理之大要。

次讲实事授业，当使该师范学生于附属小学堂练习教育幼童之法则。盖初级师范学堂，在解说小学教育之理法不可过驰高远，以实能应用为主。其在附属小学堂实事授业，则以次使师范学生教授幼童；而师范各科教员及附属小学堂之堂长与教员，务须会同督率师范生，监视其授业，品评其当否，且时自教授之以示模范。②

由于时隔久远，资料缺乏，紫阳师范学堂的教材实际使用情况不清楚。但以20世纪20年代省立二师仍有大量校编教材存在的事实揣度，紫阳师范学堂使用国家统编教材的比例不会太高。

第五节　师生的反清活动

紫阳师范学堂办学期间，正是清朝末期社会矛盾尖锐、政局动荡、革旧鼎

---

① 方与严：《方与严教育文集》下册，四川教育出版社，1995年，第832页。
② 舒新城：《中国近代教育史资料》中册，人民教育出版社，1981年，第670页。

新之际,学堂自然也不会是清净的世外桃源,各种政治思潮乃至政治势力都会在这里传播和渗透,甚至也避免不了尖锐的对抗。

激进的反清思潮在紫阳师范学堂中的广泛传播,与陈去病等来校执教有极大关系。学堂监督许承尧,虽身为进士,在翰林院任职,与政府处在同一阵营,但他的内心深处也充满了对时局的不满,于教育等处均有倡议革新之议。正如此,他能容忍陈去病等人宣传革命,甚至本人也参与为政府所难容的秘密政治活动。

陈去病来到徽州,许多旧派人物大为吃惊。陈去病充满爱国激情,在教学之中和课余,不遗余力地启发学生的爱国之心、激励其报国之志。尤其经常运用历史事件来针砭时弊。他曾作《为诸生讲史》一诗,可以看出他的志向和心绪:

> 兴亡自古寻常事,只为中原种族悲。
> 辛苦驱除阿骨打,即今依旧混华夷。
> ……
> 而今休痛无家国,不见稽山励胆薪。
> 匹妇匹夫咸与责,楚虽三户可亡秦。

在徽州期间,他还创作了两部著作:一为《烦恼丝》,叙述清初汉族人民抗拒剃发蓄辫的史实;二为《五石脂》,叙述东南志士的抗清逸事,兼录诗文。在从事学术研究之中,鼓动反清的色彩十分明显①。

对于这一时段他们的一些活动,民国年间由许承尧口述、郑初民记录的《徽州革命党人之活动》曾有这样的描述:

> 当伪满窃据之光绪廿五年,政教窳败,志士蜂起,革命思潮,充沛天地。吾徽僻处万山中,亦不敢后人。谋国之士,乃有汪律本(号鞠友)、郑履端(号菽亭)、江峙(号彤侯)、程炎震(号笃原)等后先加入工商勇进党,潜事鼓吹。既又纳汪銮(号柳江)、黄质(号宾虹)、冯欲仁、许承尧(号际唐)等,毁贡院为学堂,为宣传革命之策源地,乃创新安中学于贡院。又辟紫阳师范学堂于紫阳书院,推新科翰林许承尧为监督,从民所望也。后江峙荐历史教习陈去病(按:陈为中委叶楚伧之师),陈尤激烈,随机启示,遇事取譬。从此莘莘学子在新潮之乳哺中,徽邑光明渐具体化。入党者日

---

① 王中秀:《黄宾虹年谱》,上海书画出版社,2005年,第43页。

多，证章文件，皆由汪律本、郑履端取自南京；饷缺，则由黄质购机铸币（按：此机犹存歙西潭渡村）。郑履端则出赣入浙（按：龙游灵山），与叶恪章、郑自熙等联络。江晔、许承尧以芜湖皖之要冲，宜进拓，与徽州成犄角之势，乃举李光炯（桐城人）、柏文蔚（号烈武）筹创安徽公学。而卢仲农、刘光汉（号申叔），皆一时之俊彦也（按：刘后变节事袁，舆论惜之），举洪泽臣、吴棣（号郁农①）筹创徽州公学，以维新巨子汪梦邹②所设之科学图书社为会议机关（按：汪系皖绩溪人，性好客，陈独秀亦曾下榻焉）。③

　　虽然在上述材料中，许承尧并没有说明"工商勇进党"与同盟会的关系，几项重大的事件在时间前后上也有些混乱，但由此说明他们积极推进宣传革命的活动是没有问题的。

　　在紫阳师范学堂教员中，黄宾虹、费公直、费迈枢等与陈去病不仅私交甚厚，更主要的是政治态度相近。大约在光绪三十二年（1906），这帮志同道合的同人成立了一个秘密组织"黄社"，以纪念黄宗羲为名，议论诗文，实际是以此来发展反清力量。其社盟为许承尧所撰，大要是三句：遵梨洲之旨；取新学以明理；忧国家而为文。社员初为9人，后发展至10余人，主要有黄宾虹、陈去病、许承尧、江晔（彤侯）、汪律本、费公直、费迈枢、陈鲁德、严达，另有在歙县县学内任职的湖南人聂伯篪（施贵）、秀才出身的浙江东阳墨商李潮（海衣），还有教员中其他几人。"黄社"无社长，设理事，由许承尧担任，黄宾虹为助理。

　　据传，他们曾借新安中学堂学生许某的大宅院和黄宾虹宅院"怀德堂"进行集会活动。光绪三十三年（1907）初夏，有人以黄宾虹涉嫌"革党"（清末对革命党之称）告发到省城安庆，结果黄出走上海。安徽巡抚恩铭得报，拟上本参劾，却恰被省巡警学堂监督、革命家徐锡麟刺杀；安徽省布政使沈曾植和继任巡抚冯煦与黄宾虹、许承尧交好，暗力消弭，此案也就不了了之。

　　当年秋季，风声渐过，许承尧辞去监督之职，回到北京，被授翰林院编修。黄宾虹也返歙县，但不再在紫阳师范学堂任职。"黄社"悄然解散，徽州的反清活动也转入低潮。但许承尧、陈去病、黄宾虹等人在新安中学堂和紫阳师范学堂预先埋下反清思想的种子，一旦环境适宜，仍将发芽、茁壮成长。

　　光绪三十四年（1908）十月前，新安中学堂学生曾有一次罢课行动。省府为此批示徽州知府："学生无理取闹，挟众罢学，久已悬为禁令，仅予记过，不足

---

　　① 原文如此。歙县地方志编纂委员会《歙县志》（黄山书社，2010年，第1 237页）写作奠秋。或作郁秋，似更准确。

　　② 原文如此，即绩溪人、出版家汪孟邹（1878—1953）。

　　③ 王中秀：《黄宾虹年谱》，上海书画出版社，2005年，第41页。

以遏嚣风,饬即查明为首之人,牌示开除,严追在校费用,以示惩儆。"在学生余宝勖等联名上禀请求挽留监督洪汝闿时,再次批示知府:"以全体学生联名具禀,最为学堂恶习,似此藉众要挟,不守规章,断难轻恕。饬府会同监督并案查明前次滋事及此次倡首具禀学生,择尤开除,以肃学务。"黄家驹接任监督后,也对罢课一事进行了一番调查,但结果是"查询在校各生,皆此推彼,却坚不承认。复询在校各员,又谓事起仓猝,实莫悉其原因"。对此,黄家驹认为,可能是"中学学生,自洪监督去后,规则松懈,志气益骄"所致,并估计"日久事迁,恐非仓猝之间可以查出实在"。言下之意是不急于深查。到底是真的难以查实,还是黄家驹有意推延以淡化,的确很难判断。至于学生联名上禀一事,黄家驹认为:"该堂学生国文程度之优美者,惟余宝勖、许家栻、李毓龙等数人,皆斐然可造之才,言动亦向来恂谨,从未多事。"而"查阅抄发禀词,舌锋犀利,纯乎以刀为笔,口吻更非其余学生所能学到,事后之联名具禀,有人捉刀,则事前之挟众罢课,有人主动,自可概见"。因此,他的结论是"此案发见之由来,似不能专罪学生"[①]。

当然,不论学生罢课与联名上禀是否有人挑唆与利用,但学生经常以近乎对立的方式向学校表示异议则是肯定无疑的。

在宣统元年(1909)上半年聘用的教员中,也不乏思想激进者。如体操教员汪俊,字孔璋,原名毓秀,婺源段莘人,光绪初年出生。他性格沉稳,为人低调,寡言少语,交游不多,坚韧,有毅力。其父汪少高,曾为左宗棠幕僚,并跟随左军进入新疆,参与收复失地的大业。后以陕西籍中举,出任直隶某县知县。汪俊即出生于直隶。汪少高后不幸病故,汪俊没有依托,只得返回婺源老家,时年方八岁。10年后,汪俊经在北京的父亲故友推荐,被录取在我国最早成立的国立中学堂——五城中学堂(北京师范大学附中前身)学习。不久退学来到南通,希图进入实业类学校学习技术。因母亲病危返里。母亲故去后,他典当家产,进安徽武备学堂学习陆军,不久进兵营,改名汪俊。后被选入讲武堂学习。光绪三十四年(1908)底,因熊成基在安庆领导马炮营士兵举行反清起义失败,讲武堂军官多人遭受逮捕。汪俊遂离开军队,到芜湖参与安徽公学新校舍的建设事务。很快受聘到紫阳师范学堂任教,不久转聘为安庆全省师范学堂体操教员。但汪俊对于军营生活总难忘怀,不习惯学校的平静生活,于是,他再次进入军队。辛亥革命爆发后,汪俊革命热情高涨,先后参与收复安庆、浦口、南京的战斗。时局平稳后,徽州有设立民团之议,汪俊即受公举着手组建(后称徽州巡缉队,先驻歙县府署,后移屯溪华山)。民国3年(1914)7月,因

---

① (清)刘汝骥:《陶甓公牍》卷十《详查复新安中学堂学生滋事情形文》,《官箴书集成》第10册,黄山书社,1997年。

士兵哗变而遇难。洪汝闿为他亲撰墓表并作铭：

> 师行如山，杀敌如草。是曰胜兵，为国之宝。妇女是爱，财帛是求。是曰娇兵，为民之仇。君之治军，恒诵斯语。入则申儆，出则镇抚。百人之队，其容桓桓。不惊市廛，卫我新安。何图祸变，起于行列。狼子野心，戕其魁杰。维今军人，自谓天骄。哗于营门，掠于市朝。惟其人人，不识法纪。乃令贤者，遘变而死。君身虽死，君名不亡。捍蔽同闾，险阻备尝。埋骨华山，高坟四塞。商旅讴思，父老叹息。佳兵不祥，古有是云。我为铭词，用告邦人！[①]

智贞益是江苏盐城伍佑镇名士陈黛生的秀才门生，废科举后，再入两江师范学习，是新旧兼学的年轻士绅文人。离开徽州后，他回乡一边在"兴安会馆"讲学，一边团结进步人士，积极开展宣传革命和组织群众工作。辛亥革命爆发后，智贞益等人率先于当年11月14日在伍佑降下黄龙旗，升起五色共和的大旗，伍佑成为盐城县首先光复的地方。民国2年（1913），他又与郝儒琳等人在盐城创办法政专门学校，设政治、法律两科，成为盐城县兴办中等学校之始。他是民国初年盐城有影响的人士之一。

光绪元年（1909）两学期都在紫阳师范学堂讲习所就读的方与严，在回顾他的师范学堂学习生涯时，曾描述两件事情，也透露了当时学潮的情况：

> 当时教理化的是一位陈先生，大约要小我一二岁，他给学生闹风潮骇怕了，上课时除对学生行一鞠躬礼外，即对着黑板讲到下课为止。同学不听，看其他书籍，有人告诉他，他只点首默忍而已。……总之他每次试验淡气[②]、磷酸、尿酸……无一次不闹笑话。
> ……
> 我在校内小事不肯随众附和、兴风作浪。一次反对一位横行压迫学生的日本留学生的监督张某，我做了代表之一，联合新安中学同学运用群众的力量，竟把他推翻了！那时两校一个监督。[③]

方与严说的第一件事情中的"陈先生"，即桐城人、上海理化专修科毕业生陈葆荃，说明当时新安中学堂及紫阳师范学堂的学生，与学校乃至当地政

---

① 洪汝闿：《汪程二烈士哀挽录》，民国刊本，第2页。
② 原文如此，即今氮气。
③ 方与严：《方与严教育文集》下册，四川教育出版社，1995年，第831–832页。

府、朝廷之间,经常出现摩擦,而"闹风潮"则是学生斗争的主要方式。其影响之深,甚至已经影响到了日常的教育、管理和教学。而部分教师,对此似乎是极为惧怕,以致对学生正常的教学要求都不敢提出。第二件事情更为典型。首先,斗争的对象居然是两校的"一把手"监督张旺芝;其次,反对的原因是监督"横行压迫学生"(即深层的政治类原因而非简单的经济原因);再次,斗争方式是群众的力量通过代表的形式表现出来,显示出深厚的群众基础与有理、有利的正确策略;最后,从斗争结果看,张旺芝任监督不到一年就被驱赶下台,表现出学生强大的力量。所有这些,都不能说与两校建校之初,许承尧、陈去病、黄宾虹等人在学生中宣传民主、革命的思想,营造出一种民主、激进的学校文化没有关系。更远一点看,许承尧、陈去病等人在徽州新式学堂中激发、推动的革命潜流,对辛亥革命及其后徽州政治格局的变迁,都有着一定的影响。

宣统元年(1909)紫阳师范学堂颁发的毕业证书也同样反映汹涌澎湃的斗争现实。在前引毕业证书背面,印制着光绪三十三年(1907)的上谕全文,透露出政治强烈干预教育的时代特征:

光绪三十三年十一月二十一日内阁奉上谕:朕钦奉慈禧端佑康颐昭豫庄诚寿恭钦献崇熙皇太后懿旨:国家兴贤育才,采取前代学制及东西各国成法,创设各等学堂,节经谕令学务大臣等,详拟章程,奏经核定,降旨颁行,奖励之途甚优,董戒之法甚备。如不准干预国家政治及离经叛道、联盟率众、立会演说等事,均经悬为厉禁。原期海内人士,束身规矩,造就成材,所以期望之者甚厚。乃比年以来,士习颇见浇漓,每每不能专心力学,勉造通儒,动思踰越范围,干预外事,或侮辱官师,或抗违教令,悖弃圣教,擅改课程,变易衣冠,武断乡里,甚至本省大吏,拒而不纳,国家要政,任意要求,动辄捏写学堂全体空名,电达枢部,不考事理,肆口诋谋,以至无知愚民,随声附和,奸徒游匪,藉端煽惑,大为世道人心之害。不独中国前史,本朝法制无此学风,即各国学堂,亦无此等恶习。士为四民之首,士风如此,则民俗之弊,随之治理,将不可问。欲挽颓风,非大加整饬不可。着学部通行京外有关学务各衙门,将学堂管理,禁令定章,广为刊布,严切申明,并将考核劝戒办法,前章有未备者,补行增订,责令实力奉行。顺天府尹、各省督抚及提学使,皆有教士之责,乃往往任其偭越,违道干誉,貌似姑息见好,实系戕贼人才,即如近来京外各学堂,纠众生事,发电妄言者,纷纷皆是。然亦有数省学堂,从不出位妄为者,是教法之善否,即为士习之优劣所由判,确有明征。嗣后该府尹、督抚、提学使,务须于各学堂监督、提调、堂长、监学、教员等，慎选器使，督饬妥办，总之以圣教为宗，以艺能为辅，以理法为范围，以明伦爱国为实效。若其始敢为离经叛道之论，其究必终为犯上作乱之人。盖艺能不优，可以补习；智识不广，可以观摩。惟此根本一差，则无从挽救。故不率教必予屏除，以免败群之累；违法律必加惩儆，以防履霜之渐。并着学部随时选派视学官，分往各处认真考察，如有废弃读经，讲学功课荒弃，国文不习而教员不问者，品行不端，不安本分，而管理员不加惩革者，不惟学生立即屏斥惩罚，其教员、管理员一并重处，决不姑宽。倘该府尹、督抚、提学使等，仍敢漫不经心，视学务士习为缓图，一味徇情畏事，以致育才之举，转为酿乱之阶，除查明该学堂教员、管理员严惩外，恐该府尹、督抚、提学使及管学之将军、都统等，均不能当此重咎也。其各懔遵奉行，俾令各学堂敦品励学，化行俗美，贤才众多，以副朝廷造士安民之至意。此旨即着管学各衙门暨大小各学堂，一体恭录一通，悬挂堂上，凡各学堂毕业生文凭，均将此旨刊录于前，俾昭法守。钦此。

原来，自从各省纷纷兴办新学以后，虽然一如此前官学设置"卧碑"，严禁学生参与政治活动，但实际上，青年学生痛感国家屡弱、外侮频临、官员贪腐，"每每不能专心力学"，"干预外事"。学生运动的发展，在朝廷看来，实属"世道人心之害"。因此，决意禁绝。在上述的上谕中，要求"学部随时选派视学官，分往各处认真考察"，对"品行不端，不安本分"者立即摒斥惩罚，对"教员、管理员一并重处"。若"致育才之举，转为酿乱之阶"，负责教育事务的府尹、督抚、提学使及将军、都统等官员均得受处罚。为使圣旨广为传布，还要求"管学各衙门暨大小各学堂，一体恭录一通，悬挂堂上"，甚至"凡各学堂毕业生文凭，均将此旨刊录于前"。

来自朝廷的命令，在地方上也得到一定程度的执行。接任徽州知府一职时间不久的刘汝骥，在向上司汇报地方有关情形时，也重点介绍了自己的工作，其中排在前面的就有"整顿学堂"一项。他来到新安中学堂和紫阳师范学堂，亲自"查阅学生程度"，遇到"斐然可观者，则面加奖励"；发现"其偶有放言高论者，则照会监督申斥之"。并与两校监督约定，逢每月月考，知府必定到堂主持面试[1]。

第六节　毕业生的教育实践

紫阳师范学堂的毕业生，多充任乡村小学堂教员之职。他们接受过比较

---

[1]（清）刘汝骥：《陶甓公牍》卷十《徽州府禀地方情形文》，《官箴书集成》第10册，黄山书社，1997年。

正规的师范教育,掌握基本的教育、心理等科学原理以及近代自然和社会科学知识,运用于教学实践之后,相对于旧时私塾的学科单一、教法刻板,新式小学堂迅速展示出独特的魅力。

民国3年(1914),著名民主主义教育家黄炎培考察华东各省教育,曾涉足徽州,其所见所闻,有不少即与紫阳师范学堂毕业生的活动有一定关联。4月25日,黄炎培一行到达婺源赋春,该村有吴姓公立的高等小学。前一年1月开办时有学生40人,二次革命的战争影响至此,学生人数锐减至20人。对于该校,黄炎培记载道:

> ……皆寄宿,日纳米一升,另年纳学费十元。校就青云书院设立,其经费每村年出十元,合二百元。晤其教员彭姓,脑后尚累累垂辫,所命国文题为《扬善论》《管仲相桓公论》《莲花比君子说》,亦有铅笔画及豆细工。其一教员曾在某县习师范者。当去岁初立,各村意兴甚高,私塾生亦来附习算术、体操,今无之矣。学生虽未尽脱私塾气,然见客则彬彬有礼。

赋春离城较远,新校创办,开设极为新颖的算术、体操等课,对私塾学生产生很大的诱惑,因此学生纷纷来附。民国2年(1913)二次革命波及,不少学校停办,皖南一带民间又盛传"停学堂、复科举"的流言,导致学生流失。文中提及的"豆细工",与纸细工(折纸、切纸、组纸、捻纸等)、黏土细工、石膏细工一样,是手工课中的一部分,利用泡软的各种豆子及长短不一的小竹棒,搭建简易的工艺品。在较为偏远的村落小学,还能开设时尚的手工、铅笔画、体操等课程,应该得益于有一位曾在师范学校学习过的教员。

休宁黄村是一个徽商聚集的村落,人文气息很浓郁。28日,黄炎培参观了该村小学校,也很有好感:

> 有黄氏小学者,设于水口庙。校舍光气颇合式,盖黄氏族学也。晤黄君涤原及定甫,朱君锡虞,皆当习师范或肄业中学者。出示学校成立史,以民国纪元前三年创办。学生四十人,男女皆收。高小一年为一室,初小一年至四年合为一室。规定值日生职务,时间表配置有声无声皆中度,于正课外仿自治办法,设学生会,令其练习,规定操行考察法,分质直、中礼、无饰三项,以完全为最上。谈次深以教室在楼上,又无学校园为大憾。如此良好之教员与小学,不图于深山窎僻处得之。[①]

---

① 黄炎培:《黄炎培考察教育日记》,商务印书馆,1914年(民国3年),第131、140-141页。

与黄炎培见面的黄村小学校教员朱君,名裕师,字锡虞,休宁南乡霞瀛人。宣统元年(1909)上半年在紫阳师范学堂讲习科学习,时年26岁。

赋春、黄村两校的出色办学,显然与教员接受过近代师范教育训练有关。因此,紫阳师范学堂"校中才俊腾踊,已毕业出而治小学者,成绩斐然。各县小学初芽得此一溉,欣欣荣长"①,即是公允之评。

很多紫阳师范学堂毕业生,将从事教育作为终生的事业,并在地方上留下一定的影响。方与严、金传裕、耿坤等即是突出的代表。

方与严(1889—1968),原名方昌,字禹言,又字竹因,歙县王充人。宣统二年(1910)开始,在17年中,先后在西溪南伊川小学、率正小学、敬宗小学、县立第七小学、崇一小学、承志小学、县立女子小学等校任教员或校长,兼任歙县教育会副会长,着力推动地方教育改革,与守旧势力发生过激烈冲突。

民国16年(1927),方与严考入南京晓庄师范,一年后毕业,被陶行知派往湘湖师范。民国18年(1929)秋,被陶行知召回晓庄师范任校务主任,因组织师生参加自由大同盟活动,参加南京各界驱逐日本军舰和声援和记工厂工人罢工游行,被开除国民党党籍。晓庄师范被当局查封后,随陶行知逃往上海,继续从事教育工作。民国21年(1932),陶行知创办山海工学团,方与严任主任。民国24年(1935)他到广西工作,加入中国共产党,任中共南宁市委宣传部长,编辑出版《国民基础教育》《新动向》等进步刊物,被广西当局驱逐出境,再次到山海工学团教书。之后,参与全国各界救国会工作。"八一三"事变后,在中共安排下转入战时教育工作,两次遭上海国民党当局拘捕。皖南事变前夕,由党组织安排到重庆育才学校任教务主任,协助陶行知工作。民国36年(1947),方与严被派往解放区,在中宣部教育组工作。

北京和平解放后,方与严以救国会代表身份出席第一届全国政协全体会议,参加开国大典。后任教育部初等教育司、民族教育司副司长等职。当选为第三届、第四届全国政协委员。

金传裕(1889—1951),字容轩,休宁县溪口镇阳干村(洲阳干)人。金传裕出生于苏州,祖上经商,家业丰厚。光绪三十年(1904),考中秀才。清廷废除科举,入仕之路中断。宣统元年(1909)七月,金传裕考入紫阳师范学堂讲习科,当年十二月毕业。民国2年(1913),他回到家乡阳干,在妻子朱道正(字葆仁)全力支持下,立志兴学。他变卖了部分家产,在自家老宅兴办起一座学堂——私立振西初级小学,招收本村及邻近各村的学童就读,这是休宁西部第一所近代意义的学校,金传裕自任校长兼教员。民国8年(1919),"育美厅"建成,学校也迁设于此。

---

① 许承尧:《歙县志·艺文志·记·紫阳师范学堂》。

金传裕也改名铎,字醒民,寓意将终身从事教育以振告万民。

二十世纪二三十年代,振西初级小学规模虽小,但办学规范。校内的每一处布置,都蕴涵着对学子的谆谆教诲。金传裕的次子、民国27年(1938)曾在该校任教的金家骐,曾据回忆绘就校园、教室景观图,并附如下文字说明:

教室前方为讲台,上悬大黑板,其下讲台加高一级,使矮小的学生亦可上黑板演算。另有可移动的小黑板和挂图架,平时放在大黑板两侧。讲台前置讲桌,右侧为教学用风琴。讲台下北侧有一书橱,上两格放教学用书及参考书、挂图、教学笔记、学生成绩册等,下格放报刊。抽屉内放印章、公文表报等。下方的板橱内放教具。

教室中间布置成礼堂,挂中山先生像,配以横额、对联、遗嘱。两边分挂两半球图和中国全图。正中高悬一大玻璃珠,内镀汞齐(水银)制成凸面镜,如同汽车前侧装的"后视镜",能将全室学生的形象和动态缩小反映出来,自己和同学都能看到,有助于学生自行检点,名"自省珠",是独特的设置。后侧的玻璃橱,装采集来的动、植、矿物标本。

教室正中上方为厅名大匾"育美",上下款为"中华民国八年×月 毂旦""新昌张载阳书"(张系当时的浙江省长,字系在浙江杭州经商的金承基等托人求得),匾的左半为跋语,有句云:"……醒民君倡议重建,复得承基、福田、玉书诸君戮力赞助,共襄盛举……"末为"黄村黄开祥跋,霞瀛朱立钧书"。匾的下方有如意状铁质匾托。右方为校训"信、恒",亦有跋语,前两句为:"孔子云:人而无信,不知其可也。又曰:人而无恒,不可以作巫医。……"(语出《论语》)系白纸墨书裱装在背板上制成,外加黑漆边框。左方为休宁县政府颁发的"传令嘉奖"匾,亦系用红纸书写制成,裱在背板上,年久已褪成淡红。厅的下廊中门背面上方为黑地金字漆成的"蒙泉养正"匾,与厅名"育美"匾遥相呼应,含义为对学龄儿童进行启蒙教育。……①

耿坤(1885—1939),原名洪佳,字简之,号厚山,绩溪伏岭镇鱼川村人。清末从紫阳师范学堂毕业后,历任绩溪官立明伦两等小学堂教员,私立鱼川初等小学堂教员、校长。民国初,先执教于瀛洲梧村植基小学校,后返乡重建村小,民国24年(1935),又将村小发展成完小。抗战期间,他组织师生组成剧团并亲自带队到城乡及宁国演出,募集抗战经费,因积劳成疾去世。

---

① 梦千金:《补发16日(原振西小学校舍平面、景观图)解说词两篇》,http://blog.sina.com.cn/s/blog_5bcd80630100b15d.html。

耿坤一生致力于家乡教育,粗食布衣,不怠不懈。他于教育,忠诚朴实,辛劳一生。在经费短绌的情况下,令其子耿树涛到校,共任艰难。为挽留外聘教师,他勉力提供膳食。由于耿坤矢志不渝,才使村小一直延续到新中国成立前夕,为家乡哺育了一批可造之才[①]。

第七节　民国初年各县的师范传习所

鉴于初级师范学堂完全科的修业时间长达五年,而地方兴办新式小学堂又急需师资,为"速设小学,广开风气,多获教员,成就寒士",清政府在《奏定初级师范学堂章程》中提出:

> 各州县于初级师范学堂尚未齐设之时,宜急设师范传习所,择省城初级师范学堂简易科毕业生之优等者,分往传习。其讲舍可借旧有书院、公所或寺院等类;其学生凡向在乡村市镇以教授蒙馆为生业,而品行端谨、文理平通、年在三十以上五十以下者,无论生童,均可招集入学传习,限定十个月为期。毕业后给以准充副教员之凭照,即令在各乡村市镇开设小学。

为此,清政府要求各省学务处督饬地方官尽力推行,等到各省城及各州县初级师范学堂毕业有人,才将传习所渐次裁撤。针对传习所毕业生修业时间短、教授小学未必能一一合乎法度的可能欠缺,提出将来酌派初级师范学堂毕业生为正教员"以董率[②]之"的补救思路。

在政府的指导下,光绪三十一年(1905),新安中学堂附设了师范传习所。但招生对象、人数、修业时限、课程设置等情况不清。据称一年后停办[③]。

光绪三十二年(1906)七月,绅士江黎青在婺源县城内北门保安山开办了婺源县师范传习所。这所公立传习所有资产1 435两,以房租、茶税为常年经费,每年收入1 960两,支出1 960两,大抵平衡。学生32人,初定一学期毕业,后展为一年,又展为二年,仿效紫阳师范学堂的办学模式。终因水灾,学校受损颇巨,无人继续来学,宣统元年(1909)停办。

光绪三十四年(1908),绩溪知县文化舒责成县教育会、县劝学所开办官立绩溪县师范传习所,附设在东山高等小学堂内。该所房舍及教学设施简陋,资

---

① 绩溪县教育志编委会:《绩溪县教育志》,方志出版社,2005年,第344页。
② 董率,也作"董帅",统帅,领导。梁启超《中国改革财政私案》载:"若夫既决办之后,其能有成效与否,则全视乎董率之人何如。"
③ 歙县教育志编委会:《歙县教育志》,黄山书社,2009年,第276页。

产126两,以劝学所拨款为常年经费,每年收入691两,支出671两[1],学生24人,多为诸生,2月上课,12月毕业后,分派小学堂任教[2]。仁里的程东屏就是该传习所的学生。该所办了4年。

也在光绪三十四年(1908),黟县在碧阳高等小学堂附设师范传习所,六个月一期,半年后即告停办。

宣统二年(1910),绩溪县校头的公立竞实两等小学堂也附设了师范传习所,学生20多人,其他情况均未见记载。

祁门县师范讲习所直到民国4年(1915)才建,设在明伦堂,校长为安徽优级师范学堂生物科毕业生、祁门善和里人程炯(1879—1927,字昭吾),教员有同在优级师范毕业的陈锡奎等,招收各校小学毕业生40余人,学制2年,毕业后在各小学堂任教[3]。

大体上,师范传习所所授课程有:修身,摘讲陈宏谋的《五种遗规》,每星期授课2小时;教育,讲授教育原理、教授法、管理法、教育制度,每周12小时;中国文学,读平易古文,作日用书牍、记事文、议论文,兼习官话,每周2小时;历史,讲中外历史大略,每周3小时;地理,讲中外地理大略,每周2小时;数学,讲加减乘除,分数小数,比例开方,每周6小时;格致,讲理化示教,博物示教,每周3小时;图画,每周2小时;体操,每周4小时。每天6小时,合每周36小时。所用教材多为上海商务印书馆、上海集成图书公司、上海文明书局等沪版师范用书,也选用《京师大学堂讲义》等书。教授法仍属书院式。

民国18年(1929),歙县又开办过师范传习所,所长鲍惟一,教职员6人,学生18人,常年经费1 350元。与此前一样,都是以短期培训的办法培养本县需要的小学师资。

面向在职教师的短期培训比较少见。鉴于很多教师对单级教学感到困难,民国8年(1919)暑假,歙县教育会开设"单级讲授"讲习会,聘请二师附小主事葛祖贤及教员程郁为主讲。"先期函请各小学校长暨教育会会员广为劝导,介绍现任小学教员、塾师及有志研究小学教育者入会讲习。计报名入会者八十五人,开会后报到者七十一人,讲习期满给予入会证书者五十九人,成绩合格而给予讲习期满证书者四十五人。以最短时间收良好效果,且使一邑中小学之单级教授自此皆有法可循,有术可通,而不感其困难。"[4]民国9年(1920)和

① 徽州地区教育志编写组《徽州中等师范教育》第66页记载为资产1 260两,岁出691两。孰是,待考。

② 冯煦:《皖政辑要》,黄山书社,2005年,第553页。

③ 祁门县地方志编委会:《祁门县志》,安徽人民出版社,1990年,第573页。

④ 余宝勋:《歙县教育会创设之暑假单级教授讲习会》,《安徽省立第二师范学校杂志》,1919年(民国8年),第6期。

民国10年(1921)暑期,歙县还开设有国语讲习会,主要课程有注音字母、声音学、语言学、读本(小学国语教科书)、国语练习、翻译(古文今译)、文法、国语教学法、教育学、心理学、伦理(逻辑)学大意等①。绩溪县初中附设的简易师范班也办过一期在职教师培训班。

---

① 歙县教育志编委会:《歙县教育志》,黄山书社,2009年,第275页。

第三章　徽州近代师范教育的高峰
——省立二师（上）

　　民国创立，开辟了各项社会事业发展的全新途径，徽州的师范教育也迎来了春天。省立五师（二师）在校长胡晋接的引领下，逐渐走上高峰。但民国初年和北洋政府时期的政局动荡，地方军阀的肆意妄为，民智未开的社会现实，都直接或间接影响着师范教育的发展，并最终使二师黯然消亡。

　　在政府层面，师范教育得到了较多的关注。民国元年（1912）3月14日，孙中山即令教育部迅即妥筹办法，通告各省份，将已设之优级、初级师范一并开学。当年9月和12月，教育部分别公布《师范教育令》《师范学校规程》，次年又发布《师范学校课程标准》《师范教育注重实习训令》，并通令各县设立小学教员讲习所。由此，师范教育的基本制度得以初备。其后，教育部不断规范师范学校的办学，如要求各省份筹议扩充师范并加以整顿［民国5年（1916）］、通咨[①]师范生服务期内不得改就他职［民国6年（1917）］、明确师范学校应行报告条目［民国6年（1917）］、通咨各师范校长视察该学区教育状况［民国6年（1917）］、规定师范学校于学生毕业前三月应将履历报由本省区长官分派服务［民国7年（1918）］、要求师范学校酌减国文钟点加授国语［民国10年（1921）］等，这些都为省立二师的办学实践提供了政策依据。

　　为"图师范教育之统一，使各校长交换意见，讨论方法"[②]，教育部还于民国4年（1915）8月10日至28日，召开全国师范校长会议。胡晋接也参加了会议，并在会上提交《关于整顿全国师范教育之意见书》，得到了与会者的广泛赞同。会后，《师范教育注重人格教育与生活教育之要旨及办法》《师范学校附属学校整理进行之方法》《关于师范学校训练教授应行注意事项》《师范学校开办讲习会研究会办法》等议案被教育部采录。但是，省立二师既不在主要城市，也非国内名流主持，在其前后15年的办学历史上，除了民国6年（1917）3月3日部视学杨乃康和主事孙夑、民国10年（1921）5月24日部视学黎某莅校视察外，教育部对省立二师的影响大小很大程度上取决于办学者自觉性的高低。

---

①民国时期公文用语，即通知。以下同。

②璩鑫圭、童富勇、张守智：《中国近代教育史资料汇编·实业教育 师范教育》，上海教育出版社，1994年，第799页。

相比之下，因省立二师为省立，所以安徽省政府的决策对其影响更大。但此一时期，军阀割据，政权腐败。在倪嗣冲统治时期[民国2年（1913）7月至民国9年（1920）9月]，为扩充军队，他多次挪用教育经费，省立二师曾两次几乎停办。但辛亥革命播下民主、科学的种子，以及地方军阀尚处在积蓄力量阶段，也为师范教育的发展提供了相对宽松的空间。省立二师的前十年，是办学成绩最为显著的时期，省教育厅的指导也比较及时和细致。如对省立二师的视导，就有省视学汪淮[民国2年（1913）]、陈光谱[民国4年（1915）]、朱稚舆[民国5年（1916）4月、民国7年（1918）11月]、赵纶士[民国11年（1922）4月]、章玄庵[民国11年（1922）12月]等，他们调查学校资产及经常、临时收支账目，也向师生发表演说。民国7年（1918）7月3日至10日和民国8年（1919）6月14日至18日，省立二师分别举行第一、第二班学生毕业考试，省公署暨教育厅也委派省视学朱稚舆、姚毓麟莅校监试。省教育会调查员也曾委派程荣燊（民国4年）来校视察。师范学校还成立了安徽全省师范学校联合会，并在民国7年（1918）和民国8年（1919）分别在省立一师、省立二师开会。民国11年（1922）1月，又召开全省中等教育会议。所有这些活动，都对省立二师的教育教学活动产生积极影响。

倪嗣冲去职后，安徽的军政首脑更换更加频繁。在民国9年（1920）9月至民国16年（1927）初不到7年时间里，省军事首脑（督军、督办、总司令等职）更换9人次，民政首脑（省长）更换竟达13人次[1]。与此对应的各县，权力更替也同样迅速。从民国元年（1912）到民国16年（1927），休宁县知事共13任，只有民国5年（1916）至民国14年（1925）间相对平稳，仅4任（任期最长为刘荣椿，民国5年（1916）至民国8年（1919））。而民国元年（1912）和民国16年（1927）先后各有3人出任知事[2]。政局动荡不堪已一目了然。在这样的时局中，省政府对师范教育的重视程度也大不如前，民国9年（1920）6月18日和民国10年（1921）6月15日，省立二师分别举行第三、第四班学生毕业考试，省教育厅仅委托休宁县知事陆澄亮、吴通世莅校监试。民国12年（1923）第六班学生毕业，在6月22日的毕业典礼上，仅有休宁县知事韩焘出席并颁发证书。

第一节　从省立五师到省立二师

民国建立之初，蔡元培出任第一任教育部总长，连续颁发一系列教育法规，改革清末教育。除将学堂改称学校，监督、堂长改称校长外，更主要的是进行质的变革。民国元年（1912）9月2日，教育部公布了"注重道德教育，以实利

教育、军国民教育辅之,更以美感教育完成其道德"[①]的教育宗旨。次日,公布
学校系统令;12月10日,教育部以第34号部令的形式发布《师范学校规程》共
86条(民国5年即1916年修改后增加至88条)。至此,有关师范教育的基本法
规已经成型,全国的师范教育呈现发展的势头。

　　遵照要求,中学和师范的设立要按学区规划。安徽都督兼民政长柏文蔚
依原先府、州治的范围,将全省划分为6个师范区(徽州为第五师范区),决定
相应设6所师范学校。民国元年(1912),安庆的优级师范学堂改为安徽省立第
一师范学校,并增设省立第一女子师范学校;芜湖原皖江中学堂改为安徽省立
第二师范学校[民国3年(1914)1月改为省立五中],原女子公学改为省立二女
师;民国2年(1913)1月,宣城原宁国府中学堂改为省立四师;4月在徽州歙县
创立省立五师[民国3年(1914)2月改称为省立二师];8月,在阜阳创办省立三
师;民国4年(1915)将凤阳府师范学堂改称为省立五师;民国7年(1918),合肥
原庐州属五县联立甲种工业学校改办为省立六师。

　　民国2年(1913)1月,胡晋接奉省都督之命出任省立五师校长,负责筹办
事务。首先面临的问题是选址。胡晋接认为,作为下辖歙县、休宁、婺源、黟
县、祁门、绩溪六县的第五师范学区的师范学校,其办学地点应符合以下要求:

　　　　一、徽属中心点;二、地亩连片,且便扩充;三、向南或东南;四、风景美
　　秀,前无障碍;五、距河近;六、无水患;七、距市远近适中;八、便于小学校
　　招生。[②]

以上八项,第一项规定了校址的大体位置,即适中的办学地点应在休宁的屯溪
一带。此处不仅大致处于六县之中,且濒临率水、横江,交通便利。民国2年
(1913)2月12日,胡晋接从绩溪老家率人前往屯溪一带沿河实地勘察,发现隆
阜、率口、湖边等地,从地形地貌、交通、环境来看,均宜办学。他们又来到歙县
雄村,发现此处"有曹氏故宅,庭园幽蔚,左近多余地",如果借建校舍也"最
佳",虽然相对偏远,幸有新安江"与屯溪一水相通,半日可达"。但所有这些地
方,都必须购地建房,原有屋舍也多需修改,不仅费用颇大,且开学在即,时间
更不允许。因此,他在随后向省府呈递的报告中认为,虽然紫阳书院"校舍之
大,仅能容学生八十人以下;且堂屋多西向,光线极强;山无树荫,饮水不富"。
"校舍旧有堂室、斋舍、厨湢各屋,亦多须修葺,其校具亦大半添购修理,然后敷

　　① 璩鑫圭、唐良炎:《中国近代教育史资料汇编·学制演变》,上海教育出版社,1991年,第651页。
　　② 省立二师:《安徽省立第二师范学校杂志·文牍》,1914年(民国3年),第1期。

用。"①但较租借他处,终究节省费用,可以借此先行开办。同时抓紧筹款,"就前相择各处,定购一地方建筑,或租借旧屋修改",以便一二学期后即可迁移至新址,扩大办学规模。至此,校址暂设歙县问政山麓的古紫阳书院就算确定。

民国2年(1913)2月26日,胡晋接至歙县,着手具体的筹办事务。首先发布招生布告:开设预科两个班;遵照部颁规程,高小毕业者考国文、算学两科;未在高小毕业者,考国文、数学、历史、地理、理科等五科,以高小毕业程度为准。起初拟按省府意见,每班录取50人(教育部《师范教育规程》规定为40人以下),徽属各县录取人数基本与其人口总数比例一致。但3月25日举行了入学考试后,发现报考的120人中,各县人数多寡不一,程度相差也很大,故最终录取74人(歙县32人,休宁4人,婺源12人,祁门10人,黟县2人,绩溪12人,旌德1人,浙江诸暨1人),分成两班。4月1日举行开学仪式,7日正式上课。

在招生、考试、开学等事项逐一落实,学校秩序日渐正常之后,选择新校址的问题又被提上日程。5月17日,胡晋接再次来到屯溪,在沿河上下十来里的范围内,考虑选择合适的地点。先后看中相对理想的地址有三处:一是主簿山,面积约25亩;二是牌楼前,面积约50亩;三是隆阜荆墩,面积约60亩。均有房屋在内。经再三比较与接洽,最后才选定距屯溪不足5里、池塘环抱、风景清幽的荷花池。7月7日,正式租赁休宁县率口荷花池(今属屯溪)胡、毕两姓住宅为代用校舍,9月从歙县迁至此。

但在当年9月开学之初,省府下达了可能导致学校夭折的通令:

> 教育事宜,本极切要,惟现在戒严期内,在校生徒,避乱不暇,谁复安心肄业?各县之官立公立各学校,本年下学期,暂行一律停办……②

当时,安徽、江西等省参与的"二次革命"刚失败,时任安徽都督兼民政长、袁世凯的爪牙倪嗣冲,力图借助武力迅速掌控全省,借口保障学生安全,严令各校停办一学期,以达到将本已紧张的办学经费移办团防的目的。

事实上,早在7月时局日趋紧张之时,五师就已从学生安全考虑,将下半年的开学时间推迟到9月27日。学校接到通令后,很快在"养日"(韵目代日,即9月22日)电报禀告:"徽属未乱,生徒就学无阻,是否照常开学?乞电示。"在未接到答复的情况下,于"迥日"(24日)再次电报禀告:"养电未蒙赐复,生徒多已至校。请速示办法。""艳日"(29日),省府终于来电,停办态度未变,且明确说明原因:"养迥电均悉。省款奇绌,仰仍遵前令,即行停办。"

---

① 省立二师:《安徽省立第二师范学校杂志·文牍》,1914年(民国3年),第1期。

② 省立二师:《安徽省立第二师范学校杂志·文牍》,1914年(民国3年),第1期。

胡晋接与教职员等,深感"师范教育视他项教育为重",在经过职员会议商讨之后,认为只要本校能有办法维持,即可继续开办。经费问题解决途径有四:一是职员都减少薪金,照原额支付五成;二是学生照教育部颁布的《师范学校规程》中"半费生"办法,暂自交膳食费用;三是学生入学时交纳每人10元的保证金(许诺毕业时退还),合计约700元,可暂借用;四是此前下拨的办学经费,除修缮、添置必要的教学设施之外,尚余500多元。如此则可维持学校一学期的运转。省立五师遂将继续办学的理由和应对办法形成文件,呈报省府。

10月27日,省府批示到校:

> 呈悉。该校长拟提各生徒之保证金及开办余款,作为本学期经费,原无不可。惟保证金一项,毕业后均须如数退还,此时暂行提用,其将来如何筹还之法,应先议定,来呈并未提及,碍难照准。[①]

为此,省立五师只得于11月再次呈文详细陈述:

关于续办不停的理由,主要有四条。一是"下期停学,即上期功课亦复抛荒。宝贵光阴,至为可惜"。二是学生已经成童,"欲就学而无从,欲改业而不可,终日飘荡,无所用心,相与嘻嘻,毫不事事,不惟开游惰之渐,抑且便邪慝之媒"。三是师范教育关系地方前途甚紧,"以徽属论,十万儿童,苦乏教师,即在第一次之师范生,出任教育,尚须五年,必再越三四年,乃有高、初小学生之毕业。今若师范生毕业改迟半年,即将来高初小学生入学及毕业期,亦改迟半年。于治化进程,实嫌濡滞"。四是屯溪荷花池校舍已租赁,设备已添置,员工已到位,"若遽停办,竟同虚置,而每月屋租及工役工食,仍不能省"。

关于经费的来源:首先使用开办费余款;万一不敷使用,"由校长等再行减俸以资弥补"。

关于拟提保证金之说明:拟提保证金,不是全数提取。由于退还保证金是在五年之后(中途退学者不退保证金),"时日方长,不难设法"。如现存房屋押租可得抵款,将来可以酌情收取学生的教科书籍费,可将第二年招生收取保证金存款生息。但据省示,此项保证金,省立五师将"保存毋动"。

接到省立五师如此合法、在理、有情的呈文,省民政长终于批示照准:

> 呈悉。据称年内拟就开办费余款项下,撙节支用,万一不敷,再由该校长等减俸弥补。并沥陈碍难停办情形,颇中肯綮,应准变通办理。该校

---

① 省立二师:《安徽省立第二师范学校杂志·文牍》,1914年(民国3年),第1期。

长既热心教育,应即督同校内各教员,认真教授,无得敷衍,致涉虚糜。切切。此批。[①]

至此,一场暂停办学的风波才告结束。

民国3年(1914)元月,安徽省署决定全省师范先办省城、休宁、阜阳三所,设在徽州的省立五师遂改称省立第二师范学校(简称"省立二师")。

定址荷花池时,苦于经费困难,只是租赁民宅作为校舍。当时只有两个教学班,房屋即显窄小。因新学年继续招生,必须投资修造。根据工匠估算,添造食堂等工程,需要经费1530多元,而下拨的临时费用中,用于建筑的仅够一半。胡晋接虽然明知无望,但还是在3月写给省府教育科长的信函中,明确希望在当年7月以后的经费概算中,列入临时费10 000元,用于购地扩建。

民国3年(1914)2月,民主主义教育家黄炎培以《申报》记者身份,从上海起程,沿着南京、芜湖、大通、铜陵、安庆、九江、南昌、饶州、景德镇、屯溪、徽州、严州、桐庐、富阳、杭州、上海的线路,开始教育考察之旅。4月29日,他在省立二师及其附属小学参观了一天。省立二师教务主任方新特为此撰《黄韧之[②]先生莅校欢迎词》:

> 民国三年四月二十九日,江苏黄韧之先生,驾临吾校。吾侪凤佩先生提出之实用主义教育说,又侧闻先生于学校建筑法,最为研究,而任江苏教育行政时之设施,亦殊令人心溯……而吾校……欲得贤者之指示教益,固已非一日。而地处浙江、扬子江分水岭之脊,海内外教育界游历者,以地非孔道,交通不便,悉裹足不至。即向者中央教育部派出之视学,亦未有一人曾履兹土者。此校开学阅一年余矣,远道翩然直接为教育考察而来者,今仅先生一人。……亟望先生有高论宏议以指导吾侪之不及,固不待言也;即在生徒,一旦忽然闻有远游之嘉客,亦亟以得接言论丰采为至快。谨为之辞以请……[③]

黄炎培在来省立二师之前,胡晋接已接到安徽省行政公署内务司教育科长的通知。因此,在5月初他上教育科长书中,就很详细地介绍了黄炎培在徽州尤其在省立二师的活动,并汇报了科长嘱办事宜:

---

① 省立二师:《安徽省立第二师范学校杂志·文牍》,1914年(民国3年),第1期。
② 原文如此。今多写"任之"。下同。
③ 省立二师:《安徽省立第二师范学校杂志·文牍》,1914年(民国3年),第1期。

前月廿八日,黄韧之先生由婺源抵屯溪。二十九日,冒雨来荷花池,鄙校全体开欢迎会,先生登坛演说,约一时许。恳切透辟,得未曾有。题为《敬希望诸君各自求切实平易之学问道德以化于乡里》,(黑板揭示)大旨不外所提倡之实用主义教育。翌日,陪游阳湖、稽灵山、环山、隆阜、由山岩、二童讲书山等处。所至名胜,多摄影片。隆阜为戴东原先生故里,有先生读书处,门址尚存,但碑碣已湮,仅余满园森秀之竹木而已。……本月一日,往游黄山,一览云海、莲峰之胜,气象之测候、地质之调查、自然物之观察与采集,其足裨助于吾国理学界者,当必不浅。黄先生此行之价值为何如也!改日,仍旋屯浦,再买舟泛新安江入浙。属代申意,已为转达,尊函亦递去。……①

黄炎培在省立二师的活动,也给当时在此就读的学生留下深刻印象。徽州名师、1956年曾出席全国群英会的程应鸣此时正在该校学习。按学校要求,学生每天都须撰写日记。留存至今的程应鸣日记就有相关内容。4月29日他写道:

阳历四月廿九日,即阴历四月初五日,天阴,上午雨。因江苏前教育司司长黄任之先生游历安徽、江西、浙江等省考察教育,以为设高等师范之准备。今日上午至本校午膳后,即请演说,他所说之宗旨注重实用,并希望吾等自求切实平易之学问与道德,以化于乡里。言学问须于切实平易求之,勿为高大深远之求。总以实用为要。……是所希望也。

在5月8日的日记中,程应鸣又写道:

上午黄任之先生果来,在本校吃过午膳,校长即以纸求他书"戴东原先生读书处"八字,以石刻之用,以置于戴东原先生读书之处②。……③

由于黄炎培对二师备极赞许,考察后又向安徽省署据实呈报:"安徽二师校长胡晋接,教务主任方新,苦心擘画,勤恳周至。出省所见师范此第一。鄙意所最赞同者,在处处能适合地方状况,十年之后,皖南其庶几乎!"故安徽省都督兼民政长倪嗣冲也传令嘉奖:"查该校长办事勤恳,本民政长亦有所闻。今特令嘉

---

① 省立二师:《安徽省立第二师范学校杂志·文牍》,1914年(民国3年),第1期。

② 引用的原文如此。"以石刻之用,以置于"断为"以刻石之,用以置于"为妥。

③ 李兴福:《黄炎培与省立二师》,《休宁县文史资料》第1辑,第17页。

奖,藉资风示。"①程应鸣在6月5日的日记中写道:

> 早餐后忽见壁上有民政长训令。其所言者,嘉奖吾校长及各职员并勉励之。乃因黄炎培先生投函至省,言本校办学甚良,为诸师范学校之卑②第一,故令以此为勉励之。③

民国3年(1914)5月,就在荷花池校址的建设已经启动之时,胡晋接听说万安镇新塘有一"白果厅"(主要用料为白果树)全业可出售。24日,即派人到新塘察看任氏怀永堂房产及周围环境,发现极为理想:首先,万安距休宁县5里,距屯溪25里,横江、渐水一苇可通,风帆往来,甚为便利;其次,该处地面宽敞,光线适度,空气清新,地势爽垲。虽然邻近市镇却不烦器;最后,全业宽约40余丈,深约20丈,远望好像一个小村落,业主开价仅六七千元,相比于在荷花池购地建筑所需万元,无疑很是便宜。因此,虽然还没有同卖主沟通,胡晋接就迫不及待地将这一消息和拟购置的打算写信向省府教育科长作了反映。6月5日,双方订立购买草约;7月4日,正式定购。该住宅面积1 082步8分④,价格为银币5 200元。9月开始,修理新塘校舍,添造寝室10间,盥所5间,走廊4间。12月29日,省立二师迁入万安新校舍。自此,奠定了永久校址。

经过五个月的修缮扩建,学校初具规模,气象一新,"遐迩闻讯来参观者数千人,咸啧啧称羡该校不止"。胡晋接喜不自胜,以《移校万安新塘村志感》为题,赋诗五首:

一

曾看问政山前月,复坐荷花池畔风。

摄影并教留纪念,三迁校舍两年中。

上接渔亭下率溪,黄山白岳拱环中。

商量校址披图志,六邑端推此适宜。

二

当年筑宅度薨薨,遐迩争传白果厅。

继续十年完广厦,鸠工选料几艰辛。★

---

① 程宽、李兴福:《安徽省立第二师范学校与校长胡晋接》,《安徽文史资料全书·黄山卷》,安徽人民出版社,2007年,第534页。

② 引用的原问如此。"卑"字是否为"衍"字,待考。

③ 李兴福:《黄炎培与省立二师》,《休宁县文史资料》第1辑,第18页。

④ 原文如此。明清旧制,测量面积用弓尺,一般1弓为5尺,1平方弓为1步,240步为1亩。

★传闻任宅建筑工程经始①于清道光十九年落成于清道光二十九年。

三

盈虚酌剂用差敷,预算编成六月初。

讲院宏开基巩固,千秋莫忘董江都。★

★新购万安屋业计价五千二百元,教育科长董亨衢先生竭力玉成之。

四

宁湘路线辟山丛,僻壤从今车轨同。

恰喜文明相接触,一兴教育一交通。

五

兵燹流离此诵经,一枝聊借举家迁。

而今岵屺空瞻望,忽忽春秋五十年。②

民国5年(1916),省立二师再次遭受要求停办的打击。5月22日,省立二师收到巡按使倪嗣冲停办学校的饬文。原来,他通令各县停办学务,以将办学经费移作地方办理团防之用。次日,省立二师召开校务会议,讨论并决定了维持至暑假的办法。6月10日,再次讨论并决定了下学期维持校务的办法。幸好,20日,省政务厅公函到校,通告下学期照常开学,一场危机才化解。

在胡晋接的精心策划和管理下,省立二师的社会影响日益扩大,多次获得上级教育行政机关的高度评价。民国8年(1919)3月11日,校长胡晋接获教育部七级嘉禾章,教员余宝勋、毕醉春、黄宗培获教育部八级嘉禾章。民国10年(1921)5月24日,安徽省教育厅长张春霆在省立二师视察以后,也对胡晋接治校业绩予以肯定。民国13年(1924),省视学谢宗禧视察省立二师之后,同样指出:

　　校长胡晋接,自创办该校以来,恳切任事,筹划周详,学校范围逐渐推广,学生成绩日益显著,深堪嘉许。③

从此,慕名而来参观访问者不绝于途,皆赞誉省立二师为"安徽学府"。

20世纪20年代中期开始,军阀之间的混战此起彼伏,学校正常的教育教学

---

①　经始:"开始营建"之意。

②　胡晋接:《胡晋接诗八首》,绩溪县胡稼民教育思想研究会编《会刊》,第90期。

③　程宽、李兴福:《安徽省立第二师范学校与校长胡晋接》,《安徽文史资料全书·黄山卷》,安徽人民出版社,2007年,第534页。

活动大受影响。民国15年(1926)11月,北洋军阀皖浙苏赣闽五省联军总司令孙传芳部的赣三师刘宝褆、李德铭、白宝山旅等40 000余人,从江西退入徽州,分驻休宁县城、屯溪、万安、龙湾、上溪口一带达数月。该部军纪不佳,扰民无度。19日,刘宝褆部参谋长陶荣泉率卫兵50余人首次强行进驻省立二师,次日开往屯溪。胡晋接急忙上书省政府,请求不要再驻兵校园。但23日,辎重营600人再次入驻校内,虽次日开赴龙湾,但学生已惊散一空。12月1日,省教育厅通令各校提前结束课程,即日一律放假。10日,骑兵一个团约1 600人又进驻学校,15日才撤往绩溪。为保护校产,事务主任胡正修、工程部主任程敷错、文牍周赞贤、膳食部主任程秉彝、文书程登瀛、农林部主任胡正清、小学主事葛祖贤等合力护校,将造成的损失降至最低,累计不足300元(主要是铺板、铺凳被烧),事后受到省政务委员会教育科明令嘉奖(无葛祖贤)①。民国16年(1927)2月7日,赣军一个连约80人第四次入驻学校;14日,又有两个连进驻,直至19日才撤出。

　　赣军退出后,局势趋于稳定。民国16年(1927)2月20日,附属小学先行开学,万安本镇小学生到校上课。3月6日,省教育厅长的训令到校,要求各校于3月1日开学。但省立二师经费无着,难以继续开办。胡晋接考虑到"学子光阴旷废可惜",只得设法维持。因校舍遭到驻兵部分损毁,故推迟至20日开学。4月29日,胡晋接收到新成立的省政务委员会教育科委任其为保管委员的文件,文件要求他保管学校房产、器具、文卷,并将战事所造成的损失上报。鉴于当时已开学,5月3日,省立二师电报请示是否维持至暑假。20日,教育科回电称:"军事期内,经费无着,本应提前结束,听候另定办法。惟是该校长苦心维持,深堪嘉尚。本科长当特别向财政科长交涉,设法救济。"②但形势的多变与办学的困难,迫使省立二师在5月19日即举行第十班毕业典礼,6月19日全校放暑假。相比于往年,时间有所提前。

　　当年暑假后,徽州的中等学校如省立三中、省立二师和省立四女师均未及时开学。同时,受世界教育改革新潮影响,我国各地的师范教育也开始丧失独立性,国立高师大都并入普通高校,省立师范并入普通中学。当年冬,安徽省府也开始实施中等学校改造方案,把师范学校和普通中学合并,前三年为初中,专学普通科,后三年为高中,分普通科、师范科。民国17年(1928),徽州的省立三中和省立二师合并为省立二中,校址定在休宁万安;省立四女师改名为省立四女中。同年4月,各校继续开学上课。除原省立二师师范专业学生附在省立二中学至毕业外,二中还每年招收师范科一个班,最后一个师范班学生在民国25年(1936)毕业。

---

① 绩溪县教育志编委会:《绩溪县教育志》,方志出版社,2005年,第343页。
② 省立二师:《黄山钟·纪事》,1927年(民国16年),第6、7期合刊。

第二节　办学经费与设施

　　民国政府早期对师范教育的重视,不仅体现在师范教育的独立设置上,更反映在对办学经费的支持上。民国元年(1912)9月发布的《师范教育令》中,明确规定"师范学校经费以省经费支给之"。对于师范生,不仅"免纳学费",还"由本学校酌给校内必要费用"①。这样,师范学校的经费,就基本依靠省政府的财政拨款了。

　　从民国2年(1913)到民国9年(1920),安徽省的实际统治者是皖系军阀倪嗣冲。在政治上,他投靠袁世凯、段祺瑞,积极支持复辟帝制的活动。在经济上,大肆搜刮。一方面他从北洋政府领取军费,另一方面又裁减机构人员,向地方、日商借款,发行短期公债,同时大幅度增加税收:厘金在清末五关十口基础上增设三关数十口;通令更换官契纸以重收验契税;增加田赋[清末全省约280万元,民国5年(1916)达400万元]。以民国5年(1916)为例,当年全省财政收入预算为759万元,与民国元年(1912)的781万元相比,略微减少。但民国元年(1912)的预算中包含了170万元关税收入,民国5年(1916)因关税提为中央收入而未在其中。因此,民国5年(1912)比民国元年(1912)实际增加25%左右。在该年支出预算中,军费383万元,是民国元年(1912)的2.4倍,占总支出672万元的57%②。

　　省府拨付省立二师的款项,分经常费、临时费两项。经常费开支包括教员俸薪、办公费、杂费,临时费开支包括建筑费、购备费、杂费。学校按学期编造预算上报,由省财政核定后按月下拨。但由于倪嗣冲政府扩军和贪污(倪本人拥有银洋8 000万元,土地七八万亩)③,民国初年,省立二师的经费经常被拖欠,甚至被停发,办学有很大困难。从民国2年(1913)至民国16年(1927),省立二师经常费的收支情况,请参见表3-1。

表3-1　民国2年(1913)至民国16年(1927)省立二师经常费收支略表④

单位:元

年度	班数	预算数	收入		实支数	节余数	备注
			项目	金额			
民国2年2月至6月	2	5 390	省款	3 000	3 134.143	478.818	
			本年临时费转入	612.961			

---

　　① 李友芝、李春年、柳传欣等:《中国近现代师范教育史资料》第2册,内部资料,第156-157页。
　　② 王鹤鸣、施立业:《安徽近代经济轨迹》,安徽人民出版社,1991年,第494页。
　　③ 张南等:《简明安徽通史》,安徽人民出版社,1994年,第453页。
　　④ 徽州地区教育志编写组:《徽州中等师范教育》(征求意见稿),油印本,1986年。

续表

年度	班数	预算数	收入		实支数	节余数	备注
			项目	金额			
民国2年7月至民国3年6月	2	10 395	省款	5 390	6 127.152	943.546	
			上年经常费结余	478.818			
			本年临时费结余	1 201.88			
民国3年7月至民国4年6月	2	12 939	省款	10 395	9 067.425	1 327.575	
民国4年7月至民国5年6月	3	13 273	省款	12 338	10 856.988	1 481.012	
民国5年7月至民国6年6月	4	15 828	省款	16 719	14 028.774	4 171.238	
			上年经常费结余	14 028.774			
民国6年7月至民国7年6月	5	24 512	省款	24 512	18 460.647	6 051.353	
民国7年7月至民国8年6月	5	24 332	省款	24 332	2 126.39	3 062.61	
民国8年7月至民国9年6月	5	24 452	省款	24 452	21 983.17	2 468.83	
民国9年7月至民国10年6月	5	28 513	省款	28 513	26 799.296	1 713.704	含附小3 700元
民国10年7月至民国11年6月	6	31 621	省款	28 987.105	30 496.387	无存	垫借款已收回
			上年经常费结余	159.78			
			本校基金项下垫借	1 349.502			
民国11年7月至民国12年6月	6	35 449	省款	31 205.228	30 768.558	1 349.502	含附小4 200余元
			本校基金项下垫借	912.832			垫借款下年归讫
民国12年7月至民国13年6月	6	33 838.5	省款	33 683.824	31 140.457	2 543.367	含附小5 300余元
民国13年7月至民国14年6月	6	30 946	省款	30 946	29 196.349	1 749.651	含附小4 800余元
民国14年7月至民国15年6月	6	36 271	省款	33 582.562	32 397.711	1 184.851	含附小5 700余元
民国15年7月至民国16年6月	6	36 271	省款	7 525.165	27 269	两比无存	含附小4 500余元
			保管费转入	600			
			上年经常费结余	1 184.851			
			本校基金部垫借	17 958.984			

上表说明,省立二师头两年的经费特别困难,第一学年实际只有半年,预算经常费5 390元,但只领到3 000元,是靠临时费的结余解决了困难。第二学年的第一学期,即当年下半年,倪嗣冲要省立二师停办,预算经费10 395元,只领到5 390元。

临时费对于新办学校来说极为关键,一切购地、兴造、添置设备都需大笔款项。省立二师最初的三处校址,无论在紫阳书院还是在荷花池,都投入了一些经费以解决临时之需。购买新塘村校舍并改造,也是花费不菲的巨大工程。虽然学校在预算中精打细算,只按保证学校正常运转的基本数额申报,但省财政不能如数下拨的年度比比皆是,民国13年(1924)以后居然分文皆无。请参见表3-2。

表3-2　民国2年(1913)至民国16年(1927)省立二师临时费收支略表[1]

单位:元

年度	预算数	收入		实支数	节余数	备注
		项目	金额			
民国2年2月至6月	6 400	省款	5 000	656.798	4 343.202	
民国2年7月至民国3年6月	2 500	省款	2 500	2 965.845	3 264.396	
		上年临时费结余	3 730.241			
民国3年7月至民国4年6月	7 200	省款	7 400			含附小200元
		上年临时费结余	2 062.516			
		上年经常费结余	943.546			
		本年经常费结余	244.76	10 650.822	两比无存	含附小
民国4年7月至民国5年6月	4 200	省款	5 900	5 781.059	1 006.691	
		上年经常费结余	887.75			
民国5年7月至民国6年6月	2 800	省款	2 950	4 529.497	1 674.644	含附小余65元
		上年临时费结余	1 006.691			
		本年经常费结余	2 238.45			
民国6年7月至	11 200	省款	5 200			

① 徽州地区教育志编写组:《徽州中等师范教育》(征求意见稿),油印本,1986年。

续表

| 年度 | 预算数 | 收入 | | 实支数 | 节余数 | 备注 |
		项目	金额			
		上年临时费结余	1 674.644			
		上年经常费结余	2 196.788	5 789.648	3 281.784	含附小余119元
民国7年7月至民国8年6月	4 200	省款	600			上年小学临时费
		上年临时费结余	3 281.784			
		上年经常费结余	7 007.353	10 612.23	276.907	含附小余956元
民国8年7月至民国9年6月	2 600	省款	4 840			补民国6年,民国7年临时费4 500元
		上年临时费结余	276.907			
		上年经常费结余	3 470.167			含附小余407.577元
		本年经常费结余	1 298.275	9 875.427	9.922	
民国9年7月至民国10年6月	2 720	省款	429.50			
		省款	1 221.199			民国8年省立二师、附小结余上缴,转补发民国7年临时费
		省款	1 060			补民国6年、民国8年临时费
		本年经常费结余	1 553.924	4 264.624	两比无存	
民国10年7月至民国11年6月	3 440	省款	2 068.8			
		省款	4 000			补民国6年临时费
		本校基金项下垫借	353.974	6 422.774	两比无存	欠基金垫款
民国11年7月至	3 440	省款	537.5			

续表

年度	预算数	收入		实支数	节余数	备注
		项目	金额			
		省款	3 740.5	2 745.612	1 532.388	补民国7年、民国9年、民国10年临时费
民国12年7月至民国13年6月	8 500	省款	1 500			
		上年临时费结余	1 178.441			
		本年经常费结余	1 630.535			
		本校基金项下垫借	331.462	4 640.438	两比无存	民国10年基金项垫借款已归讫,本年垫款未归还
民国12年7月至民国14年6月	未发预算	本年经常费结余	1 749.651			
		基金项下垫借	2 038.965	3 457.154	331.462	
民国14年7月至民国15年6月	未发预算	省款	216			
		省款	1 859			摊还旧欠
		基金部垫借	359.819	2 434.81	两比无存	
民国15年7月至民国16年6月	未发预算	基金部垫借	3 941.851	3 941.851	两比无存	本年欠基金部6 340.635元

综合上表,十五年中,省立二师的临时费共计支出78 768.589元,其中由省府直接拨款为51 022.5元,占总数的64.78%;靠经常费结余来开支的是23 221.199元,约占总数的29.48%。

民国元年(1912)年底教育部发布《学校征收学费规程》,另规定师范学校、高等师范学校学生"于入学时征收保证金一次,以银元十元为限,除中途自请退学外,毕业日仍照原数发还"[1]。虽然省立二师中途退学学生不乏其人,10元保证金也因此充公,学生还需交纳用于晚自习的灯油费、书籍费、制服费,临时节余的资金作为存款也有少量利息,但这点收入相对于办学的庞大开支而言,仅具象征意义。

---

[1] 李友芝、李春年、柳传欣等:《中国近现代师范教育史资料》第2册,内部资料,第158页。

或许是从学校开办之初申领经费的不易,胡晋接预感到了今后类似困难出现的经常性,便从节支、增收两方面做了长期而有效的准备。经常费的节支是怎样实现的,可以观察其开支的主要项目及数额,请参见表3-3。

表3-3　部分年度省立二师经常费收支分项略表[①]

单位:元

年　度	收　入		支　出		支出占收入的百分比
	项目	金额	项目	金　额	
第一年度	省款	3 612.961	俸薪	1 960.576	54.27%
			办公费	1 054.658	29.19%
			杂费	118.909	3.29%
			节余	478.818	13.25%
第六年度	省款	24 512	俸薪	12 126.404	49.47%
			办公费	5 016.265	20.46%
			杂费	1 317.978	5.38%
			节余	6 051.353	24.69%
第七年度	省款	24 332	俸薪	14 446.304	59.37%
			办公费	6 627.353	27.24%
			杂费	195.733	0.80%
			节余	3 062.61	12.59%
第十三年度	省款	30 946	俸薪	14 239.456	46.01%
			办公费	10 152.152	32.81%
			附校俸薪	4 488.838	14.51%
			附校办公费	315.903	1.02%
			节余	1 749.651	5.65%

在省立二师上述的经常费开支中,教员俸薪开支占的比重最大,在46%～60%。节省的主要方式是任职人员尽量兼职。省立二师第一年度共聘过教职员18人,除校长胡晋接、文牍程敷锴、书记程敷鸡和方宗灏,英语教员胡正沅(仅任职3个月)、章恒望,数学教员汪启祚(仅任职5个月)之外,其余全有兼职。办公费、杂费等项开支约占30%。这样,保证每年都有10%左右的节余。

临时费的节余虽然不大可能,但保证经费使用的最大效益也是重要的手段之一。担任庶务主任的胡正修,工作细致,管理明确。他在庶务部内设耗品收发、器具保管、校役管理、来宾接待、购置、消防等工作部门,责任到人,各负

---

① 徽州地区教育志编写组:《徽州中等师范教育》(征求意见稿),油印本,1986年。

其责。建校期间,他每天都在工地监督施工和巡视。这一套科学的管理方法,有效地提高了物品的利用率。

开源对于省立二师来说,意义更大。胡正修向胡晋接提出采用在校后亥山周边办农场、植漆树、开砖窑、建作坊等以工养学的办法来自力更生建校,得到采纳。随着办学地点的稳定,省立二师先后开办了膳食、贩卖、林园、陶务、印刷、工程等经营性部门,还设有豆腐工场、缝纫作铺、摄影部,方便学生,利归学校。当时称这种非政府拨款的收入为"杂入",经省府批准可以由学校使用。下面是省立二师第五年度的一份"杂入清账":

　　1. 庶务部:保证金充公银元一百七十元
　　　　　　　退学学生缴纳学膳费银元一百一十七元
　　　　　　　附课生学费银元三十六元
　　　　　　　利息银元一百五十五元八角六分
　　　　　　　租谷折价银元二元零二分五厘
　　2. 膳食部:膳食结余银元六百零三元八角二分三厘
　　　　　　　牧猪利益银元八十八元九角五分七厘
　　3. 林园部:校园出品银元二十八元八角五分五厘
　　　　　　　售羊二只银元十元七角
　　　　　　　校林损害赔偿银元四元
　　4. 工艺部:本校手工出品银元八元四角五分
　　　　　　　小学工作部纯利益银元六元七角九分三厘
　　5. 贩卖部:贩卖部纯利益银元一百四十六元九角九分七厘
　　　　　　　以上合计银元一千三百七十九元四角六分

省立二师这种"杂入清账"年年都公布在《安徽省立第二师范学校杂志》上。到民国15年(1926),省立二师有一份"历年各部杂入账略",分别统计了各部门十五年来总的收入:

　　　庶务部十五年总收入　　　10 905.149 元
　　　膳食部十五年总收入　　　8 676.769 元
　　　林园部十五年总收入　　　　 30.075 元
　　　农林部十五年总收入　　　3 850.399 元
　　　工艺部十五年总收入　　　　394.403 元
　　　摄影部十五年总收入　　　　501.241 元

贩卖部十五年总收入	2 664.329 元
陶务部十五年总收入	2 397.995 元
附小十五年总收入	5 200.603 元
总　　计	34 620.963 元[①]

　　概括起来,庶务部门收入 10 905.149 元,占总收入的 31.5%,居首位;居第二位的是各项生利(林园、农林、工艺、摄影、贩卖、陶务等)收入,为 9 838.442元,占收入总数的 28.4%;膳食部门收入 8 676.769 元,占总收入的 25.06%;附小收入 5 200.603 元,占总收入的 15.04%。这些收入,都收归基金部。越到后来,基金部积累愈多,发挥作用也愈大。民国 15 年(1926),省府几乎停止了拨款,基金部垫支经常费与临时费高达 24 000 余元。

　　在省立二师办学 15 年中,经常费与临时费共支出 404 516 元。其中:俸薪支出 210 272 元,占 51.98%(第九年起,含附小在内);办公杂费开支 117 442 元,占 29%(其中 70% 是学生伙食费);建筑费开支 50 550 元,占 12.4%;购备费开支25 029 元,占 6.19%;其他开支占 0.52%[②]。

　　对于师范学校的办学设施,民国元年(1912)12 月颁布、民国 5 年(1916)1月修改的《修正师范学校规程》中特有"设备"一章,对此有明确规定:校园"须具有相当之面积,并须于道德及卫生上均无妨害";其中学校园,一般应设,如果地方情形实在不宜,可以暂缺;校舍"宜朴雅坚固,并与教授管理卫生适合";教室除普通教室外,博物、物理、化学、图画须有特别教室,还应有礼堂、图画室、器械标本室、事务室、教员预备室、学生休息所、自修室、寝室、学监室、浴室、疗养室等专用场所;屋外体操场必备,屋内若无条件可暂缺。校长、教员、学监是否建有住宅,则视学校及地方情形而定。同时要求学校必须具备图书、器械、标本、模型等基本教学用具[③]。为此,省立二师在创办之后,不断创造条件以满足教育教学的需要。

　　首先要解决的问题是扩大校园面积。当时决定迁移万安,其中一个重要原因是任氏故宅附近民房、空闲基地较多,且业主均有出售意向。因此,在省立二师前期,学校不断挤出有限资金,购置田、地、山场及附近民居。到民国 17年(1928),共购田地达到 103 亩,山地近 12 亩,价值 12 620.143 元。具体情况参见表 3-4。

---

① 徽州地区教育志编写组:《徽州中等师范教育》(征求意见稿),油印本,1986 年。
② 徽州地区教育志编写组:《徽州中等师范教育》(征求意见稿),油印本,1986 年。
③ 李友芝、李春年、柳传欣等:《中国近现代师范教育史资料》第 2 册,内部资料,第 237 页。

表3-4　省立二师校地购置情况表(迁万安之后)[①]

学年	新购				
	类型	位置	面积	价格	备注
1913—1914	屋、地	万安新塘	计税4.921 91亩	银元5 200元	任氏故宅
1914—1915	屋	校东侧	计税1.065 79亩	银元650元	原属胡氏
	屋	校东侧	计税2.01亩	银元750元	原属余氏
	田		0.991 5亩	银元41元	原属金氏
	田		1.041 9亩	银元40元	原属任氏
1915—1916	屋	校西侧	计税2.273 82亩	银元1 270元	原吴紫石住宅
	田	校东侧	计税22.402 22亩		原属吴氏衍德堂
	地	校东侧	计税8.841 65亩	银元1 403.507元	
	山	校东侧	计税0.305 05亩		
	屋、门亭	校东侧			
	田	校东侧	计税2.112 23亩	银元86.6元	原属吴金氏
	田	校前	1.287亩	银元57元	原属张值甫
1918—1919	地			银元2 018元	
1919—1920	田		12.672 34亩		原属张值甫
	地		3.082亩	银元697.5元	原属何子良
	平屋		(1堂)		原属桂氏
1922—1923	田			银元71.5元	
1923—1924	基地		0.29亩	银元12元	原属汪氏
1925—1926	地			银元10元	

　　起初,教学场所基本靠改造原购民房,但由于二者用途相异,民房框架也未变,因此,作为教学场所并不完全适用。鉴于新增班级日多,已有校舍不敷使用。民国6年(1917),省立二师拟将旧有房舍尽归附属小学使用,另于校园东侧空地分年建造新校舍,以供师范学校使用。在精心规划、绘制图纸上报省政府得到批准之后,开始修造。当年完成建筑面积12 388平方尺。民国8年(1919)新购的十多亩田,经改造后成为大运动场,供召开联合运动会之用。此后,又陆续添造了各类建筑,到民国17年(1928)共建房舍622间,价值50 550.281元(参见表3-5)。

---

① 本表综合省立二师1914年至1927年年度杂志数字而成。

表3-5　省立二师校舍添造情况表(迁万安之后)①

学年	教室	食堂	寝室	盥所	厕所	走廊	操场	阅览	其他
1914—1915	3间	5间	10间	5间	3间	5间	1区		余屋7间
1915—1916	楼屋1所					3间	1区	楼屋1所	3层钟楼1所,平屋6间
1916—1917	6所				1处				教员室4所
1917—1918	8间							1所	教员室4间,工具室1间
1918—1919	2所							1所	教员预备室1所
1919—1920									平屋22间,仓库4间
1920—1921	2所		32间		4间	45间			教员室3间,夫役室2间,杂物室3间,休疗等平屋11间
1921—1922									农场等屋21间
1922—1923									高7尺围墙255丈,平屋3间,亭屋2间
1923—1924									厢房3间,平屋22间
1924—1925			9间	2间		8间			旅舍30间,高台1座
1925—1926			3间	27间		1道			

当然,受整个社会条件的制约,学校条件也还有很多不尽如人意之处。在民国4年(1915)5月高小学生柯尚惠的日记中,记载着学生宿舍内臭虫横行:

> 近日天气渐热,有虱发生,晚间颇为之扰。故今日下午无事时至寝室内捉臭虫。

民国8年(1919)5月,他对教室和自修室内难闻的臭气也表示了无奈和不满:

> 余因患病,故请假以资休息,查吾今日所患之病,实系头晕。而头晕之由,实因秽气冲人太甚。盖近日天气颇热,自修室后之便所因受日光之蒸晒,发出一种极臭之气。自修室与教室内均能闻之。吾人终日埋头于教室、自修室中,无时不闻此种臭气,故颇令人头晕也。②

———————
① 本表综合省立二师1914年至1927年年度杂志数字而成。
② 柯六六:《就读于安徽省立二师时的柯庆施》,《徽州社会科学》,2007年,第9期,第31页。

在美化校园方面,省立二师从建校之初就极为关注。民国5年(1916)3月,开始在校舍前庭开辟学校园,栽种石楠、竹、蔷薇、菊、木兰、百合等科植物;东、西园分别由附属学校(小学、国民学校)、师范学校分派各班学生轮流作业、管理。两园中间,各浚池塘一方,以便汲水灌溉。民国6年(1917),将原学校园定为第二学校园,另在校门外空地开辟第一学校园,约3亩,借鉴实用主义和教授主义①的做法,分食用植物、药用植物、赏玩植物三区,用于师范生农作物栽培实习之用。民国8年(1919)上半年,再将两所学校园全归师范管理,另在各教室前后开辟五个学级园、一个公共园。为此,胡晋接曾赋《校园歌》以之作为纪念:

> 平方庭院两园分,学级区匀,公共区成。灌花锄草同勤。恰课余时候,破工夫,实地习农功。看几多年少英雄,分团作业有精神。②

民国3年(1914),教育部要求凡应设学校园、农业实习场、实习林的学校,可以将学校附近官荒山地,照章承领,其造林收入,可以作为该校基本金永久使用。省立二师背依亥山,绵延十余里,官荒地居多。民国4年(1915)12月,学校承领亥山官荒地112亩,又自置山业8亩8分,开垦了16亩(民国8年又开垦了6亩,其中陶工场使用4亩),兴造学校林,分为六区,分别栽种桐子、杉树、桃树、李树、竹子和风景林木。考虑到亥山土薄,从次年开始选择适宜树种。到民国12年(1923),先后共植洋槐2 121株、桐子树892株、桑树374株、漆树320株、李树193株、柏子树165株。在树林间种大豆、小麦、高粱、芝麻等作物。民国14年(1925)夏季,由该校同人于民国10年(1921)发起建立的潜阜阜民林业公司首次在校林割漆,开始获利。胡晋接也曾作《校林歌》以记其事:

> 来来,日和暖兮春回。步崔嵬,校林作业勿徘徊。领荒先把亥山开,经营种植须坚耐。有松有柏,有竹有梅。壅加肥料,辟除草莱。愿从今,林业发达周山隈。③

供教学参考及学生课外阅读之用的图书也是省立二师积极购置的项目之一。从类别看,涉及人文、社会和自然科学的主要领域,"中外图籍均略备,而关于国学者较多"。对于与当地经济联系较为密切的商业、农业书籍也多有采购。省立二师也争取外地学校等单位的捐赠[民国6年(1917)至民国7年

---

① 民国时期,基层教育界对新的思想、观点、主张,往往冠以"主义"之称。又如习勤主义。
② 胡晋接:《胡晋接诗八首》,绩溪县胡稼民教育思想研究会编《会刊》,第90期。
③ 胡晋接:《胡晋接诗八首》,绩溪县胡稼民教育思想研究会编《会刊》,第90期。

(1918)就得到江苏各校捐赠的报刊近百种],更鼓励本校教员自编,从起初的油印到后来的石印,质量逐步提高。民国11年(1922),还由校友等集资,先后购置了《大藏经》(414册)、《续藏经》各一部。到民国16年(1927),学校共有图书19 014册,价值4 188.351元。其早期历年购置情况,参见表3-6。

表3-6　省立二师购置教学及参考图书情况表(迁万安后)①

单位:种

学年	教育	哲学	修身	文学	数学	史地	理科	经法	艺体	外语	自编	其他	报刊	总数
1913—1914	29	22	12	50	31	74	37	15	37	26	18	166	16	533
1914—1915	16	6	4	50	30	58	58	3	14	14	10	37	13	313
1915—1916	15		2	21	2	15	2		7	1		35	16	116
1916—1917	19	4	1	33	9	30	12	9	4	10	13	56	9	209
1917—1918	48		7	14	13	7	41	15	16	3	12	71	100	347
1919—1920														382
1920—1921														232
1921—1922														359

基于各科教学之需的器械、模型、标本、器具等,省立二师也逐年添置。其中标本一项,多数由学生采集乡土物品制成。到民国16年(1927),学校拥有各类器械近千种,价值3 623.022元;标本2 600余种,模型近百种,价值521.4元;器具6 000多种,价值5 392.827元。基本能满足各科教学及师生生活的需要。参见表3-7、表3-8、表3-9和表3-10。

表3-7　省立二师添置器械情况表(迁万安之后)②

单位:种

学年	数学	博物	理化	图画	手工	乐歌	体操	星学	合计
1913—1914	4	18	10	9	113	3	11		168

① 本表综合省立二师1914年至1927年年度杂志数字而成。
② 本表综合省立二师1914年至1927年年度杂志数字而成。

续表

学年	数学	博物	理化	图画	手工	乐歌	体操	星学	合计
1914—1915	2		116					3	2	123
1915—1916			60		1			2		63
1916—1917		9	133	1			4	2		149
1917—1918		5	18		46			1		70
1919—1920										62
1920—1921										107
1921—1922										249

表3-8　省立二师标本添置情况表(迁万安之后)①

单位:种

学年	生理	动物	植物	矿物	理化	□□②	合计
1913—1914	40	201	1 055	8			1 304
1914—1915		153	959	45			1 157
1915—1916		4		100	68		172
1916—1917		3					3
1917—1918						1	1

表3-9　省立二师模型添置情况表(迁万安之后)③

单位:种

学年	数学	星学	博物	理化	合计
1913—1914	3	1	60		64
1914—1915		2		3	5
1915—1916			1	4	5
1916—1917				1	1

表3-10　省立二师购置器具情况表(迁万安之后)④

单位:件

学年	金类	陶类	石类	机织	竹类	木类	印刷	合计
1913—1914	236	632	8	120	29	1 473	46	2 544
1914—1915	83	371	5	9	1	395	20	884

---

① 本表综合省立二师1914年至1927年年度杂志数字而成。
② 原稿中此处字迹模糊,难以辨认。
③ 本表综合省立二师1914年至1927年年度杂志数字而成。
④ 本表综合省立二师1914年至1927年年度杂志数字而成。

学年	金类	陶类	石类	机织	竹类	木类	印刷	合计
1915—1916	60	441	2	147	3	498	6	1 157
1916—1917	193	293		72		339	18	915
1917—1918	58	184	3	14	3	331	8	601
1921—1922								112

第三节　学校管理部门及师资

对于学校的内部管理,教育行政机关要求通过建立各种规章制度并着力执行来实现。因此,《修正师范学校规程》要求学校建立各类表簿。第一类是国家颁布的有关师范学校的法令;第二类是学校基本制度如学则(包括课程、教授时数、修业毕业、学年学期及休业日、学生入学退学及惩戒、学费及杂费、学生管理、寄宿舍事项、讲习科事项、附小及附属蒙养园事项等)、课程表、教科书分配表、校医诊察表;第三类是学校运作的过程记录,如往来文件簿、学校日记簿;第四类是有关教员情况的,如名簿、履历表、考勤簿、担任学科及时间表;第五类是有关学生的,如学籍表、出席表、准假表、身体检查表、操行考察表;第六类是教学情况记载,如试验问题簿、学业成绩表、实习教授评案;第七类是有关学校资产的,如资产簿、器物簿、消耗品簿、银钱出纳簿、经费预决算簿、图书器械标本模型簿等。

省立二师的机构及职务之设,也源于教育教学管理的需要。创立之初,学校设校长一人,负责按照部颁规程办学,综理全校教育事宜。教务部设教务主任一人,主管全校教务,负责学科、课程、教员的安排及图书采用等事项,特殊时期可暂代校长之权;级任教员除教课外,兼任监视修学、学级训育等事宜;科任教员专门负责学科教学。斋务部设学监,主管学生寄宿、修学、风纪、卫生等项,兼任全校职员请假、销假及统计事宜;学级主任每级设二人,其中一人兼任舍监(每级寄宿学生住一宿舍);全校所有舍监中再任命一人为舍监长。庶务部设文牍员一人,主管办理文牍、监管校印,以及整理图书、仪器、成绩表等;会计员一人,主管银钱出入;庶务员主管全校器具、杂料及工程杂务;书记员负责缮写誊印、制作各类簿本。这些人员的日常工作由文牍员分配。

建立有关会议制度来研究问题、安排工作也是省立二师管理的基本方法。教务方面有训育研究会、教授研究会、体育研究会。训育研究会由教务主任、学监、舍监、级任、附属学校主事参加,每周六上午休课后举行;教授研究会由教务主任、附属学校主事、级任、科任教员(分科)参加,每周六下午休课后举行;体育研究会由教务主任、学监、舍监、体操教员、附属学校主事参加。庶务方面有庶务会议、工程会议、林园部会议。庶务会议由会计、文牍、庶务、统计参加,每周一晚举行;工程会议由会计、文牍、庶务参加,每周二晚举行;林园部会议由会计、文牍、庶务参加,每周日晚举行。各种会议都由文牍记录并整理发布。

为求得"学校行政方针之统一,及各部事务之分化统整",既"有系统上之联贯",又"与精神上之浃洽",民国7年(1918)前后,省立二师订立了《校务组织大纲》,有总部、分部和属部,各设主任以专责成。总部即总务部,内设文牍、统计、会计[民国13年(1924)7月划归庶务部]三股,分部隶属总部,分为教务部、舍务部、庶务部、附属小学部和学区教育联合部。教务部主管教授、实习、参观、讲演等事务,下辖文科主任、实科主任、教育实习主任、讲义收发部、报章收发部、图书仪器部和成绩部;舍务部主管训练、管理、卫生等事务,下辖各级级任、各级舍监和校医;庶务部主管耗品收发、器具保管、校工管理、来宾招待、购置、消防、工程等事务,下辖膳食部、贩卖部、农林部、陶务部、校园部、印刷部、摄影部;附属小学部下辖教务、舍务、事务三部,教务部内设成绩、学籍、图书、揭示、体育、童子军等部[民国13年(1924)7月改称股,下同],舍务部内设卫生、仪式部,事务部内设会计、园艺、工艺、贩卖、记录、交际、杂务等部;学区教育联合部下辖五部(后归并为编辑、事务两部)。

各部门根据工作实际,也都相应制定了"规约",作为规范工作的依据。如《林园部规约》共13条,规定了区划(苗圃、校园、校林和其他场所)、编制(主任一人、干事四人)、机构(总务、庶务、种植三课)、职责(分三课胪列)、制度(日记、会议)等项。该部负责的学生校内劳动事项,也制定有《林园部学生作业内规》11条,极为详尽。

省立二师也很重视培养学生的自治能力,并借此提高学生的修养,允许学生建立各种组织。如规模最大的校友会,由全校学生参加。根据校友会组织大纲,校友会下辖指导、练习两部。指导部内设普通指导、特别指导。练习部内分议事机关、办事机关。议事机关有全体校友大会、职员会两类;办事机关内分事务、自治、研究、游艺、运动五科:事务科分庶务、交际、文牍、会计四股,自治科分为各年级自治会,研究科分道学、文科、实科、体育、时事研究会,游艺科分习字、图画、乐歌、摄影等门,运动科分国技、球赛、田径赛等门。学生每期交校友会费6角,校友有吉凶事写赠一联以表意,培养同学友情。

民国初立,中等师范教育迎来了春天。但是,由于接受过高等教育、适宜担任教员的人并不很多,在比较偏僻、落后的地区更难物色。因此,即便是考虑比较周详的《师范教育规程》,在"职员"一章,也极为简略,除了规定公立师范学校教员由校长任用、呈报省行政长官备案之外,只是大致规定了教员的编制:"凡四学级之学校,应有教员十人以上,如学级增多,则每增一学级,平均应加一人半以上。"[①]

省立二师创办之始,拟定学额240人,每班40人,分为6班,第一年招收2个班,以后逐年增加1个班,第五年达到预定数额。因此,创办第一年,为满足开设学科的需要,要聘请各类教员。虽然招生人数逐年增加,但因师范课程设置范围广,课程类型丰富,师生比维持在1:10左右(参见表3-11)。

表3-11　民国3年(1914)至民国12年(1923)部分年度省立二师教师编制一览表[②]

年度	教职员数		平均每班 教师数	教师与学生 的比例	说明
	总计	教师			
1914—1915	17	7	3.5	1:8.2	职员兼课5人未计
1915—1916	18	8	4	1:8.2	职员兼课4人未计
1916—1917	20	9	3	1:9.7	职员兼课2人未计
1917—1918	29	15	3.7	1:8.4	职员兼课5人未计
1919—1919	34	16	3.2	1:7.5	职员兼课4人未计
1920—1921	32	16	3.2	1:7	
1921—1922	31	14	2.8	1:9.3	职员兼课3人未计
1923—1925	33	16	2.6	1:11.3	职员兼课2人未计

胡晋接认为师范生质量的优劣关系国家前途、民族未来,而这取决于学校师资质量。因此,省立二师择师标准比较高。从其教师来源及学术教养分析,学校聘请教师标准大抵是:有教育理想,以改造教育、改造社会为己任;有良好职业道德,能笃定操守,以德服人;学历高,有渊博的专业知识,引领学生成长,强调德才兼备。

为聘请饱学之士,胡晋接多方联络。民国4年(1915),他致信黟县学者胡敬庵,礼聘为学校讲师,教授修身等课,就是因为他是学界泰斗,不仅有"大著数种","学识渊雅,志行芬芳",且"颇有志于讲学,以挽回士习学风",为改良社会先导[③]。同年,他听说林君是个矿物专家,在学术上颇有造诣,立即致信在南京的江谦,利用他在教育界"专精教育"和南通师范"精神上之代表"的威望,请其"劝驾并专讯与林君",礼聘林君到校任矿物课讲师,以输入矿物知识于徽

① 李友芝、李春年、柳传欣等:《中国近现代师范教育史资料》第2册,内部资料,第239页。
② 徽州地区教育志编写组:《徽州中等师范教育》(征求意见稿),油印本,1986年。
③ 省立二师:《安徽省立第二师范学校杂志·通讯》,1915年(民国4年),第2期。

人,造福地方。

经过几年的整合,省立二师的师资和管理力量都有较高水准。校长胡晋接出身廪生,教务主任方新为日本弘文师范毕业。最初7位专任教师中,3人毕业于安徽优级师范,其余都是儒生出身。两年以后,聘用者中大学毕业生日益增多。除江淮大学、北洋大学、上海中国体操学校毕业生之外,大都毕业于师范院校,如金陵大学师范专科、南京高等师范、两江师范、武昌高等师范以及南通师范学校等。少数专业性强的学科,也采取选送本校毕业生进修后回校任教的方式解决,如国语教员方世树,在省立二师毕业后,赴北京教育部国语讲习所修业合格,返回省立二师任职。

在教师选聘上,胡晋接以徽州才俊为主,但也打破地域局限,从省外选聘部分紧缺学科的师资。从民国2年(1913)至民国16年(1927),曾先后在此任职过的121名教职员的籍贯分布,参见表3-12。

表3-12　民国2年(1913)至民国16年(1927)在省立二师任职过教职员籍贯一览表[①]

籍贯	歙县	绩溪	婺源	祁门	休宁	黟县	旌德	桐城	太湖	合肥
人数	27	27	20	2	5	3	1	1	1	2
籍贯	武进	南通	泰县	海门	江都	无锡	六合	南汇	长沙	潮阳
人数	4	5	2	4	1	1	2	1	1	
籍贯	遂安	钱塘	嘉兴	绍兴	平湖	鄞县	彭泽			
人数	1	1	2	1	1	3	1			

上表显示,徽州六县共有84人,占总人数的69%。其中绩溪、歙县、婺源三县就达74人,占总数的61%。绩溪是胡晋接家乡,读书风气盛行,文人多;歙县、婺源不仅人口多,历来也是文人辈出之地。祁门、黟县是人口小县,教职员少,也属正常;休宁人口不少,读书风气也浓,且学校又办在休宁县内,受聘人数却少,原因不明。省内以安庆、合肥为多,也与当地文风较盛有一定关系。省外受聘者集中在江苏南部和浙江东北部,与这里经济发达、文化基础厚实、接受近代教育较早等情况一致。

胡晋接在选聘教师时,重视学科发展的整体性,注意提升弱势学科教学质量。省立二师师资以文科见长。胡晋接精研新安理学,擅长地理;任职时间较长的国文教员余宝勋、黄宗培、毕恩桂都是一代名师。黄宗培的语文教学改革,毕恩桂的作文讲评,尤具特色。民国7年(1918)教育部视学杨乃康来省立

---

① 本表综合省立二师1914年至1927年年度杂志数字而成。

二师视察,听了他们的课,评为"极佳"。歙人汪本楹历史纯熟;绩人程敷锴地理精通,都是一时俊彦,极得学生信仰。就是体操教师、寿县人张砚耕也会填词作诗。他所作的重阳诗中"有酒有诗酬晚节,无风无雨过重阳"、"心如秋水身如雁,人似黄花鬓似霜"等句,都为全校传诵一时。但省立二师的英语、数学、理化、博物、体操、乐歌、教育科目的师资则比较弱,尤其是数理科不如省立三中。

学生为了升学,迫切要求加强数理教学。胡晋接为此在外地多方物色。民国5年(1916)2月,聘得广东潮阳人林铮来教理化、博物(据说为了礼聘林铮及此后的程士范等几位理科教师,曾给他们月薪120元的特殊待遇)。林先生在日本高等师范理化科毕业,又入日本大学修采矿冶金学,专业功底深厚,但一学期后即辞聘。8月又选聘两江师范农业博物科毕业生、武进人丁锡华教授农业、博物等课程,并兼任校园经理。一年后丁辞聘,再选聘北洋大学矿科毕业生、浙江平湖人张宗望担任数、理、博等课程的教学任务[①]。

考虑到外地教员的不稳定性,胡晋接积极邀聘本地的毕业生。民国7年(1918),聘得北洋大学工科毕业生程士范,次年又聘得同为北洋大学毕业生的詹蕃勋、许名杰,担任英语、数学与物理教员。聘单默、戴家麟、袁士鑫等教授体操、乐歌。程士范系胡晋接在绩溪思诚小学任教时的学生,曾任安徽省立甲种工业学校主任、工科教授。他的到来,加强了省立二师数理科的教学力量。民国9年(1920)起,他担任省立二师的教务主任、实科主任。教育教师葛祖贤,南通师范学校毕业,曾任该校附小级任教员8年,民国6年(1917)应聘来任省立二师教育实习主任、教育教员兼附小主事,对省立二师教育课的教学与教育实习工作贡献良多。

或许是考虑到英语口语师资的薄弱,从民国8年(1919)3月1日开始,每逢周六下午,省立二师聘请美国美以美教会教士、美国人马丁博士(1917—1918学年度受派遣来徽,主办学校事宜;另同来两教士负责医院、教堂事宜)到校教学生英语会话。学生柯尚惠(柯庆施)在当日的日记中这样写道:

　　　　马丁先生于今日下午三点半钟到校至礼堂授英语会话,依次询问,大都不能。此实有数。因为:一,马丁先生之口音与我等有不相同之处;二,

①　张宗望后来多年一直从事中等学校的理科教学工作,民国21年(1932),他在世界书局出版了《中学矿物学》,这是他根据中学课程标准编辑的专供初中三年级或高中选科所用教材。全书用语体文和新式标点,横排,大字,有关矿物、实验器材等插图很多。其中关于本国的矿物产地,记载尤其详细,或从本国矿学家著作中参考所得,或本人亲自调查所得,真实可靠。最为难得的是,附录中的"化验矿物器具""试药""火焰的构造与用法""实验应用各表",均由作者在长期的教学实践中总结而成,为当时其他矿物学教材所不载。

英语程度本低；三，听觉不甚灵敏，所以难于答也。

尽管学生们听马丁的课有困难，但仍在努力。晚上，也有学生到他住宿处听他唱英文诗及颂主歌，马丁也利用这样的机会发表他对中国的看法，柯尚惠在4月10日的日记中就大发感慨：

> 余忆得前星期五，在马丁先生房里，马丁先生对吾说道：学问与道德并重，中国为文明先进之国。而今日文明不及他国者，皆因无意识之督军弄到如此，诚为可惜。呜呼，中国！我中国人之中国之家至于此地步，尚不知自惜，反为外国人惜之。可叹也哉！[①]

当时教职员的流动性很大。有时一年新聘教员多达数人。如民国5年(1916)新聘教员有余宝勋、黄宗培、胡培锴、周赞贤4人；次年新聘教员有柳营、汪天衢、葛祖贤、戴家麟、俞垲高5人；民国10年(1921)新聘张宗望、唐毅、申鸿旋、程宗鲁、汪任民、程郁、王树棠、唐廉、周本达、张一堃为教员，则达10人；民国14年(1925)新聘教员也有王文翰、郑文、鲍幼文、陈铨、董承琳、程干珽、汪本慰7人。将曾受聘省立二师的121位教职员在该校任职时间做一统计，参见表3-13。

表3-13　民国2年(1913)至民国16年(1927)省立二师教职员任职时间一览表[②]

年限	0.5	1	1.5	2	2.5	3	3.5	4	4.5	5	5.5
人数	24	25	8	12	2	7	3	3	3	6	2
年限	6	6.5	7	8.5	9	9.5	10	10.5	11	12	14
人数	2	1	3	1	6	1	2	2	1	2	5

在121人中，任职时间仅半年(其中最短的为2个月)的有24人，占总数的19.8%；任职时间为1年的有25人，占总数的20.7%；两年以下共69人，占总数的57%，这说明教职员任职不稳定。任职时间在10年以上者12人，尚不及总数的10%。在任职为半年、1年的人员中，徽州六县之外者分别为16人和10人，表明这一群体相对更易流动。任职10年以上者，除教育学教员葛祖贤为南通人外，歙县3人，绩溪5人，婺源2人，休宁1人。

---

① 柯六六：《就读于安徽省立二师时的柯庆施》，《徽州社会科学》，2007年，第9期，第31页。
② 本表综合省立二师1914年至1927年年度杂志数字而成。

　　观察任职时间较短（1年）的教职员的专业，除9人不清外，以英语（部分人兼数学或理化）专业为最多，达13人；乐歌、体操教员次之，为8人；其余为数学、农林、博物、教育、经学专业教员。这些专业的近代色彩和西学色彩十分浓厚，在徽州本地很难物色合适人选。同样，其他学校也缺少此类教员。对于他们来说，选择合适学校的余地要大得多。

　　若以年龄来看，有年龄记载的任职时间较短（1年）的教职员中，30岁（以始聘之年算）以下14人，31至40岁10人，41至50岁5人，76岁1人。相比之下，越年轻，流动的愿望就越强烈。

　　教职员尤其是主要学科教员的频繁流动，对办学的负面影响无疑很大。民国10年（1921），省立二师体育教员樊骏因家事辞职，开学在即，学校难有合适教员接替，只得函商请在南京高师就学一年的绩溪人汪乃刚（胡晋接好友汪孟邹之侄）来校就职，请其"务恳体念此间特别情形，与夫对于乡里应服之义务，决就斯职，从速回徽到校"①，但未如愿。

　　即便如此，省立二师总体的趋势是向上发展的，其间很重要的原因是学校的核心领导层保持了明显的稳定。在任职12年以上的7人中，除校长胡晋接外，还有长期担任学监（后改称舍务主任）的汪开安，担任庶务（后改称事务主任）的胡正修，担任文牍等职的程敷锴、程秉彝、周赞贤，纯粹的教员只有图画和手工教员潘宗张。这样的结构使学校在任何时候既不会失去灵魂，也不缺乏执行的能力。

　　省立二师在民国2年（1913）创立之时，教员队伍的年龄结构适中。校长胡晋接43岁，年龄最大；教员中年龄最大的是42岁的金宗祁，次之是41岁的毕恩桂，最小的是英语教员章恒望，21岁，其他基本在30多岁。此后聘请的教员也以30岁左右为多。从创校到民国16年（1927），有年龄记载的教职员中，比胡晋接年长的只有大他5岁的吕贤才（1917年到1927年在聘）和徐天璋［长胡晋接20岁，江苏泰县人，民国15年（1926）8月受聘为省立二师国学研究院学监兼主讲，次年2月即辞聘］。这样的教职员队伍既有一定的经验，也不乏活力。

　　胡晋接重视教师的发展。他要求教师严守师德底线，不可忽视小节。他特别强调教师以身作则、身正为范、一尘不染、一丝不苟，事事得其条理。对于教师的学术创造，胡晋接激励有加。如程宗鲁讲"江都焦氏论语通释撮要"，余宝勋讲"文字学研究的新方法"，胡晋接都给予支持；胡在渭著《经济学大要》，胡晋接亲自为之作序，多以肯定与鼓励，"以授学者，其篇中如论社会

---

① 胡晋接：《致汪乃刚同学信》，《黄山钟·通讯》，1922年（民国11年），第2期。

对于劳动尊重之程度,如论所得与储蓄、如论工会企业、如论商业上之保护政策及我国关税之束缚人民生产力,皆切中吾国情弊"[①]。他还重视外出学习交流,民国9年(1920),携体育教员樊骏赴绩溪参观全县联合运动会展览,安排余宝勋暑期游历南京等处。次年,学校议派教员周本达等赴南京高等师范暑期班学习童子军等课程。这些内容丰富的外出活动,既拓宽了教师视野,也给学校带来新思想。

毋庸讳言,省立二师的教师水平也参差不齐,即便是有名的教师,也未必完美无缺。民国10年(1921)届被退学的学生章洪熙10年后还回忆起这样的一件事:

> 我在徽州师范学校读书时,有一个地理教员,很负盛名。他很有口才,很受学生欢迎。一天,他在讲堂上讲到我们的首都北京。他兴高采烈地说:"北京城冬天真冷呀! 在那里过冬天的人,出门照例要把脸包起来。有一天,一个外省人冬天来到北京,出门露着脸,他口里呵出的气,眼中吹出的泪,都凝结成冰。后来回家,用手把脸上一抹,鼻子也不知道什么时候冻掉了!"那时我们学生们听见这话,都相信得了不得! 这个教员其实是足迹未到过北京的人。后来我从徽州到南京,从南京到北京去读书,那正是严寒的冬天。我在津浦车上只担心我的鼻子难免冻掉,两晚不能睡。后来到了北京,觉得所谓冻也不过如此,大骂那个地理教员害人不浅! [②]

由于省立二师的办学规模不大,班级有限,有的课程总教学时数不多,因此,不少教员担任的课程多有兼任。一般国文教员兼教习字或经学,历史、地理教员兼教修身,农学教员兼教林学,教育学教员兼教心理、生理,乐歌教员兼教体操,英语教员兼教数学、理化、博物的也不少。至于教员兼舍监、级任甚至其他庶务的也不在少数。不少师范教员同时也在附小兼课。

鉴于中等学校教员对于训育学生具有特别的作用,对于教员的专兼任问题,民国4年(1915)8月,教育部曾采纳全国教育会联合会的建议,通令各省份,矫正兼任教员之弊。民国6年(1917)2月,再次明确学校主要科目教员不得兼任,要求校长查照执行。但此处的兼任,主要是指在不同的学校同时任职。这种情况,在省立二师尚未发现。

省立二师的俸薪,创校之初的一学期(5个月),大概是临时定的一个标准,略微高点,下一学年度有所下降,第三学年度则有较大幅度提升,此后平稳了很长时

---

① 胡晋接:《经济学大要序》,《安徽省立第二师范学校杂志》,1919年(民国8年),第6期。

② 章衣萍:《作文讲话》,北新书局,1930年(民国19年),第33—34页。

间才调整。以校长薪资为例，民国2年(1913)2至6月，月薪64元；民国2年(1913)至民国3年(1914)学年全年俸薪为720元，折合月薪60元；后一学年上调为960元（同年附小主事全年俸薪为495元）；民国14年(1925)至民国15年(1926)学年度再次提高为1 200元。同期教员俸薪总数分别为884元、1 837元、2 710元和9 734元；职员同期俸薪总数分别为568元、1 320元、1 864元和3 968元。教职员的薪资差异很大，民国7年(1918)至民国8年(1919)学年，月薪最高的80元，最低的10元，一般为40至50元；民国9年(1920)至民国10年(1921)学年月薪最高额上调至100元，最低仍为10元。

因省立二师经费很大程度上依赖省政府拨款，而安徽省的财政状况一直没有很大起色，下拨经费较迟或欠缺在后期很常见，如民国7年(1918)至民国8年(1919)学年经常费直至民国8年(1919)2月才领齐，临时费则欠6 000元；民国15年(1926)至民国16年(1927)学年拨付的经费尚不及前一学年的四分之一，这都影响到教职员俸薪的按时、足额发放。民国5年(1916)6月，奉省指令，停支当月薪金，学校只给每人支3元，次一学年度才补发该月薪资（已发3元扣除）。民国15年(1926)12月和次年1月，正值寒假期间，学校规定，除在学校值守的职员外，其他人员停支两个月的俸薪，校长胡晋接也少领了200元。

当然，当时徽州百姓的一般生活水平并不高，若与价格相对稳定的田价作对照，民国8年(1919)2月，在休宁万安一带购买一亩田的费用仅为银元46.4元（包含相关用费）。可见，省立二师教职员的薪资水平不算太低。

为退休教职员发放养老金及为因病因伤去世教职员发放抚恤金，是国民政府在民国15年(1926)11月2日公布的《学校职教员养老金及恤金条例》规定的。同年12月，国民政府又颁布了《施行细则》。在此之前，省立二师在职教职员生病乃至去世也不乏个例，现存资料也未发现有关发放养老金、抚恤金的做法。民国11年(1922)9月，师范教员胡培锴、附小教员王寿年和柯友根先后病故。或许当时正值暑假之末，他们都在家去世，因此未见学校有更多的安排。10月1日早4时，数理教员丁友怀在校病故，午后2时，在礼堂入殓，4时出殡，全体教职员及学生送殓，棺木浮厝亥山之麓。次日，全校停课一日以志哀。11月1日，丁友怀的灵柩由其家人带回天津，全校教职员及学生送至古城岩，庶务主任胡正修陪送至屯溪，照料上船才回校。11月26日，全校为以上四人召开追悼会。至于经济上的抚恤则未见记载。

第四节　省立二师的招生

民国5年(1916)修订的《修正师范学校规程》对于中等师范学校学生的入学

资格及程序也有明确规定。符合身体健全、品行端正的基本条件,高小毕业或年十四岁以上与有同等学力者,可进预科;预科毕业或年十五岁以上与有同等学力者,可入本科第一部(修业四年);中学毕业或年十七岁以上与有同等学力者,可入本科第二部(修业一年)。对于入学程序,《修正师范学校规程》规定:

> 凡志愿入学者,须由县行政长官保送,并由妥实之保证人具保证书,送校长试验收录,其在高等小学校毕业者,并呈验毕业证书。
>
> 前项试验科目,在高等小学校毕业生,试国文、算术二科,非由高等小学校毕业者,试国文、算术、历史、地理、理科等,以高等小学校毕业程度为标准。入学后,须试习四个月以内。①

为吸引优秀学生报考师范,省立二师按照政府规定,学生的伙食费全部由公费开支,初期每人每年20元,后来增为24元,基本保持每餐两荤两素的水准。学生自交灯油费6角,作为晚自修学习之用。入学时交保证金10元,毕业时退还,但中途退学,保证金便要充公。校内还有医务室,患病学生另有营养菜供应。相对于普通中学,师范学校的待遇要优厚一些。

民国4年(1915)秋季报考省立二师预科的黟县人范楚玉,在新中国成立后回顾了他的报考和退学的经历:

> (1913年)我们升入毕业班(我们读了高小三年级,另一部分同学是四年),知识随之增长,校方也为大家安排升学前途。这时休宁(万安)省立第二师范已开办,咸劝我们去投考。1914年冬,我小学毕了业,全班十余人只治农②等三人决定投考师范。……
>
> (1915年暑假)升学师范几个毕业生回来了,他们介绍了师范内部一些情况(不收学膳费,第一次交保证金十元,毕业退还)。并说入学考试容易录取(因学额不足,备取的也准试读),我于是有升学的打算。
>
> 暑假期满准备入学。治农因不必参加入学考试要迟几天去,我是和碧阳同学邵厚濂(大嫂的妹夫,没有毕业)一起去的。由黟至万安八十五里,我们坐肩舆直达,家中还托一个本家伴送。先住在万安一个客寓里,隔一天前往应试(我考的是作文、算术两科,邵加考史、地、理科,因未毕业),半日完毕。第二天揭榜,我被录取预科,邵厚濂列入备取(这时师范学制是预科一年,本科四

---

① 李友芝、李春年、柳传欣等:《中国近现代师范教育史资料》第2册,内部资料,第234页。

② 即范治农,时名厚基,后从省立二师退学,1918年考入安徽公立法政专科学校。新中国成立后任安徽省劳动局副局长,全国政协委员,民盟安徽省委副主任委员。

年),两人一同入学办理手续,书籍向贩卖部自购(内有《四书》一部)。第二师
范设在休宁万安镇后面的新棠村里。我们入学时,校舍是用民房改建的,间
数不多。左右邻居还有很多住户(以后才渐渐扩充,全村改建校舍)。入学上
课数天,情绪异常不安。治农迟迟未来,同学除邵厚濂一人外,只叶景华一人
(上期考入的,现读本科),过去不大接近。于是思家情切,有不可终日之势。
后来决计退学,理由是根据章程规定,凡本校不能读到毕业的要补交历期学
膳费。我自料在本校不能读到毕业,将来补缴很成问题,故申请退学。校长
胡子承先生看清我是思家,多方劝慰,学监汪先生也用言宽解。我坚决要求
勿能挽留。于是自雇肩舆,返归家乡。[①]

　　受当地经济、交通、人口总量、习惯传统等影响,省立二师的招生并不顺利,报名
人数有限,程度悬殊,往往难以足额。如民国3年(1914)8月,拟招预科一个班,却只
录取了17人。根据《师范学校规程》"学生有缺额时,得以资格相当者补之,但须施行
入学试验,并试习四个月以内"[②]的规定,在下一学期开学之初(1915年3月),再次考
试补招,又录取17人,才勉强成为一个班。次年8月,预科一个班中,新招及留级者
总共才24人,不得已,民国5年(1916)3月再招收插班生22人。

　　省立二师仅招男生,主要面向本师范学区招生,也有附近的太平、旌德、石
台、宁国、青阳、广德等地少数学生,更远的则来自怀宁、合肥等地,后期有极少
数来自邻近省如浙江、江西等地的学生。各学年预科新生籍贯的统计结果,参
见表3-14。

表3-14　省立二师部分学年度预科新生籍贯一览表[③]

学年	歙县	休宁	婺源	祁门	黟县	绩溪	旌德	石台	宁广	桐肥	怀宁	舒六	青阳	浙江	江西	合计
1913—1914	23	4	10	10	2	11	1									61
1914—1915	5	3	14	2	2	5	3									34
1915—1916	12	3	12	4	2	11		1		1						46
1916—1917	7	5	15	15	1	9	2	2								56
1917—1918	13	8	15	18	2	2		2			2					63
1918—1919	9	5	9	13	1	9	2	3	1	5						54
1919—1920	10	2	7	7		9	2	1								39

---

① 范楚玉(作)、黟山(整理):《徽州百年教育亲历记实》,黄山市徽学会《徽学研究》,2009年,第4期,
第41页。

② 李友芝、李春年、柳传欣等:《中国近现代师范教育史资料》第2册,内部资料,第234页。

③ 此表根据《安徽省立第二师范学校杂志》《黄山钟》有关数据整理而成。

续表

学年	歙县	休宁	婺源	祁门	黟县	绩溪	旌德	石太	宁广	桐肥	怀宁	舒六	青阳	浙江	江西	合计
1920—1921	12	3	19	3	1	17		1	2				1			59
1921—1922	5	7	16	3		11		1	1				2			46
1923—1924	16	4	13	8	3	6	4						1	1	1	57
1924—1925	18	12	8	3		10			1				1	1	1	55
1925—1926	8	4	5		1	12	5	2	1	2		1				41
1926—1927	13	6	9		4	6	4			1	2	2	1			55
合计	151	64	152	89	19	118	25	14	7	8	3	3	7	3	3	666

上表显示,徽州六县是省立二师学生来源的主体,为593人,约占总数的89%。六县之内分布也极不均衡。歙县、婺源人口最多,学生数也比较多。绩溪学生数不及歙县,但按全县人口计算,比例应最高,原因是该县民众对外出求学很有热情,更何况该校校长及主要管理人员都来自绩溪,对同乡的特别信任也可能是重要因素。祁门人口不算多,但无论是学生数还是占全县人口比例,都超过休宁。黟县人数最少,外出读书的热情也不高,且前后变化不大。

虽然省立二师学生享受公费待遇,对家庭来说负担不是很重,但徽州普通民众当时的经济状况并不是很好,花费几年宝贵的时间进学校,对于很多家庭来讲,还是很奢侈的事情。因此,学生以来自经济条件较好的商人之家和有读书传统的学人家庭为多,纯粹的农业、手工业家庭子弟比例很低(医、政两个群体在社会上本来就小,因此这两类家庭子弟人数少也很正常)。这可以从省立二师学生家长从事职业分布表中得到反映(表3-15)。

表3-15　省立二师部分学年学生家长从事职业分布情况一览表①

学年	商	学	农	医	工	政
1918—1919	38%	51%	10%	1%		
1919—1920	42%	47%	10%	1%		
1920—1921	46%	41%	10%	1%	2%	
1921—1922	45%	41%	11%	1%	1%	1%

即便是已经入学的,因经济困难而离开学校的学生,也不在少数。省立二师曾就"地方生活状况与学校之影响"进行探讨,指出:

---

① 此表根据《安徽省立第二师范学校杂志》《黄山钟》有关数据整理而成。

本学区人民生活状况,近年以来,愈加贫困。一、茶叶失败,向恃茶为生活者,不免受亏。二、无业游民日多。三、物价昂贵,生活日艰。以故有子弟送入国民学校者,多数不毕业而退。至毕业而后,能令升入高等小学者,已居少数。能在高等小学毕业而又能升学者,则尤少。此本区中等学校招生,所以同感困难也。[①]

《师范学校规程》只规定了学生入学的最低年龄,加上徽州各地新式小学尚不普及,私塾存在量大,因此,省立二师学生的年龄差距也很大。以民国3年(1914)至民国4年(1915)学年本科第一班为例,全班有年龄记载的42人中,最小的16岁,1人;最大的24岁,1人;17至21岁人数最集中。因此,在校学生因家庭压力受命结婚也是允许的。民国3年(1914)11月,绩溪籍学生江祯豪(时年18岁)请假回家完婚,按时到校。学校特意以黑板揭示的方式予以表扬:

> 江祯豪婚假,仅一星期,即已回校。其珍重光阴学业如此,殊可嘉尚。持此以往,将来之成就,未可限量也。特揭示以为之奖勉,并资同学者观感。[②]

虽然《修正师范学校规程》规定"学生不得任意退学",除非"因特别事故,经校长许可"[③],但实际上学生的自行退学,学校是难以遏止的。所以,省立二师起始班级的学生人数即便不少,中途因休、退学等而减少的人数仍然很多。第一班预科招生68人,第一学期末剩62人,第二学期只有46人,第三学期补招相当学力者后才达58人。除退、留者外,升入本科42人,第一学期末剩37人,下学期只有32人;第二学年29人,到毕业时只有27人。其余各班,莫不如此。在有数据可查的年份里,省立二师不少学生不能正常毕业,其人数见表3-16。

表3-16　省立二师部分学年流失等学生人数一览表[④]

学年	留级数	退学数	休学数	转学数	病故数	备注
1914—1915	25					留级、退学没有分类
1916—1917	11	1	1		1	留级的11人中,因病留级5人,因成绩过差留级6人
1917—1918	8	17	6			退学的17人中含有转学学生
1918—1919	16	11	13		2	

---

① 省立二师:《安徽省立第二师范学校杂志·报告》,1920年(民国9年),第7期。
② 省立二师:《安徽省立第二师范学校杂志·教育之实施·训示汇录》,1915年(民国4年),第2期。
③ 李友芝、李春年、柳传欣等:《中国近现代师范教育史资料》第2册,内部资料,第234页。
④ 此表根据《安徽省立第二师范学校杂志》《黄山钟》有关数据整理而成。

学年	留级数	退学数	休学数	转学数	病故数	备注
1919—1920	10	31	1	3	2	
1920—1921	1	17	3		2	
1921—1922	16	27	5	1	2	

留级学生大体有三种：一是因学业成绩过差，难以跟上进度；二是因病，与休学相类；三是少数人"性质与师范不合"，如柯尚惠，以留级的方式予以处罚。休学，或因病，或因事，也有先休后退的事例。转学的4人都是合肥人，因离家太远，故转学至省立一师(安庆)。退学以主动为多，原因最为复杂。民国8年(1919)至民国9年(1920)学年省立二师退学31人，人数之多，此前少见。学校认为原因有四：性质与师范不近(多指思想激进或品行不端)；体弱多病；路远不便；志愿不坚，乏持久力。另外，经济方面的困难也是重要因素。少数是学校勒令退学，相当于开除。

省立二师步入正轨之后，对于师生医疗问题开始关注。民国5年(1916)4月，开始对学生进行体检，此后，基本保证每年一次(少数年份在10月再次体检)。因良医多不愿驻校，遇有师生生病，只得从附近聘请医生诊治，每次付诊费400文。民国7年(1918)3月开始，学校断断续续聘有校医一至两人(年薪100元)，但只能治疗常见小病，所以在校学生病故的事例几乎每年都有。民国13年(1924)5月11日，附小学生、黟县人汪林生在校病故，13日，全校茹素一天。学校为其募捐100元，退回膳费半数，校友会拨捐10元，合计121元。除棺材及运棺回黟县等费用60元外，余数转交汪林生家长。这大约是病故学生的一般处理办法。

第五节　严格的训育制度与实践

清末民初，随着教育学理论的引入，越来越多的人认识到"为人师亦有其必须之学与术，最要者莫过于教师人格之养成"，"必也修养情意，甄陶品性，俾对己有自治力，对人有责任心"，然后出任教育，才可克尽天职[①]。胡晋接怀着"教育救国"的赤诚和宏愿，创办省立五师之初也认为："开设本校之目的，在于造成本区小学教师以教育将来之国民。""民国前途，惟新国民是赖，即惟造就新国民之新教师是赖。"[②]

"新教师"须具备怎样的标准？即师范生理想的人格素养是什么？他在面

---

① 琚鑫圭、唐良炎：《中国近代教育史资料汇编·学制演变》，上海教育出版社，1991年，第741页。

② 胡晋接：《开学训词》，《安徽省立第二师范学校杂志》，1914年(民国3年)，第1期。

向全体师生所作的"吾之理想中标准师范生人格"演讲中作了解释:理想的师范生人格标准是德、智、体并重。其中德育指品性优美,行为中正;智育要知识明确,技能精熟,才识灵敏;体育求体魄坚强,精神充实。

胡晋接深知:"学校之设,有教授而无训育,不能得良效果。而师范学校尤当厉行训育,为生徒示范。俾他日作小学教员,皆能知学级训练与个性考察之必要。"[①]因此,他提出八条训育方针:一信实,二勤俭,此为立身不可缺的要素;三谦逊,四亲爱,五公德,六常识,此为处世不可缺的要素;七遵法,八尚武,此为立国不可缺之要素。最初尤要重视的德目为两项:一是规律(容仪、动作、言语、时间),二是勤勉(勤务、勤学)。训育的标准,"一为大总统训令;一为教育部饬;一为本校校训。并取模范人物之传记、欧美文明社会之公德美谈、古今格言名论,与本校自编学生心得,随时指示,俾资警觉"[②]。

校训即是学校办学目标的抽象反映。胡晋接基于他对世界形势、国内社会、学生实际的了解,认为"泰西之民……其特性之长不外于守信、耐劳","能守信,则能永久继续以活动于社会,信用愈广,其活动于社会之范围愈大;能耐劳,则能永久继续以活动于社会之实力,劳力愈著,即活动于社会之事业亦愈宏"[③]。因此,在民国4年(1915)5月,省立二师确定以"守信耐劳"为校训。民国7年(1918)10月,更采"诚毅"二字为校训,并制定《校训日省》的详细条款,取儒家传统的"自省"方法教导学生加强自我修养:

对于知行并进之日省:

(1)吾之知善、知恶之知是否明澈,而不为私欲所蔽乎?

(2)吾之好善、恶恶之情是否恳挚,而不为外诱所惑乎?

(3)吾之为善、去恶之意是否坚强,而不为习俗所移乎?

(4)吾之行为见于容仪、见于动作、见于言语者,果能一一合于礼、审于义、当于理,而有以化除其不良之习惯乎?

以上为校训"诚"字之修养法。

对于守信之日省:

(5)吾果无诳乎?

(6)吾于作息起居及与人之交际往来,毋误时乎?

(7)吾于处事接物,果忠实不欺乎?

(8)吾果能如泰西之民养成敦信义、重然诺之国风乎?

---

① 省立二师:《安徽省立第二师范学校杂志·文牍·呈文汇录》,1914年(民国3年),第1期。

② 省立二师:《安徽省立第二师范学校杂志·报告》,1915年(民国4年),第2期。

③ 省立二师:《安徽省立第二师范学校杂志·训言》,1916年(民国5年),第3期。

对于耐劳之日省：

(9)吾果能立志向学、勇猛进取,务达到成功之目的乎?

(10)吾果能热心服务、不辞劳苦,尽其职分所当为乎?

(11)吾果能如泰西之民,任何阻挠、百折不回,有永久贞固不拔之精神以经营社会事业乎?

以上为校训"毅"字之修养法。①

与校训相呼应,省立二师创作了"校歌",从校园环境、培养目标到社会责任,有机融合,使学生在不断的演唱中感受肩负的重任：

> 海阳胜地大江南,讲舍前临万岁山。东有榔源,西有松萝;二流如带,环绕其间。国民陶铸,先储师范。奋发图强此造端,知行并进王学参。鼓勇直前毋畏难,守信耐劳肩钜艰。矫诈偷惰惩亡韩,愿同竭力挽狂澜。沈毅用壮精神酣,为我社会革新之先导、文明过渡之风帆。②

同样,整洁、统一的衣着,既有利于克服学生生活随意、相互攀比的习惯,养成集体主义的情感,树立爱校的自信,也能向社会展示良好的学校形象。教育部曾颁发《学校制服规程令》,有"各学校得特制帽章颁给学生,缀于帽前,以为徽识"的要求。于是,民国3年(1914)4月,省立二师制备和颁发了银质帽章,上镂荷花边纹,取其高洁之义,且与办学地点在荷花池一致。又制定《制服规程》。制服(含帽、衣、裤)式样同操服,寒季、暑季分别用黑色、白色,选用国产之坚固、朴素布料制作,衣服和帽子上分别缀以校制襟章和银质荷花边纹帽徽。柯尚惠在民国5年(1916)4月30日的日记中记道："晚膳后,毕师谓吾等曰：明日为五月一日,本校定于明日一律穿制服。"③从现存该校诸多活动照片看,学生着制服已经成为常态。

胡晋接强调"校训不重标示而重实行",即依托相关活动,将训育工作落在实处。从教育和管理的角度,省立二师先后设计和实施的有训话、图书阅览、黑板揭示、日常监督、管理等数项。

讲堂训话是最隆重的训示,全校师生参加,起初安排在学期开始及结束日,以及国耻日、孔子诞辰、朱子诞辰、国庆、校庆纪念日、祝贺日等。民国4年(1915)5月3日开始普及到每周日上午,多由校长训示,委派两名高年级学生

---

① 省立二师:《安徽省立第二师范学校杂志·训言》,1919年(民国8年),第6期。

② 省立二师:《安徽省立第二师范学校杂志·训言》,1919年(民国8年),第6期。

③ 柯六六:《就读于安徽省立二师时的柯庆施》,《徽州社会科学》,2007年,第9期,第31页。

记录,整理成文,其中一部分刊入校刊。胡晋接对此尤为重视,仅民国4年(1915),他的讲堂训话就有19次,内容包括时事、修养等。主题明确,问题聚焦,联系实际。其中《吾之理想中标准的师范生人格》《师范生之地位与其责任》《自动能力的内容解剖》《新思潮之择别》《诚的教育》《以学救国》,言简意赅,说理透彻。1915年5月7日,日本向袁世凯政府致最后通牒,要求答应其提出的21条。23日,胡晋接在礼堂就此演讲,表达心中的忧虑与愤懑。学生程应鸣在当日的日记中记道：

> ……早膳后监学命排班至礼堂听讲。校长胡先生日:前星期所讲规律,本星期应讲勤勉。今因中日交涉事情已于五月九日和平解决,而我国内之丧失之巨不可不知,故暂将勤勉退后一星期再讲。先讲交涉解决之事……

在详细记述了胡晋接介绍日本对华政策及原因、对华要求后,程应鸣大为感慨：

> 呜呼,痛矣! 呜呼,痛矣! 吾国人于此大病之后,若不自振拔以图雪耻,其何以为国? 吾愿国人时时以五月七日之哀的美敦书[①]置之于心,诵之于口,而不可一刻忘之也! 吴王夫差可以为法矣。……吾国民人人当奋发自强,一变而为能竞争国,是则师范生之责也! ……[②]

此后,程应鸣连续在民国3年(1914)至民国5年(1916)的八册日记封面右上角写下“尔忘五月七日日本之哀的美敦书乎?”后面各册日记封面都写了“毋忘国耻”“国耻毋忘”“意志奋发、誓雪国耻”等以激励自己,可见讲堂训话对学生思想影响之深。

从民国5年(1916)3月开始,全体训话结束后,还由各级级任教员或舍监带学生到教室进行各级训话。从第一学年开始,即有整队训话制度。早上的整队训话称朝会,先唱“朝会歌”(后也唱“晨钟”歌):

> 国耻积重重,师生感慨同。朝朝集会诲谆谆,愿大家力学洗涤各个之心灵,愿大家力学发扬民治之精神。[③]

---

① “哀的美敦书”是拉丁文“最后通牒”的音译。
② 周文甫：《斯文正脉》,黄山书社,2012年,第370页。
③ 省立二师：《安徽省立第二师范学校杂志·训言》,1919年(民国8年),第6期。

再由舍监主任等人主持讲话。

临时面会训话是教员发现学生的言行有违纪律、道德时进行的个别或全体谈话,因事而定,因人而异。因切合实际,针对性强,学生多有感悟。如柯尚惠的日记中有记载:

> ……先温哑铃,后作竞争游戏。当时,同学有大声叫者,有手舞足蹈者。袁师乃谓:汝等皆受过教育之人,尚有此卑陋之举动!况未受过教育乎?以后切不可如是。(1916年5月5日)

> 毕师云,自修室之旁有枇杷树一株,今年结实甚多,目下一颗皆无,非汝等所窃食乎?当时江君国华起立而言曰:非吾等窃食,吾当见厨房内夫役打而食之。是时,亦有人私语,吾级内亦有人窃食,吾曾见之。师曰:瓜田不纳履,李下不整冠,嫌疑尤宜避之,况真窃食枇杷乎?果然是人格亦全丧失矣!余闻是言,不禁为窃食枇杷者耻以其丧失人格也。(1916年6月9日)[1]

民国5年(1916)3月,省立二师设立了图书阅览室,订阅了报刊。并让学生普遍订购王阳明的《传习录》、李颙的《四书反身录》,作为随时阅读、反思的参考。其用意既在扩大学生视野,更希望学生从古今中外优秀人物及作品中汲取精神动力。五四之后,新思潮伴随着报刊的发行迅速传播,省立二师对此表现出既容忍又防范的复杂心理:"本校亦多购备新出版各种书报,以便学生观览。惟随时因机利导,使之细按别择的标准,辨别言论的诚伪,再以强固之力,去伪存诚,以实践诚毅的校训而已。"[2]

为促使学生阅读后反思,省立二师建立了日记撰写、评阅制度。胡晋接曾专作《关于日记法的训话》,认为其"一有益道德,二有益智识,三有益文学,四可作个人进化之历史"。要求内容"一记某曜及天气(晴、雨、阴,风向,温度);二记观摩及反省;三记受课及作业之心得;四记时事及对于事物之观察与批评(思想宜正确);五记个人经过事实"。在形式上,"一选材及条理上之注意,二文法书法及错字、脱字、别字上之注意,三勿间断,四勿敷衍"[3]。现存的一些学生日记恰能成为践行上述要求的见证。如柯尚惠民国8年(1919)3月7日的日记:

---

① 柯六六:《就读于安徽省立二师时的柯庆施》,《徽州社会科学》,2007年,第9期,第31页。

② 省立二师:《安徽省立第二师范学校杂志·报告》,1920年(民国9年),第7期。

③ 省立二师:《安徽省立第二师范学校杂志·教育之实施》,1915年(民国4年),第2期。

　　阅报见北京大学教员陈独秀、胡适之等被逐出校一事,实有令人顿足呼天之慨也! 夫言论自由已成为共和国之法律,且思想贵在发表,有思想而不令人发表,则文明学术何由发达? 何由进步? 徐大总统发此种命令,实较冷血动物尤不如! 尚安有总统之资格乎? 虽然,今日一般上等社会之人行此种恶劣手段者,岂仅徐总统一人哉! 以吾目下之亲睹者,殆尚不知若干矣。呜呼怪哉! 吾中国之前途诚为危矣![1]

学生每日课余时间练习的日记,随时由教员检查评阅。民国5年(1916)初插班考进预科的黟县柏山人范楚玉,有这样的回忆:

　　在小学时得国文教师黄采芝老师指导,渐有进步(他在碧阳数年,精改的作文传诵人口)。在这里觉得一般教员没有比得上黄老师的,同学们的作文程度也不够高深,未免含有傲意。在写日记时(每日一篇)要出奇制胜,把日常生活用七字句缀成。学监洪家麒批阅,评语是:不成诗言不成歌,令人发笑。吾谓该生毋太好奇,画虎类狗也。我不仅没有自省,反认为他文句不通,毫不措意。[2]

黑板揭示是利用室外黑板,重点宣传或批评某种观点或现象。省立二师从民国3年(1914)2月开始实施。虽寥寥数语,但学生多有触动。揭示或褒扬正气,如同年3月11日的:

　　柯友根壁还贩卖部核算物价误出银钱一分,其数虽微,而正直廉洁之德,实可以于是表见。且对于纤细之出入,能不疏忽,亦足以表其处事之精密。特揭示以资奖励。[3]

或有关修养。如程应鸣民国5年(1916)3月9日日记:

　　诸葛武乡侯有言曰:宁静以致远。盖不宁则心驰于外,不静则气浮,浮则气竭于内。学生有远大之期许也,行止之道,宜葆其宁静之风。[4]

　　① 柯六六:《五四运动前后柯庆施日记、家信选摘》,《中共党史研究》,2009年,第5期,第38页。
　　② 范楚玉(作)、黟山(整理):《徽州百年教育亲历记实》,黄山市徽学会《徽学研究》,2009年,第4期,第42页。
　　③ 省立二师:《安徽省立第二师范学校杂志·教育之实施》,1915年(民国4年),第2期。
　　④ 周文甫:《斯文正脉》,黄山书社,2012年,第384页。

或宣传学校制度。如程应鸣民国3年(1914)9月30日日记:

> 存洋于庶务处有三便:(一)可以制自己之浪费(制浪费,即可减轻家庭教育费之负担);(二)存洋于己之箱箧,不自检点,渐养成玩视财物之习惯;(三)使意识薄弱之同学,不致见可欲则乱,而陷于罪恶之地位……①

省立二师特别注意对学生的起居、修学以及休息活动中的表现进行经常性的监察,制定了《管理学生通则》《服务规则》(包括级长责任、室长责任与轮值生责任等)《请假限制规则》。这些规则简单明了。《管理学生通则》只有七条:第一,各室各场所,均照规则实行;第二,早起晚寝及会食上课均整队;第三,对师长宜表敬意,对同学宜相亲相爱、毋相狎;第四,举止庄重;第五,不得任意吐痰或挥涕;第六,注意整洁及肃静;第七,言语信实,毋谲诈,宜文雅,毋粗鄙。《请假限制规则》只有两大条:第一,照章休假外,若实有不得已之事,许其请假。"一、临时感冒疾苦之事;二、限定时日须视往交接并非浮泛酬应迎送之事;三、家庭大故及非常之事。"第二,限制许假出外之时数日数,除疾病调养以愈为限外,其许假限期之长短,均由学监核定之。

规则的执行极为严厉。民国5年(1916)初预科生范楚玉的退学就很典型:

> 大概有一周光景,洪学监查寝室,发现我们的寝室没有打扫(每天住生轮流打扫,但未有固定名单),就集合全室同学查询。由室长将前几天某人某人打扫的经过报告,洪学监屈指一数,就说今天该轮到我,我说:"我不知道"(也没补扫),马上遭到记过处分。又过两天,下国文课时,循序出教室(返自修室),我因收检东西,距离前面同学有几步远,就快速地追上,把地板踏得很响,教员毕醉春先生连喝制止,我不理睬,反格外高踏几步,振动桌凳。到了下半天,礼堂又悬牌记过一次。过一会校长叫我去谈话。他说:"你接连犯过,不能姑息,前者对你优待免缴保证金,为何不知自爱?"他问我究竟是否愿意求学,我不回答。他就说:"你还是回家去吧!"我即离开校长室。接着庶务处来条结算账目(膳食费)。②

在训育中注重发挥学生的主体性,是省立二师坚持多年的传统。还在创校之初,省立二师就规定了"学生自动"的事项:(一)修学;(二)勤务;(三)整

---

① 周文甫:《斯文正脉》,黄山书社,2012年,第364页。
② 范楚玉(作)、黟山(整理):《徽州百年教育亲历记实》,黄山市徽学会《徽学研究》,2009年,第4期,第42页。

洁;(四)札记、日记及账簿;(五)谈话;(六)运动;(七)贩卖部作业;(八)学校园作业;(九)旅行修学[①]。且贯穿整个办学历程。

学生最基本和最频繁的轮值服务,是在教室、自修室、寝室、图书阅览室以及厨房等处。课外作业最初有林园作业与贩卖部作业两项。林园作业是分区分组轮值,由林园部具体分配任务。为保证作业效果,特意制定了《林园部学生作业内规》,就作业实施提出明确要求:

第一条　林园部学生作业,暂以校园内之学级区、公共区及盆栽植物为主,其余苗圃、校林等各场所作业,由主任临时分配之。

第二条　林园部学生作业,每周交代一次,其轮值次序,由主任商同各级舍监先期支配之。

……

第四条　公共区之作业,每周每级以学生一人以上轮值之(人数由主任酌定)。

第五条　校林及校园内学级区之作业,每级每周以学生二人以上轮值之(附属学校同)。

第六条　林园部学生作业之范围,暂定如下:(1)播植;(2)移栽;(3)接木;(4)耘锄;(5)修剪;(6)除害虫;(7)施肥;(8)灌溉;(9)注意气候之变迁;(10)注意病理之治疗;(11)注意种子之采取及收藏;(12)注意动物之饲养及生殖。

第七条　林园部学生之轮值作业,每日下午终业后行之。

……[②]

贩卖部作业,轮流指派到贩卖部练习珠算、簿记、贸易以及商品的检查整理,目的在于培养勤劳习惯与职业技能。后来,学校开设了豆腐坊、砖瓦窑、印刷厂,并养猪、栽漆树、造林、种粮油作物,除雇用必要的工人经常管理外,都是学生利用假日、早晚及其他课余时间,边劳动边学习,学习生产知识技能,培养勤劳美德。

为规范学生自我服务和自我管理的行为,从实培养学生的自治意识与能力,民国7年(1918),省立二师制定了《各级自治要目》,根据学生身心发展的规律及学业、德业目标,分层次地提出了学生应通过自治而达到较高水平的项目:

预科:守规程,遵命令,尊师长,亲同学。注意修身实践事项,以铲除

---

① 省立二师:《安徽省立第二师范学校杂志·报告》,1915年(民国4年),第2期。

② 省立二师:《安徽省立第二师范学校杂志·规则》,1916年(民国5年),第3期。

固有不良之习惯。实行本校校训,以养成唯一之校风。

一年级:勤学业,重实习。遵守服务规则,以养成责任心;实行自学方法,以养成研究心;并率由朋友规劝之义,以养成良善之级风。

二年级:敦实学,重实用,严公德,爱公物。以巩固良善之级风者,发扬本校之校风。

三年级:审知力,慎情感,强意志,戒满假。重经验以调和学理,多任事以练习才干,对于附校训育,负协助之责任。

四年级:明天职,尽责任,研究小学教育,以谋乡里小学之进步;注意社会经济,以图将来社会之改良。①

学生成立各种组织,开展活动,即为实行自治的重要途径。民国4年(1915)10月,成立了青年会。该会"以补助个人之进德、修业及联系合群能力为宗旨",组织严密(部长一人,负总理会务、维持会场秩序之责;记录二人,轮流担任;文牍、交际各一人,庶务二人,均由会员选举产生),内容丰富(有以公德、名人事实、乡风、时事为内容的演讲,有学术研究,有提议讨论等),要求严格(发言必起立、逐一发言、教员监察并评判),活动频繁(每周末晚一次)。该会第一部成立时,学校寄予厚望。校长胡晋接及教员毕恩桂、江友升、刁维翰、胡在渭、袁士鑫受邀到会,发表了专题演讲。胡晋接从三方面提出了希望:

青年会以补助个人进德、修业及练习合群能力为宗旨,请分别言之。

(甲)进德 青年之修学,第一须造成人格。而人格养成,断非师长之干涉所能收效,必须有自动的能力,且必须每级之同学有共同自动的能力。如报章所载进德会之类,一经入会,则相戒以终身不赌博、不冶游,不染奢侈习气。此即进德之最平易切实处。至于守信、耐劳等事,尤为至要。凡一事既养成风气,则其力为至大;一人苟犯公约,则必受多数人之制裁。于是虽有不驯之辈,亦不得不与之同化。则此会创办伊始,必须互相淬励,有善相劝,有过相规,方为有益。

(乙)修业 如各种学艺会、体育会,皆与修业方面有关系者也。学艺会之种类,为国文研究会、数学研究会、历史地理理科研究会、英文谈话会,以及其余各科学互相讨论研求者皆是。此最于学术上有益。近世文明之进步,即由各科学共同研究而得。体育会为研究体育方法及实行各种运动,皆是吾人之修业,必互相观摩,互相研究,互相比较,乃见进步。

---

① 省立二师:《安徽省立第二师范学校杂志·训言》,1919年(民国8年),第6期。

此则关于修业一方面,不可无集会者也。

　　(丙)合群　吾国人无合群能力,是以人数虽众,浑如一盘散沙。求其能有一贯精神之团体颇不多见。则以无智识、道德以为根基故耳。今诸生组织此青年会,本一致之目的,而虚衷以协和,实力以竞进。由是由本科一班而二班、而全校,而本学区各校,以次推广,将来必得至佳之结果。际此环球竞争之时代,非有合群能力,将不适于生存,遑论与外人竞争也。现值开会伊始,有一言须记者,则此会乃全体会员之会,非部长及理事数人之会。凡嫉妒、卑鄙等心理,必扫除净尽,前途方无障碍。

　　诸生不先不后,生于世界二十世纪之时代,又生于世界二十世纪时代之中国。此时之中国,受外人侵侮欺辱已达极点,全赖一国青年挽回国运。然则此日中国之青年,必须与世界各文明国之青年相等,方可立于世界各文明国竞争之地位,而可将从前之国耻洗除。是则此时组织之青年会,亦必须与世界各文明国之青年会程度相等,方能有济。此即吾之所深致无穷希望于诸生者也。①

学生程应鸣当日参加了成立大会,在其日记中有详细记载:

　　……晚膳至礼堂唱歌,见坐席分列井然,有监察席,有教职员席,有会员席,有师范生参观席,有小学生参观席,有书记席、签名处等。俨然一大会场。至七时,摇铃开会,……其开会秩序如下:(一)振铃开会;(二)部长宣布开会宗旨;(三)诸师长训词;(四)同学演说;(五)奏乐(青年会歌、国歌、校歌);(六)振铃闭会。今晚青年会成立,除各师长训词外,诸会员及职员演说皆操普通话,声浪甚高,所说材料关于进德者有之,关于修业者有之,关于练习合群者有之,无不令人兴起也。是故,会员及参观者无不挺干端坐,毫无声音。会场之秩序无紊乱之一时,始终如一。将来获益必非浅鲜是可预言……②

言辞之中,感慨颇深。其后,他还在日记中多次写到青年会的相关活动,如次年10月21日:

　　……今日为国文研究会开会之期,余亦到会,其秩序如下:(一)开会。(二)研究。甲,余之问舌上音与腭部音究竟有何显然之区别,求定其

---

① 省立二师:《安徽省立第二师范学校杂志·训言》,1916年(民国5年),第3期。
② 周文甫:《斯文正脉》,黄山书社,2012年,第376页。

界说,并举例以教之。乙,胡君步洲对声同则义同之疑问并举抑扬、死生、上下、日月、国骨谷等双声字,其声皆同,而义则相反,可见声同义同一语不同全称也。丙,汪君健成对射矮二字构造之质问,射为寸身,当读如矮字音;矮为委、矢,当读如射字音,仅①以自古至今不如此读也。陈君陶庵言此题须从《说文》上着想,此三题均无从答复。(三)讲演,凌君成基说练习作文之注意分四项:(1)审题;(2)构思;(3)练句;(4)虚字。(四)师长评判……②

颇为有趣的是,以上三个问题因无学生答复,故师长评判时分别予以解答。师长认为徽州无舌上音,如知、竹、征等。而程应鸣则不认同,认为歙县西乡有舌上音。在教师指其误后,他仍存疑问。故该日日记他洋洋洒洒写了近千字。可见当时学生好学和具有质疑的态度。

学生的自治并非个体的自我修炼与约束,而是"群治",这就需要培养同学、师生间及学生在社会上的正常交际能力,建立良好的人际合作关系。为此,省立二师特意制定了《交际规程》,师生一起遵守。同学间交际活动由学生组织中的交际部处理;同学中若其家族有吉凶事故,且里居在5里之内,须派代表(教职员1人、学生每级1人)前往庆吊。"规则"并非仅主张非物质的交际,而是顺应社会传统,也认同金钱的往来馈赠,只是从数额上予以规定:教职员之间交际,互送银币2角(书记减半);师生及学生间交际,互送银币2分。若要致送礼物,则由青年会交际部与学校庶务员共同经办,其经费来源为学期开学初收取,教职员各1元(书记减半)、学生各2角。学期结束公布账目,多退少补。

五四前后,在全国知识、文化界汹涌澎湃的新思潮冲击下,古老的精神支柱及其道德规范、传统的秩序都发生了动摇。省立二师民国8年(1919)以后的训育也发生重大转变。对此,胡晋接曾有这样的回顾:

　　本校训育学生向以实践规律、守信耐劳为重,且有各种服务及最后学年教授管理之练习,俾实行负责,期以养成未来之良好教师。五四以还,新潮激荡,异说争鸣,既蔑道德,又无法制。自由解放,各便其私。内地虽风气较醇,然报章所载,口说所传,目染耳濡,岂无影响。本校同人,深恐多数青年,随波逐流,离道日远,乃根据《论语》"本立道生",及《大学》"物有本末"之原理定则,对于吾校之教育方针,犹抱定务本主义以进行。……而本中之本,尤在修养心性之心法,能平心地,则一切地皆平。故学

---

① 经核对日记手稿,"仅"为"何"之误,此处从原稿。
② 周文甫:《斯文正脉》,黄山书社,2012年,第397页。

者治心功夫，实较其余学业尤要。①

由此，胡晋接认为：

　　此时世道人心，江河日下，非弘佛法，挽救无从。盖怵于因果炽然、报应不爽之理，则不致为恶。明于四大本空、五蕴非有之理，则不肯为恶。近时学风日坏，学潮叠兴，一波未平，一波又起，汹涌澎湃，迄无少休。理论势禁，固属均穷②。袖手旁观，更所不可。此诚教育当局所视为无可如何者。然苟默牖其衷，俾得真诚回何，归依正法，必能转相□③悟，止恶修善，而有以弭乱于无形，理有确慿，殊非迂论。师范教育以造成现在及未来之善人为职志，则于此点，尤应注意。④

　　于是，佛学宣传在省立二师占据了重要地位。民国12年（1923）3月，议定"尽性学佛，尽伦学孔，道学为体，科学为用"的教育宗旨；4月，将校训"诚毅"意义解释为"止于至善之谓诚，常常止于至善而不迁之谓毅"；次年7月，以此为指导编订《学则》33条、《学程纲要》5章作为实施的依据。省立二师十周年纪念时，特地从上海请了严慧法师来宣讲佛法，图书馆里添购了许多佛教经典，还买了许多佛经如《居士全书》分送来宾和各县教育机关。学校设"心经"课程，由江谦之弟江樾任教；设立佛经室，凡专修国学的学生，可在此参读内典；大礼堂上之楹联，是"佛归净土，孔止至善，老守一中，三圣心源原默合"⑤。

　　当然，省立二师的做法也并非得到社会的一致认可。早在民国11年（1922）制定新课程纲要时，省立二师以尽性学佛为宗旨，教育厅即认为此"似与部令未合。且佛学精邃，非短少时间所能窥其堂奥。学生研究未深，易滋流弊……仍宜查照前令，加以修正"。胡晋接坚持己见："尽性学佛一语，质言之，即谓学者存心，须学佛之广大光明，以扩充圆满其性量而已。……非必专攻精邃之佛典也。"并举南京高师校长江谦、江苏教育厅长蒋维乔都提倡佛学的事例，要求教育厅"广益集思，兼采时贤江谦、蒋维乔等所主张，稍宽前途，用宏造就。……姑准试行，以观其后"⑥。当然，试行几年之后，他也不得不概叹：

① 省立二师：《黄山钟·本校十周年概况报告》，1923年（民国12年），第3期。
② 引用的原文如此。徽州地区教育志编写组当时参考的资料来源不明。是否有误，待考。
③ 原稿中此处字迹模糊，难以辨认。
④ 徽州地区教育志编写组：《徽州中等师范教育》（征求意见稿），油印本，1986年。
⑤ 曹鲁瞻：《缅怀胡止澄老夫子》，绩溪县胡稼民教育思想研究会编《会刊》，第90期。
⑥ 省立二师：《黄山钟·呈复改订学制及学程纲要请准予试行由》，1925年（民国14年）。

　　觉本校历年来所倡务本之学,其真正效果,实有未易骤期者。其殆感化之无方欤,抑亦所以设施之尚未得其道欤? 有负职责,惭悚何如。后之来者,倘仍无改于务本之主张,而有以实施道德上之人格感化。而对于设施方面,详审精密,时措咸宜,复有以裨补余之阙失。①

　　《修正师范学校规程》赋予了校长命学生退学的权利:若学生身体羸弱难望成就,或成绩过劣,或性质不良,不宜于教职,校长均可作出令其退学的决定②。在民国3年(1914)4月一次对学生的训示中,胡晋接很严肃地指出,"师范教育乃国民教育之母,关系綦重",不能容忍"不堪造就之辈滥竽充数、播种恶因",告诫学生将在暑期严加淘汰:

　　　　除学科程度列入丁等者,分别退学或留级外,其操行考查列入丁等者,下期即毋庸来校。考查操行规律勤勉各事项外,并注意其性质。如性质不良,无论学业成绩如何,均应在斥退之列。③

此后,对于学生中的思想先进者,胡晋接坚持不予接纳。

　　当新文化运动的思潮滚滚而来,省立二师也深受影响。胡晋接虽然属于旧式文人,但其民族大义和国家精神仍然突出,也想参与拯救国家危亡的具体行动。因此,当看到带有强烈改革意识的新思潮涌动时,也心怀厚望,与陈独秀、胡适等时代巨子多有联络。但是,他向往的变革毕竟是以修补现行制度为限度的。所以,对越来越激进的宣传产生了回避甚至抵制的念头,具体反映在他对《新青年》的态度转变上。新中国成立后曾任国务院副总理的柯尚惠(柯庆施),在民国29年(1940)写的自传材料中有这样的回顾:

　　　　五四运动以后,我们就看到《新青年》《新潮》等杂志(开始校长叫我们看《新青年》,后来又不许看,但我们仍买来偷看),受了他们很大的影响,思想上发生了很大的转变,而有了一些新的认识。……④

学生章洪熙(章衣萍)直到民国19年(1930)还对此十分不满,直言不讳:

① 省立二师:《黄山钟·序》,1927年(民国16年),第6、7期合刊。
② 李友芝、李春年、柳传欣 等:《中国近现代师范教育史资料》第2册,内部资料,第234页。
③ 省立二师:《安徽省立第二师范学校杂志·训示汇录》,1914年(民国3年),第1期。
④ 周文甫:《斯文正脉》,黄山书社,2012年,第229页。

我从前在徽州一个师范学校读书,那学校的校长胡子承先生,是个很顽固的人,不许学生看小说,看小说是要记过或开除。甚至于《新青年》也禁止学生看。①

而当时省立二师中的一些学生,年龄较大,对社会现象已经有了自己的看法。如柯尚惠在民国8年(1919)3月13日的日记中就针对安徽省议会的行径写到:

> 本省议会于本年正月议数事:一、盐斤数加价定要实行;二、本会议决之事不许人民函电干涉;三、皖绅李仲轩干涉本会议决之事,毁坏议员名誉,应派员至上海延律师与其办交涉。余对于上三事颇为反对。近当民国之时,其本位为民,故一切官吏乃民之公仆。岂有公仆所行之事,主人无干涉之权乎?呜呼! 身既居为议员,则当具有议员之资格,而所出之言若此无理,纵志逞欲干惠主人,诚为吾等主人万羞也。又诚为吾国前途忧也! 恨不能以三十六生的大炮尽杀此等恶奴,聊雪吾等主人之为耻耳! 愿吾同胞勉之! ②

显然,柯尚惠不仅关注时事,更有激进为民的强烈愿望和毫不畏惧的性格(同年5月11日,他在给其父亲的信中也明确表示:"而今若不极力争之,行将一落千丈,吾国之无日矣。将来时局若何,今问未知。唯预备吾人之性命,以便为国牺牲之。"),当他们不能亲自参与重大的政治活动时,就有可能将不满发泄在日常的生活中。正如他在自传中写的:

> ……这种学校生活,又产生我的痛苦与不满,于是我逐渐调皮与捣蛋起来了,同班中我们团结了一批人,经常对不顺眼的事情表示出一些微弱的抗议,在同学中发发议论,因此,我就在学校里成为捣蛋的名人。不管班上发生什么事情,不管我是否参加,结果我总是要被申斥与记过。
> ……过去那种仅仅是压迫强制得不舒服而产生的反抗情绪,到了这个时期,好像是加了油(思想上的)一般,使我们的思想与学校当局的思想发生了根本的矛盾,于是冲突更甚。③

五四运动的突然爆发,无疑为青年学生发泄对现实诸多的不满提供了机会。

---

① 章衣萍:《作文讲话》,北新书局,1930年(民国19年),第18页。
② 柯六六:《五四运动前后柯庆施日记、家信选摘》,《中共党史研究》,2009年,第5期,第38页。
③ 汪太戈:《柯庆施在安徽省立二师》,《徽州社会科学》,2008年,第6期,第43页。

于是柯尚惠等一些平时思想先进、行为活跃的学生,成为各种重要活动的先行者和组织者。"徽州学界先后组织救国十人团及国货贩卖部。屯溪茶务讲习所亦列队游行,举行露天讲演,散布传单,劝告商店抵制日货。"①柯尚惠也在1919年5月29日加入徽州救国十人团②。

胡晋接难以容忍学生不顾校规,如此行事。事后,省立二师对领头的学生给予了处分。最为突出的本科第四班,一些学生被记过,绩溪北村人章衣萍被开除③。不久,柯尚惠也被停学。胡晋接写信给其父柯临久:

临久先生大鉴:

　　前日得承教言,弥佩高识。令郎尚惠因思想一时误谬,遂发生许多误会,酿成一种不信仰学校之心理,皆弟等教育无状有以致之,甚愧甚愧。弟非拒其入校,弟恐心满气充无受教之余地,若强迫入校,非徒无益而害之,不如留家一年,察其思想已否矫正再行斟酌办理为妥。倘伊表示同意,或通讯或自来校一行,尤为企盼每周作文题应由校发(俟伊或通讯到时再发),连同笔记日记每周一次寄校评改也可。即请教安!

　　　　　　　　　　　　　　　　　　　　　弟胡晋接拜启

　　　　　　　　　　　　　　　　　　　　　八月廿八日④

或许是因为柯临久毕竟属于地方知名乡绅,对家乡开办学校也有贡献,胡晋接对柯尚惠的处分还留有余地,即作留级处理⑤。后柯临久委托民国8年(1919)省立二师毕业生、族人柯友根从中斡旋。9月15日,柯友根函告学校意见:"寄上题目于日内作就,内容须具有恳切忏悔之意思而类悔过书者,……日记亦须记就寄来,内容以多忏悔语为佳。"学校让其"仍可在第五班上课,免废

---

① 《申报》,1919年(民国8年)6月10日。

② 据柯六六《就读于安徽省立二师时的柯庆施》(《徽州社会科学》2007年,第9期,第31页)记载:现存有两张柯尚惠的交费收据。一张长约三寸、宽约寸余,长方形油印单据,用毛笔填写:"今收到团员柯尚惠君五月份储蓄叁角正。此照。中华民国八年五月二十九日"。在"叁角"二字上盖着约2公分见方的"吴国骅印"红色印章。另一张收据用宣纸,长约23公分、宽10公分,编号为"救字第八号"。上书"今收到团员柯尚惠君七月份储蓄费洋零元叁角正。此照。中华民国八年六月。徽州救国十团第一团具"。上盖约2.5公分见方、篆字"徽州救国十人团"红色印章。

③ 在《安徽省立第二师范学校杂志》第六期的报告中,章洪熙(章衣萍)是在因病因事退学名单中,同班退学的还有程民任、江容、程唤彩、江国华、吴剑青;低一级同期退学的有汪思勉、罗敏学、俞爵星、饶金来、金宜荣。其中哪些属于被变相开除的尚不清楚。

④ 鲍义来:《由"稼研"所想》,周文甫《斯文正脉》,黄山书社,2012年,第294页。

⑤ 在《安徽省立第二师范学校杂志》第六期的报告中,柯尚惠是四班留入五班唯一一名学生。

一年之时光"①。但柯尚惠在次年2月15日从运漕寄给父亲的信中表示:"学校内通知书既有留级之意,则男意决以退学为是。"终于,省立二师给柯临久发去通知,认为柯尚惠"不堪造就,明年不必入学"(在《安徽省立第二师范学校杂志》中,列入退学名单)。后来,另一学生汪蔚云也因"思想激进,行为不羁",被认为有悖于学校办学宗旨,受到"开除出校"的处分②。

训育是一项不断循环以至螺旋式上升的工作,其间对于前期工作效果的调查相当重要。省立二师在初期的主要做法是:

(一)观察:分行为、性质两项,随时实施观察。

(二)检查:用具、簿记,用具观其是否整洁;簿记分札记、日记、账簿三项,札记观其有无条理,日记观其有无心得及反省语,账簿观其支出事项是否确当。

(三)评判:每一月终,就观察检查所得,一评判之;每一学期终,并评判其个性,以资考镜。

检查的结果直接与赏戒挂钩,或奖励,或规诫,以触动学生心灵。

应该说,学校如此细致和持久的训导,效果明显。如创办之初,胡晋接曾作过《本校采取"守信耐劳"四字为校训说》的训言。民国3年(1914)4月6日至13日,学校放春假。有的师范生离家很远,七日仅够往返,胡晋接借此机会养成学生信实、勤勉、准时、守约习惯,特许学生回家。但事先恳切训话,希望大家按时到校。果然,届期开课,百余人无一缺席。有的学生一日百里,星夜兼程。两年后的民国5年(1916),学生程应鸣在2月22日写的日记,生动地反映了这种影响:

是日为本校开学之前一日,应于今日起程入校,以期践约。当起身之时,则见阴雨绵绵。家人问曰:"今日之天气如此,可往乎?"余曰:"何为不往?"家人曰:"今日雨。"余曰:"彼雨非吾雨也,守信耐劳此其时矣。"家人曰:"何谓守信耐劳?"余曰:"守信耐劳乃吾校校训也。信者,有言必行,不违一诺,言必顾行,行必顾言之谓也。守信者乃本此而不失之也。劳者,心与力之操,必有苦于脑力与筋肉也。耐劳者能遇此而能忍之也。此二者为人生处世之要素。缺此者即不能活动于社会,无事可为,无业可作,徒然食息于天地之间,是一蠹耳。吾校即极力排除也。"家人大悦:"吾

① 周文甫:《斯文正脉》,黄山书社,2012年,第229页。

② 黄值源:《回忆汪蔚云》,《安徽文史资料全书·黄山卷》,安徽人民出版社,2007年,第988页。

不阻汝之行矣。"早膳后即穿制服,负包裹以行。……①

黄炎培是著名的教育家,见识广博,他在民国3年(1914)详细了解省立二师的办学情况后,非常赞赏。后特地撰写《皖南之师范学校》一文,刊入江苏省教育会的《教育研究》,对省立二师予以宣传:

> 安徽休宁县屯溪镇东北三里许,有地曰荷花池,一小村落也。背山而面水,水曰渐水,为率水入横江水之汇。远望风帆片片可见,临水居民栉比。其北平畴一绿,直抵山际。于此山回水抱间,得学校焉。是为安徽省立第二师范学校。余以民国三年四月二十九日,自赣东度浙岭以抵皖南,赖江君易园之绍介,往参观焉。师范学校,余此行所特别注意者。所见可十数,求最足以移我情者,惟斯校乎。
>
> 校赁民屋,以二年四月一日成立。入门,于室之壁间,得自制地图,为歙、休、宁、婺、源、祁门、黟、绩溪六县图,凡山脉、水流、道路、区划、城市、村镇略备。六县为旧徽州府属而第二师范学区也。校长绩溪胡君子承(晋接),固邃于地理学者。谈次,出自制标本。茶,皖南特产也,为标本若干种;材木,皖南特产,为标本若干种;矿产,萃于绩溪,下坞之金、荆洲之锑、龙须山之水晶、门前岩之淡水晶、八公塘之白煤、大鄣山之银、石金山之硫黄,为标本若干;植物为图、为标本,凡若干种。……

在该文中,黄炎培对二师的训育如方针、科目、方法等记载尤详,对其成效深为感叹。最后,他评价道:

> 余观是校,不觉为之神往。夫所谓输入国民必需之思想、学艺,而不破坏其淳朴、懿粹之美德,俾异日有文明之启导,无习惯之扞格。与夫注意调查研究乡土历史、地理、农工、矿物,联络各地方小学,此岂仅新安师范学校宜然也哉,而非易数觏矣。②

民国6年(1917),教育部视学杨乃康视察省立二师,在报告中全面概述了该校的训育等措施,并给予高度评价。尤其认为"至个人临时发见不规则举动时,多用师长召至私室,为剀切之开导,意尤可取"。民国8年(1919),安徽省省长鉴于胡晋接"担任教务多年,成就学生甚众,至其校风整肃,矜式乡邦",特颁

---

① 周文甫:《斯文正脉》,黄山书社,2012年,第382页。
② 黄炎培:《黄炎培教育考察日记》,商务印书馆,1914年(民国3年),第148页。

给"实事求是"匾额一方。

当然，对于胡晋接在省立二师的思想压制和严格管理，被除名的学生始终难以认同。章衣萍在他稍后的文学创作中，将省立二师的管理作为反面对象加以影射，也常有所见。如他的短篇小说《松萝山下》，直接以休宁著名的产茶名山松萝山为题，虚构了山麓的"松萝女师"：

> 中国式的洋房，平列在低小的松萝山下，前面是莽莽平原，平原尽处是一带森林，苍松和石楠相接。我初进松萝女师那年，因为学校经费，正在穷困罢，所以开学较晚。记得那正是秋风萧萧的时节，那里的石楠正盛开，淡花碧叶中挂了几片红叶，田坝上的野花乱草，黄色的松萝山，包藏在迷离恍惚的天空里，使人生出一种沉醉的情调。①

"我"（小说中的女主人公淑琴）"爹爹和校长是朋友"，报考时"便直接到校长室里去，一个面目瘦削可怕的老年人迎了出来，这当然就是校长了"。而正是这位校长，在得知"我"同一宿舍的胡婉丢失五块现洋，便"听信一面之词"，不管我的好舍友玉兰"平日是怎样用功的好学生，他把玉兰叫到校长室去，狠狠地骂了一顿"。并在放寒假之后，写了一封信给玉兰的伯伯，说她有偷窃嫌疑，叫她下期不要再进松萝女师了。玉兰不堪忍受诬陷，喝下硝镪水自杀。"我"恨极了那不分皂白的"糊涂老狗儿"，"接到玉兰的死信后，我简直悲伤的同疯人一般，半个月不曾起床。后来我想再也不忍到那黑暗的松萝女师去，所以就同妈妈爹爹商妥，转学到现在的省立女师来了"。

据章衣萍记实性很强的《我的祖母》②一书介绍，他的曾祖父就在休宁县潜阜开了一个和盛杂货铺，很赚钱。到其祖父时又增开了一个福盛药店，生意也很好，还在休宁买了不少地。他的父亲和堂哥后来到芜湖开裕大钱庄，结果亏损倒闭，家道开始中落。潜阜在休宁县城的东南，距万安约4千米，是从休宁到屯溪的必经之地，商贸比较发达，民风开放。宣统三年（1911），章衣萍即随其祖父到潜阜进小学（其祖父是该校名誉校长）。由此可见，以虚构的"松萝女师"及其校长来影射省立二师和胡晋接是极为明显的。

第六节　学制、课程与教材选择

近代师范教育制度在我国建立比较迟。光绪二十八年（1902），清政府颁布

---

① 章衣萍：《松萝山下》，《中国现代小说经典文库·刘呐鸥、章衣萍卷》，大众文艺出版社，2005年，第158页。
② 章衣萍：《我的祖母》，儿童书局，1932年（民国21年）。

"壬寅学制",这是我国第一部现代意义上的学制。民国初期,师范教育改革频繁。民国元年(1912)至民国2年(1913),民国政府相继颁布一系列教育法规,形成"壬子癸丑"学制。其中民国元年(1912)9月和12月颁布的《师范教育令》和《师范学校规程》,是民国最早的师范教育法令,是当时办理师范教育的准绳。

"壬子学制"规定初小四年为义务教育,高小三年(补习科二年、乙种实业学校三年),中学四年(补习科二年,甲种实业学校三年,师范学校预科一年、本科四年),大学预科三年、本科三年或四年(高师预科一年、本科三年,专门学校预科一年、本科三年或四年)。《师范教育令》明确了师范教育的办学目标(造就蒙养园、小学、中学、师范学校教员)、设立主体(高师为国立,师范可省立、县立、联立或私立)、经费(办学主体支给)、附属学校(蒙养园、小学、中学),但对于修业年限、学科、程度、编制及设备,入学资格及毕业后的服务,教员检定、教员俸给等相关问题,只表示"别以规程定之"。

省立二师建立之初,遵部令定为预科一年,本科四年。从民国2年(1913)至民国6年(1917)入学的第一班(1918年毕业)至第五班(1922年毕业),都执行这种学制。但在几年的教育实践中,胡晋接等人感到尚有欠缺,主要是"所定科目,不无繁重之嫌;转致多学不精,易于养成学者粗率浅薄之心习",且其他各省师范因此多改用选科制以作弥补。因此,民国7年(1918)8月从第三班第三年级开始,省立二师试行国文、外国文选科制;次年8月,又酌订各科课程及时数适宜标准表,减少同一年度学习的课程数量,收到良好效果。但考虑到这仅是局部调整,"其余各门科学,即有志愿所趋、才力所优、特性所近者,仍缺乏努力深造之时机","甚非所以发展本能、增进学业",于是经广泛讨论,于民国10年(1921)8月形成《修正预科及本科各选科课程标准计划草案》:预科"注重普通",延长为两年;本科改为三年,"分为国学、数理、艺术三选科,将各门科目与各选科性质相近者,分别归纳以便专习"。并从当年9月开始执行。省教育厅在接到省立二师的请示后,答复如下:

> 呈及计划草案均悉。该校为注重师范教育分科专习起见,援照师范规程第二十八条,酌量变通教科时数,并于原定预算经费,不致超越范围,查核尚无不合。惟案关更定师范课程,应候据情转呈教育部核定,俟奉指令再行饬遵。仰即知照。此令。①

虽然省厅并未同意立即执行,但二师仍然着手落实。不仅当年入学的新

---

① 省立二师:《黄山钟·公牍》,1922年(民国11年),第2期。

生按新计划安排,连尚在校的各年级除四年级之外,也一并向新计划靠拢,如民国7年(1918)入学的第六班,1921—1922学年为三年级,下一学年依然称三年级。但计划中的本科分三科选修的设想,因师资、设备及学生志愿等因素影响,实际上只开设了国学、数理两科。

在五四运动前后,一场涉及师范教育地位和发展的讨论也在国内日趋扩展和深入。民国初年的壬子学制,虽然缩短了普通教育的年限,但对于中学来说,也面临新的困难:一是单一的升学目标,不能顾及那些不可能继续就读的学生的职业前途;二是较短的学制与繁重的全科教育任务产生了矛盾。如何因地制宜地办学,以满足社会不同层次和学生个性的需要,就成为迫切需要解决的问题。而此时美国教育中分科制的引进,似乎给出了一个比较合理的解决方案:延长普通中学学制为5年到6年,前一阶段(3年至4年)为普通教育阶段,实施通识教育,后一阶段(2年至3年)实施分科教育,即普通科分文、理两科,学生以升学为目标,职业科中有农、工、商、师范等科,为谋生作知识与技能上的准备。分科的风行,很快对既有的师范教育带来了冲击。从积极的一面看,分科制的实行,使进入师范专业的学生有了更加明显的职业自觉性;同时也使扩大师范教育规模有了可能性。但从消极的一面看,这使更多的人对师范教育独立设置的必要性产生了怀疑。

在巨大的中学教育与师范教育合一的社会舆论推动下,民国11年(1922)11月,政府以大总统令的方式,颁布了《学校系统改革案》(也称"新学制"、"壬戌学制"或"六三三学制")。

新学制表现出了美国典型的实用主义色彩,没有规定教育宗旨,只有七项标准:

> (一)适应社会进化之需要;(二)发挥平民教育精神;(三)谋个性之发展;(四)注意国民经济力;(五)注意生活教育;(六)使教育易于普及;(七)多留各地方伸缩余地。

其中关于师范学校的条款,是含在中等教育之下的:

> (十二)高级中学分普通、农、工、商、师范、家事等科。但得酌量地方情形,单设一科,或兼设数科。
>
> (十七)师范学校修业年限六年。
>
> (十八)师范学校得单设后二年或后三年,收受初级中学毕业生。
>
> (十九)师范学校后三年得酌行分组选课制。

（二十）为补充初级小学教员之不足,得酌设相当年期的师范学校或师范讲习所。[①]

由上可见,新学制体现了共和、民主精神。对于师范教育,虽然没有明确禁止独立师范的存在,但将师范教育含在中等教育之下而建立普通教育与师范教育的连接,显然是对"中、师合一"理论与实践的认同。由此带来的,是全国师范教育的混乱。

新学制赋予地方政府以更大的自主权。因此,安徽省在研究实施该学制时,各地议论纷起。针对徽州当时有省立二师、省立三中、省立四女师的实情,有一种方案很有市场:省立二师专办后三年师范,省立三中改为初中,省立四女师改为女子初中。为此,胡晋接递交了《徽属中等学校为改行新学制事上教育厅长意见书》,认为不妥:只办后三年师范,既有违"师范学校修业年限六年"的主要原则,也冲击了师范教育中"教授、训练、实习一贯之精神";省立二师、省立四女师只设初中,徽州学子在初中毕业后,在本地除升入师范外别无其他选择,将使更多的学生失去深造的机会。为此,他建议:省立二师仍为六年制完全师范;扩大前三年普通科规模,普通科学生毕业后(相当于初中程度)不愿升入师范的可选省立三中。省立三中专办后三年高中,分文、理及职业(农林、测绘、土木、工程等)科。省立四女师为完全中等女子学校,设幼稚师范、完全师范、女子职业三科。三所学校都具有高中程度,相互补充,错位发展,既满足教育需要,又花费不多。

安徽省教育厅对各地的反映比较慎重。民国12年(1923)初,才召开实施新学制讨论会。参加会议的会员由四部分构成:一是教育厅聘请的黄炎培、陈宝泉、陶行知等13名会员,二是窦延年等4名省教育会会员,三是徐方汉等4名省立学校联合会会员,四是教育厅汪开栋等会员4人。会员分成小学教育、专门职业教育、中学教育、师范教育、地方教育行政等五组。2月1日至3日,通过了《施行新学制之普通原则》等九项决议。其中《施行新学制之普通原则》规定:

一、施行新学制应具有试验改进之精神。
二、适应本省进化之需要与能力。
三、注重教育机会均等之趋向。
四、采取效率主义。

[①] 璩鑫圭、唐良炎:《中国近代教育史资料汇编·学制演变》,上海教育出版社,1991年,第990页。

五、规划应分别缓急轻重定逐渐进行之程序。

本着上述原则，在师范教育方面，通过了《师范教育案》：

一、师范学校完全六年或后三年，以单独设立为原则。

二、师范学校遇必要时，得兼设高级中学班。

三、高级中学得设师范科。

四、师范讲习科应以县联合经费委托省立师范学校代办，遇必要时可委托其他省立学校代办。

两县以上欲联合自办师范讲习科，须得省教育行政长官许可。

上列各种师范讲习科得受省政府补助。

五、课程标准应由省教育行政官厅组织委员会订定。

六、师范学校拟留第一、第二、第三、第四、第五、第六六校。

女子师范学校拟留第一、第二、第三、第四女子师范四校。

七、师范教育经费拟全数维持，所裁学校余下之经费，大部分拟用以完成男子师范之事业，其他一部分拟用以酌设初级中学，增加师范生之来源。

八、师范学校后三年教员待遇，应与普通高级中学（试验式的高级中学除外）教员受同等之待遇。[1]

5月25日，省教育厅训令到校：省立二师校名不变，专办后期三年师范教育。其原有旧制前三年学生，照新制改为初中一、二、三年级，并在下年度招收三年制师范讲习科一班。省立二师对此亦颇不以为然，再上《呈请变通新学制办法请核示由》，提出三点请求：一是依然办六年制完全师范而非后三年师范；二是已在校前三年学生改称前期一、二、三年级而非初中一、二、三年级；三是下学年照旧招前期师范一年级而非讲习科一年级。省厅的长篇答复虽显解释的耐心，但除同意已在校学生可按照旧制办至毕业外，一概拒绝。不得已，在暑假开始前，省立二师上报了《呈复改编级次办法由》：下学年原预科二年级、本科一至二年级照旧升为本科一至三年级，直至毕业；原预科一年级甲、乙程度不同的两个班中，成绩优良且年龄较小的选编为旧制预科二年级一个班（36人），程度稍逊且年龄较大的升为新制讲习科二年级（21人），程度不够的留为讲习科一年级；另新招部分插班生。此方案得到了省厅的认可。

8月，省厅重新划定全省的师范学区，徽州学区新增邻近的旌德、太平2个

---

① 璩鑫圭、唐良炎：《中国近代教育史资料汇编·学制演变》，上海教育出版社，1991年，第1 005、1 012页。

县,共8个县。此举使创校以来省立二师因招生地域狭小、人口规模有限而出现的生源紧张有了一定程度的缓解。

在民国12年(1923)9月新招讲习科一年级学生到校后,省立二师发现,其中除了私塾教员一人外,全是高小毕业生,年龄不过十二三岁。待三年期满毕业,他们也才十五六岁,自身学识、处世能力尚且不足,怎么能作为人师?"不但误学者自身,而兼以误第二代国民也";初中与师范前三年普通科不惟课程有异,人格修养要求也有不同,初中毕业生虽经后三年师范专科培养,但"时期太促,难收实效";徽州学区读初中者,志愿多不在师范,省立二师若只招初中毕业生,势必出现生源危机;而招外地学生,一则山区偏僻,无人愿来,二则学成仍回外地,徽州的小学师资由何补充? 为此,民国13年(1924)3月,省立二师再次上报《呈请将讲习科改为普通科照新制完全师范六年办法由》。不知是因分析在理,还是原厅长歙县人江�已经去职,省厅居然十分爽快地答复"准予如呈办理"。于是,省立二师除已读讲习科二年级的一个班依计划在民国14年(1925)毕业外(1925年9月另招第二次三年制师范讲习科一个班,应在1928年毕业),其余全按前三年师范普通科、后三年师范专科有机衔接的完全师范学制办学。民国16年(1927),受北伐战争影响,办学充满风险,且省教育厅有意取消师范学校的独立地位。为学生利益考虑,省立二师为已经完成前三年普通科教学任务的四、三年级(1923年9月、1924年9月入学)学生办理了普通科(相当于初中)毕业手续(四年级属补办)。

在省立二师十多年的办学历程中,以速成师资为目的的一年制师范讲习科,仅在民国10年(1921)8月招生一次,入学23人,次年6月19人顺利毕业。

在面向社会在职人员的培训方面,省立二师也有尝试。从民国9年(1920)至民国10年(1921)学年开始,国民学校要求改用国语教学,这对方言严重的徽州各校是一项严峻挑战。为此,全徽教育协进社郑重向二师提议,开设短期培训班。而省立二师原先选派至京师国语讲习所的方世树也即将学成返校。于是,省立二师草拟简章并向省厅提出申请。学费、膳费由省立二师提供,学员自备书籍费,交保证金2元(结业时扣算灯油费后退回),每县由劝学所在在职高小或国民学校教员中选送7人。开设课程有注音字母、声音学、语言学、读本、国语练习、翻译、文法、国语教授法之研究等(临时增加新教育学及心理、论理学之大意)。民国9年(1920)8月2日至26日,第一次暑期国语讲习会如期举办,28人(其中二师毕业生3人)获修业证书。

鉴于第一期取得较好反响,次年,省立二师"以推行国语、兼便学生补习为宗旨",继续开办讲习会。6月16日,经商议,决定根据全徽州小学教育的实际需求,讲习会开国语、教育、英语数学补习三科,国语为必学,另两科任选其一。并规定了课程纲要:国语科分国音(含发音学、拼音法、国语会话、每周8小时)、文法(即白话文法,每周2小时);教育科分教育心理学、论理学、教授法、管理法、哲学(孔子哲学概论)五项,每周各3、2、4、4、3小时;英文数学补习科分英文(发音学、造句法,每周8小时)、数学(算术概要、比例、命分,每周8小时)两项。7月18日开班,8月12日结束。最后获得修业证书的39人中,有该校民国9年(1920)入学预科生6人。从分布看,以歙县、休宁两县为多。与第一期相比,此期来自偏僻山区及私塾的教员比重更大。而来自歙县十七区区立第一国民学校的教员罗时新,也是第一期的学员,引人注目。参见表3-17。

表3-17　两期暑期讲习会学员情况一览表[1]

		一期人数	二期人数	备注
县域	歙县	4	12	不含歙县在绩溪任教1人,含旌德在歙县任教1人
	绩溪	8	5	不含师范生6人(绩溪4、青阳1、广德1)
	休宁	3	13	含省立二师附小、在休宁任教绩溪、旌德、黟县、婺源各1人
	婺源	2	0	
	祁门	8	0	
	黟县	3	3	含巡回教员1人,不含在休宁任教1人
任职单位	高小/民校	7/20	21	首期校长兼教员2人,助理教员1人
	私塾	0	9	
	无记载	1	3	二期另有师范学生6人
年龄结构	20岁以下	1	4	首期、二期最小依次为19、16岁(不含师范生)
	20~30岁	23	24	
	31岁以上	4	5	首期、二期最大依次为41、52岁

民国11年(1922)8月3日,省立二师的第三次暑期讲习会正式开课。然而,一支军队突然入徽,兵事谣言纷至沓来,人心不定。原来,民国10年(1921)10月,孙中山提出的出兵北伐案获广州非常国会通过,他来到广西桂林,设立北伐大本营,调集粤、滇、赣、黔诸护法军,以李烈钧为参谋长,胡汉民为文官长;李烈钧率滇、赣各军为第一路,进取赣南、鄂东;许崇智率本部粤军为第二路,与湘军合,出湖南直趋武汉。次年5月,大本营移驻韶关,孙中山督饬北伐军向赣南进军。但各路军阀各怀心思,相互观望。方振武(1885—1941,安徽寿县人)率部随许崇智北伐,因陈炯明叛变,北伐军大部由赣回援,为陈军击败。7月底,陷入困

---

① 根据《安徽省立第二师范学校杂志》第七期、《黄山钟》第一期有关表格整理而成。

境的方振武只得率部千余人,打着北伐旗号,由江西进入屯溪高枧,很快经璜茅进入浙江。队伍后在开化县被卢永祥缴械遣散。为安全计,14日,省立二师临时决定将讲习会解散,改为通函研究交流,效果大受影响。

《修正师范学校规程》对学校课程设置有明确规定:预科课程为修身、国文、习字、外国语、数学、图画、乐歌、体操;本科(第一部)课程有修身、读经、教育、国文、习字、外国语、历史、地理、数学、博物、物理、化学、法制、经济、图画、手工、农业、乐歌、体操。且规定除"前项科目外,得加课商业,其兼课农业、商业者,令学生选习之",并分条对各科目教学内容及要求作了详细描述①。

起初,省立二师在课程设置上遵守部令。民国10年(1921)8月修订的《修正预科及本科各选科课程标准计划草案》,将预科改为两年,修注音字母、中国语法、文字源流、文法要略以及历史、地理、理化、博物等普通课程;本科改为三年,分国学、数理、艺术三科,按各人的志愿、才力、特性,任择其一专攻。国学科不重文词,而务实学,既讲读诗书易礼等经典,也讲明学术门径,以便学生自修。数理科则以数学、理化、外国语等为选习科目。选国学科的学生毕业后多任小学教师,想升学的学生往往选习数理科,艺术科未曾开设。

省立二师的课程设置体现出胡晋接独立的课程观,有特色与创新。他尊重蔡元培、黄炎培、陶行知等人的教育思想,在课程设置上体现全面性,以促进学生德、智、体、美的发展,也做到了课程设置的人文性。课程中,有体现中国人文精神的"经学"课,也有为学生将来生活需要考虑的生活、生产性内容。例如:本科第三年实行国文、英语选科制,关于英语的要求及数学改用英文教授的规定,表明为学生升学作准备;开设"簿记""珠算",乃为学生融入社会生活做准备;设农业、商业课,在地理、博物、手工等学科中要求"从乡土说起",使学科内容呈现地域化、生活化特色,增加了课程的实用性。同时,课程设置还具有均衡性。胡晋接重视传统文科课程,但当"新兴的学科和科目为人们提供了新的见识,科学和技术已被全面地公认为科学之冠"②,他改变了过去师范学校文理科课程比例失衡的现象,加大了理科课程课时比例。如在预科第二学年的后期,理化、数学每周仍有8课时,反映出胡晋接认识到社会发展中对理科人才需求增加的趋势,以及学生形成逻辑思维的重要意义。胡晋接也实现了课程设置的统筹性。对于课程开设时间,胡晋接整体考虑,使课程学习循序渐进。如国文科在预科第一学年前期开设"语言学",内容以注音字母、音学、国音沿革为主;后期则设"文学",内容以语法、语体为重点。从师范学校的办学目的出发,他还体现出课程设置的师范性。师范生要承当教书育

---

① 李友芝、李春年、柳传欣等:《中国近现代师范教育史资料》第2册,内部资料,第225页。

② 博伊德、金合:《西方教育史》,人民教育出版社,1985年,第405页。

人职责,乐教、能教、会教是履行职责的基本要求,省立二师为此设置了心理学、教育学、教育实习等课程,几乎每一科目都开设"教授法",对学生进行职业知识与技能训练,使学生能较好适应未来工作需要。总之,省立二师的课程设置有明显的实用主义倾向。

民国13年(1924)暑期以后,省立二师在课程设置上有较大变化。根据"有本有序"的教育方针,以造就优良小学教师为重,而以准备升学为轻,省立二师重新制定《省立二师学程纲要》。除已有两班课程照旧执行至毕业外,其余班级照此执行,不再分科选习。

省立二师学程纲要

(民国十三年八月修正)

甲、成己之学

一、德育(道学为本)

(一)公民科(修身学)

1. 本校规则;2. 礼仪作法;3. 威仪伦常之大要;4. 统论做人道德。

(二)道学科

1. 道体学(所以尽性):(1)道德学;(2)因明学;(3)唯识学;(4)法性学。

2. 经义学(所以尽伦):(1)孟子;(2)论语;(3)大学;(4)中庸;(5)礼;(6)诗;(7)书;(8)易。

二、智育(科学为用)

(一)名数科

1. 名学。

2. 数学:(1)算术;(2)珠算;(3)簿记;(4)代数;(5)几何;(6)三角。

(二)自然科

1. 质学(化学):(1)物之源质;(2)气类;(3)金类;(4)生物体质。

2. 力学(物理):(1)水学;(2)气学;(3)火学;(4)电学;(5)力学。

3. 天学:(1)天体转旋学;(2)星学。

4. 地学:(1)矿物;(2)地质。

5. 人学:(1)人体生理;(2)卫生学。

6. 物学:生物(动物)。

(三)社会科

1. 地理学:(1)本国地理;(2)世界地理。

2. 历史学:(1)本国历史;(2)世界历史。

3. 群学。

三、艺育

(一)文科

1. 文词学:(1)文字学;(2)词曲学。

2. 言语学:(1)注音字母;(2)发音字;(3)切音学;(4)会话;(5)语法;(6)人物称谓;(7)立言之道。

3. 文章学:(1)读文;(2)习文;(3)虚字用法;(4)诗法入门;(5)文学史;(6)文论;(7)国文教学法。

4. 外国文学:(1)讲读;(2)默书;(3)会话;(4)文法;(5)造句;(6)翻译;(7)作文;(8)信札;(9)阅书。

(二)艺科

1. 书法学:(1)习字法;(2)楷书;(3)行书;(4)篆书。

2. 图画学:(1)毛笔画;(2)铅笔画;(3)水彩静物写生;(4)铅笔天然物写生;(5)用器画;(6)图案画;(7)油画。

3. 手工学:(1)竹工;(2)木工;(3)土工;(4)金工。

4. 乐歌学:(1)乐理;(2)乐与教育;(3)乐谱;(4)乐典;(5)唱歌;(6)习琴。

(三)林科

森林学:(1)林之利益;(2)造林术;(3)森林管理法。

四、体育

(1)体育原理;(2)小学各种体育方法;(3)小学游戏管理法;(4)矫正的体操;(5)锻炼的体操;(6)习射。

乙、成物之学

一、数化(蒙养科、小学校教育学)

(一)教育观察:(1)中国教育史;(2)世界教育史;(3)最近世之西洋教育;(4)教育评议。

(二)教育研究:(1)教育心理学;(2)教育原理;(3)教育制度;(4)学校管理法;(5)利用图书方法;(6)训育法;(7)教学法;(8)参观教学。

(三)教育实验:(1)实习管理;(2)实习训育;(3)实习教学。

二、治化

(一)民治科

1. 政治学:(1)市乡自治;(2)社会风纪;(3)政治大要;(4)政治评议。

2. 法制学:(1)法制大要;(2)法制评议;(3)新宪法。

(二)民生科

经济学:(1)经济大要;(2)经济评议。①

上引《省立二师学程纲要》特点有三:一是体现了"尽性学佛,尽伦学孔,道学为体,科学为用"的新教育宗旨,特别加强了佛学、道学、经学教育。二是将德、智、体、美四育改为德、智、艺、体四育。"艺育"包括语言、文字、文学、乐歌、手工、书法、图画以及森林管理等,侧重艺术与各科技艺,体现了重视职业技术的思想。三是从低年级起,外国语便被列为选修课。

为培养"标准人格"师范生,能承担"直接的为教育之天职,以造就未来适合于社会经济之新职业的国民,间接的即为经营社会经济,由一家之整理,而推暨于一村,而结果乃均平一国"的未来之责,省立二师的课程类型比较丰富,富有时代特点。民国后,资产阶级的改良主义教育观继承西方先进教育理念,强调以学生为中心,给予学生主动学习权利,培养学生探究兴趣、创新意识、形成实践能力。胡晋接充分吸收了这些教育理念精髓。从课程的知识构成上看,省立二师课程分为分科课程与综合课程。如设有"伦理学""国文"等分科课,也有参观、访问等综合实践活动课。继续保持传统学科课程领域的知识集中,利于专业人才培养,促进知识普及的优势。同时,课程设计具有贴近学生认识客观世界的特点,培养学生运用知识,形成技能,丰富学生积极情感体验,积累经验。从课程性质分,有文科课程与理科课程,既可以不断传承民族文化,提高学生人文素养,也能够把学生带进科学的殿堂,培养学生科学意识、科学精神与创新能力。从课程的学习要求看,可分为必修课与选修课。既能保证学生基本学科领域素质形成,也能体现学生学习差异性,给学生选择课程的权利,学生在一定程度上成了课程的主人。

当然,学程纲要也是随着时代进步和社会发展而变化的。如起源于英国的童子军训练,因其"诚实不欺、确负责任、服务社会"的宗旨,"其各级课程不啻为完备之修身作法教材,实大有益于人格之训练"。20世纪20年代,我国沿海不少省份已经将其引进学校,作为常规训练的项目之一。其中以江苏省最为普及,建成40余团,无锡、上海、吴江三县更为发达。于是省立二师也决意引进:

　　……今校长先生因徽省各小学校童子军多未仿行,颇以为憾,计及诸君,要鄙人于每周课以童子军半小时,希望诸君于本校毕业后,就职于徽省各小学校,则童子军不难组织也。所谋极远且大。鄙人亦颇乐与诸君

---

① 徽州地区教育志编写组:《徽州中等师范教育》(征求意见稿),油印本,1986年。

研究。……①

从戴天石所编印的较为详细的《童子军概要》看,省立二师的此门课程的确已经付诸实施。

教材是师生共同使用的教学材料,是课程主体,是实现课程目标的关键,是落实师范培养目标的基础。

当时,师范教育没有指定专门的教材。省立二师在教材选择上比较自由与灵活,学校根据培养目标及学生实际需要,以实用主义教育、社会经济教育为标准选择教材。胡晋接强调教材要"慎选",认为"近日海内外教育家,盛倡教育采用实用主义之说。此诚至当不易之理,而为今日吾国教育界所奉此主义,以协同进行者。然欲实施此主义,首须慎选夫教材"。他以博物一科为例,指出"慎选"就是要与教育方针一致,要按实用主义法则,选择学生身边的课程资源作为教材内容,"与社会经济前途有关",并且教材有内在逻辑结构。其中,英、数、理、化多选用出版教材。

如教材没有合适版本,则由任课教师自编。民国7年(1918),在省立二师的《要项报告》中指出:"本校同人既决议教育方针及教科标准,于是进而审定课本。各科之中,教本有不合用者,即由教员自行编著。"自主编写教材时,胡晋接强调应当"取其应用,不取其高深"。先后自编而成的有余宝勋的《说文》《声音学》,潘宗张的《竹工》《木工》,以及《国文选本》《文字学》《文学知识》《文法学》《中国地理讲义》《童子军概要》《修身》等,初期以油印讲义为多。同时,在不断探索中,还撰成了各科教学纲要,使教学内容的选择更具科学性和系统性。

现存民国14年(1925)毕业的第一届三年制师范讲习科学生方春榜(歙县范川人)使用的数本教材、读本和资料,可以印证上述描述②。参见表3-18。

表3-18　方春榜所用教材、讲义等一览表

序号	名称	版本	主要内容	备注
1	新体国文典讲义	师范讲习社、俞明谦编纂,商务印书馆民国7年初版,民国10年三版	第一编:字;第二编:词;第三编:短语;第四编:片句;第五编:读;第六编:句;第七编:节;第八编:章;第九编:篇	教育部民国7年(1918)审定批词:呈及《新体国文典讲义》一册,均悉。该书略本《马氏文通》,参以西文律法解析词性、分剖章句,颇为精密,于近出国文中洵推善本,应准予审定。

① 戴天石:《童子军概要》,安徽省立第二年师范学校,刻印本,[1925年(民国14年)],第1页。
② 这批资料由笔者在歙县民间收集,现为拙藏。

序号	名称	版本	主要内容	备注
2	新体博物讲义	师范讲习社、李约编纂,商务印书馆民国7年初版,民国11年七版	第一编:植物;第二编:动物;第三编:生理及卫生;第四编:矿物及岩石	教育部民国7年审定批词:呈及《新体博物讲义》一册,均悉。是书合动物、植物、生理、矿物为一册,颇为精当,得其大要,应准审定,作为师范讲习科或补习科用书
3	国语	学校刻印的讲义	第一部分:会话讲义(21张);第二部分:言语课本(40张)	
4	体操讲义	学校刻印的讲义	唱歌游技;国技徒手、美国式徒手体操、柔软体操、混合徒手操、生理哑铃操、混合哑铃操、连续球竿操、混合球竿操、三人球竿操、棍棒操	
5	附小实施新学制标准及其教法	学校刻印的讲义	附小教学计划;学校管理法;行书教授法,算术、国文、农业、商业教学过程;各年级课程表;作文订正符号;笔画名称表。	民国12年(1933)9月制订
6	小学弦歌	学校刻印的讲义	第五卷(12页)、第六卷(44页),收录历代诗歌	封面有红色竖章:安徽省立第二师范学校校友会敬赠
7	小学弦歌	学校刻印的讲义	第七卷(27页)、第八卷(21页),收录历代诗歌	同上
8	抄录本	装订本	抄录《万国道德日报》文章若干篇	当为方春榜阅读报纸的摘抄

在《体操讲义》中,有较多的唱歌游技,每首内容为两部分,前为"谱与词",后为"表情法"。如《小国民》:

谱与词:C调,4/4拍

6 6 5 — | 6 6 5 — | 3 3 5 5 | 6 i 5 — | 5 6 i | 2 i 6 —

(1) 小哥哥, 小弟弟, 都是黄帝 之后裔, 莫相离, 莫 相 欺,

(2) 年纪小, 志气高, 前途进步 万里遥, 救同胞, 立 功 劳,

| 5　6　5·3　| 5—·0

好　个　小　团　体。

休　嫌国　民　小。

表情法：

预备：风琴一只，置场中央。

排列：全生一列圆队，面向圆内，以一、二报数，全生之距离，以各生之两手侧身相接为度。

表演：琴作，全生向右转，向圆线上前进，本谱毕即止，复向中央。

唱第一首

第一句：左手握拳前伸，伸小指。第二句：右手握拳前伸，伸小指。第三句：全生连手，向圆内前进四步，及退后四步。第四句："一"数生向前一步；"二"数生退后一步。第五句：全生齐向后转，均面向圆外。第六句：全生均复原位，面向圆内连手（"一"数生左足向前一步，自右向后转；"二"数生右足退后一步，自右向后转）。

唱第二首

第一句：左手握拳前伸，伸小指。第二句：右手握拳前伸，伸拇指。第三句：各将两手放下，随即向右转，由圆线上前进八步。第四句：全生复向左转，两手插腰，挺胸怒目。第五句：左手仍插腰，右手握拳向前屈与肩平，头向右转，怒目而视。第六句：右手自左向右一挥，随前伸伸小指，左手仍插腰。歌毕，宜即将手下垂，复立正式。①

这样的内容及编排，既有利于师范生的常规教学使用，又便于他们在小学教学实践中实施。

与方春榜同班的休宁珊溪人吴裕昌使用的五本《国文》教材，全系学校刻印，从字迹上看，非一人所刻。具体情况请参见表3-19。

表3-19　吴裕昌所用部分《国文》教材一览表②

序　号	使用年级	文章数	部分篇目
1	二年级前期	文19篇	归有光《沧浪亭记》，方苞《左忠毅公逸事》，柳宗元《捕蛇者说》，梁启超《惟心篇》，宋史《岳飞奉诏班师》
2	二年级后期	文16篇	韩愈《师说》，朱子《小学题解》，汪中《释三九》，曾国藩《圣哲画像记》，马端临《学校考序》

① 省立二师：《体操讲义》，刻印本。

② 这批资料由笔者在徽州民间收集，现为拙藏。

序　号	使用年级	文章数	部分篇目
3	三年级后期	文30篇 诗21首	沈涵《鹿洲初集序》，方孝儒《指喻》，陆陇其《退思堂记》，柳宗元《梓人传》，蒋智由《忍苦》，施润章《山行》，江南春《江月》。另有《联语作法示范》，本校学生记录的《劝阅〈印光法师文抄〉之谈话》等数篇
4	不清	文33篇	彭端淑《为学》，戴名世《鸟说》，袁枚《黄生借书记》，章炳麟《说六书》，黄炎培《劳市记》，梁启超《英吉利之教育》
5	不清	文16篇	苏轼《晁错论》，韩愈《祭十二郎文》，白居易《养竹记》，欧阳修《秋声赋》，薛福成《用机器殖材养民说》
6	不清	文52篇	陶潜《桃花源记》，王守仁《友别》，戴名世《意园记》，蒋维乔《敬礼》，张尔岐《辨志》

　　此外，现存省立二师教材的尚有《本国历史》（刻印，一册68页）、《中国语法纲要》（刻印，一册36页）等，植物学、动物学、矿物学以及歌曲的散页也多有所见。

第四章　徽州近代师范教育的高峰
——省立二师(下)

师范学校的办学性质,决定了省立二师在培养学生人格和教育技能方面将作出更多努力。因此,省立二师在胡晋接的领导下,在教育教学中,抓细节,抓活动,并积极创造条件,引导学生走进小学和社会大课堂,培养出一批在各界均有一定造诣和贡献的毕业生。

第一节　丰富的教学活动

《修正师范学校规程》明确提出,师范学校的"为学之道,不宜专恃教授,务使学生锐意研究,养成自动之能力"①。鉴于此,省立二师在教学方法上,重视改革注入式的教授方法,提倡自学辅导主义②。余宝勋在《关于教授上应采取自学辅导主义为统一标准之商榷》一文中认为:

> 夫学者皆自有发明创造之知能,扩充其良知,发展其良能,势非他人所能为力,故曰自学。知能之初发动以施诸事也,或易入于错误而不正确,囿于局部而非全体,限于少量而未充分,则恃有教者立其旁以扶助之,故曰辅导。质言之,自学辅导之教授,即谓学者恒为主体,而教育者特为其傧相耳。

为此,他进一步提出教师在辅导学生方面的六点要求:一是各科教授宜注重学生之预习与复习;二是各科教授宜注重回答与发问;三是实践诸科教授宜注重学生实行之效验;四是演作诸科教授宜注重学生自演自作;五是各科教授之参考宜选择简要,并注重学生之自行参考;六是各科课外实习指导宜取学生自动主义③。

---

① 李友芝、李春年、柳传欣等:《中国近现代师范教育史资料》第2册,内部资料,第224页。
② 民国时期基层教育界对新思想、观点、主张,常以"主义"称之。
③ 省立二师:《安徽省立第二师范学校杂志·研究》,1918年(民国7年),第5期。

1. 凡学习须有勇猛进取之精神。

2. 受业时,教师所讲有难解者,或自己另有见解者,宜俟讲毕或课后,向教师质问或发问,不可蓄疑于心。

3. 教师所授要项及表式,无论板书或口述,均录于笔记簿中,或书页上端。

4. 笔记务于受业时,书写明了,以省自修室缮写之劳。

5. 对答教师之发问,批评他人之意见,务求明白详尽,毋得含糊。

6. 阅教科书及笔记,均宜提挈纲要,领会大意,或自作简表,以便记忆。

7. 定义原则,为一切学术之根据,关系至为重要。学术名词有一定之界说,均须理解透彻,并提出熟记勿忘。

8. 预习、复习,固宜并重,国文、经学、数学、英语等科,尤重预习。修身、教育、历史、地理、理化、博物等科,尤重复习。

9. 预习或复习时,遇疑义或疑字,宜即取字典或词源等书参考之。其由教师所指示之参考书,即至图书室中取书,细加参考。参考犹有未明,则仍向教师质问。

10. 本日所授课,必复习之,但以前课本,尤应随时复习,以收温故知新之益。

11. 复习时,至各章各节之末,须为全篇之总复习一次;至每书之末,尤须为全书之总复习一次,以求得其系统之一贯。

12. 复习时,有应参看图表者,宜即取图表参看。尽地名、人名、年代等,须熟记之。

13. 研究各科,均应以实用为目的,其各科应注意之要点,如历史重进化,地理重人生之类,宜适教师之指导,而为切实之研求。

14. 理化、博物、农业等科,注重实验。手工、乐歌等科,注重练习。均另订实习规程行之。[①]

本着实用主义的办学宗旨,省立二师反对空谈学理,认为各科教学中,实地练习均不可少。且从培养学生未来的生存能力出发,重视训练其在农、工、商等方面的技能。学校不仅规定自本科三年级起,轮班选习农业、商业课程,还在第四学年将课外实习科目、年级、人数等安排有序,形成制度,请参见表4-1。

---

① 省立二师:《安徽省立第二师范学校杂志·规则》,1918年(民国7年),第5期。

表4-1　各科课外实习安排表[①]

部别	学年	参与实习人员	每周次数	备注
博物实习	第一至第三学年	各五、四、五人	每周一次	
理化实习	第二、第三学年	五人或四人	每周四次	
农业实习	第三学年	临时分配	每周三次	
地图实习	第一学年	七人	每周二次	
手工实习	第一至第三学年	全体学生	每周二次	
乐器实习	第三学年	三人	每周六次	逐日轮,3人/日
贩卖部作业	第一、第二学年	四人	全周	从第一学年后期起
庭园作业	预科	临时分配	全周	

　　同时,省立二师还创造条件,让学生有参加实际工作的机会。当时,兼任会计的胡正修认为,商业是师范课程中的学科之一,安排在本科第四学年,每周仅2小时,如不提前练习,将收效甚微。何况"吾徽人强半以商为生活,足迹几遍各行省,信实久著于外,欲永保其优势,不可不于教育上发扬而广大之"[②]。因此,他建议为让学生能实地练习珠算、簿记及商业,应开办贩卖部,并拟订《贩卖部之组织法》,就场所、用具、基金、商品、价格、簿记、任务、交代、贩卖时间、交代时间、规约、劝惩、决算等十三项都作了详细说明。或许是事关重大,胡晋接在此基础上,亲拟了《贩卖部办事细则》,共9章29条,对职员职责、进出商品程序、交接等作了更严密的规定。

　　民国3年(1914)11月1日,在征得省府同意后,省立二师以学校杂入款225元为启动资金,正式设立贩卖部。贩卖部设主任职员一人(书记方宗灏兼任),管理全部事务。每周安排4名师范本科学生轮流值日,周六接班前用粉板公示于外。其中一人负责簿记(兼综理一切事务),一人负责银钱(现金保持在50元以内),另两人管理商品。同时,附小每周安排两位学生来此学习。各人职责分明、程序严密,仅从每人所记的附属账簿可见一斑:管簿记者要记流水簿、区分簿、每周收支对照表、单据粘存簿、试算表、财产簿、损益簿;管银钱者须记银钱出入流水簿、银钱清总;管商品者要记货源簿、发货簿、定货簿、添货簿、商品检存簿、商品价值簿、每周商品出入盘结表、广告存稿等。所有簿记每日汇总,每周交主任查核。

　　贩卖部出售商品以学习必需的用品为主,如图书、仪器、纸张、簿册、笔墨、杂品等。另外,学校园产出的果实、蔬菜之类,以及学生手工作品等也在贩卖之列。由外购入的商品按照原价和运费的总价加百分之五出售,本校产出的

---

　　① 省立二师:《安徽省立第二师范学校杂志·概况》,1917年(民国6年),第4期。
　　② 省立二师:《安徽省立第二师范学校杂志·教育之实施》,1915年(民国4年),第2期。

商品参照市价销售但不可高于市价。贩卖部每天上午放学后到下午上课前营业,周日上午八至十二时交接,下午一至五时营业。钥匙由主任掌管。第一周在贩卖部值班的程应鸣在11月3日的日记中这样记载:

> 早膳自修时,为料理贩卖部事,未毕……午膳既毕,即至贩卖部,诸同学又如昨日,在窗前候买,余俟陈君取锁匙开门入内,主任职员亦至,乃开窗实行贩卖,各司事。买由司银钱处交纳价银,俟司银钱者发票而后至司商品处取货。当时人甚多,有买书籍者,有买簿册者,有买笔墨者,有买杂品者,忙忙碌碌,正如市中商店,诚一时之盛也。预备上课之铃响而散,余等亦整理而后出。观如此,有如吾国古时之日中为市,交易而退者焉,甚有趣也。……①

第一周结束后,胡晋接深有感触:"乃试办一周,而各生账簿之记载,纷纭纠葛,未易猝理。在学生,既习珠算与簿记矣,而临事尚难应用。始叹课室教授,只教成半个人之说,信而有征。非实地练习,殆未易以底于成也。"②

贩卖部之设,从经济收入看虽然微薄(到次年7月,除去资本金外,共赢利35元多),但学生由此受益多多。

开放办学、与社会接轨是省立二师遵循实用主义办学的具体体现。每年春秋佳日,省立二师都要组织学生到附近地点修学旅行。为取得最大的活动效果,民国2年(1913),胡正修起草了《旅行概案》,说明了旅行目的(明确其观念、锻炼其身心,以野外教授补学校教授之不足,养成随时随地研究学问之能力)、旅行与教育之关系(预科为理科、史地教学作准备,本科低年级联系史地、生物、物理教学,高年级结合几何、地质、农业教学;锻炼筋骨;考察社会道德,法善惩恶;感受自然造化之美妙)、旅行时间(春秋两季晴明之日)、旅行地点(附近,事先择定)、旅行前的准备(各科教员指示目的、说明方法、准备用具)、旅行时的规约(整队行进毋交头接耳、先后参左,休息时毋远离,有事须陈明,十人一组并设组长管理,观察须有2项笔录)和旅行后的考察(各作一篇旅行记,交标本、图画、心得等)。以此为标准,每次旅行之前,省立二师都精心策划。民国3年(1914)4月,省立二师组织了第一次春季旅行,途经上新屋、长亭下、珠塘铺、屯溪、隆阜。行前,教务主任方新讲了《旅行前之历史谈》,程敷锴讲了《旅行前之地理谈(徽属山水略说)》,胡正修讲了《旅行采集植物说明书》。途中,教师随时介绍风景、风土、地方人物等知识。虽仅一日,学生却感触很深。当时正在预科班就读的胡稼民写了

---

① 周文甫:《斯文正脉》,黄山书社,2012年,第366页。
② 徽州地区教育志编写组:《徽州中等师范教育》(征求意见稿),油印本,1986年。

《旅行记》一文,详尽回顾了旅行经历:

  民国三年四月十八日,吾校第一次举行春季旅行之日也。是日五时半起,早餐毕,学生皆军装预备出发。天忽降雨,阴云当空,似欲阻吾人行者,游兴为之稍减。继念魏文侯冒雨出猎,拿破仑雪夜行军,事有在必行者,固无所阻也。幸雨甚小,旋且停止,爰整队就道。校旗前导,教师杂在行间夹护之。黄先生持指挥刀最前行。铜鼓军号之声并作。道经中门上新屋、长亭下等处,至珠塘铺,休憩片时。复前行,经屯溪,历隆阜,摄影于田野之间,留纪念也。将至隆阜时,并望见黎阳。方先生于是言隆阜戴东原、黎阳施虹玉二先生之历史,即示吾人以修学之法。既过隆阜,登前山岭,可以远望。程先生于是说地理,示吾人以徽州山脉水道之大势。既而望狮子山,胡先生于是说山之岩石之种类及田野间之植物。吾人于是知岩石有火成岩、水成岩之别;而植物有显花、隐花二种。旋抵梁安公所,散队啜茗坐憩。乃登狮子山,山壁立数仞,余等为采集标本,爰登其颠。仰观俯视,气象万千,白岳黄山隐隐云雾中,而其旁层峦复嶂出重霄者,又不一而足。率水蜿蜒横流,横江自北流来合。春色蓬蓬,有非笔墨所能尽述者。闻程先生言,去岁选择校址,本拟购地于此,以乱事不果。余闻斯言,甚为惜之。采集事毕,复整队前行。至二童讲书山麓,又摄一影,亦为旅行留纪念也。二童讲书山,石山也,耸立奇伟,岩石嶙峋,其石之突然而出者,如二童讲书然。诚天然构造之奇,有迥非人工所能拟者,故以命名。惜摄影时,天色冥然,作欲雨状,彷徨旋返,未饱览其景也。夫暮春时,野外万卉,句者毕出,萌者尽达。柳绿桃红,映山夹水,旅行之乐固可知矣。然旅行非止于及时行乐,更有其目的。目的为何? 则实地考察以增学问也。但欲达此目的,则必先有基本之知识。盖吾如谙习历史,则所至之地,将回忆前人之事,而增吾游兴,否则徒劳跋涉。吾而谙习地理,则山川形势熟于胸中,一旦亲临其地,可资考证。否则徒奔走一周耳。吾而谙习理科,则野外之一花一草一鸟一虫皆足为实地探考。不然则茫乎若迷。虽寄身博物院中,何益也! 故吾校旅行之前,已先授吾人以上列之基本知识,使收旅行之实效。旅行之明日,濡笔记此,以免遗忘云。[1]

  民国4年(1915)5月2日,省立二师组织学生游休宁古城岩后,学生程应鸣在日记中这样记载:

---

[1] 省立二师:《安徽省立第二师范学校杂志·词章》,1914年(民国3年),第1期。

……至还古书院及汪王故宫,今已摧败零落,观其形态,亦可知昔日之规模宏大。汪先生又言汪王之历史焉。旋登万岁山颠,环顾众山,六县大势一览了然矣。未几,遂舍万岁山而至炼心石,为壁立八十仞之岩石,所突出者危险罕伦,俯视其下,目惊神骇,不可以久驻足也。昔金正希先生于此炼心而能立于石上若平常焉,亦可见其心之坚也。复取道至鹅公石,有两石夹立如门,循门而出有一石孤立道旁,名曰兑卦石。后复循石门而上,过鹅公石,道旁有一石洞。余躬身入之,别有天地。相传明太祖尝避难于此……①

在寒暑假要求学生在家乡进行社会调查,是培养学生关注、接触、了解社会的重要途径,也是提高学生学用结合意识和能力的手段。如何充分利用这样的机会,省立二师有一个逐步探索的过程。民国2年(1913)6月第一个暑假,为引导学生合理地度过假期,教务主任方新专门作了《暑假中修养之训话》,认为暑假是学生"自治力有无之实验期",是"出其学业以应事用之实验期",是"补习其所短科学之良好时期",也是"予诸生以身体之健康为将来之进取","以家庭亲爱涵泳之机会",还是"与自然物亲接而促其审美研究之机会"②。

可见,此时省立二师虽然以智、德、体、美素质的养成作为学生暑假的主要任务,但缺少具体任务的布置,需要学生有足够的自省、自悟和自律能力。到了寒假,出于实用主义的考虑,为编纂符合本地实际的博物教材,需要大量动物、植物和矿物标本。因此,寒假开始前,胡晋接亲自起草了《征集徽属六县植物启》,要求学生"寒假回里后,可就近采集植物若干种,或取秧苗,或摘果实,或选茎叶,或拾花枝;无论谷物、菜蔬、果树、药品、竹木、藤草,凡天然之生物,悉本校所欢迎","其产地何所,栽种何时,及一切状况,广为咨访,附加说明",新年开学后带回校内。或许是初次安排,效果并不很好,教职员及学生一共才制作植物标本数十种。于是,在民国3年(1914)6月第二个暑假来临之际,胡晋接再次发表《征集植物标本宣言》,从历次搜求概况,说到与学生能力之培养、与徽州民生之关联,再以日本大阪师范学校要求学生各采集植物二百种、制昆虫标本百种为事例,希望师生再次支持。

民国4年(1915)暑假前,胡正修、胡晋接分别作了《民国四年暑假期之博物实习方法》《民国四年暑假期国文科之四声实习方法》的讲演,对于本科一、二年级学生在动植物标本制作及画图、矿物标本采集、四声练习等方面提出了具体要求。

① 周文甫:《斯文正脉》,黄山书社,2012年,第369页。
② 省立二师:《安徽省立第二师范学校杂志·教育之实际》,1914年(民国3年),第1期。

应该说,在这几年的时间里,省立二师的标本采集工作还是有效果的。为庆贺巴拿马运河即将开通,美国定于1915年2月在旧金山市举办"巴拿马太平洋万国博览会",并在前一年3月派爱旦穆到中国游说中国派团参展。北京政府成立了筹备巴拿马赛会事务局,各省也相应成立筹备巴拿马赛会出口协会;,从工矿企业、学校、机关直到普通农民,征集教育、工矿、农业、食品、工艺美术、园艺等类展品,并开列奖励条款。省立二师接到省厅指令后,在民国3年(1914)5月10日,将"乡土博物标本一百十四种,乡土植物图谱十四种,本师范学校学区图一幅,本校概况一册,本校表式一册"①送省鉴定,并向省府呈报专文:

> 为呈送巴拿马赛会出品敬求鉴定事。查巴拿马赛会一事,叠奉训令,征集出品赴赛,此事为世界所注目,关系至重。不特互证博征,足资参考,而观瞻具在,文野攸分。欲期发扬国光,必须标著特色。本校自去年四月开办,为日甚浅。学生尚在预科,殊少可观之成绩。惟本年八月以后,本科课程应授博物,现正着手采集乡土各种标本,以作教材选择之预备。谨将现时采到木材标本三十二种,矿物标本十二种,茶叶标本十四种,谷食蔬菜种子标本三十二种,又旅行采集植物标本二十种,自制植物图谱第一辑凡十二种,总计共一百二十二种,均各添办一份,附具说明书,寄送出品协会。藉以觇徽属物产状况之一斑,实无标著特色之可言。又本校制用表簿及第一年概况与学区图等,似皆在教育出品应有之列。除填送出品通知书及草目录外,所有呈送出品,求即转交出品协会,陈列鉴定,实为公便。②

当然,省立二师到底送省鉴定的展品是多少件,现存资料说法不一。按照《联合展览会规则》,各省赴赛出品协会须举办展览会,并按"审查规则十五条"和"检选规则二十二条"对展品审选。各省展品运抵上海后,事务局再次对展品"认真甄择,严定去取"。安徽省送展展品于12月送达上海,因兵荒之余,经济困难,所征出品仅有36箱,共计1 200余件。省立二师送省展品,经省出品协会鉴定后,是否再选送上海,最后是否参加了巴拿马赛会,尚无资料证实。

民国4年(1915),省立二师又采制标本1 157件。次年,在省立二师第一次成绩展览会上,展出学生自制乡土博物标本456件,其中植物门279件,动物门147件,矿物门30件。

民国6年(1917)4月,教育部通咨《各学校假期修学办法》,对师范学校,要求组织调查、采集、旅行、温习课业、讲演教育等活动,"修学成绩于假期届满时

---

① 省立二师:《安徽省立第二师范学校杂志·纪事》,1914年(民国3年),第1期。
② 省立二师:《安徽省立第二师范学校杂志·文牍》,1914年(民国3年),第1期。

报告学校,由教员评定之"①。于是,当年暑假前,省立二师提出了各年级假期中关于乡土科课业实习的指导意见,提出每一假期分采集、制作、调查、计划四项工作,按年级分配所应完成的任务,请参见表4-2。

表4-2　各年级假期乡土科课业实习安排表②

学年	假期	采集及制作	调查	计划
预　科	寒假	秧苗种子		
	暑假	种子		
本科一年	寒假	木材标本	乡土历史	
	暑假	腊叶标本	乡土地理	
本科二年	寒假	剥制标本	乡土物产	
	暑假	昆虫标本	乡土社会状况	
本科三年	寒假	矿物	乡土民生状况	
	暑假	岩石	乡土教育状况	
本科四年	寒假			乡土教育办法,乡土自治办法
	暑假			
备注		各附说明书	以上拟报告书	

对于调查一项,明确"乡土"指"住址所在之城镇或村落"。并开列细目:如乡土历史,有族姓由来及变迁、模范人物、名人著作等。乡土地理包括山脉河流方向、地势、气候、土壤、地质、名胜山水、道路及水利工程、田地山的收成、菜圃与果园、交通、邮政、旅馆等内容。乡土物产有矿产、农产品、人造品、进出口货物、运输与销售等项。乡土社会状况包含户口、风俗、鸦片与赌博、盗贼、信仰、赛会、交通与卫生、饮水、消防、警备、慈善、医疗、自治等情况。乡土民生状况含粮食、金融、邮政、灾害、物价、农工商行业、养殖、工资、游民、客民等情形。乡土教育状况主要是儿童数、教育经费、学校及学生数、教师姓名、教科书、教学训育内容、女子就学、社会评价等方面。

次年,教育部又发布了《中等以上各校学生于假期内实行调查办法》的训令,规定:

一、凡中等以上学校各学校学生,应于假期内由校中给以各种调查表格,各就其乡里或旅行地点内作实地之调查。

二、调查成绩于假期届满时报告学校,由教员评定其优劣。

① 李友芝、李春年、柳传欣等:《中国近现代师范教育史资料》第2册,内部资料,第252页。

② 省立二师:《安徽省立第二师范学校杂志·概况》,1917年(民国6年),第4期。

三、年间之调查成绩由学校摘重酌编调查汇报。

四、平时教员对学生当时时间其所调查各事项并令其述应兴应革之意见,选其可采用者附录调查汇报。①

两相对照,可见省立二师的指导意见与教育部的训令一致。从省立二师历年杂志中登载的徽州六县小学校情况一览表,可以发现学生的调查是持久而有效的。其中第四期与第五期,登有学生写的调查报告13篇,如《休宁县屯溪商业状况报告书》《徽州人往外经商水陆路线说略》《歙县清流村实施职业教育之计划》等。这些学生作品,虽较简单,却都很具体很实在,即在今日仍不失为可供参考的资料。其中民国7年(1918)学生张正春撰写的《屯溪商业状况的调查报告》,尤其典型:

　　1.商业之种类

土产类:茶、粮食、油、酒、糖坊、酱园、肉铺、腌腿、山货、水果、漆、箬、棕。杂货类:杂货、盐、布、纸、瓷、纸烟、药材。文具类:笔墨、书籍。洋货类:洋货、煤油。工艺类:染坊、缝纫店、炉厂、铜器业、锡器业、竹器业、木器业、银楼。交通类:船行、客栈(略)。金融类:钱庄、当铺。杂业类:酒馆、牙行(略)。

　　2.商店之多寡

屯溪之商店,按照商会调查,上自黎阳,下至率口,前至河街,后至后街,大小商店约共五百余家。

　　3.著名之商号

　　(1)土产类

茶行:吴美利、孙怡泰、曹正大、江晋丰、宁日新、程怡新、汪集兴。茶号:李祥记等牌号。茶漆店:宏达恒、同昌恒、大成、豫丰、复茂。粮食:震盈、同福馨、裕丰源、同福栈、俊记、义泰。油坊:正隆、万隆、源记。酒:复茂、福泰、益隆、泰昌、元和、谦懋、淇粹、亦隆、漱芳、毛恒春、义兴、宏盛。糖坊:万茂、聚和。酱园:曹粹、亦隆、漱芳、德馨、福泰、益隆、泰昌、元和。肉铺:正顺、万顺、隆顺、复顺、义顺、聚泰。腌腿:正大行、俞丰新。山货:生泰、泰隆、义记、两仪、仁记。水果:詹永新、查元兴。

　　(2)杂货类

杂货:茂记、同福、万隆、永裕、正隆、景昌、万昌、源记、同益、福泰、德

---

① 李友芝、李春年、柳传欣等:《中国近现代师范教育史资料》第2册,内部资料,第259页。

隆、朱同裕、大馨、正康、泰隆、震泰、德厚昌。盐：广元、裕隆、春和、万隆。
布匹：石道生、祥盛、谦泰、万成、大道、广泰昌、益盛、晋源、兆成。纸张：焕
文、同有、正路、怡祥。瓷器：振泰、卢得兴、益泰、复泰、怡茂。纸烟：美英
公司。烟：万和、复茂、鼎泰、仁和、义顺、振和、德泰。药材：石翼农、合记
春、同德仁。锡箔：李长兴、焕文、景昌、万昌。

（3）文具类

笔：得云、凌云堂、锦云、日升。墨：胡开文、正路、胡同文。书籍：科
学、锦文、茹古堂、三元、震元、同文。

（4）洋货类

洋货：益大、中西、华昌、克成、鸿记祥、怡豫、中法、东亚、同和、宝春。
煤油：同义公、亚细亚。

（5）工艺类

染坊：信茂、元和。缝纫店：胜家公司。炉厂：金源隆。银楼：源泰、永
玉、成大、成永。

（6）交通类

船行：汪汝良、戴生茂、章德泰、邵震兴、章震泰。客栈：（略）。

（7）金融业

钱庄：万康、致祥、通裕、德源。典：万源、万泰。

（8）杂业类

酒馆：延旭楼、聚贤、复源、公和园、源裕、玉春。牙行：（略）

4. 普通店规

普通店规，由同业公议而定，大概凡同事定生意者，在阴历正月初四、
初五、初六及元宵诸日。既完后，凡本店同事必守其共同之规则，即戒以
嫖赌吸鸦片及亏空舞弊等情。偶犯店规，即行开除。凡学徒初入店时，有
由本店认可之妥实保证人为保证。又除本店规定每年有数十日余工外，
有事请假酌量除薪俸。凡夥友支给薪俸有定时，商量先用，以支一月之薪
金为度，此普通店规之大略也。

5. 商店内部事务之分配

商店同事，各有专责，但内部事务分配亦有系统，略述如下：管事、账
房、水客、柜夥、发货、中班、学生、栈司、正作、杂务、厨司，此普通者而言，
大约随店大小增减之。

6. 簿籍表册之种类

市面商店所用簿籍表册，分类如下：草批、流水、誊清、全收、银总、俸
金、议货、存号、恒足、杂记、往来、工账、门差、号簿、年总、银票、汇票、借

券、期票、发票、议票、股东、货折、洋折、钱折、仿单、月总表、完单、市价表、公启、租批、租折等。总计以上不下卅余种,其记载颇为简单,相沿以来,无甚进步,以致弊窦丛生,较之新式簿记,远不及之,将来应取法新式簿记,实势所必然也。

7.结账时期

凡结账时期,由商店来往酌议而定,或逢每月朔望及月底结一次,而普通商店以旧历端午、中秋、年节结账,惟放茶银者,则在阴历四月与茶户结账,盖结账之月才能收账,不依此时期,则收账必无效果。

8.通用之货币

有墨洋(即鹰洋)、本洋、龙洋、小洋、铜元、铜钱之属,纸币"九八规元"票最通行。平常以鹰洋为本位,惟1元值小洋若干,值铜元若干,皆无一定标准,以市面而定涨落。"九八规元"以两为单位,厚皮纸写明若干两。最涨时,每千两规元票,作鹰洋1 400余元;跌时作1 300元左右。购大宗货品于上海者,用"九八规元"票,颇为便利。

9.度量衡之异同

分度量衡三种,依次述其同异。度:用裁尺(足尺),布业用"九七尺"。量:用街斗,屯斛"九三"为粮食店之出斗,杭斛"九五"为粮食店之进斗。其外通行者,有渔斛(足数)、歙斗(加一)、万斗(足数)。凡粮店有进斗出斗者,乃商人取巧占利之利器也。衡:用天平、曹平(17两6钱),金银珠饰业用之。"九八平"(15两),杂货、糕饼、油业等用之。其外有通用之茶秤(20两)、柴秤(18两)、户秤(28两)、水果秤(12两)、门市秤(16两,又名足秤)、盐秤(24两)、广秤(105斤为100斤①)、茶秤(又名松萝秤、18两)、行秤(20两)。

10.商人道德

颇重信用(略)。

11.商人知识

辨货色之真伪优劣以定价目之涨跌,此对于进出货之知识也;观顾客之态度而察知其人之有信用与否,此交际之知识也;其尤要之知识与技能,则在书写与验币法。

12.商业教育

商业学校仅阳湖一所,其关于商业之教育,略具雏型,故成绩鲜少。商店中之学徒,由同事中前辈教授,初入店时,教以洒扫拂拭、款客茶烟等

---

① 原文如此。估计为通用秤105斤折广秤则为100斤。

事。晚有余暇,或习字或练珠算或学写信或练记账,勉以专心,戒以怠情,此商人施于学徒之教育也。

13.商业机关(如税关、商会、会馆、公所等)及其办法

屯溪商业机关,各有定章,办法不一,故难缕述,兹将名目列下。税关:茶税局、厘金局、烟酒局、烟酒栈等。商会:休宁商会。会馆:江西会馆、宁属同乡会、婺源同乡会、绩溪同乡会。会所:青阳公所、仙源公所、旌阳公所、梁安公所。局所:邮政局、电报局、督销局、硝磺局、警察局等。

14.土产商品之种类及其销路

土产商品,其销路上通江西,下达苏杭。以茶叶、竹木、米谷、杂粮、山货、水果为出产大宗,其最著名者为徽墨、罗盘、贡枣、青螺、葛精、笋衣、祁术、石斛、石耳等。

15.经商客地者之概况

徽属人民富于经商思想,故全国各省,几无一处无徽商。而本地(指屯溪)居民经商客地者,以浙江之杭州、江苏之上海苏州、湖北之汉口为最密,以典业为职业者尤多。在外之同乡团结力颇厚,俗语有"爱本县会馆如爱家,爱同乡如胞兄弟"之说,其团结力可见一斑矣。普通人家,男子十三四岁即为觅一典业,送之出门,至十八九岁返家成婚,以后间三年或四年,回家一次,期以六个月为谱。休宁人对于典业,视为重要职业,察其原因,以为职务轻松,出息较丰,故乐为之。①

省立二师对体育很重视。胡晋接对于体育的认识已经超出了单纯竞赛的意义,他在民国4年(1915)7月4日该校首次举办的小运动会(指学期运动会)上发表开会词,阐述了体育与国民教育、与国际竞争的关系:

　　……当此举国忍辱含羞、卧薪尝胆之日,愿诸生于共同愉快之际,寓一致奋发之心,涵养其协同之精神,鼓舞其雄壮之气概,并由此引导一般国民、一般小国民渐振起其团体的运动之倾向,于以造成亚东中华民国之大国民,俾将来得有竞胜于世界大运动会场之一日,则吾国之光荣显,而国民之志愿伸矣。②

在其影响下,学生对于体育的认识也有一定深度。如当时还在高小就读的柯尚惠,在民国5年(1916)4月10日的日记中认为:

---

① 方兆本:《安徽文史资料全书·黄山卷》,安徽人民出版社,2007年,第392-395页。
② 省立二师:《安徽省立第二师范学校杂志》,1915年(民国4年),第2期。

体操一科,吾国昔时之学生大半皆不讲求,以致背驼者有之,吐血者有之,肩一高一低者有之。噫!吾父母生我一完全之人,而我不能自爱,使之不完全,岂不太可惜哉![1]

由此,省立二师从创办之始,即着力于体育教员的选聘、器材添置、场所兴修和制度建立。

省立二师聘请的体操教员素质很高。早期的孙揆,教体操,兼教乐歌。不仅在技能训练上有经验,在体育理论上同样有造诣。他撰写的《体育教师之必要》一文,全文近6 000字,从体育的意义、种类,再到学校体育课、体操、运动会、体育教师素养等,都作了较为深入的分析。有理论阐述,有具体操作,颇有指导价值。民国5年(1916),他还着眼于国耻教育,从日本最新出版的游技著作中选取有关作战者的经历,并结合自己所学、所教的经验,编著出版了《作战游技法》,作为国民学校高年级及高小学生体育课的教材。全书收入游技50种,根据难易程度分别配置到各年级:

国民三学年:布设地雷、乘虚袭击、射的、搬运辎重、密探、工兵队、炮兵队

国民四学年:联军、巡洋舰、骑兵战斗、秘密传令、鱼雷陈列、骑兵队、运送军械、流弹、潜行艇、辎重队、骑兵传达、斥候兵、包围攻击、架桥、轻便铁路

高等一学年:抄袭要塞、征发、防御兵、攻城守城、救护伤残、路上斥候、绷带实习、陆军官制、遭遇战、捕房、露营梦、扬我国威

高等二学年:铁条网、卫生队、军舰航、背水阵、陆战(其二)、舰队、军事邮信

高等三学年:行军、凯旋、战斗准备、陆战(其一)、海战(其一)、空中飞艇、短艇竞渡、骑兵攻击、海战(其二)[2]

为"整理国民学校体操教材,改革国民学校体操教授方法",他于民国7年(1918)又编写、出版了供师范学校、国民学校教学之用的《新体体操讲义》。该教材在概述体操科的目的、教材选择、教材排列、教授形式、教材种类、姿势、教授时注意事项之外,主要篇幅是对国民科第一至第四年级适用教材进行了详细的介绍。如国民学校第一年级适用教材的内容要点为:

① 柯六六:《就读于安徽省立二师时的柯庆施》,《徽州社会科学》,2007年,第9期,第31页。

② 孙揆:《作战游技法》,商务印书馆,1916年(民国5年),第1页。

（子）教练

集合（一行纵队、两行纵队）、稍息、立正、解散、纵队行进（一行、两行）、左右转弯（一行、两行）、停止、踏足、前整顿、报数

（丑）体操

下肢运动、平均运动、上肢运动、头运动、呼吸运动

（寅）游技

竞争游技（下体同时、下体顺次、上体顺次、全身同时、全身顺次）、行进游技（涡旋、圆形行进、周行、门、等分行进）、唱歌游技

为便于教授和练习，教材文字浅显、解说详明，虽无插图，但读者易懂。如游技中属"下体同时"类的活动"捕鱼"：

准备：儿童散立场上，指定一儿为渔翁，其余各人均为鱼。更规定地点，为河陆界限。

方法：渔翁追逐各儿捕捉之，各儿则四处奔避，如渔翁捕得一鱼，即送至一处，再出捕捉。如能连得三鱼，即宣告休息。渔翁休息后，可举一儿自代，或由教师指定一儿为渔翁。

注意：渔翁与鱼，均不能行至陆地界限内，只能于河中捕捉。已捕捉之人，不能乘渔翁捕捉他人时，仍复脱离逃走再为鱼，须听渔翁之指挥，必俟渔翁宣告休息后，始各恢复其自由。[1]

在歙县紫阳书院时，因学校位于半山处，运动场地狭窄。迁屯溪荷花池后，利用门前平坦处上体育课，面积颇小。再迁新塘后，列入第一批改造项目的就有大操场一区。当时，校舍旁原有平地一块，但中有水池与柳树，且面积不大，于是购买附近水田两块，在民国4年（1915）春季一同改建为操场，长宽各有15丈。次年又开辟椭圆型的第二运动场，长12丈，宽10丈，满足了师范部与小学部学生运动之需。

省立二师开学后，根据教学计划，体操每周4课时，为图画、乐歌每周2课时的两倍；教学重点为矫正学生姿势、锻炼身体，主要内容为普通操（徒手连续操、徒手哑铃、游戏等），并根据《二分时间体操》《普通体操》《舞蹈全豹》《游戏粹编》等参考书自编教材。第二学年开始，注重学生身体的均衡发育，并与课外运动相联系，加

---

① 孙拨：《新体体操讲义》，商务印书馆，1918年（民国7年），第44页。

授有关体育理论的内容。教员还引入武术、球类等项目。柯尚惠在民国5年(1916)的日记中就提到:"袁师教吾人'潭腿'第一路和第二路。又云,'潭腿'发明于山东潭县,故命名曰潭腿。"①该校报告中也提到:"近据学生自陈,多谓八段锦与拳术两事,最为有益于体育,其功效且能医病,可见国技之宜保存矣。"②

从民国4年(1915)5月开始,省立二师推行数分间体操,使学生在紧张的学习之余,能及时调整身心。安排的时段主要有四:每日上课前行朝礼时、课间休息毕即将上课时、饭后休息毕、身心疲惫时。方法极为简单:头后屈或前后屈、踵上下膝屈伸、臂左右及后伸、上体后屈及前屈、上体左右转或屈、深呼吸运动。"此法行之数月,举行身体检查,肺量、握力皆见进步。"③

随着办学经验的丰富,在体育活动上逐渐形成运动、静坐两类搭配安排的规程:早晨,全体学生参加米勒氏呼吸运动15分钟;午后正课完毕,"按年龄之大小、身之长短、体之强弱,分为甲、乙、丙团,配以各种运动器具,使各依据所定日期及时间,而为尽量适当之运动。其身体羸弱者,仅课以网球、队球或瑞典式之疗病体操而已。"静坐每日需有一次,持续数分钟,以"收摄放心"。在该校民国7年(1918)的报告中,学校认为"自第二年举行课外运动而后,学生身体上之发育,颇见进步"④。

民国4年(1915)以前,省立二师虽然正常开设体操课程、体育活动,但由于班级少、学习内容单薄、场地狭窄,并未举办过运动会。定校址新塘后,条件渐备,乃准备在民国4年(1915)秋季举办一次全校性运动会,广邀来宾,展示体育成效。为检查基础、积累组织经验,根据乐歌、体操教员孙揆的建议,是年7月,在学期结束之后,召开了第一次小运动会。孙揆为此特拟《举行学期小运动会缘起并简章》,分别就定名、组织、宗旨、职员、来宾、招待、陈饰、会期、材料、评判、奖励、义务、余则等作了详细安排。其中"材料"一项即运动项目,分唱歌、普通体操、应用体操、兵式教练、步法游技、唱歌游技、竞争游技、课外运动等8类22节。整个运动会的组织等工作由教员率领学生完成。

当年12月1日,省立二师第一次大运动会召开,当时的学生程应鸣在日记中为我们留下其时的盛况:

　　……吾校开运动会择于斯日。运动会场已于昨日布置完善,今日不过略加修整。早膳后即穿操服。余因为军乐队队员,遂入军乐所司事。礼毕即开始运动,乃各班及附属小学陆续相继运动。即午膳使之间断,社

---

① 柯六六:《就读于安徽省立二师时的柯庆施》,《徽州社会科学》,2007年,第9期,第31页。
② 省立二师:《安徽省立第二师范学校杂志·报告》,1918年(民国7年),第5期。
③ 省立二师:《安徽省立第二师范学校杂志·教育之实施》,1915年(民国4年),第2期。
④ 省立二师:《安徽省立第二师范学校杂志·报告》,1918年(民国7年),第5期。

会上男女之来参观者约数百人。他小学之来参观者有五:海阳学校也,凤湖学校也,蔚西学校也,自西学校也,务本学校也。至午膳时,各校亦皆运动,运动亦可先唱歌后运动,约二句钟,吾校复继续进行,计自晨至夕,终日运动不露倦容,观者四面而至,有加无减,盛会也。①

民国8年(1919),安徽省教育厅训令各教育分区,要求由师范学校牵头,在春季举行联合运动会,为次年举行全省联合运动会作准备。省立二师考虑到原有运动场不敷使用,新购地填土另建又需要时间,乃请求改办秋季联合运动会。10月4日,省立二师、省立第三中学校、新安公立甲种商业学校代表齐集省立二师,召开学区联合运动会筹备会,设立筹备事务所,省立二师教职员为主办员,另两校协助,确定会期为11月26、27日。

关于参赛选手人数,各校商定为省立二师约150人,省立三中约为140人,新安公立甲种商业学校约为40人。其中参加团体项目的选手,占各校学生总数的五分之一;个人项目选手以体重105磅为界,以上为甲组,以下为乙组。奖品分为金色银牌、银牌、铜牌、优胜旗、银爵(杯、鼎)等。

竞赛项目繁多。团体项目有兵式操、棍棒操、球竿操、哑铃操、德国式徒手、瑞典式徒手、美国式徒手、卡特利儿对舞、德国儿童舞、郎酸斯方舞、卡兹氏舞、祁氏舞、那威上山行进、呼吸运动、行进、击铃、短棒、国技、50码团体接力竞走、半英里替换赛跑、团体停立跳远、团体推8磅铅球等;个人项目有100码冲锋、220码冲锋、440码冲锋、880码冲锋、120码低栏、跳远、跳高、撑篙跳、推12磅铅球等。此外,教职员和学生的传球、篮球、足球、竞走等竞技活动为运动会的"余兴"(即表演)项目。

运动会组织严密,制定了《会务办法大纲》,设立事务室、接待室、来宾休息室、食堂(特别来宾在桂馨庭用餐、一般来宾在教室用餐,外校学生在学生食堂用餐)、寝室(特别来宾在7间教职员宿舍就寝,一般来宾在5间教室就寝,外校学生在平房就寝),由省立二师安排小学生服务。运动会职员安排也很具体,三校校长方新、程恩浚、胡晋接同为会务主任,下设工作部12个:

评议部:部长丁仁德(美国教士),特别评议员程滨遗(安徽省教育厅视学)。

审判部:部长马丁(美国教士),副部长汪邦钊,兵式操审判员倪起凤(驻军连长),普通操兼舞蹈审判员贾尔思,国技审判员杨国钧、刘昌言,田径赛审判员为许岩等13人。

司令部:部长马丁,副部长许岩等3人。

---

① 周文甫:《斯文正脉》,黄山书社,2012年,第381页。

运动部:汪家谦等3人,另设委员12人,由三校各派学生4人分任。

记录部:雍家源、查国珍、鲍惟一等11人。

招待部:李家骧、毕恩桂、沈钰等12人。

庶务部:叶德嘉、胡正修等8人。

巡察部:胡晋英等2人,另由童子军任巡察员。

纠察部:李家骧、胡在渭、黄宗培等10人。

奖品部:李家骧等3人。

新闻记载部:江藩等11人。

红十字会:会长贾尔思,会员叶世官。

为期两天的运动会进行得很顺利。从统计的成绩看,团体赛省立二师、省立三中并列第一,各得16筹,甲商4筹。个人项目中,省立二师12人获奖,共38筹;省立三中12人获奖,共55筹(其中唐维城独得16筹);甲商无人获得1筹[①]。

值得一提的是,这次运动会在当时曾作为歙县第一次教育参观团中的一员方与严的回忆中,不仅时间从秋天变成了春天,赛场景观也因夸张而显得更为壮观:

> 在一个风和日丽可爱的春天,恰值休宁万安亥山下新棠村[②]安徽省立第二师范五周年纪念之期[③],举行全徽中等学校联合运动大会。运动员参加的有二师、三中、甲商三校。屯溪华山上补充连连长倪起凤也带了全连士兵来参加运动会。我们的参观团员,长袍马褂,胸前红绫燕尾长条标识,被微风吹拂着,整队鱼贯而入,旗帜飘扬,广场五十亩,运动员千数百人,团观者数万人中的来实[④]台上坐定。司令台上,一声号响,但见运动员左出右入,一个个胸挺挺,气昂昂。团体操,精神十足,个人竞赛,号枪一响,跑时好似烈马冲锋;撑高跳,恰如蝴蝶飞过粉墙;低栏跳,则像蚱蜢之跳越土坡……一阵阵掌声雷动之后,上午最后一节,是补充连兵士,精神亦佳,并见"学""军"两界共荣之情。[⑤]

民国18年(1929)4月,国民政府公布《国民体育法》,规定"高中或与高中相当以上之学校,均须以体育为必修科,与前经公布之军事教育方案同时切实奉行。如无该两项功课之成绩,不得举行毕业"[⑥]。18日,教育部又发布《实施军事教育七项

---

① 省立二师:《安徽省立第二师范学校杂志·本区联合运动会开会纪略》,1920年(民国9年),第7期。

② 原文如此。该村名用字多不统一,省立二师杂志等多用"塘",其他或作"棠"。

③ 原文如此。此应是方与严记忆错误。省立二师五周年纪念会在1918年11月19日召开,次日举行学校运动会。

④ 原文如此。可能是"宾"字。是方氏笔误还是整理者或印刷错误,未详。

⑤ 方与严:《一个山陬小县的教育奋斗史》,《方与严教育文集》上册,四川教育出版社,1995年,第399页。

⑥ 李友芝、李春年、柳传欣等:《中国近现代师范教育史资料》第2册,内部资料,第286页。

办法》,规定从当年8月新学期开始时实行军事教育,由训练总监部派遣军事教官,其授课时数"在高中及专门学校以每周十八小时至二十四小时为限"。并规定从次年暑假开始,"每年度暑假期内连续实施三星期极严格之军事训练"①。这样,学校里的体育教学就和军事教育结合起来。虽然此时省立二师已经改为省立二中,但其中附属的师范科学生,依然参加了相应的体育活动。

虽然省立二师只是一所中等师范学校,但学校非常注重学术研究。不仅成立了经学、史学、自然学、道教、佛学等研究会,还经常有校内外饱学之士开设讲座,进行学术交流。所讲演的内容既有一定理论深度,涉及领域也很广:本校教员如程宗鲁的《江都焦氏论语通释撮要》、汪本楹的《江戴之比观》、鲍光豹的《何谓经学》、江樾的《新太极图》、余宝勋的《文字学研究的新方法》、程敷锴的《求地球半径及体积法》;外聘的如来徽州进行生物调查的北京大学副教授、全国生物调查员钟宪鬯(观光)的《博物学之修学法》,东南大学图书馆馆长洪范五的《图书馆中之教育》,南京基督教士俞恩嗣讲演的宗教问题,安徽省教育厅长张春霆的《现代教育的趋势》,黟县胡敬庵的《朱子居敬穷理之学》,黄山狮子林寺僧法空上人的《佛学的哲学》等。他们的演讲内容丰富,视野开阔,具有前瞻性、启迪性,是学校文化建设组成部分,学校的学术气氛因此也日趋浓厚。

即便是学生的学科考试,命题也并不仅仅着眼于具体、琐碎的知识点,而重在考察独立的理性思辨能力,学术研究的色彩也较明显。民国6年(1917)6月12日,本科三年级学生"国文"课期末考试,题目只有四道:(1)王阳明书朱守谐卷谓"立志为学"一事,试申明其说;(2)试述《垦荒说略序》大旨;(3)《政法学史序》谓宗法社会为专制之先驱,试引其言以证明之;(4)传记文体当注意如何发挥。6月25日的"教育"考试,试题也是四道:(1)褒誉惩罚在训练上之效果如何?(2)教授目的中之实质形式二说何者为优;(3)何谓解脱的人生观,其以人生之理想方面证明之;(4)佛家之涵养真如与菲氏之发挥理性其目的方法有无不同,试推证之②。

省立二师还刻意营造教员之间相互学习的氛围。省立二师建立不久,就逐渐成立国文等科教授研究会,对师范学校、高等小学与国民学校有关这一科教学中的主要问题如学业标准、教材选择、教学法以及课外训练等项目,分别进行个别或共同的研讨。参加者除师范校长、附属学校主事、该科教员外,有愿研究该科者也可加入,每周开会一次,以一至两小时为度。省立二师为"谋各科教授上之进步",注重校内集体听课活动,订立了《各科教授参观规约》,规定师范校长、教务主任、附属学校主事会同各科教授研究会会员参加,每周均有安排,要求听课者对教师是否采用和实现实用主义、渐进程序、启发方法、以生为本、直观教学、面向全体、关注低能

---

① 李友芝、李春年、柳传欣等:《中国近现代师范教育史资料》第2册,内部资料,第287-288页。

② 周文甫:《斯文正脉》,黄山书社,2012年,第409-410页。

学生，以及逻辑、语言、教态、时间分配、预习、复习、订正批评与矫正、学生笔记、学生训练与秩序等16条逐一观察、点评，并记在"参观研究录"上，周末交文牍室汇总，再转各科研究会成员传观、研究。这样的制度，对于同科教员打破传统的同行相轻、门户之见，增进相互了解、学习，实现共同提高有很大作用。

受教员影响，学生对于国学及西方科学都有一定认识，撰写的文章也有学术风貌，如汪社贵的《名学概论》、郑文的《老子的人生哲学》《墨学略说》、黄文衡的《读庄子》、胡家俭的《哲姆士的实用主义和柏格森的直觉主义》、方峤的《读论语》等。民国4年（1915）6月，年方13岁还在省立二师附小读书的柯尚惠就能写出《乐毅不能下即墨田单终能克狄，试言其故》这样精彩的文章：

> 吾读战国时之历史，见乐毅不能下即墨，田单终能克狄诸事实，心甚异之，继而思之：一则或旷厥职，一则克慎厥终而已。不然，乐毅围即墨之时，兵百倍于即墨，何以终不下即墨？田单攻狄，兴师十万，垒于梧邱，相持不下，幸而从鲁仲连一言，仅乃克之，非旷厥职与慎厥终之明证乎？由是观之，国之兴衰存亡，皆视乎军人之能尽职与否而已。若能尽职，国可转危为安，转弱为强。虽敌兵百倍于我，亦将无用武之地。我国今日其弱极矣，然使合通国人为一心，若田单之复齐者，则岂唯转弱为强，将无往而非我汉族生息地矣，吾国人盖勉诸。[①]

有感于当时"道敝文衰"，"海内贤达，方痛国粹之沦亡，争奋起而提倡国学"的现实，以胡晋接为代表的省立二师同仁，"大惧乡先生程朱江戴之遗泽，日就湮没，而地方读书种子之将绝"，乃于民国15年（1926）3月19日，开会议定成立国学研究院，以便中等学校毕业、对国学有加深研修愿望，且功底扎实的贫寒学子有继续研修的机会。并从学校历年自办农林、陶务、贩卖、印刷等收入中提取部分为基金，以其利息作为研究院日常运作经费。鉴于国学范围宽广，难以遍及，乃以"最切实有用"的经学为首选领域，"令学者先致力于其所谓根本之学，而求其精切而已"。随后，胡晋接与曾任南京高师校长的婺源人江谦（易园）、洪范五等多次通信，商讨师资、图书、经费等问题。历经反复研讨，撰成《安徽省立第二师范学校国学研部简章》。暑假期间，委派训育主任兼文科教员程宗鲁专程赴省汇报，并到南京、上海聘请教员，选购图书。

9月24日，省教育厅批准省立二师创设国学研究院、并报省长及教育部立案的训令到达学校。30日，经洪范五联络，聘定东南大学教授、泰县人徐天璋（曦伯）

---

① 柯六六：《就读于安徽省立二师时的柯庆施》，《徽州社会科学》，2007年，第9期，第31页。

任研究院主讲,本校选派江浩任庶务兼文牍。10月7日,徐天璋辗转到校。11日,歙县县城人唐明性[字养其,时年30岁,曾任歙县县立第一高小教员,民国9年(1920)暑期曾参加省立二师举办的第一次国语讲习会。民国23年(1934)夏又自动请求参加省教育厅委托内政部卫生署代办的学校卫生讲习班学习,并获证明书,同时参加讲习的徽州人有歙县教育局选派的吴清贵、省立二中实验小学选派的詹燮]第一个进入国学研究院修业。在对原定章程修订,并增加内舍生(住院研修)、外舍生(居家自修为主)和会课规程后,正式定名为《国学研究院规程》。

该院确定的宗旨为:"循有本有序之轨范,以尽性尽伦为依归,专修国学,益求深造,发明圣贤义蕴,陶成道德人才,储备将来之国学教师,发扬东方之精神文化。"院长由校长兼任,设学监一人(可由主讲兼),主讲一至二人,讲师若干,干事二人(分掌基金、文牍庶务),书记一人。全院拟开经学、佛学、史学、文学四科,但先办经学、佛学两科,待经费充裕后再逐次扩充。学生分内舍生(限额30名)、外舍生(不定限额)两种,均按程度分甲、乙两级,列乙等者经考试入优等者,随时升入甲级。入学资格须为中等学校毕业或有相当程度,年满18岁,还须有妥实保证人担保。内舍生考试被录取后,每学期交纳膳食费22元5角,茶水、灯油等杂费2元5角,讲义费另算,免收学费。不定修业年限,一年以上或三年以上均可。外舍生被录取后,每学期交纳邮票、课卷等杂费1元,讲义费另算,免收学费。研究院还参照旧时书院做法,建立会课制度,每季会课一次,由主讲或讲师命题,评定为优等者,可获相关奖励。

正当研究院逐步进入正轨时,不料当年11月底,赣军数百人突然入住省立二师,师生惊散,国学研究院也因此停办,其后再也没有恢复。

第二节　省立二师的教育实习

教师的职业特点决定了师范学校的教育必须将专业与教法并重,且应将教育实习安排在很重要的位置上。但近代师范教育在我国并无深厚的根基,社会上对于师范学校有无必要单成体系的论争始终没有停歇。这都在一定程度上弱化了师范学校教育类课程的开设及教育实习活动的安排。在民国5年(1916)修订的《修正师范学校规程》中,教育类的专门课程只有"教育"一门,其要旨为"授以教育上之普通知识,尤当详于高等小学及国民学校教育之旨趣方法,习其技能,并修养教育家之精神"。具体内容包括心理学、论理学、教育理论、哲学发凡、教授法、保育法、近世教育史、教育制度、学校管理法、学校卫生及教育实习。其课时安排在第二学年(每周3课时)、第三学年(每周4课时),第四学年(每周12课时,其中教育实习9课时)。其他各学科虽都指出教育内容包含教授法,但并不具体。对于教育实习,也仅提出"除各科教授外,凡关于管理等事项均应随时指导"①。这都说明当时无论在理论上还是在实际操作层面,尚无成熟有效的有关教育及其实习的指导意见。

省立二师在民国6年(1917)秋季有了首届本科四年级学生,为使学生毕业后能顺利开展教育工作,民国7年(1918)3月,省立二师制定了《教育实习规程》。根据规程,设立教育实习主任(较长一段时间由教育学教员葛祖贤担任)管理一切事务,职责为分配实习生、指导实习事项、检阅教案及实习记录、任命批评会主席并订正评案、指导研究会等。

教育实习分管理实习与教授实习两项。管理实习每周派一名学生值日,由主事及级任教员给予指导,任务又分训育与事务两项。训育实习事项包括训练(维持秩序、指导修学、考察个性、临时训话)和养护(监视饮食、注意冷热、检视寝具、监护游散、调护疾病);事务实习事项则包含了从庶务、会计到交际、园艺、储蓄等涉及管理的方方面面。

教授实习即学科教学实习。根据当时多数小学班少级多、规模有限的实际,省立二师要求每位学生都必须承担修身、国文、算术各科,多级、合级、单级等班的实习任务。教授实习分参观、普通实习、指定实习三项。参观即观摩原任教员的教学,观察重点为秩序、管理方法、教授方法,要求随时记录,以资取法。普通实习每周轮派6人,各实习一次;实习生编定草案并呈交检阅得到认可后执教,主任、主事、原任教员、实习生一同听课观摩。指定实习有课中实习、课外实习两种:课中实习即有校长、相应科目的教员等人观摩的较大规模的授课实习;课外实习指组织学生的课外活动,如属于算术的度量衡及各种货币之指导使用、属于地理的摹绘地图、属于图画的实物摹绘等。

规程非常重视评议和研究,各设专章。管理实习批评会在全体实习生轮值一周后举行,由主任通知各股教员集中开会评议。教授实习批评会分学级、全体参加两类。学级批评会每周二次,由主事利用午后课余时间进行,实习生互相批评,教员指导得失。会议速记轮流担任,记录三日内送交主事及教员查阅。全体批评会每周一次,在周六晚举行,任教实习生、其他实习生、其他教员、原任教员、师范教员、小学主事、师范校长、教育实习主任轮流发言,互相批评,指示得失。会议记录一周内送交主任订正。

全体批评会结束后,紧接着开研究会。交流实习生实习心得,或研究解决困难的办法。实习生对于校务若有建议,也可提出,呈交主事以供研究。

省立二师首届毕业生的教育实习从民国6年(1917)下半年开始,先是训育实习(在课余时间进行)、教授实习,次年3月起才轮流从事事务实习。学生在

---

① 李友芝、李春年、柳传欣等:《中国近现代师范教育史资料》第2册,内部资料,第226页。

实习中产生的强烈兴趣和感受,在他们的笔下常有流露。如程应鸣在当年11月开始到附小进行管理实习。他在13日的日记中写道:

> 早体操后使诸儿童读书,早膳后授课如常。上午课后命儿童习算术并为之订正,又使唱歌。午膳后授课毕,率诸至操场做游戏,日"盲人捉鸡",秩序尚好。惟后余命之戏秋千,彼等非常踊跃。余命依秩序为之,彼等犹争先恐后,置秩序于不顾。余即刻下令停止其运动,以恢复秩序,并申告其意。晚间就寝前行排班训话一次,言秩序上事,彼等俱一一领诺。后至胡挺生先生处,谈训育事项,多所请教。先生言日,昔之教育者以教难,今之教育者以育难。可见教育之必注重训育也。[①]

次年3月下旬,在分组参观教授以后,程应鸣到附小进行实际教授。他在28日的日记中留下了这样的文字:

> ……至五时即余国文教授,实习一年级书法练习,二年级读法。……余际此初次教授之时,缺少经验,劣点甚多,已觉者有数端:一则精神不能普及全级,二则言语繁琐,三则不能引起兴趣,此皆举其大者言之,尚琐碎劣点不自知也,尚待批评焉。午后课余开学级批评会,余先自陈以上各项后,诸同学批评,有言注意未能周到,有言教授太繁者,有言一年级习字未能巡视者,皆足以觉余也。后吕先生批评,大致亦如是。……今次教授之所得,可当参观十百次也。[②]

为更好地指导师范生实习,省立二师还编印了精选出的学生教案,作为学生相互学习的基本材料。如民国14年(1925),第一次三年制讲习科学生、婺源孔村人潘祖舜,在初小二年级试教的图画手工课教案即被选入,请参见表4-3。

值得一提的是,省立二师还为首届师范生安排了赴外省的教学考察。此事在民国7年(1918)上半年开学之初即有打算,无奈经费困难,只得推迟。程应鸣在4月16日的日记中提到:

> ……晚间余交作文时,余学平先生云,现定参观之日程为四十日,本月二十五日(阴历)起程,所至之地大约为杭州、上海、通州、镇江、无锡、安庆等处,而南京则须临时制定,若在四十日之内则可一往,若在四十日之外则无暇往也。余以为南京为国立师范所在,其附属小学必有可观,此行

---

① 周文甫:《斯文正脉》,黄山书社,2012年,第415页。
② 周文甫:《斯文正脉》,黄山书社,2012年,第425页。

不往,岂不可惜哉!①

5月5日,第一班本科学生由学校前往江、浙参观,教育实习主任教员葛祖贤等带队。6月回校。在当时,江浙一带为全国教育发达地区,一所普通的师范学校,能花费巨额资金(该学年收支一览表中有旅费1 037.129元一项,其他年份未见)和月余时间,组织学生前往参观学习,的确难能可贵。当然,这样的活动在省立二师历史上仅有这一次,是经费所限,或是安全难以保障,还是因为效果不显,没有发现更多的解释。

表4-3　初小二年级图画手工课教授纲案②
十三年度后期第十三周第金曜第二时　　试教生潘祖舜

区分	前半时图画	后半时手工
教材	瓶、毛笔画	瓶、剪纸手工
要旨	授以瓶之画法	授以瓶之剪法,使儿童知剪制普通简单物形
准备	瓶之模范画及实物	色纸及稿纸
教 授	(一)预备问答 指实物问这是什么? 瓶之种类怎样 这是何种形式的瓶 (二)指示目的 本课就是教你们画这个瓶(板书瓶字,令一二生读之)　　以上三分 (三)提示范画 令一二生说明运笔先后顺序及画之位置与形状,有误则与他生共同订正之。 以上六分 (四)准备用具 令各生取出画具 (五)练习画法 令儿童注意用笔顺序及画法 (六)巡视订正 巡视期间注意儿童运笔与姿势,行个人订正;遇多数人有相同之错误,则令共同订正。后乃令儿童净写于簿上,同时注意其用墨之浓淡及清洁。 (七)收集成绩　　以上十六分	(一)预备问答 方才你们画的是什么呢? (二)指示目的 再教你们用纸剪瓶的法子 (三)分给原料 令值日生分发稿纸　　以上四分 (四)示范制作 教者就黑板上剪之,令儿童顺次模仿 以上六分 (五)练习剪法 (六)巡视指导 (七)分给原料 令值日生分发色纸 (八)复习 (九)巡视订正 (十)收集成绩　　以上十分

---

① 周文甫:《斯文正脉》,黄山书社,2012年,第426页。
② 选自拙藏省立二师一残本。封面已损,书名不明。

第三节　附小的设立与运作

　　师范学校设立附属小学是学生教育教学技能训练的需要。早在民国元年(1912)民国政府发布的《师范教育令》中就明确规定："师范学校应设附属小学校。"[1]同年发布、民国5年(1916)修改的《修正师范学校规程》,对此进一步作了解释,并单设一章,要求"师范学校应设附属高等小学校及国民学校"。考虑到可能并非所有的师范学校都能如期设立附属小学,而师范生实习又不能缺少,故而要求地方行政长官,"得酌量情形于一定期限内,以公立高等小学校及国民学校代附属小学校"[2]。

　　省立二师设立不久,胡晋接就开始盘算如何创立附属小学。民国2年(1913)12月,胡晋接上书省教育厅:

　　　　查师范学校,原有应行附属小学之规定。拟明年上期,先设附属小学一所,除主任教员外,可由本校教员兼任授课。此附属小学,采用严格的教育,一可预储师范生之良材。二可随时研究教育理法,实行管教合一,以树他校楷模。三则师范生之试验,不及格者可抑置高等小校,以求程度相当。论师范校设附属小学之意,原以便师范生实习教育为重,明年尚可从缓。惟本校有上列之数因,亟应添设。盖此日不得良小学,即难产良师范生;他年不得良师范生,亦难产良小学。[3]

显然,在胡晋接看来,创立附小并不是仅仅为了学生实习的需要,而是希望更有利于锻炼师资和对师范生的培养。

　　民国3年(1914)2月,省立二师开始筹设附属小学,先租赁荷花池程姓房屋为附属小学代用校舍。4月8日正式开学,江源任小学主事。8月,改由程镇第担任主事(1915年4月,省公署议决以后师范学校附属小学主任由师范学校教育课教员担任,故之后任该职的有胡正修、胡培锴、葛祖贤等)。初设初等三、四年级和高等一、二年级,均为复式班。次年3月,添设初等一、二年级。之后,附属小学分为国民学校(初小共四个年级)、高等小学校两科。

　　附小虽规模有限,但校内事务的分掌非常明确,内设庶务、学籍、记录、成绩品、交际、卫生、运动、园艺、图书工作、贩卖、储蓄各部,均由附小教员兼任。

　　① 李友芝、李春年、柳传欣等:《中国近现代师范教育史资料》第2册,内部资料,第157页。
　　② 李友芝、李春年、柳传欣等:《中国近现代师范教育史资料》第2册,内部资料,第236页。
　　③ 省立二师:《安徽省立第二师范学校杂志·文牍·上内务司长节略》,1914年(民国3年),第1期。

起初,每级学生数不多。民国4年(1915)7月,初小毕业升入高小继续学习的毕业生为8人,次年7月高小第一届毕业生仅6人。据民国12年(1923)6月统计,国民学校开至12个班,已毕业8个班,共139人;高小开至第10班,已毕业5个班,共108人。当时的在校学生,国民学校共七级(单式4级,复式2级,补习1级)240人,高小三级102人。学生以寄宿生为主,通学生(走读生)不多。附小生源遍及徽州及附近县份。342名学生中,籍贯分布于18个县。请参见表4-4。

表4-4　民国12年(1923)省立二师附属小学学生籍贯分布一览表①

单位:人

籍贯	休宁	歙县	绩溪	婺源	黟县	太平	青阳	祁门	旌德	宁国	怀宁	怀远	南城	进贤	南昌	浮梁	遂安	黄冈
人数	94	80	79	24	18	13	11	5	5	2	2	1	1	1	2	1	1	2

表中数据显示,学生大多来自休宁、歙县、绩溪、婺源,原因可能是:休宁因有地理之利;歙县离校不远,人口也多;绩溪人好学成风;婺源距休宁也不算太远。邻近徽州的太平、旌德学生则是慕名而来,青阳、怀宁学生从民国6年(1917)才有在此就读者。其他数县的少数学生,可能与家长在此谋生有关。从学生家庭背景看,商界最多,学界次之,农界又次之,官绅及工界最少。这与省立二师师范生的家庭背景相似。当时学生不仅平均年龄大,且同学间年龄差别也大。以高小第一、二届学生为例,请参见表4-5。

表4-5　民国5年(1916)、民国8年(1919)省立二师附小毕业生毕业当年年龄一览表②

单位:人

届别	14岁	15岁	16岁	17岁	18岁	19岁	20岁	合计
1916	1	2			1	1		6
1919		2	3	3	4	3	2	17

其中的原因,既与家境有关,又是各县新式小学数量太少造成的。

附小开设的课程比较全面。民国12年(1923)9月开始实施新学制,省立二师附小制订了相应的标准。把"造成相对之个人"作为教育的目的,以"有本""朴实""简易""精熟"为原则,并提出以下具体意见:

---

① 省立二师:《黄山钟·报告》,1923年(民国12年),第3期。
② 此表根据省立二师编印的《安徽省立第二师范学校杂志》有关数据综合而成。

（1）注重读小学书、读经书，以涵养德性之本原。

（2）不遽强之为文，先令学作日记。记事说理，皆取切实，切戒妄语。

（3）本简易之旨趣，定为并合、联络、顺序之三法。如国语科，归并读书、读文各科，而不另立一门；初级小学所应授之常识，均并归国文。此并合也。珠算与笔算，可以互证；绘画与制作，可以合成；唱歌与表演，可以并举。此联络也。高级小学有地理、历史、理科三科，地理习毕，乃授历史；历史习毕，乃授理科。不同时俱教，此顺序也。

（4）利用儿童之记忆力，所授之课，必令读熟，并注重随时温习，及按年递加分量之总复习。[①]

因此，附小的初小开设国文（含读书、读文、识字、写字、作文）、算学（含心算、笔算、珠算、簿记）、艺术（含图画、手工）、体育（含唱歌、体操）四门；高小增开识字、外国语与常识（含地理、历史、理科）三门。各年级日课表请参见表4-6、4-7、4-8、4-9、4-10、4-11、4-12、4-13[②]。

表4-6　安徽省立第二师范附属小学校一年级日课表

曜时	1	2	3	4	5	6
月	公民 唱歌	图画 手工	读文	读书 习字		
火	笔算	读文	游唱	读书 习字	谈话 作文	
水	笔算	读文	谈话	读书 习字		
木	公民 唱歌	图画 手工	读文	读书 习字		
金	笔算	读文	游唱	读书 习字	谈话 作文	
土	笔算	读文	谈话	读书 习字		

表4-7　安徽省立第二师范附属小学校二年级日课表

曜时	1	2	3	4	5	6
月	公民	笔算	游唱	读书	读文	
火	读文	笔算	习字	读书		
水	读文	图画 手工	习字	读书		
木	读文	笔算	游唱	读书	作文	
金	读文	笔算	习字	读书		
土	读文	图画 手工	习字	读书		

① 省立二师:《安徽省立二师附属小学校实施新学制标准及其教法》,刻印本,1923年(民国12年)。
② 省立二师:《安徽省立二师附属小学校实施新学制标准及其教法》,刻印本,1923年(民国12年)。

表4-8　安徽省立第二师范附属小学校三年级日课表

曜时	1	2	3	4	5	6
月	公民	读文	图画	读书		
火	读文	珠算	习字	读书	体育	
水	读文	笔算	习字	读书		
木	读文	作文	手工	读书		
金	读文	音乐	习字	读书	体育	
土	读文	笔算	习字	读书		

表4-9　安徽省立第二师范附属小学校四年级日课表

曜时	1	2	3	4	5	6
月	公民	读文	习字	读书	体育	
火	读文	笔算	图画	读书		
水	读文	唱歌	习字	读书		
木	读文	作文	习字	读书	体育	
金	读文	笔算	手工	读书		
土	读文	珠算	习字	读书		

表4-10　安徽省立第二师范附属小学校五年级甲组日课表

曜时	1	2	3	4	5	6
月	公民	历史	算术	读书	自然	
火	读文	英语	作文	读书	图画	体育
水	读文	地理	算术	读书	习字	
木	读文	历史	算术	读书	自然	
金	读文	英语	识字	读书	手工	体育
土	言语	地理	算术(珠)	读书	习字	

表4-11　安徽省立第二师范附属小学校五年级乙组日课表

曜时	1	2	3	4	5	6
月	公民	历史	自然	读书	笔算	图画
火	读文	地理	作文	读书	笔算	
水	英语	读文	体育	读书	习字	识字
木	唱歌	历史	自然	读书	笔算	
金	读文	地理	言语	读书	珠算	手工
土	英语	读文	体育	读书	习字	

表4-12　安徽省立第二师范附属小学校六年级日课表

曜时	1	2	3	4	5	6
月	公民	笔算	历史	读书	图画	体育
火	读文	笔算	地理	读书	习字	
水	读文	英语	作文	读书	自然	言语
木	识字	笔算	历史	读书	手工	
金	读文	珠算	地理	读书	习字	体育
土	读文	英语	唱歌	读书	自然	

表4-13　安徽省立第二师范附属小学校七年级日课表

曜时	1	2	3	4	5	6
月	公民	地理	历史	读书	识字	体育
火	笔算	读文	英语	读书	自然	
水	笔算	读文	作文	读书	图画	唱歌
木	言语	地理	历史	读书	习字	
金	笔算	读文	英语	读书	自然	体育
土	珠算	读文	识字	读书	手工	

　　上述科目的内容也有具体规定。如读书,所选择书籍为《弟子规》《小学韵语》《孝经》《大学》《论语》《孟子》《中庸》等,强调诵读,讲解为次。又如识字,初小为教读书、读文时遇到的生字,高小则教授《注音字母》《声音学》《说文建首》《文字蒙求》等书,以便于明了文字的声、形之原。教材或选购(如外国文拟选用"纯正而有趣、其程度与儿童知识相称者"),或自编(如读文13册,均为该校教师选编)。课外阅读上,还规定了儿童阅读的《小儿语述义》《万里寻亲记》《鲁滨孙漂流记》《颜氏家训》《朱子小学》《曾文正公家书》《修身诗教》《佛化新青年》《安士全书》等数种必读书目。在实用主义指导下,后来附小还注重与生活实际相联系,历史、地理、理科注重融入乡土内容;高小原有农业一科,考虑到大多数学生的家庭背景,改授商业。

　　总体看来,对小学生的课程要求比较高。如"修身"涉及思想、定力、经济等内容;"国文"中有梁启超的《论英吉利之教育》、吴南屏的《石君砚铭篇》等文章,每周要做一篇作文;中午午膳后即上课,习小字,每日写半张;"说文"讲汉字的形成与由来;"声韵学"教汉语拼音;音乐课教唱《军歌》《送春归歌》《国耻纪念歌》等歌曲。如从难度上看,以英语、算术为最大。很多以前读私塾出身的学生没有基础,不少人因此降级、留级,甚至退学(仅1916—1917学年,退学学生中,国民学校5人、高等小学3人;留级学生中,国民学校15人、高小5人)。

在教学方法上,注重启发式教学和学生练习(教室四壁都用水门汀土即水泥制成黑板,方便儿童受课练习),各科技能强调课内与课外结合。为此,在课外活动的安排上颇为精心:初小三年级以上的学生,必备日记本,练习记事,每日交教员检查评判。学校开设贩卖部后,高小每天有两个学生协助工作(民国6年即1917年的下半年开始,国民学校三、四年级依旧每周派两生参与师范贩卖部工作,高等小学另在小学教室旁设立贩卖场,以培养高小学生的商业能力)。在荷花池校区时,省立二师组织学生将校舍旁荒芜园地整治一新,分区栽种花草,晚秋时节,菊花盛开,颇有景致。迁校至新塘之后,学校园依然是培养附小学生劳动观念、锻炼相关技能的天地。民国6年(1917)还单独设立一个工作室,方便学生参与印刷装订、糊裱、织麦秆辫等手工劳动。每年师范学生旅行修学、开运动会时,附小学生也一同参加。

省立二师对学生的课外项目安排也有规定:早起后盥洗完毕,举行全体朝操(做二分间体操);返回教室后静坐十分钟,再自修功课;早膳后,举行全体朝会(先行礼,次唱励志歌,然后由主事向全体训话,后在进行曲的节奏中鱼贯退回教室);下午下课后,教师督令温课一小时后,除指定参加各项服务者外,看书、跑步、拳术、足球、拍球、篮球、散步等项可自选;晚上自修;周六晚开演讲会,学生轮流演讲,以练习国语;周日午前或午后,由教师讲解《安士全书》或浅显佛书,以培养儿童的善心;周日下午则安排有秋千、篮球、铁杆平台等项目。

附小对“修身”一课极为关注,认为其“最关紧要”,规定了详细的教法。其内容请参见表4-14。

具体在训育上,省立二师附小重视管理。建校之初,即订立《附属小学校管理要略》,就出入、秩序、整洁、礼仪、修学、服务、作业、游散等方面作了大致的规定。并在落实环节也有专门的设计:以见教师敬礼、同学之间必相亲相爱等要求培育其敬爱之心;以践时间、戒妄言养成其信实的作风;以服从命令、整队出入的实践培养其遵守秩序的习惯;以告诫爱惜公物、不折花木来训育其公德;以每天洒扫拂拭整理养成其勤劳的秉性;以手工、园艺等活动培养其职业思想。为此,附小设有洒扫、拂拭、整理、盥饮监理、记录(记学校日记)、图书、园艺、工作、贩卖室服务、遗物保存、休疗室看护等部,每天均安排学生轮值服务,各部主任负责督察。民国6年(1917)下半年开始,每个教室设置储金箱,学生可将工作报酬、日常节余零钱存储其间。这样的安排,寓深意于生活、自然之中,通过持久的磨炼,效果明显。

从柯尚惠的日记中也可发现教师很在意在日常小节上要求学生养成优秀的品格:

地上有字纸宜拾而投入字纸篮内,不可任意乱弃。桌宜齐整不可歪斜。(1915年3月8日)

烟中多含毒质,吸之则无利有害,惟纸烟尤甚,故汝等当戒之。(1915年3月28日)

程师训曰:汝等昨日下午上楼易操衣时,楼上喧哗无比,以后上楼不许喧哗。(1915年5月11日)

程师训曰:程舜夫欠人铜钱颇多,以后勿借与他。若有借之,查明即记过。(1915年5月12日)

程师训曰:昨晚在池中钓鱼者,各记过一次。(1915年5月17日)

作文时有一生携带夹带上堂,后内师所见取出放在桌上。呜呼!若此种学生非可谓其来此求学,非为己也。(1916年4月10日)[①]

民国8年(1919),附小为实施道德教育,还成立了童子军。按照全省各校成立顺序,附小后被省教育厅正式定名为"中华民国安徽童子军第二十二团"。该团章程简明:

童子军简章

第一条　本校童子军,依据安徽童子军第二项之规定组织之。

第二条　本童子军,暂定名为安徽省立第二师范附属小学校童子军,俟报经省教育机关,编入中华民国安徽童子军后,再行确定名称。

第三条　凡愿学习本校童子军课者,须具下列各项资格:

一、曾在本校国民科修业三年以上者;

二、操行在乙等以上者;

三、身体健全者。

第四条　凡愿学习本校童子军课者,除具备前项资格外,并须得家长之许可,其手续另定之。

第五条　童子军之训练,由本校童子军部主任任之。但于必要时,得请其他各教员,分任一部分之教授。

第六条　童子军用书籍服装等费,于入队时,须缴银四元。有余退还,不足补缴。

第七条　童子军有犯下列事项之一者,得取消其资格:

一、不服训诲;

① 柯六六:《就读于安徽省立二师时的柯庆施》,《徽州社会科学》,2007年,第9期,第31页。

二、不遵童子军规律；

三、不能履行誓约。

第八条　童子军之各项规律另定之。

第九条　本简章如有未尽事宜，得随时修改之。[1]

表4-14　附小"修身"课的教法[2]

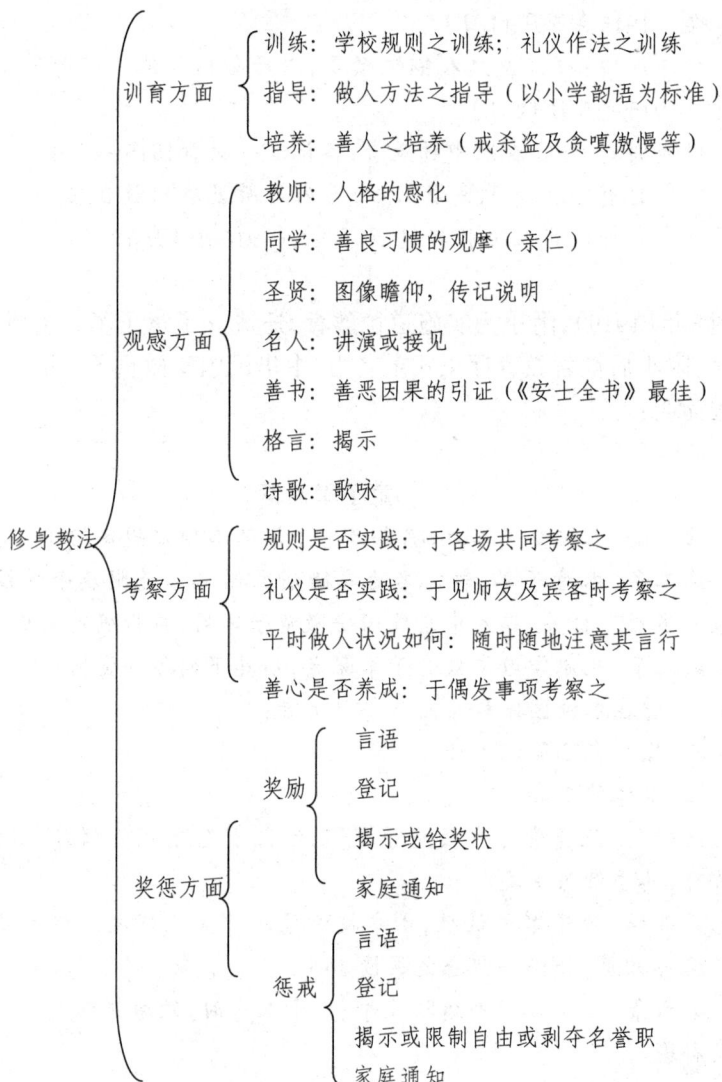

修身教法

- 训育方面
  - 训练：学校规则之训练；礼仪作法之训练
  - 指导：做人方法之指导（以小学韵语为标准）
  - 培养：善人之培养（戒杀盗及贪嗔傲慢等）
- 观感方面
  - 教师：人格的感化
  - 同学：善良习惯的观摩（亲仁）
  - 圣贤：图像瞻仰，传记说明
  - 名人：讲演或接见
  - 善书：善恶因果的引证（《安士全书》最佳）
  - 格言：揭示
  - 诗歌：歌咏
- 考察方面
  - 规则是否实践：于各场共同考察之
  - 礼仪是否实践：于见师友及宾客时考察之
  - 平时做人状况如何：随时随地注意其言行
  - 善心是否养成：于偶发事项考察之
- 奖惩方面
  - 奖励
    - 言语
    - 登记
    - 揭示或给奖状
    - 家庭通知
  - 惩戒
    - 言语
    - 登记
    - 揭示或限制自由或剥夺名誉职
    - 家庭通知

① 省立二师：《安徽省立第二师范学校杂志·公牍》，1920年(民国9年)，第7期。

② 省立二师：《安徽省立二师附属小学校实施新学制标准及其教法》，刻印本，1923年(民国12年)。

在这样严格的训练之下,附小学生的能力也很出众。民国11年(1922)5月6日,省立二师举办第三届游艺会,参加活动的各地来宾和当地群众多达上千人。按照惯例,附小学生要做有关学业的汇报。而这一次高小二、三年级学生却是出人意料地演出了以纪念"五九国耻"为主题的长达15幕的戏剧,且在每一幕中又把附小学生的各学科学业展示内容有机地融合于其中。

全剧分三部分。第一部分为"日本势力发展之开端"。七幕名称分别为东党秘议、朝鲜内乱、中日失和、平壤败北、马关刺李、和约签字、茅店杂谈;第二部分为"强迫缔结二十一条之经过",五幕名称为公府会议、日兵骚扰、小幡示威、最后通牒、袁仆泄密;第三部分为"被日压迫后之新潮",三幕名称是青年忧国、杜威讲演和抵制日货。剧中布景多样,角色众多,内容较为复杂。如"中日失和"一幕:

> 登场人物:中国公使袁世凯,侍者一人,随员一人,日本差官,侍者一人
> 布　　景:办公室
> 开　　幕:(袁坐在书房,侍者在旁)
>
> (袁)昨天接到朝鲜政府的公文,说东学党人起事,杀了许多大小官员,他的国王没有法子制止,他们想请我们中国的政府派兵来此平这乱党,我已打电回国,今天接到国内的回电说是已派叶志超带了精兵来了。(日本差官出场,由侍者投刺门者通报,请入状。)(两人相见,分宾主坐下状。)
>
> (袁)尊驾来此有何见教?
>
> (日差)奉敝上官的命令来此,因为敝国和贵国照光绪十一年的天津条约,对于朝鲜国有事的时候,两国派兵要互相照知的,现在朝鲜内乱,我日本已经派兵,来此保护了,理知照贵国。(时日差官从包内取出公文与袁状。袁接文看文状。)
>
> (袁)朝鲜是我中国的属地,他有乱事应归我中国平定,与贵国有什么相干? 为何要派兵来呢?
>
> (日差)哪有此理。天津条约已定明了我国也有保护朝鲜的权,岂贵使没有晓得这条约么?
>
> (袁)是的,天津的条约是说先行关照,然后派兵。今贵国事前没有告知,已经派兵,岂贵国亦忘了约上的话吗?
>
> (日差)这是政府的命令,与敝上官不相干的。
>
> (袁)既然这样说法,还要请你把我这些话转达贵上官哩。

(日差官辞出)(袁入场。闭幕)①

该剧的创编起因完全偶然。有天晚上,附小学生昂冠英穿上清朝礼服取乐,引不少同学起了兴致,瞒着教员想排演有关中日议和的故事。但教员知晓后,不仅不反对,反而支持,师生一同讨论编写了三幕剧本,最后竟然决定将游艺会表演的预定项目取消,统统融入该剧。游艺会后该校印行的《学生半月刊》专辑上,高小三年级学生胡荣总结了演出的四方面意义:

第一,练习国语。我们的国语,平时是很少讲的。借这游艺会的机会,来说国语,算是练习。

第二,推行国语。会场中参观的许多人,听了国语,都糊糊涂涂的听不懂,不晓得我们说些什么。他的脑中必能要发生一种尊国语的感想。那么,国语自然容易推行了。

第三,练习科学。我们学的各科,要是没有联络,那么,枯寂无味,最易忘记。继(即)不忘记,亦不能十分明白。经此一番表演联络,觉得心领神会,已深布在脑海中间,除掉了一天死去,就可以一天不忘记了。

第四,感化社会。五九的历史,我们中国人的懦弱,已到极点了。经我们演出种种惨状,想参观的人必定有所感动,发生救国思想。②

附小教员的选聘权利在省立二师。起初,教员由师范教员兼任,后期则从本校师范毕业生中聘用不少。

附属小学的经费来源分两部分。一是省拨,只有一部分。如第一学年只拨了998元,省立二师补贴195元多才勉强够用。省拨费用用于添置设备的临时费,第一学年200元,也没有单独添办,教学所需都使用省立二师设备。此后,省拨经费一般都单独立项,如有不足,省立二师均予贴补。二是学生收费。初小一年级不收学费,二、三、四年级每学年每生收2元;高小每学年每生收3元。每学年附小总支出一般在1 500元上下。

对于省立二师附属小学的创办和发展,胡晋接充满信心,这正如他在"附属小学校校歌"中期待的那样:

松罗金竺③群峰环,学校基初完。几多年少起单寒,臭味如芝兰。先

---

① 省立二师:《学生半月刊》,刻印本,[1922年(民国11年)],第8页。
② 省立二师:《学生半月刊》,刻印本,[1922年(民国11年)],第34页。
③ 原文如此。"松罗"指休宁县城边的"松萝山","金竺"即"金竺山"。

贤模范群仰赞,紫阳山可攀。普通教育先人格,莫把虚荣耽。林矿工商民业繁,宏哉此造端。转移风会十年间,待看新皖南。[①]

民国8年(1919)4月,安徽全省师范学校第二次联合会在省立二师召开。会后呈送省厅的议决案中,建议省厅通令各师范学校在该师范学区所属各县设立附属小学分校。省厅考虑到经费困难,提出两条过渡办法:第一,"由各该校师范毕业生,就原有地方小学内,酌量整理,扩充设备,俾为一邑模范小学,藉资观感";第二,"现有各师范学校,撙节余款,酌择本区重要处所,推广附属"。省立二师是该建议的积极推进者,很快起草了《本校附属小学校添设各县代用分校试行简章》,并上报省厅。简章共分七条:

一、宗旨:本校为发展本学区小学教育起见,拟每县设立附属小学校代用分校一所,视各县情形,次第推广之。

二、名称:所添设之附属小学校代用分校,应按照设立之先后,定名为安徽省立第二师范学校附属小学校第几代用分校,以数目字编制之。

三、资格:本校认为附属小学校代用分校,应具下列之资格:

(一)全校由师范毕业生组织,或多数教职员为师范毕业者;

(二)全体职教员,无不正当之嗜好者;

(三)采最新之教育法,全体有一致精神者。

前项资格,有认为不合适时,得取消其代用分校。

四、主任:各代用分校,均由本校选任主任一人,综理校务。

五、报告:每学期学年,应行报告本校事项如下:

(一)每学期开学后一个月内,应行报告事项:职教员履历表、学生名册、授课时间表、校务分掌表。

(二)每学年终应行报告事项:本年度经费决算书、下年度经费预算书、本年度之学校概况书、下年度之校务计划书、下年度学历。

六、经费补助:由本校认为附属小学校代用分校者,每年暂由本校经费节余项下,拨给相当之补助费。其数目临时斟酌情形定之。

七、附则:此项试行办法,俟呈教育厅批准立案后行之。[②]

与此同时呈报的,是拟定婺源余翰祖等所创小学为省立二师附属小学校第一代用分校的报告。省立二师第一届毕业生余翰祖(婺北沱川人)、查辅绅(婺

---

①《胡晋接诗八首》,绩溪县胡稼民教育思想研究会编《会刊》,第90期。

② 省立二师:《安徽省立第二师范学校杂志·公牍》,1920年(民国9年),第7期。

北山坑人)、汪守璠(婺西对坞人)、郑洪钧(婺城人),在婺源县城区合组国民学校高等小学校一所(后经县署同意,称县立第二高等小学校)。开办一学期后,省立二师视察员沈钰前往考察,认为办学认真,且合乎新的教育方法。故有此举,也得到省厅的批准。民国11年(1922)秋,因婺源县城的县立模范小学、城立小学两校合并,故省立二师也向省教育厅呈报,将县立第二高小并入,代用分校撤销。

附小毕业生的一部分升入省立二师师范部继续学习,因年龄、家庭经济等原因终止学业转而就业的也不在少数。其中在当地山区从事过教育的人数比例较高。也有一些人在地方上获得一定知名度。绩溪县戈溪乡(今家朋乡)塘边山村人姚镜清(1907—1945)即为其中之一[1]。

关于姚镜清的生平,他在民国27年(1938)的自撰《生平述略》中写道:

> 吾生绩溪,耕读世家。行年二十,毕业于安徽省第二师范学校。旋即担任绩溪县城北胡氏小学教员兼训育主任,及宁国县立胡乐小学高级部主任导师兼第三区教育委员。时有新闻友人介绍至南京《三民导报》社担任社会教育等新闻编辑。[2]
>
> 民国二十四年,以家庭变故,□[3]务纠缠,不克外出,被提为绩溪县地方财务委员会委员兼出纳组主任,从事整理地方财政。迭经考成,谬受峰会嘉奖。一年又半,奉令调任绩溪县第二区署区长,阅半年又调任第三区署区长,今年夏以倦勤辞职。原冀暂做家居,徐图进展,而地方闲务时来纠缠,吾以年交而立,问事地方,虽不为地方环境所左右,要亦不免于退化。且视倭寇横侵,稍有血气之人,无不气愤填膺,起而抗战。曾在愤不可遏之余,历贡管见,改组绩溪县民众动员委员会。该会承参,欲授工作。吾因默察地方当局意见参差,似难共事,从此戢息屯溪,未作若何活动。近承友人函介,委办第三战区兵站总监部运佚第三大队部文卷事宜。第念昂庄七尺,纵不去效命疆场,执戈杀敌,亦应去唤起全民共同抗敌,以达我政府抗战建国之完成,若长此埋首案头,岂不徒消壮志乎。
>
> 顾亭林曰:"天下兴亡,匹夫有责。"三复斯言,殊不甘居牛逡。
>
> 杀敌有心,请缨无路,尚有机缘,得随大军出没于枪林弹雨之下,饥嚼倭奴肉,渴饮倭奴血,虽血染沙场,身埋塞外,我泉下先灵,亦得扬眉吐气也![4]

---

[1] 根据姚镜清自述判断,他从省立二师毕业应该在民国15年(1926)前后,但查阅省立二师这一时段的年度杂志,在校生名单中均无其名字。由此估计他只是在省立二师的附小毕业。

[2]《三民导报》系绩溪人胡大刚创办。

[3] 原稿中此字模糊,难以辨认。

[4] 中共绩溪县委党史办公室:《徽山烽火》,安徽人民出版社,1990年,第179-180页。

正是由于姚镜清有着为国为民谋取福利的远大志向，在他因胡筱溪任宁国县长的关系出任胡乐乡乡长后，很快成为共产党游击队的关注对象。民国32年（1943）上半年，中共泾旌太中心县委书记胡明在听取王成信的汇报时，得到了如下的介绍和评价：

> 乡长——姚振清，30+岁，绩十五都人，中农。地主、士绅和他有矛盾。他因胡县长关系做乡长。
>
> 去年52D①要反共，乡长说此地没有。十二月向我进攻，也敷衍了事。

在地下党的争取下，民国33年（1944），姚镜清加入了中国共产党，以乡长身份为掩护从事革命工作，先后为游击队提供了19支枪。不幸于次年5月被国民党当地驻军逮捕，7月遇害。

第四节　省立二师的毕业生

相比于一般的中等学校，政府对公立师范学生支付了更多的费用，目的是保证师范毕业生能在教育一线承担更多的义务。因此，《修正师范学校规程》专设"服务"一章，要求本科毕业生在本省小学校履行服务义务，并规定第一部的公费生、半费生、自费生的服务期限分别为7年、5年和3年。在服务期限未满时，若拟入国立学校深造，或就职于他省教育单位，或有特殊情况不能服务，均须得到省行政长官许可。若无正当事由，又不履行服务，则必须偿还学费及相关费用②。民国6年（1917）2月，教育部再次分别通咨各地及各院部，要求"师范生服务期内不得改就他职，各师范中小学教员应尽师范生任用"，"在服务期限内之师范生各行政机关无庸录用"。

省立二师对于毕业生到小学任职也极力支持。民国7年（1918）上半年，首届毕业班尚在实习时，省立二师即向省厅递交《呈送第四年级当行毕业学生履历表请饬徽属各县查照聘用由》，介绍了学生在学业和品行方面的情况，认为他们"将来以任地方，小学教育当可逐渐改良"。并请求省厅指令徽州六县知事转令各小学校查照聘用。但实际上，省立二师毕业生的出路仍然比较多元，总体上以在小学任教和升学为主，后期任教于小学的比例有所升高。该校曾对历届毕业生的任职情况进行调查，请参见表4-15。

---

① "30+"指"30多"；"52D"指国民党第52师。中共绩溪县委党史办公室：《徽山烽火》，安徽人民出版社，1990年，第194页。

② 李友芝、李春年、柳传欣等：《中国近现代师范教育史资料》第2册，内部资料，第235页。

表4-15　省立二师民国7年(1918)至民国15年(1926)毕业生任职情况一览表①

单位:人

届别	毕业生数	升学人数	大中学教职员	小学教员	军政公司	商业	病故	未详	备注
1918	27	4	6	8	3	1	4	5	任职人数中含升学人数
1919	18	5	5	8			2	3	任职人数中含升学人数
1920	21	4	5	9	2		2	3	任职人数中含升学人数
1921	15	2	4	6	1		2	2	任职人数中含升学人数
1922	13	3		8		1	1	3	任职人数中含升学人数
1923	20	4		12			2	5	任职人数中含升学人数未含在家修学1人
1924	18	3		10	1	3		1	升学者尚未毕业
1925	26	8		12	1	2	1	2	升学者尚未毕业
1926	19	3		14				2	升学者尚未毕业
合计	177	36	20	87	8	7	14	26	
百分比		20%	11%	49%	5%	4%	8%	16%	

　　数据表明,省立二师毕业生约半数在小学任职,如果将升学深造后仍然出任教职的计算在内,服务教育者大约在65%。这样的比例不算低。而师范讲习科的毕业生在小学任职者比例更高:民国10年(1921),第一届一年制师范讲习科学生毕业,共19人。除病故1人,黄埔学校肄业1人,未详1人外,任小学教员的有16人。民国14年(1925),第一届三年制师范讲习科35人毕业,除病故1人,经商2人,在公司任职1人,学医及在安庆法政专门学校肄业各1人,未详13人外,任小学教员的有16人。15年间,省立二师培养了近300名新式师资。这些师资进入基层学校,使整个徽州基础教育面貌为之一新。据民国11年(1922)统计,徽州学区(原属六县)有公私立初小、高小、完小共计342所,学生13 462名。这些学校大多是省立二师建立后陆续开办的,较民国8年(1919)前增加50%左右。

　　省立二师的毕业生中,有不少终身服务于教育,后来成为徽州名师者也不乏其人。如绩溪城东人胡稼民(1896—1972),又名观榜。民国7年(1918)省立二师毕业后,留二师附小任教,民国11年(1922)升任附小主事(校长),次年升为省立二师普通科教员、舍监。民国17年(1928)初,他应地方请求,放弃优厚待遇,返回绩溪任县立第一高小教导主任。县立初中创办,调任初中教员。次年县立初中停办,改任县立中心实验小学校长。民国29年(1940),改任复办的县立初中教员。民国35年(1946)任教导主任。新中国成立后,任绩溪中学教

① 此表根据《安徽省立第二师范学校杂志》《黄山钟》有关记载统计而成。

导主任。早在20世纪30年代,他就开始宣传、实践陶行知的教育思想,积极推行小先生制,要求学生在家庭和邻里间物色对象,开展识字教育。他组织学生从事生产劳动和公益劳动,所得果实,师生共同分享,并由此引导学生作文。学生章安翔的文章《一餐菜饭》就是这样写出并刊登上《申报》副刊的[1]。

　　汪塈,字任民,歙县稠墅人。民国9年(1920)毕业,曾在歙县教育局任视学员多年。当时,"全县教育事业,日逐没落;全县教育人员,结党分派。校长可以吞没校款不请优良教师;烟痞赌徒可以把持校务不与改进;土豪劣绅可以暗做后台不奉教局命令;私塾塾师可以勾结地痞流氓捣毁学校、驱逐教员;地方教育捐税,可以任吏胥卡员干没中饱,莫敢谁何;奉令清理地方教育款产,土劣流氓可以结合起来破坏中伤,甚至捏造证据暗中陷害"[2]。为此,他曾多次向县教育局长建议进行彻底改革,却无一被采纳。但他并没有放弃改革教育的理想,在省立二中附属小学等处任职时,一边从事教育改革的理论探索,一边在力所能及的范围内进行实验。民国23年(1934),他编著出版了《新地方教育行政》,作为乡村师范生和地方教育行政人员进行新式教育实验的指导用书。全书上编从地方教育行政的性能、行政人员的职责及相互关系、行政大纲的订定施行等方面通述了县级教育行政机关及人员的一般工作性质与职责;下编从办理学校教育、办理民众教育、办理农忙和农暇教育、改革私塾教育等方面介绍了新方法与新动向。方法具体、策划周密,重在研究和实验,具有很强的实用性。特别是著作中引用了大量徽州地方教育的实际案例,保存了较多的地方教育史料。如歙县私立九砂小学是该村以旅外人士为主集资兴办的著名学校,充任校董的有姚文采(南京)、姚东海(上海)、姚一明(上海)、姚翠竹(上海)、姚坤芝(西安)、姚玉金(上海)、姚胜根(杭州)、姚培根(杭州)、姚灶和(九砂)、姚胜辉(深渡)、姚松本(深渡)、姚文卿(西安)、姚国英(南京)、姚宪章(杭州)、姚万本(杭州)。该书就收录了《歙县私立九砂小学校校董会章程》全文:

　　一、总则
　　第一条　本校董会依照教育部私立学校规程第十一条规定组织之。
　　第二条　本校董会依照各级教育行政机关之法令,并代表本校设立人之公意,处理一切事务,以谋本校之发展。
　　二、组织
　　第三条　本校董会依照教育部私立学校规程第十二条规定,由设立者互推并聘请校董十五人组织之。

---

① 绩溪县教育志编委会:《绩溪县教育志》,方志出版社,2005年,第347页。
② 汪任民:《新地方教育行政》,上海儿童书局,1934年(民国23年),第5—6页。

第四条　本校董会由全体校董互推一人为主席。

三、名称及事务所所在地

第五条　本校董会定名为"歙县私立九砂小学校校董会"。

第六条　本校董会事务所设立于歙县南乡九砂村教至堂。

四、职责

第七条　本校董会之职权暂定于下：

(一)经费之筹划与保管；

(二)预算决算之审核；

(三)财务之监督；

(四)其他财务事项；

(五)选任校长或改选校长；

(六)报告下列情事于主管教育行政机关备案：

　　　甲、学校校务状况；

　　　乙、前年度所办重要事项；

　　　丙、前年度收支金额及项目；

　　　丁、校长、教职员、学生一览表。

五、校董之任期及改选

第八条　本校董会校董任期为一学年,每学年终了时改选一次,连选得连任之。

第九条　本校董会改选时,为谋选举人便利选举起见,得适用通讯选举法。

六、会议

第十条　本校董会每一学期开常会一次,审核并筹商本校财务状况、校务进行等事宜,但有临时发生特殊情事,急待解决,而不及召集全体校董会议者,得由主席校董就近处理。俟校董会开会时,提出追认之。

第十一条　本校校董会开会时得请本校主任教员列席,报告校务进行概况；其因故不能列席时,亦须缮具文书报告会议审核。

七、停办与解散

第十二条　本校董会因学校须停办时,连带亦须解散。但应经本大会议决呈请教育行政机关许可后行之。

第十三条　本校董会如已解散,其所保管经理之全部财产资金,另组织委员会保管之,并得受主管教育行政机关及所在地之法院保护。

八、附则

第十四条　本章程经本校董会全体大会议决呈准主管教育行政机关后适用之。

第十五条 本章程如有未尽事宜,得于本校董会开常会时由校董五人联名提出修正之,修正后,即呈报主管教育行政机关备案。[1]

祁门渚口清溪人郑文(郑郁予,1898—1997),民国11年(1922)毕业于省立二师,历任省立二师附小、省立二师、徽属职业学校、南京安徽中学、祁门中学、屯溪安徽职校教员;又曾担任祁门县教育会长、休宁教育局长、皖南行署(驻屯溪)教育科长。无论从教还是从事行政工作,均深得社会好评[2]。

也有不少毕业生有创建学校的功绩。歙县人凌建予师范科毕业后,留附小服务。三年后转岩寺凤山小学任教。稍后,姚文采在歙县南乡九砂创办私立崇礼小学,受姚文采之聘,凌建予任教于此。因凌建于教导有方,学生成绩优秀而蜚声当地,学界争相延聘。民国24年(1935),凌建予在家乡洲头梁创办私立文梁小学,自任校长,带头募捐,并从每月24元大洋薪水中,抽出部分捐助学校(每年捐款总数100大洋),保证了学校正常的运转[3]。

歙县揭田人郑长褆,民国17年(1928)从省立二师毕业后,返回故里创办私立尚志小学(该校1940年转为公办,改为岩寺小学揭田分部)。为解决资金问题,他自出大洋500元作基金,祖父、岳父、妹夫等亲属再捐1 500元,成立董事会管理学校。其妻不仅包揽了学校烧水、烧饭等后勤,还捐出奁金500大洋,支持办学。教师酬薪不高,一般每学期只三至五石稻谷。不过一两年,尚志小学即由初小二个班(复式)70多名学生,发展到完小三个班(仍是复式)150多名学生。教师也从3名增至5名。郑长褆除任校长,还亲自教授高、低年级的国文、算术课程。学校重视学生的道德与素质教育,置有小操场、风琴、台球桌、资料室、图书橱、劳作橱(陈列学生制作的彩球、布娃、泥塑等)。教育质量在全县屈指可数[4]。

绩溪人胡步洲(1899—1932),民国7年(1918)从省立二师毕业,先后在绩溪燃藜小学和旺川小学任教。其间,促成了旺川村萃升、振起、成教三校合并。为发扬胡氏世泽楼藏书遗风,多方募集,奠定了"胡氏陶园图书馆"的基础。他组织"师生合力辟园劳工团",每天午后劳作2小时,将七八亩荒地辟建成操场、儿童乐园、果园、鱼池、花坛、竹圃。他重视乡土教材,认为"课程之内容,注重一适字;课程之适用,注重一活字。吾人为世界之人,同时又为国家之国民、地方之乡民,课程则于此三方面均须求其适切"。他利用节假日,勘察绩溪的山山水水,调查物产,了解风情,编撰成"绩溪乡土地理"教材14章,列入高小

① 汪任民:《新地方教育行政》,上海儿童书局,1934年(民国23年),第63-66页。
② 绩溪县教育志编委会:《绩溪县教育志》,方志出版社,2005年,第347页。
③ 凌佩艺:《父亲——我学习的榜样》,绩溪县胡稼民教育思想研究会编《会刊》,第82期。
④ 陈长文:《好效春蚕吐尽丝》,黄山市徽学会《徽学研究》,2009年,第1期,第31页。

"乡土"课;又彩绘巨幅全县挂图和16幅《城、都区划图》。民国20年(1931),他被录取为安徽省教育厅行政人员养成所学员,结业时又以特优成绩被委任为南陵县教育局局长。任职期间感染霍乱,次年殁于任所[①]。

才华全面是省立二师毕业生的重要特征。绩溪县仁里人程宗鲁(1891—1952),13岁中秀才,后入省立二师求学,毕业后历任省立二师、徽州中学、皖中教员。他学识丰富,教学认真,深受徽州各界仰慕。他还自学中医,造诣亦深,给人施治,不收分文,不收礼品。以为人作书所得,捐修村前桃花堤。薪金收入,大半用于收藏图书、文物,生前将名贵珍品献给了芜湖博物馆[②]。

从省立二师毕业后,继续深造的不少人,在教育界也多有成绩。绩溪县城人胡家健(1903—2001),民国5年(1916)考入省立二师,民国10年(1921)考入南京高师教育学系。毕业后,先后任河南省立一师教育学教员、安徽省教育厅编译处主任。民国19年(1930),被安徽省教育厅任命为省立四中(今宣城中学前身)校长。他励精图治,聘请良师,充实设备,全校师生同甘共苦。在胡家健的带领下,学校在短期内取得了较大的进步。参加省中学运动会和省中学展览会,两次都获冠军。时任安徽省教育厅厅长的朱庭祐视察后,宣布该校为全省模范中学。民国23年(1934),省立四中改为师范,他又调任省立宣城师范校长。次年,他被安徽省政府派赴欧美考察教育并先后进修,获哥伦比亚大学硕士学位。抗战期间,出任国立浙江大学教授、总务长等职。民国34年(1945),改任国立中央大学教授、总务长等职。民国37年(1948),任教育部中等教育司司长。是年定居香港。其后40多年里,他致力于当地教育文化事业的发展:促成香港中文大学成立,并历任联合书院文学院院长等职;建议台湾当局招收港澳学生赴台大专院校学习;以集成图书公司为基础,编印发行了各级华侨学校教科书,深受东南亚侨校欢迎[③]。

绩溪竹里人周德之(1901—1947),初就读于省立二师,民国9年(1920)以勤工俭学方式就读于上海中国公学大学部商科。民国14年(1925)毕业后随陶行知办学,先后在南京安徽公学任教务主任、育才中学任教师。民国18年(1929)返皖,任省立图书馆主任。后出任蚌埠第三民众教育馆馆长、安庆第一民众教育馆馆长。民国27年(1938)受聘为江西省教育厅督学,创办景德镇民众教育馆。民国30年(1941)任安徽大学皖南学院(休宁万安)教授,次年任徽州中学校长。著有《民众教育概览》《江西义教师训教材》《平民教育》。

———————————

① 绩溪县教育志编委会:《绩溪县教育志》,方志出版社,2005年,第348页。

② 绩溪县地方志编纂委员会:《绩溪县志》,黄山书社,1998年,第888页。

③ 周文甫、唐建军:《一生致力教育,丰碑铭刻大地》,中共浙江大学委员会《浙江大学报》CN33—0801(G)[J/OL].http://www.zdxb.zju.cn/article/show_article_one.php?article_id=7413。

　　绩溪仁里人程宗潮(1901—1976),民国8年(1919)毕业于省立二师,在附小任教一年。民国13年(1924)毕业于南京高师教育系,留校任助教、讲师。民国16年(1927)任安徽省教育厅督学。民国20年(1931)任南京市教育局科长、主任督学。民国27年(1938)任湖南师范学院副教授、教授兼注册处主任。抗战胜利后,任南京市教育局主任督学、市立师范学校校长、中央大学教授兼注册处主任。建国后,任教于南京市第六中学,直至1964年退休回乡①。

　　部分升入高校继续求学的省立二师毕业生,在科研方面孜孜以求,也获得突出成绩。

　　方炳文(1903?—1944),字质之,歙县罗田人。其父方槐三宣统二年(1910)毕业于金陵大学,是徽州一带很有名望的教师。方炳文高小毕业后,奉父命一度到屯溪万隆衣庄当学徒。后其父鉴于他有强烈的求学愿望,便同意他进省立二师继续学习。其时,他的眼睛有些近视②。民国9年(1920)从省立二师毕业后考入南京高师数理科学习。当时,在该校生物系执教的有邹秉文、胡先骕、钱崇澍、秉志等教授,他们经常带领学生采集动植物标本。方炳文的同学、生物学家张孟闻曾回忆道:秉志总是星期天邀青年人一起郊游采集,一走就是几十里。"沿途亲手把着教会他们怎样处理标本,一面和大家闲扯,上天入地,古今中外,从西洋学者的勤学轶事,到古文诗词以及水浒、红楼梦典故小说",大家都有"大处着眼,小处着手,日积月累,必有大成"之感。在这样的氛围中,方炳文迅速成长,民国15年(1926)顺利毕业。民国18年(1929)前后,方炳文在中央大学任教,同时兼任中国科学社生物研究所研究员,其间,方炳文发表著作《鲢鱼鳃部之形状》(英文本)、《南京蜘蛛之调查》问世。次年,国立中央研究院(民国17年即1928年成立)下属的国立中央研究院自然历史博物馆正式成立(民国23年即1934年7月改名为中央研究院动植物研究所)。该馆分研究、事务、顾问三部,研究部分设动物组、植物组,各由技师一人总负责。方炳文在此时受聘为动物组技师(植物组技师为秦仁昌)。民国21年(1932)8月,伍献文留法归来,成为方炳文的搭档③。在此期间,为了调查我国富饶的生物资源,方炳文和同事深入到广西、贵州、云南等边远山区,采集了大量标本,发现了许多在科学上未曾记载过的物种。民国18年(1929),方炳文等人作为中央研究院广西科学考察团成员,在凌云县海拔1400米的山上发现一蚯蚓新种,详细观察了该新种的形态特征和生活习性后,写

---

　　① 绩溪县地方志编纂委员会:《绩溪县志》,黄山书社,1998年,第899页。

　　② 省立二师在民国7年(1918)至民国8年(1919)学年体检后,该校体育主任樊骏写了《检查体格之处理》一文,分十种类型罗列了体格"未臻完美之境域者",其中方炳文就属"视力之退化者"。希望他"于清晨、将晚之时,散步于户外,而远眺山河风景","日久,亦可补于万一焉"。

　　③ 上海市档案馆:《中国科学社社史档案》(1914—1953,共280卷)。

成《广西蚯蚓新种志》,揭开了我国研究蚯蚓分类的历史。他还留下了缅甸陆龟在广西壮族自治区有分布的记载。民国25年(1936),继生物学家张春霖之后,他再次来到云南著名的神秘湖泊抚仙湖,调研该湖泊中的鱼类。民国27年(1938),方炳文接受法国巴黎博物馆聘请,去巴黎从事鱼类研究。由此,他在鱼类形态结构学、分类系统学研究方面多有创见,其中对平鳍鳅科鱼类的研究成果最著,共发现6个新属11个新种。"方氏密鲴"和"方氏拟腹吸鳅"即以其姓氏命名。民国33年(1944)8月25日巴黎解放。次日夜,德军空袭巴黎,方炳文不幸罹难。消息传回国内,引起学术界震惊。伍献文在纪念文章《方炳文先生鱼学著作述要》中这样评价他:

> 方氏毕生之工作,以平鳍鳅科之分类为中心。以方氏禀资卓绝,工力又臻上乘,加之以中国物产特富,其贡献特多者宜也。……至论方氏治分类学之态度,余认为最足为法。初整理前人工作;继以推求每类之特质,而索其演化之迹;然后为新种属之增加。以其能如此,故精深广博,兼而有之。余尝与同学平章当代鱼学家之工作,于分类学最推崇莱格氏(大英博物院院长),若以论文之品格论之,方氏颇近似之。莱氏已过古稀,而方氏才抵中年,若天假之年,其成就之大,非吾人意料可及也。嗟夫![1]

章昭煌(字苻亭,后改名元石),绩溪人。在省立二师修业时,文史功底很好。教员余宝勋讲授《大学》,他就将听课笔记整理成文,被学校的年度杂志摘要刊登。这件事情颇似民国19年(1930)读辅仁大学英文系一年级的邓广铭,将周作人来校6次演讲记录稿呈送,被周作人稍作校改即交出版社出版为《中国新文学的源流》的佳话。在附小教育实习时,他对小学生提出要"履行级训'爱敬'二字","切戒彼此妒忌、彼此倾轧",也深得师长首肯。民国8年(1919),他从省立二师毕业,考取南京高师工艺科,二年级改入数理系修业。章昭煌在高师学习期间,深得其师、著名物理学家叶企孙赏识。民国14年(1925),被叶企孙向曾在南京高师任教、时任清华大学国学研究院首任主任的吴宓推荐,成为清华国学研究院四大导师之一的近代著名语言学家赵元任的首任助教。《吴宓日记》在当年8月1日记道:"赵元任来,拟用其内侄为助教。逾日,决用章昭煌,企孙荐也。"8月4日又记:"作函致章昭煌为赵元任先生助教,月薪60元。先细陈情形,征询意见。宓函由赵寄叶企孙转交。"[2]10月,章昭煌到职。也许是个性较强,年轻气盛,一次,章昭煌居然拒绝为清华大学国

① 少求:《民国时期著名的鱼类学家方炳文》,《江淮文史》,1995年,第5期,第83页。
② 吴宓(著)、吴学昭(整理):《吴宓日记》,三联书店,1998年,第52-53页。

学研究院讲师、著名人类学和考古学家李济抄写笔记,勉强领去又原封退回。后被吴宓召去,争执了许久才又拿走。民国16年(1927)上半年,章昭煌前往法国留学,专攻物理学。民国25年(1936)6月,广西省政府改组广西大学,省主席黄旭初兼任校长。8月,章元石被聘为数理学系主任。此时他尚在杭州。抗战开始后,国土沦陷。政府为收容流亡青年学生和学者,于民国27年(1938)12月在湖南涟源蓝田镇开办国立师范学院。民国29年(1940)9月,章元石应聘为该校理化系主任。因战争影响,路途不便,直至次年4月才抵校。先后同校任教的著名学者有钱钟书、储安平、孟宪承、李达等人。章元石的省立二师同学程宗潮也在此任教授。新中国成立后,章元石在华东师大任教。1982年,中国物理学会召开第三届全国会员代表大会,表彰从事物理工作50年的物理工作者66人,章元石也名列严济慈、周培源、王淦昌等人之后。

方培智,字圃甫,婺源荷田人。荷田村聚族而居的是方姓,文风昌盛,兴办文会的历史悠久。在近代西方村落自治的思想逐渐传入之后,民国8年(1919)至民国9年(1920),该村将文会改组为村族自治组织——荷田方氏村会,内分亲属、议事、理事三部,各有定规,十分严密。主要商议、处理的事务为修明祖训祠规、建设村落公益、接洽联络外族、办理官府政务等四项[①]。在这种浓郁的既传统又开放的村落文化熏陶下,方培智拥有积极的人生态度。在省立二师读二年级时,方培智自认为"性浮躁","心常放而不知求,修学行事,愆尤百出"。后读王阳明著作,"观其教人修学,从静坐入门,乃知于静坐稍稍用功。试之已久,不但精神上觉其愉快,即阅一切书籍而从前所不能深入者,今亦渐能深入矣"。于是,作《说静》一文,认为只要"常保我清明之神气,屏外界之诱惑,使此心如水如镜,湛然无滓,顺应万事万物而不与俱变",便无论闭门独坐还是出门遨游、深居独学还是群居终日,都能做到"心静"[②]。民国8年(1919),他从省立二师毕业,考取南京高师国文史地科,师从讲授中外历史和中国文化史的著名史学家柳诒徵,成为著名的柳门弟子。他的同届同学36人,后来几乎都成为文、史、地、哲各学科的著名学者,且多文史、史地或文哲兼通,尤其以历史地理学的学者为特色。如王庸(以中)、缪凤林(赞虞)、张其昀(晓峰)、景昌极(幼南)、陈训慈(叔谅)、周光倬(汉章)、范希曾(耒研)、张廷休(梓铭)、胡焕庸、徐震堮、夏崇璞、何维科、钱堃新、陆鸿图、刘文翮、王玉章、黄国章、王勤等。方培智即名列其中。

杨肇遇,字夏时,休宁板桥人。民国8年(1919)省立二师毕业。他在附小训育实习时,即有独到的见解:他对学生卫生状况进行小结,希望"已能整洁者更加注意,其未能者力求前进";继而对自修时阅读的书籍提出要求,认为《童

---

① 省立二师:《安徽省立第二师范学校杂志》,1921年(民国10年),第7期。
② 省立二师:《安徽省立第二师范学校杂志》,1917年(民国6年),第4期。

话》《少年杂志》"固不能谓其无补益于智识修养,但高等小学有十余门功课,预习复习,皆在自修时间之内,恐不复有闲时来看此等书籍","故夜间自修第一时,见有生徒观此类书者,即加以禁止。至第二时,觉儿童精神不足,有观此类书者听之"[1]。毕业当年,他考取上海中国公学商科,专攻经济。中国公学毕业后,杨肇遇在专业上迅速崭露头角。民国18年(1929)和民国19年(1930),他分别出版了《中国典当业》《成本会计概要》两本著作,可见其不俗的专业水准和社会影响。《中国典当业》虽篇幅不长,但被学术界认为是开创了对国内典当业进行全面研究的先河。全书分概说、种类、组织、设备、营业、管理、票簿、书体、待遇和当税十章,以通俗流畅的文笔,较为详细全面地介绍了典当业的历史沿革及当时全国主要地区的行业运作方式。既有经政府核准的行业规章,如江苏省的《典业修正木榜规条》,更有对岗位、职责、运作程序、各类设备和表簿设置、员工待遇等具体事务细致入微的描述。

典商是明清徽商中的重要部分,民国时在全国仍有一定势力。杨肇遇在该书中对徽州"朝奉"一称的由来也特意作了一番考释:

> 吾徽俗有称首柜为"朝奉"者,《言鲭》详此二字之出处,谓"汉,奉朝请无定员,本不为官位,东京罢省三公、外戚、皇室、诸侯,多奉朝请者,逢朝会请召而已。退之、东坡并用之。盖如俗称郎中、员外、司务、待诏之类"。实则《史记·货殖列传》载秦皇令乌氏保氏比封君,以时与列臣朝请。是朝请之制,秦已有之。吾徽人假此称谓,殆亦慕乌保之为货殖雄欤?据老于斯业者云,朝奉实非称首柜。朝奉之资格,视首柜犹尊,盖朝奉所事者,即柜友对于受质物品,有不能定其价值与真伪时,乃请问于朝奉,故朝奉只管受质物品,不问赎取物品诸事,故朝奉不啻一营业上之顾问也。[2]

《成本会计概要》篇幅与《中国典当业》相近,分绪论、原料计算、人工计算、间接费用计算、结论五章,主要介绍了制造业中成本核算的具体方法。为说明制造业与商业成本之不同,他在书中首先举了一个例子:美国有一制帽厂,所制各式便帽,多年来一律售价3元,均能获利。民国5年(1916),该厂专制一新式便帽,售价依旧,生意红火,售出之数几倍于前。但年终核算,居然亏损万元。后经详细调查,才知新式便帽成本就需要3元2角5分,而其他各厂均不生产,故有此亏损。平实的叙述风格与简明的图表相结合,使即便对成本会计毫

---

① 省立二师:《安徽省立第二师范学校杂志》,1920年(民国9年),第6期。
② 杨肇遇:《中国典当业》,商务印书馆,1929年(民国18年),第12页。

无基础者,也可凭自学领悟①。

许敦楷(1901?—?),字作人,歙县县城福三管人。在省立二师附小读高小二年级时的他,思维缜密,文笔出众,有习作《一粥一饭当思来处不易说》:

> 吾人所食者何物乎?曰粥饭是也。粥饭为何物所成乎?曰米是也。米之来也难易乎?曰难。曷以难?盖必由农人役手劳足、精神孜孜三时之久,始可得。偶逢不幸而旱潦,则收获又必歉。吾所谓难,不诚然哉?……吾人不远数十里而来此求学,每晨食粥菜四盘、饭时则菜四簋以为常,若不用功,何以对父母乎?……昔者范文正公断齑画粥……卒为宋代名相。淮阴侯一饭不能致,乞食于漂母……而成汉家勋臣。以彼二人粥饭不给如此,而尚建立功业,震铄古今,况吾人乎?孔子曰:饱食终日,无所用心,难矣哉!吾人曷不以彼二人为师表欤?②

本科二年级时,他又写有《福建省形势之研究》一文,对比了日占台湾前后福建形势的变化,认为若"长此不振,后患何可胜言?"并提出振作之两途:交通与军备。其中交通即兴修铁路:"一线自闽侯起,经南平、邵武,出杉关,西北至汉口止;一线自福鼎起,经闽侯、龙溪、由诏安出境,上段与浙江宁波相接,下段与广东番禺相接,围绕沿海各省。"建成之后,"则外人之文明,内地之物产,均易于流通。即不幸一旦与他国交战,而陆军调遣、军饷运输,以自灵活矣"。可见他的见识之深。民国8年(1919),他从省立二师毕业,继续自修,后考取上海商科大学(今上海财经大学前身)。该校师资雄厚,学生管理也采用欧美体制,学生自理、自治能力很强。许敦楷在此不仅学业进步很快,还对社会问题极为关注,民国15年(1926)他就在上海《总商会月报》第10期发表了《一九二五年我国劳工问题之回顾》一文。商大毕业后,许敦楷成为会计师,被民国16年(1927)创立的"潘序伦会计师事务所"(次年改名为"立信会计师事务所")聘用。1984年,潘序伦在回忆这段历史时,还清楚地说:

> 立信会计师事务所在成立之初,只用了一个计核员作为助理,这时不得不扩充人员,钱乃澄、顾询、许敦楷、郭驹、张蕙生、钱素君、李鸿寿、蔡经济、王澹如、陈文麟、王逢辛、唐文瑞、施仁夫、管锦康等会计师,以及李文杰会计师兼律师、周鲲律师等都先后来我所工作。③

---

① 杨肇遇:《成本会计概要》,商务印书馆,1930年(民国19年),第1页。
② 省立二师:《安徽省立第二师范学校杂志》,1915年(民国4年),第2期。
③ 财务与会计编辑部:《潘序伦回忆录》,中国财政经济出版社,1986年,第24页。

随着立信声誉的提高,许敦楷在财会界也逐渐成为知名人士。民国23年(1934),潘序伦等51人发起成立中国会计学社,许敦楷是发起者之一。当年11月18日,在南京举行成立大会,出席者45人。大会选出潘序伦、徐永祚、张家源、卫挺生等九人为理事,许敦楷与任祥章被聘为文书干事,说明他的办事能力得到充分认可。其后,许敦楷还参与过许多重要的经济活动。如民国26年(1937)5月,国民政府建设委员会宣布,将首都及戚墅堰两电厂改组为扬子电气股份有限公司,淮南煤矿及铁路两局改为淮南矿路股份有限公司,以国有企业私营化来募集资金。是年5月14日,扬子电气公司和淮南矿路公司发起人大会在上海召开,张静江、宋子文、李石曾、杜月笙等40余人出席。许敦楷和绩溪人程士范(建设委员会专门委员、淮南铁路总工程师)也是与会者之一。而其参会,还是建设委员会委员长张静江事前发布手令亲自决定的。

从政者也有获得较高职位者。绩溪县北村人程万孚(1904—1968)、程朱溪(1906—1952)兄弟即为代表。程万孚曾就读于省立二师。北京大学肄业后,曾作安徽省教育厅长江暐的家庭教师。民国20年(1931)赴法国留学,攻读市政建设。民国22年(1933)回国,任职于福建省建设厅。后在卫立煌部任秘书处长,替其处理与外国人来往信件,翻译英、法文报刊消息。西安事变时被扣,化装逃回安徽后,被免军职。后到安徽大学图书馆工作,又任教授,翻译《西藏的故事》、契诃夫的《柴霍甫书信集》。抗战期间,任安徽省教育厅督学、皖南粮食管理处副处长、公路养路处长。抗战胜利后,任西北民生实业公司业务处长。新中国成立后,在南京市文物保管委员会从事文物研究工作。程朱溪也曾就读于省立二师、天津南开中学。民国14年(1925)考入北京大学文学院,开始诗歌、小说创作,结识文艺界名人,向好友刘天华学二胡。毕业后居北京,加入中国国民党,在北洋军阀统治下从事地下工作。抗战期间,随国民政府由武汉转重庆,任全国慰劳总会总干事、防空袭服务总会总干事、国民党重庆市执行委员会书记长。民国33年(1944)调任安徽省党部委员。抗战胜利后,任安徽省第九行政公署专员、南京社会部总务司司长①。

民国11年(1922)本科毕业的沈永忠(字伯恕,休宁屯溪镇长干塝人)则选择了参军。民国15年(1926),时年25岁的他报考了在南京的黄埔军校,并被录取,成为黄埔六期学员。民国18年(1929)5月毕业。同期考取军校的徽州人还有王铁麟(字洪恩,20岁,黟县四都黄村口人,后任29军第91师师长,参加了民国33年即1944年的贵州独山战斗)、朱光基(字靖庵,22岁,休宁率口人,

---

① 绩溪县地方志编纂委员会:《绩溪县志》,黄山书社,1998年,第889、896页。

民国33年即1944年衡阳会战时为预10师29团团长)、戴积燧(字钻之,20岁,休宁人,家住上海菜市路劳神父路盛昌当,后去台湾,少将)、孙宗泽(字悦民,21岁,休宁人,家住芜湖东门东寺右巷)、洪岳(字秀峰,21岁,歙县三阳人)。

被省立二师开除者中,最有影响的是章洪熙和柯尚惠。章洪熙(章衣萍,1900—1947),绩溪县北村人,民国8年(1919)被省立二师勒令退学。其父托汪孟邹转请胡适接收其入北京大学预科。北大毕业后,在陶行知创办的教育改进社主编教育杂志。后到上海大东书局任总编辑。不久辞职协助鲁迅筹办《语丝》,并为重要撰稿人,开始著述生涯。民国17年(1928)任暨南大学校长郑洪年的秘书,兼文学系教授,讲授国学概论和修辞学,同时任上海新世纪函授学社社长,参与鲁迅组织的普罗文学作家联盟。抗战初任成都大学教授。民国36年(1947)3月病逝。章洪熙文思敏捷,著作甚丰。著有短篇小说集《古庙集》《小娇娘》《牧师的女儿》《歙县烂肚宝的故事》等;诗集有《深誓》《种树集》;散文集有《樱花集》《倚枕日记》《枕上随笔》《烦恼的春天》等[①]。民国21年(1932)出版的回忆录《我的祖母》保存了许多民国初年徽州乡村的风情:

　　绩溪多山,田少人多,所以出外经商的人民很多。又因为缺少资本的缘故,所以在外面经商的,大概都是些小商人。祖母的父亲,在浙江省的一个什么地方开店的。祖母八岁的那年,洪杨作乱,太平天国的军队打到徽州,绩溪也被波及了。那时曾国藩自己带了十万大军,驻扎祁门。徽州靡乱得不堪。……她对我谈起太平天国的军队,总恨极了。骂他们是"长毛"! 她说:"那些长毛,那里是人! 他们见鸡杀鸡,见狗杀狗,见人杀人。见着小孩们,用枪刺着小孩的屁股,把小孩刺在空中,小孩哭了,就说:'笑得好! 笑得好!'……我们叫他们长毛鬼!"

　　我从祖母的口里,知道祖母的母亲是给长毛杀了。她亲眼看见她的母亲的头在雪地里滚,眼睛是开着的。母亲死了,她就跟着婶母,逃到深山里去。长毛是不到深山里来的。深山里漫山都是难民,缺少食物。天气又坏,下着大雪,大雪淹没了一切。许多人都在石洞里藏身。绩溪多山,山多石洞。起初,有的人家还带了一些干粮食物,后来食物没有了,大家就吃小孩子。……

　　曾祖父是在休宁潜阜开了一个小杂货店。他有四个儿子,我的祖父最小。祖父的三个哥哥都经商。他自己却发奋念书,在金陵考得了秀才和拔贡。……

　　秀才的出路,也很小的。祖父教了几年蒙馆,终于到休宁做生意去了。

① 绩溪县地方志编纂委员会:《绩溪县志》,黄山书社,1998年,第886页。

祖母嫁给祖父的二十年中,"连男连女生了十四个"。……

我少时的家境很好,我曾于深黑的夜里,看见祖母把一块块的雪白的洋钱,一包包的包起来,一共有几十包,装在坛里,把坛运到后园,掘了一个大窟窿,深深地埋了,参与这些机密的,只有我和祖母。祖母曾叮嘱,叫我不要把这件事对人说。……①

此外,他写的古代人物传记有《黄仲则评传》《苏东坡》《管仲》《朱子》等,教育类著作有《作文讲话》(北新书局出版)等。

柯尚惠(柯庆施,1902—1965),歙县人,被省立二师退学后,到上海一带参加政治活动,民国11年(1922)加入中国共产党,民国17年(1928)任中共上海闸北区委书记;次年后任中共中央秘书长、中共河北省委军委书记;抗日战争时任中央党校副校长等职;解放战争时期任晋察冀边区民政处处长、石家庄市市长;新中国成立后历任南京市市长、江苏省委书记、上海市委第一书记、华东局第一书记、国务院副总理。

第五节　省立二师与全徽教育

随着近代化大门的开启,教育在维护国家稳定、促进社会发展方面的重要作用日益显现,师范学校又是国家"根本之根本"。基于此,民国之初,在高等师范和中等师范的布局上,采用划分师范学区的做法。全国六个师范区,各设高师一所;安徽省又依传统的行政区划分六个小区,各设中师一所。师范学校的职责并不仅仅是培养和培训小学教员,省长公署转达教育部的要求是:"各师范校长对于该区教育责任綦重,宜于整理校务以外,随时视察该地方教育状况,以为改良计划之实施。"②这就从行政的角度赋予了师范学校在师范学区中可能有所作为的特别权利。

省立二师对徽州教育的影响,可以以民国8年(1919)2月学区教育联合部设立、5月全徽教育协进会成立为限,分为前后两个阶段。

作为徽州最高学府之一,尤其是与当地基础教育关系最为紧密的师范学校,省立二师创立之初,即对自身与徽州教育的关系有清醒认识,并有实际的行动。从民国2年(1913)开始,省立二师即对本学区的小学教育发展状况进行调查,并列表刊登于学校杂志中。调查内容是不断扩充的,第一期仅有校名、地址、学生数三项,第二期增加了校长、经费两项,后又增加教员数一栏。在民

---

① 章衣萍:《我的祖母》,儿童书局,1932年(民国21年),第7—19页。
② 省立二师:《安徽省立第二师范学校杂志·公牍》,1919年(民国8年),第6期。

国6年(1917)至民国7年(1918)的调查中,基于"吾校对于本学区之未来,以促进社会道德、发展社会经济为所希望之目的,徽地僻风气闭塞,然亦多有道德、事业足备观摩者"的现实,"爰将调查栏扩充范围,除小学校状况外,并仿有闻必书之例,用资传播而备观摩"①,该期除了"本年度本学区小学校一览表"外,还有"本年度本学区美以美教会创设之小学""上年度本学区创设之甲种商业学校""上年度本学区创设之茶务讲习所""上年度本学区省视学呈报之优良小学校""本学区捐资兴学之提倡者"等表。内容虽较简单,甚至有些是十多年前的事情,但视野之开阔显而易见。应该说,持续的调查是省立二师为培养适合本地小学教育发展需要的教师而自觉采取的必要行动,也与教育部提出"凡师范学校校长暨担任教育科目之教员,每年课余有视察本区内教育情况之义务,归时有提出报告开会研究之义务"②的要求相合③。因为当时就全国而言,师范学校教员"闭户而谈外国教育学理,于其本国或本区域内教育之情形,暗然无所闻知",其培养的学生"为机械无用之人物,或措诸实际格格不复相入"是极为普遍的现象。

主动展示本校的办学成绩是省立二师扩大社会影响、传播新教育思想的重要途径。无论在荷花池还是迁移到新塘,省立二师都非常重视校园环境的建设,分区规划,栽花种草,刻意营造既整洁又充满生机的优美氛围。刚入迁的新塘校区,就以崭新的面貌引来附近数千民众参观。学生春秋出游、开展览会、组织办学周年纪念会等也是可利用的机会。后来,省立二师更将运动会作为重要的开放窗口,民国7年(1918)的运动会主动邀请了各县教育界参观团前来观摩,并组织了几次讨论会。正是在这次集会中,绩溪教育参观团的代表提议,由省立二师牵头,成立一个全徽州教育界的民间组织,以促进各县教育人士的交流,帮助解决教育发展中的有关问题。

与民国8年(1919)之前省立二师与徽州教育的联系呈现单一性、随意性和单向性不同,此后,随着两个组织的先后成立,二者的联系进入了有序、全面、深入、互动的良性状态。

从省立二师的角度,开始主动扮演半行政干预徽州教育的角色,其主要渠道即省立二师在校内单设的机构"学区教育联合部"。此前的民国7年(1918)1月,教育部曾训令各省,要求各师范校长"于整理校务以外,随时视察该地方教

---

① 省立二师:《安徽省立第二师范学校杂志·调查》,1918年(民国7年),第5期。

② 璩鑫圭、唐良炎:《中国近代教育史资料汇编·学制演变》,上海教育出版社,1991年,第741页。

③ 马勇虎、李琳琦先生在《民国初年社会转型中的地方教育发展》(《华东师范大学学报·教育科学版》第29卷第4期,第79页)认为:"民国三年以来学区小学状况调查,是学校执行教育部政令的结果。"查民国3年9月编印的《安徽省立第二师范学校杂志》第一期,已刊登调查结果表,说明此项调查在此前已经进行。而《教育部整理教育方案草案》发布的时间则是在此后的民国3年12月。

育状况",表明在近代社会转型、民族国家建立的过程中,政府通过师范学校布局和"师范学区"规划等制度安排,赋予了师范学校在师范学区的部分行政管理职能,使之成为政府与学区社会联系的桥梁、渠道①。省立二师行动很积极,在省厅尚未表态、经费也未列入下一年度预算的情况下,即从经常费节余中先行垫支,设立"学区教育联合部",任务是"统摄本学区教育联合事务,实施联络、统一、改进、推广等各种方法,以图发展本学区之地方教育,及贯彻国家开设师范学校、普及优良教育"②。而且,省立二师还有更为激进的想法,认为视察只不过是教育联合中的一部分工作而已,"师范学区之教育,当然以师范学校为中心,但非特设一学区教育联合部以专司其事,则职务各有攸属,即精神难以兼营"。同时请求省厅通令全省各师范学校一致进行。当然,省厅的态度要谨慎一些,只是表示成立组织的简章、规划"尚属周妥",准予试办;仅令省立第一、第三师范同时筹办,"徐图推进";经费削减为2 000元,且须待省署核准(最终省署没有批准此项开支)。

在民国7年(1918)订定的《本校校务组织大纲》中,学区教育联合部是与教务、舍务、庶务、附属小学、校友会平行的分部。次年2月成立后,很快配齐了下属人员:普通教育部主任葛祖贤、职业教育部主任胡培锴、社会教育部主任沈钰、编辑部主任余宝勋、事务部主任汪天衢,另委方世树、王廷勋为视察兼劝导员,程登瀛任书记兼干事。随后开展了一系列工作。

首先依然是调查。凡各学校编制、设备、教授、管理、训练、成绩各项状况,都在调查之列。其中成绩一项含学生、学校、教员成绩,定有详细表式。视察也是重要的内容,分两期实施:第一期,全区分为三路,沈钰到休婺一路,汪天衢到黟祁一路,胡培锴到歙绩一路,以各县城区及沿途经过地方为限;第二期派方世树、王廷勋二人为视察兼劝导员,同道先到黟县县城及四乡,再由黟县到祁门,直至祁西历口。结果因王廷勋病重不支而返校。后方世树一人往休歙绩三县境内,选取交通方便的学校视察。另由汪天衢专往婺源城内及东北两路,可惜未能遍及。统计以上两路,共视察学校106所,均按照协进社议决的视察标准有详细记录。如果条件及机会合适,视察员还亲自巡回试教,作为示范。劝导各县教育人士到省立二师参观计有两次:一是黟县参观团19人,利用协进社开会之机,在省立二师参观;二是歙县参观团50余人,在省立二师举办中等学校联合运动会时,集中观摩。学区教育联合部发行《教育月报》,以提倡有目的、有方法之教育为主旨,从民国8年(1919)12月开始,每月编印一期(除

---

① 马勇虎、李琳琦:《民国初年社会转型中的地方教育发展》,《华东师范大学学报·教育科学版》第29卷,第4期,第79页。

② 省立二师:《安徽省立第二师范学校杂志·报告》,1920年(民国9年),第7期。

寒暑假),本区各小学校及协进社社员各发一份,每期约发出400份。后该报改称《教育季报》。其主要内容为教育理论、实践心得、教育要闻等。如民国12年(1923)的一期所刊文章目录为:

言论　胡晋接:《教育与心法》
　　　方新:《徽属省立中等学校改行新学制意见书》
著述　阳复子江谦:《大错箴》(一)
　　　胡俞衡:《持戒篇》
演讲　胡晋接:《论教育亟宜审定方针》(十二年八月在绩溪教育会讲演)
纪事　《本校十周年纪念会赠品目录》
杂集　王庸:《李二曲学述节录》(续第六卷第二号)
专启　江浩:《敬劝教育界诸君子提倡佛法挽救人心启》①

由于同年成立了民间的全徽教育协进社,该社的年会也就自然同时承担了学区教育联合会议的职能。每次会议议决的提案都有数十件,"皆与改进推广优良教育至有关系"。

虽然省厅始终没有解决该部经费,但省立二师依然自垫资金保证运作。从民国8年(1919)2月至次年4月,共支出871.985元(其中事务部主任、书记兼干事月支各10元、12元,《教育月报》五期印刷及邮寄70元,视察员228元,视察旅费100元,开会膳费124.95元)②。

全徽教育协进社(后改称全徽教育联合会)则是与学区教育联合部相向运作的民间组织。也具有向行政权力扩张的趋势。该社于民国8年(1919)5月18日在省立二师成立,为徽州成立时间最早、规模最大的民间教育组织。其宗旨有三:一曰改良普通教育,二曰提倡职业教育,三曰推行社会教育。表达了徽州教育界改革、发展地方教育事业的目标和愿望,也反映出五四时期教育思潮的广泛传播,在地方社会引起了共鸣和认同。

全徽教育协进社吸收各县教育会负责人、视学员、小学校长、骨干教师及热心教育的社会贤达参加。成立时有社员166人(到会123人),其中,歙县44人,婺源38人,黟县19人,休宁13人,祁门22人,绩溪30人。另有美国教士2人,休宁、黟县知事各1人,省立二师客籍教师8人均属名誉社员。社员各缴银元2元为建社基金(第二次会议上改定为1元),每年利息由总社保存,遇需要时经大会表决方可提用(第二次会议上改为分社轮值开会费用)。

①　省立二师:《教育季报》,刻印本,[1923年(民国12年)]。
②　省立二师:《安徽省立第二师范学校杂志·报告》,1920年(民国9年),第7期。

首次会议会期5天,在19次(正式会议5次、选举会1次、谈话会9次、演讲会3次、审查会1次)不同类型的会议上,与会者就与教育相关问题展开热烈讨论,先后议决提案40件,如请参照南京高等师范学校训育大纲酌定训育标准及德育方法案、请酌定体育标准与方法案、全徽教育协进社组织大纲案、高小添授国语案、合组学校出品部案、请设女子高等小学校案、优待小学教员案等,凡属教育行政且徽州地方难以开展的,均呈报省教育厅请求审查施行(其中教育基金林等2案呈省实业厅)。在演讲会上,会员围绕10个专题发表看法,其中以省立二师教务部部长余宝勋演讲佛学、美国教士马丁博士演讲基督教博爱真义反响为大。其间,还参观了省立二师附属小学的朝操、朝会、教学、课外作业、展览会、游艺、父兄谈话等活动。此次成立大会,在当时成为科举停废之后徽州教育界最大规模的聚会:

> 尤可令人愉快者,徽属自科举停止之后,学界中人,颇不易于集合。此次六邑人士,或相距百数十里,或相距二三百里,皆不辞跋涉之劳,……共谋进步。此会可谓极一时之盛,而于教育前途实有裨益。[①]

大会还民选负责人,胡晋接当选为主任,以后每两年改选一次。并推定省立二师的学区教育联合部为该社办事机构,主管文书、经费事宜。各县先后组织分社(黟县分社于当年6月成立,孙漱芳为主任;婺源分社于8月成立,江湘岚为主任;歙县分社9月成立,江克庵为主任),研究协调总社与各县教育有关事宜。

全徽教育协进社第一、二次年会分别在民国8年(1919)、民国9年(1920)由省立二师主持,后即由各县轮值主办。为此,第二次年会议定了《各县按年轮值开会规程》:

第一条　本会议由全徽教育协进社社员组织之。

第二条　本会议以研究地方教育为目的,由各县分社按年轮值开会。

第三条　本会议每年于五月内,在轮值县之分社开会一次,由分社主任主办。

第四条　在轮值开会之县,其开会地点及开会日期,由分社酌定后,通告总社,再由总社召集之。

第五条　各县社员均应到会,若推定代表到会,至少数须在二人以上(现时分社有未组织成立者,应速组织之)。

第六条　在轮值之县开会时,县行政长官、教育会会长、劝学所所长,

---

① 省立二师:《安徽省立第二师范学校杂志·公牍》,1919年(民国8年),第6期。

及各小学校校长教员,有未入社者,亦应请其到会。

第七条　在轮值之县开会时,除会议外,应注意参观与演讲。

第八条　各县轮值开会之次第如下:歙县、休宁、婺源、祁门、黟县、绩溪。

第九条　每届轮值期满时,由轮值之县之分社,将关于会务一切记录,递交总社,再由总社递交下届轮值分社,并通告各县社员。

第十条　每届会议各案,应由轮值分社报告总社,由总社发表之。其关于教育行政者,得由总社呈请教育主管机关,采择施行。

第十一条　各分社于会期前,应将所拟议题,先行提出,由轮值分社交议。但遇有急需解决问题时,得通讯总社,通告其他分社,共同研究之。其他分社研究所得,应即具复,由总社汇集,以过半数同意发表之。

第十二条　关于每届开会经费,由社员入社费之息金拨充之。开会经费,以供应费及办公费为限。

第十三条　本简章未尽事宜,得于轮值开会时会议修正之。①

全徽教育协进社的议决案,从结果来看,因实施难易程度有很大差异:有的仅属地方学校事务,即可得到落实;有的与地方行政相关,也会有一定进展。如第二次会议上由绩溪会员黄宗培、周其烈、胡在渭提交讨论的《请徽属各县从速组织天足会案》,决议为"由本社一面请各县劝学所设法奖励天足女生,一面纠集同志,组织天足会"。在绩溪县,经该县社员努力,天足会于当年暑假成立,"一面呈请官厅,出示禁止缠足;一面由会员劝导放足,并设法奖励天足或放足"②。但更多的议案需要上级行政部门主导或支持,结果就很难预料了。如第二次会议上对于《试验塾师及取缔私塾案》,决议为"呈请教育厅,通饬各县劝学所切实进行"。随后省教育厅亦有指令:

　　……又提议试验塾师、取缔私塾一案,查此案前据该社呈报第一届议决案内业经明晰指令,并令饬各该县督同县视学切实考查,实行甄别在案。兹据呈称事逾一年,办理因循,尚鲜实效,应候令饬各该县严加取缔,切实进行,以便改良教授。……③

从指令看,省教育厅除了再次要求(也许用"请求"更合适)地方政府"切实进行"外,并无有效的具体措施。而地方政府因经济、师资、民情等因素制约,

---

① 省立二师:《安徽省立第二师范学校杂志·附录》,1920年(民国9年),第7期。

② 省立二师:《安徽省立第二师范学校杂志·调查》,1920年(民国9年),第7期。

③ 省立二师:《安徽省立第二师范学校杂志·附录》,1920年(民国9年),第7期。

也少有动作。因此,各县私塾在随后一段时间内实际数量还极为庞大。如黟县在民国17年(1928)有143所,休宁在民国18年(1929)有206所,祁门在民国20年(1931)有200所,而歙县到民国23年(1934)居然还有569所[①]。面对如此复杂、艰难的社会现实,由一群基层的教育工作者组成的社会团体,要想撬动传统的制度和变革社会,除了呼吁之外,更多的只是无奈地等待。

从省立二师杂志等"官方"材料看来,各次会议都很严谨有效。但如果从普通与会者的角度来观察,或许不够全面、准确,倒是更为真实、有趣。曾作为黟县代表的小学教员范楚玉是这样回忆参加民国13年(1924)祁门全徽教育联合会年会的经过的:

　　1924年秋,全徽教育联合会在祁门开会。这是徽属六县(歙县、黟县、休宁、祁门、婺源、绩溪)教育机关团体(教育局、教育会、学校联合会等,财政局与教育经费有关组织也列入)联合组成,总部设在万安师范,每年在这里开会一次。以后改为各县轮流召开,会期约四五天。轮到开会之县,应尽招待之责。当地小学要进行各项活动,如学艺会、展览会、运动会等以资参观。今年轮到祁门,明年就到黟县。但本地劝学所(后改教育局,胡毓青任所长)和教育会(原会长孙漱芳。1922年余牧人、程仿尚、汪松斋等筹备改组为委员制,以李筱川任委员长。孙漱芳不办交代,胡毓青又支持他,改组终于失败,教育会遂停顿下来,会印仍在孙手,归书记程彭年保管)接到祁门通知没有派代表前去。胡廉明(现办新民小学于湖阳村)知道了,来黎明与默若洽谈,邀他去祁代表出席,默若欣然同意,并邀我一起去(学校暂放假数天)。

　　我们三人决定去祁,但须取得代表委托书,我们商酌经古筑时,找孙漱芳用教育会名义写公函委托我们代表出席。到达古筑,廉明前去接洽(廉曾在漱芳所办武溪小学当过教员),我和默若坐候一会,他带来了一份公函,是学校联合会委托书(因教育会印不在孙处)。这天是下午动身,到草箭坞天已昏黑,宿小客寓,第二天上午到祁,在茶叶公署报到。

　　各县代表均于前一天到齐,计歙、休、绩、婺各教育团体代表外,还有万安二师、屯溪甲商、隆阜女中各中等学校及第二工厂代表(歙县三中未出席),连同黟、祁代表共四十余人。茶叶公所为招待代表地点,县立高小为开会场所(我们到时已在开预备会)。招待人员给我们安排好住所,我们就去县校参加欢迎会。祁门教界人士出席欢迎,由陈一诚(大会主席)

―――――――――
[①] 黄山市地方志编纂委员会:《黄山市志》,黄山书社,2010年,第1 269页。

致欢迎词，代表们公推女师校长程宗泗致答词。散会后返公所午膳（会内膳食很好，费用除总会津贴二十元外，由祁门自行拨款垫付，另外，各机关团体学校分别备席邀请，尤其丰盛）。

开会日程除开会式、各次会议闭会式外，并列入参观运动会、学艺会、成绩展览会及参观城区两高小（男女两校），而参观时间较多，将会议挤至夜晚及最后，为期五天，实际讨论提案两天足够。

运动会主要参观者为县校（城区高小）、西校（西乡高小）、南校（南乡高小）和女校，附近初小以来宾名义参加。运动项目主要是体操表演（各校表演舞蹈），田径节目不多，球类则县校作足球表演（篮球根本没有设备）。来宾运动也是表演体操（各初小同时划地区举行，成绩展览以女校实物较为出色。

会议席上，二师有把持会场趋势，婺、绩代表为之附和，提案可否唯他们马首是瞻。歙县代表吴甲三素与对立，因为孤立就与我们及休宁代表程海峰（程宗泗之子）联络，相机予以打击。在讨论组织毕业考试委员会分赴各县高小主持毕业考试一案时，老吴等提出反抗，默若、海峰附议，结果即遭打消。从此，会议席有转舵趋势。而祁门代表章建新等提议组织甲商董事会（甲商经费系由紫阳公款项下拨给，本会派员专管，管理员历次出席会议）一案未获通过对总会不满，也来联络，并为下届作准备。会议结束后，各自散归（各县代表都是轿来轿去，只我们三人步来步去）。[①]

全徽教育协进社"极一时之盛"，与徽州教育面临严峻形势有关：一是学校数量减少；二是经费困难。倪嗣冲将办学经费移作地方办理团防等用。在此形势下，教育界希望通过组建教育团体，表达自己的诉求。此外，地方办学过程中出现的各种具体问题如教材选择、国语推广、女子教育、私塾取缔等，也需要有统一的协调、处理机构来帮助解决。尽管民国初年县级教育行政设有劝学所，但劝学所独立性差，结构及人员组成也十分简单。县级教育行政权力的缺位，为全徽教育协进社的活动提供了广阔空间。

民国11年（1922）5月婺源第四届会议决定，全徽教育协进社改称全徽教育联合会。原因是"协进社原属私人组织，以共同研究地方教育为职志，然其范围不能及于教育行政，故对于教育上仍不能圆满之效果，故建议改本社为全徽教育联合会，建设于各县法定机构之上，以便将来关于全徽教育行政上之一

① 范楚玉（作）、黟山（整理）：《徽州百年教育亲历记实》，黄山市徽学会《徽学研究》，2010年，第1、2期合刊，第38页。

切提议,亦得有正当之解决"[①]。从全徽教育协进社到全徽教育联合会,显示出徽州民间教育组织向行政领域扩张的趋势。

随着时局的变化,赣军窜扰徽州,胡晋接告退,全徽教育联合会也就名存实亡。但在短短的八年中,它为促进徽属各县教育的发展而创造的业绩不容忽视。

第六节　胡晋接的教育理念

胡晋接(1870—1934),字子承、止澄,号梅轩,绩溪城内人,出身书香门第。其父胡肇龄,恩贡生,以"去私、戒矜、谨言、慎行、气和、心平、帐清、笔勤"八箴自徼,深孚众望,主持绩溪东山书院多年。胡晋接幼年随父读书,聪颖好学,熟读诸子之书,通程朱理学和舆地之学。光绪九年(1883)考入府学,旋食廪饩,援例入贡。

然而,胡晋接无意仕进。光绪十二年(1886),到绩溪城内胡氏家塾课教。光绪十七年(1891)转聘至城西汪氏家塾。次年又应浙江青溪私塾之聘。光绪二十九年(1903),绩溪仁里巨商程序东、程松堂等合创"私立思诚两等小学堂",聘胡晋接为堂长,主持校务。他精心筹办,选校址,建校舍,辟花园,组织招生,事事躬亲。次年2月正式开学,此为绩溪创办新学之始。在校八年,他主张学以致用,聘名师,用新法,学校声名鹊起,县内外学子慕名负笈而来。

辛亥革命成功后,胡晋接因办学声望日高,被聘为绩溪县议会参议员,遂辞去思诚两等小学堂堂长一职。民国元年(1912)被委任为教育厅学务特派员,负责视察督导徽州教育。次年受命创办省立五师,开徽州近代师范教育先声。胡晋接知难而进,使得学校制度规范、教学有序、精神蓬勃,因此被誉为"一方硕士,六县宗师"。民国12年(1923),胡晋接因身病力衰,亲诣教育厅请辞,但因办学成就卓著,被慰勉挽留,民国16年(1927)才获准去职,告老还乡,民国23年(1934)溘然长逝。

胡晋接专注国学,喜焦循注解,著作颇丰。他生前出版了《中华民国地理讲义》《中华民国分省地图集》。这些著作影响很大,梁启超说"浏览一过,钦佩无量";章士钊评价为"胡君是书,独详著人生地理"。存世手稿尚有《周易焦氏学》《周易错综图解》《绩溪县山水歌略》等。还有译著《稻程村自治志》(日本)。

综观胡晋接多年的办学实践,可以看出其办学理念比较系统和先进。

第一,融合主义。在胡晋接看来,中西方文明的差异在于西学讲功利、争生存,国学重心性"固本"。国家的堕落是由于人缺乏"公德",人应当具备"守信心、耐劳心、公德心、责任心、爱国心、遵法心、尚武心",否则"即不成其为国

[①] 汪俊赓、成夏林:《胡晋接与"全徽教育协进社"》,安徽省徽学会《徽学丛刊》,2007年,第5辑,第84页。

民",不避西学带来"国风不竞,民性日离"之患。国运救赎要重现国学遗风,教育要重视"淳朴懿粹"美德,这些都是"真道心"。因此,在省立二师办学过程中,胡晋接本着"旧学商量,新学融贯"的原则,既对传统美德精神选择坚守,又能敏锐感受到新思想、新学艺带来的新气象。对新学中"经济""科学"等内容,只要不打破传统"淳朴懿粹"的美德底线,都是乐于接受的。其坚持守成与创新,力求新旧学平衡的做法,既保持教育发展的历史连续性,也实现了教育的发展性,表现出我国传统开明思想家中庸的价值取向。

办学目标上,胡晋接提出要培养知行并进、敦信义、重然诺、勇猛进取、能负责任的"新教师"。他把"诚毅"作校训,以培养"知行并进、守信、耐劳"精神。显然,他对学生品德培养上以儒家"仁"为核心,体现了浓厚的旧学传统。但他也兼顾社会变革中涌动的教育新思想,反映救亡与民生诉求,把学生培养与国家命运和民族前途联系起来。

智育上,他反对旧教育"偏重知识,于智能、才识两方面,多不注意"的流弊,提出培养"经世致用"的人才,有新学情怀。

课程设置上,胡晋接为使学生养成"淳朴懿粹"美德,设置了"经学"科,内容包括《孟子》《论语》《礼记》等,并贯穿预科、本科两阶段。但学校也开设"薄记""珠算""农业""商业"等生活性强的课程,为学生将来生活做准备。

育人上,胡晋接重视以传统道德教育传道。学校利用"修身""经学"等课程,进行系统的道德认知教育。利用师长训话、黑板揭示等进行针对性教育,及时纠正学生中出现的品德问题。胡晋接经常利用讲堂训话,进行道德修养宣讲。如民国8年(1919),他作《第二次举行毕业式赠言》,训导学生在生活中要"抱一、去私、进取"。学校也常常组织参观、集会、远足等有意义的社会实践,让学生从中进行道德情感体验,把认识内化为信仰。

在教学上,胡晋接不反对单向灌输,但重启发性原则,强调有效,即"凡学必求实用"。提出采用实用主义、启发主义、注重练习的"三大主义"。规定了教师在教学指导上的六点要求。对于考试,他重视创造的养成,回归教育本真,把考试作为检验学生学习、发展的手段:

> 校长训话……试验时须注意:(1)勿带书;(2)勿争分数,学业之优劣,不在试验时分数,而用力争分数者,实为劣等生之表示,此教育界之公论也。[①]

胡晋接的融合主义办学理念有特定的社会背景。徽州是理学大本营,自

---

① 周文甫:《斯文正脉》,黄山书社,2012年,第409页。

古文风昌盛,崇尚科举,才俊辈出,有"三间草屋书声响,放下扁担考一场"之俗语,也有"东南邹鲁"之美誉。胡晋接为"理学三胡"之后,对经学有精湛研究,为当地硕儒,深受传统经学文化浸润,思想自然带有浓厚的儒学痕迹。

其时,各种社会新思潮冲击着传统价值观,一时有"礼崩乐坏"之虞。道德新生引起的阵痛与失序,冲击社会生活惯性,胡晋接深感不安。他是唯心主义者,持知为行之母的哲学观,认为国家萎靡是因为"民质"不良,救国需人"务本","本立道生"。一切社会问题的解决前提是人要"立本"。

民国4年(1915),袁世凯以大总统名义重新颁布"教育要旨",将教育宗旨概括为"爱国、尚武、崇实、法孔孟、重自治、戒贪争、戒躁进"七项,要求教育"必于忠孝节义植其基,于知识技能求其阙"①,基本恢复了清末"中学为体,西学为用"的半殖民地半封建的教育方针,是光绪三十二年(1906)清政府公布的"忠君、尊孔、尚公、尚武、尚实"的翻版。这些与胡晋接的认识相一致。省立二师又是省立学校,经费需政府拨付,自然,他是须遵守"教育要旨"的。

胡晋接身处万山丛中,但与外界接触很多,和胡适、陈独秀、黄炎培、马通伯等均有交往。胡适是新文化运动旗手,陈独秀是民主与科学思潮精英,胡晋接称之为"硕德名宿",黄炎培是"实业教育"倡导者,马通伯主持桐城中学堂,深得桐城派义法要旨,灌输民主思想,激励革命精神。他们支持教育,重视变革。胡晋接思想开明,颇受感染。如对陈独秀从"改革青年思想入手"的救国主张,胡晋接认为是"教育真精神所寄",可再造新中国。胡晋接对黄炎培提倡的"实业教育"情有独钟,认为其利于学生将来谋业,"更能化人,促大众谋业"。这些都在办学中促使他与时俱进,创新发展。

值得注意的是,在省立二师后期即民国10年(1921)后,由于受国粹主义影响,新文化运动冲击,科学主义兴起,人文主义式微,利乐、纵欲、恶性竞争等流弊凸显,使他对传统国学的一些人文主张更加笃信。根据"本立道生""物有本末"原理,省立二师办学目标有所调整,逐步转向"务本主义","尽性学佛,尽伦学孔,道学为体,科学为用",倾向于保守。这种依恋旧学,追随逆流的殉道精神与力图恢复民族固有文化精神的想法与做法,令人惋惜。

第二,严格主义。严格主义是胡晋接对我国传统教育管理制度的延续。我国封建社会对儿童认识处在"小大人"阶段,对学生管理极其严格。严格成为传统学校教育管理的特点。省立二师创办时,现代教育处于兴起阶段,管理无经验可循,自然沿袭陈法以济今。同时,严格主义也是胡晋接对师范教育培养救亡人才的殷切希望使然。其时,社会思想激荡,学生、社会民众的行为修

① 舒新城:《中国近代史教育资料》,人民教育出版社,1962年,第248-249页。

养有失范之虞。他认为"以今二十世纪之时代,乃国民与国民竞争时代也。国民有健全的人格,有公德,其国必强;否则难以生存"①。而师范教育有如"军官所立的地位",需严格管理,才能保证人才质量,担当起训练国民、挽救危亡重任。因此,认为守秩序、有公德是救国匡时根本的胡晋接,办学中"一切皆抱严格主义",治校从严。

省立二师制订了一系列的规章制度,编制了一张教育管理大网。学校颁布并修订了《校务组织大纲》,不断完备校务组织。设总部、分部、属部三级,每部都有相应职责与要求。如教务部综理全校教务,随时与各教员商榷实用的教育方法;舍务部监视学生起居及对学生的养护训育,讨论关于训育学生之方法;庶务部综理全校事务。明确的结构关系,使得教务与其他行政组织责任明确,运作有章可循,部门关系明晰,互相协作。

省立二师制订了涵盖极广的各种规程。教学方面有《学则》33条,《学程纲要》5章,规定了教与学应遵循的章法;《教育实习规程》对指导教师的任务、学生实习纪律等提出具体要求;另有《运动规程》《贩卖部办事细则》《寝室室长规则》等十余种。这些要求关注学生行为细节。如对学生舍务,民国14年(1925)9月提出9条要求:

> 凡在校生徒应随时与之说明本校教育方针(即教育宗旨),以约束其身心而端正其趋向。
>
> 在学生课余时,尤应注意其行动。各班中有欠稳健之学生不在座位时,应随时查问;如寝室、如校园之僻静处、如请假出外之所游散地方,均应有可靠之人,暗地密查以作耳目。
>
> 每日晚饭后,除有病者,应劝令一律至校园游散以避各种嫌疑;但游散时不得出校门。
>
> 每晚就寝,不得托故延误。
>
> 应组织游艺室,凡练习音乐及打乒乓球等,均入焉;又习音乐者,应禁止不正当之小调。
>
> 须检查学生所阅书籍报章,并注意其所结交之友。
>
> 日记中有发现思想谬误之处,应分别矫正之。
>
> 平时训话、临时训话、个人训话及黑板揭示,均应实行。
>
> 各级管理应互相联络,以归一致。②

---

① 周文甫:《斯文正脉》,黄山书社,2012年,第41页。

② 《关于整顿舍务之商榷》,《黄山钟·规则》,1927年(民国16年),第6、7期合刊。

　　胡晋接认为德不重标示而重实行,"笃行"是"本",制度在于落实。学校通过训话、讲演、介绍阅读书报、黑板揭示等方式宣讲规范要求。如黑板揭示中有"真实者寡言,虚伪者多辩","经验为才智之父,记忆为才智之母",使学生懂得做人要慎独,学习要勤奋、记忆、积累。通过反省,检查自己品行得失,加深感悟。

　　严格执行,体现严肃。在民国2年(1913)开学训词中,胡晋接告诫学生,学校会对学生各方面生活一一检查,并予以记载。"优者给予褒赏证券,劣者酌加惩罚,尤其不可教者,每学期当实行淘汰,以防害群。无论何人不敢有所宽假。"次年7月,省立二师对第一次预科两个班学生进行毕业考试,少数学业不佳者遭留级或退学,后升入本科修业者仅有一个班。在管理上也不迁就。学生方秀生不守规矩,屡屡违规,被学校记过三次。柯尚惠秉性耿直,有强烈的报国之志,在校言行"过激",也被停课反思。

　　省立二师严苛的管理制度,也遭到非议。胡适在给胡晋接的信中直言省立二师管理"专制"。但因此指导学生在生活中养成规规矩矩、兢兢业业的"师范"标准,成效仍然显著。同样是胡适,在家乡友人征询子女就读学校意见时,他还是给出了最好进省立二师的建议。

　　第三,人文主义。人文主义是欧洲文艺复兴的产物。它重视人的价值,尊重人的个性,追求个性的张扬与创造,其价值取向与强调道德伦理的习得,与精神的致力修行、追求人的精神至上的我国传统意义上的人文主义不同。胡晋接在新文化的洗礼中也有了西方人文主义精神情怀。他深知学校是人学,学校发展要依靠教师敬业精神,学生乐学态度。在办学过程中,他管理严格却也有温存的人文关怀。

　　他重视教师生活待遇,使他们安心从教。光绪二十九年(1903)起,在经营私立思诚两等小学堂时,他聘请名师学儒任教,据说给予与国立大学教师薪金同等的优厚待遇,当时在徽州绝无仅有。倪嗣冲训令省立五师停办时,师生已到校,停办意味着师生利益受损。胡晋接顶住压力,积极采取措施,使得学校如期开学。学校进入发展相对稳定期后,虽省拨经费常常不保,但他按时发放教员薪金,且数额较高。对师生不幸离世,也给予物质和精神上的极大安慰。

　　旧式教育强调学生唯师、唯书,不容轻易发表意见。胡晋接极力营造活跃的文化氛围,允许学生发表创造性言论。他不回避现实,允许学生读《新青年》。他创办了我国最早的师范校刊之一《安徽省立第二师范学校杂志》[民国10年(1921)后改为《黄山钟》],鼓励学生在此发表文章,分享知识和思想,几乎每期都有"学生读书札记""学生会课课艺""学生试验成绩"等栏目,刊登学生作品,所占篇幅很多。

　　他对学生充满关爱。办学15年，每年组织学生体检，并依学生身体情况教以不同的运动，给生病学生提供专门的病号饭菜。管理学生虽然严格，但他同时主张学生自治，尤其重视学生团体自治。认为学校是一个有机体，若时计然，轮齿相衔，乃利轮转。自治可以避免"各人自扫门前雪，莫管他人瓦上霜"，可以"练习人群组织"，这是各项事业发达的方法保证。"盖学生自治一事，甚为重要，欲造成公民，必自兹始。"①在学生自治过程中，他要求教师要给学生充分指导，帮助制定自治方案，监督落实自治方案。学生也要进行充分的自治联系，班级、个人都要做到每学期、每星期有自治计划。

　　即使是对受处分的学生也不是惩戒了之，还和他们沟通、关注他们，期待改过。民国8年（1919）在给予柯尚惠处分后，胡晋接写信给其父，除解释处分原委，还表明期待之心：只要悔悟，仍可返校学习。

　　学生毕业后，胡晋接也热情帮助，解决学习生活中遇到的问题。民国10年（1921），已毕业的学生陈贞璟投考上海中华职业学校，因行程迟滞，深恐逾期。胡晋接专门写信给该校校长，说明情况，希望给予通融，从宽收录。可见，人文精神渗透在他办学的每一环节，体现了他的博大胸怀。

　　第四，爱国主义。胡晋接是一个理想主义者，他倾情爱国。民国元年（1912），他与程敷锴合编出版《中华民国地理新图》21幅，彩色印刷。起首两幅是《前清乾嘉以前中华领域图》和《前清乾嘉以后中华领域损失图》，以直观、对比的形式给读者带来强烈的视觉冲击与心灵震撼。编者在序中写道："吾国领域经累朝合并以来，至前清乾嘉以前可称全盛时代——今即渐为强者攫夺，然旧时领地何敢忘也。"面对失土，字里行间流淌出的是胡晋接强烈的忧国情怀。

　　民国11年（1922），美国山格夫人（Mrs.Sanger）来我国宣传节育，引起社会非议。胡晋接是非议者之一。他在演讲中说：

　　　　最新潮流之结果，果如何乎。吾一推究之，不禁毛发森然，不寒而栗。盖其结果，乃一极凶之现象，即"家破种灭国亡是也"。……
　　　　……而又有山格夫人之节育方法，制育药品，以为其助缘。此种新文化，如不能普及，则亦幸耳。多普及一人，则灭此一人之种。多普及一家，则灭此一家之种。若真普及全国，恐五千年之黄帝子孙，从此绝矣。②

这既反映了胡晋接认识的局限性，对节育行为不能理解，同时又能看出他强烈的民族生存危机意识与发展的忧患意识。

　　① 周文甫：《斯文正脉》，黄山书社，2012年，第47页。
　　② 胡晋接：《五千年之黄帝子孙从此绝矣》，《晨报副刊》，1922-05-05。

第五，实业主义。同治十年(1871)，清政府批准容闳提出的国家公派赴美留学生计划，开启公费留学先河。此后，公费、自费留学人数不断增多。这些具有一定世界眼光的中国人发出了"中国唯一的出路是要把广大的人力开发起来"的呼声，积极倡导"实业救国"①。主张从发展经济入手，关注民生，以"经济强而国强"为宣传口号，这是最能打动人心的朴素主张，也与胡晋接的爱国、救国理想一致。胡晋接也认为，当时的教育多是"科举时代之变相"，没有进入真正的学校轨道，真正的学校培养的学生是德智体共同发展的能做事人才，即能"致知力行""发展社会经济"的人才。因此，他接受实业主义的思想，极力提倡普通教育与生活技能教育的结合。

在教育方针确定上，他把实业主义作为重要依据，"吾校夙采村民教育，与发展社会经济，以定吾校之教育方针"②。设有大量实业性质的课程，并列为学生必修课。学校按照"实业主义"原理，组织学生植树造林，在各自划定的区域种植富有地域特色的经济作物。除雇佣少数工人外，大部分是学生利用课余假日参与生产。既美化了校园，也为学生生活实践提供了学习基地，还在一定程度上弥补了办学经费不足。尤其可贵的是，胡晋接在实业教育上，强调要充分利用当地资源，使实业教育有实践基础。即从社会生活前途计，应当从徽州地域资源优势出发，特别以林矿为教育"大宗"，以带动当地实业经济的发展。

胡晋接还鼓励学生毕业后自主创业，效力地方经济。民国9年(1920)，胡晋接向第三届毕业生发表赠言，就明确认为：

> ……我校第一次毕业生中，有陈陶庵、章积和、周容旅等人，服务地方教育。一年后，到上海入中华职业学校学习工业，现已将届毕业，正与同志组织用生镀造工厂，资本额定银币一万元。据该工厂计划，"总厂设在芜湖，先办电镀，次办铁工，将来发达，再次第推广于各大商埠"，实行母校"发展社会经济主义"，沟通职业与教育，以开吾皖新工业先声。这不是前途最有希望的事件吗？③

第六，生活主义。旧教育将学校与社会生活分离，教育成了人生的装饰品。"两耳不闻窗外事，一心只读圣贤书"，造就了"百无一用是书生"的教育异化局面。随着中西教育文化频繁交流，实用主义哲学理论传入。民国2年(1913)，著名民主主义革命家、教育家黄炎培发表《学校教育采用实用主义之

---

① 宋恩荣：《晏阳初全集》第二卷，湖南教育出版社，1992年，第35页。
② 胡晋接：《序》，《安徽省立第二师范学校杂志》，1920年(民国9年)，第7期。
③ 周文甫：《斯文正脉》，黄山书社，2012年，第48页。

商榷》，倡导教育与生活联系，与社会实际相联系，引起强烈反响。民国6年（1917），陶行知回国后投身教育，创造性提出了"生活教育"理论。杜威在民国8年（1919）的访华讲学，更促使中国掀起了教育改革的浪潮。

受流行的实用主义思想影响，胡晋接也接受了生活主义教育思想，重视与生活联系，课堂与课外结合，建立学校世界与生活世界的联络。在教育内容上，他主张把生活内容渗透进来，丰富学习内涵。在省立二师，他把普通社会生活引进学校。学校虽然人数不多，但从学科教育到种植、养猪、印刷、摄影、制陶等生产经营，无不涉及，构成了一个相对完整的小社会。学生既是受教育者，也是生产者，实践着"过什么生活就接受什么教育"的理想。

在教育教学方法上，他强调对学生的启发诱导，主张"教学做合一"。把社会生活作为学习的课堂，引导学生从书本世界解放出来，走进社会，丰富生活感知，陶冶性情，在"做"中学。从春秋佳日踏青，到庆祝召开世界和平大会的提灯、执旗游行，成功地延展了学生自主学习、建构的空间。

民国12年（1923），胡晋接在提出的"小学教条"中，把生活教育的内容规定为"勤、俭、施、让、清、廉"，认为这是"平之本"。显然，仅强调学生"洒扫应对"等道德生活习惯的养成，这反映出胡晋接在省立二师后期的生活教育理念上趋于保守的姿态。

第五章　徽州女子师范教育的出现

受长期占统治地位的理学思想制约,我国古代没有严格意义上的专门女子学校教育。少数知识女性的文化启蒙和技艺训练,大多数是在父母、兄长指导下完成的,外出从师的例子不多。而徽州作为理学思想统治极为巩固的地区,女子受到的约束比其他地区更为严格。唐宋以后的社会,几乎是男性精英的天下。女性或忙碌于麻桑禾稼,或优游于锦衣美食,在"女子无才便是德"的社会评价体系里,如李清照、柳如是之流是极为罕见的"非主流"。

20世纪30年代,胡文楷致力于历代女性著作资料的搜集,历二十寒暑,终于编就蔚为大观的《历代妇女著作考》。近年经南京大学张宏生等人增订,更为详实,其中也收录了一些徽州女性的著作及事迹。但这些徽州才媛,真正生活在徽州本土的并不多,且多在官宦世家。如明代徽州本土女性留下著作的只有一人,即吴鹤翔之妻汪氏,著有《采藻轩集》,在《江南通志》有著录。汪氏乃歙县人,是著名文学家、进士、兵部左侍郎汪道昆的孙女。即便是出生在如此显赫的权贵之家,颇有文才的她依然没有留下芳名,而娶了她的那位男性,却因她的成就而青史留名[①]。

进入清朝,徽州才媛的身影迅速增多。首先,这得益于徽州商业经济的发展,为更多女性接受良好的家庭、社会教育奠定了坚实的物质基础。其次,女性的人生价值、社会地位,也逐渐因时代潮流的演进而为相对开放的人们所认同。最后,历史距离的接近,也使才媛们众多的精神财富资料的妥善保存显得比较容易。但相比于同时代徽州男性精英在各领域的辉煌,她们的光芒无疑要暗弱许多。徽州真正具有平民性质的女子教育要到近代后期才逐渐成为潮流。

第一节　近代女子教育的兴起

伴随着近代国门的打开,西方传教士大批涌入,为培养合格的教徒妻子和女传教者,他们开办了大量的教会女子学校,吸收教徒之女入学。到19世纪

---

① 方光禄:《徽州历史上的才媛》(上),《黄山晨刊》,2010-11-23。

70年代末,全国教会所办的女子日校和寄宿学校已达120多所,学生2 100多人[①]。受其影响,国内一些激进人士也提出了开办女学的建议。光绪二十三年(1897),梁启超发表《倡设女子学堂启》,大声呼吁:

> ……圣人之教,男女平等,施教劝学,匪有歧矣。……泰西女学,骈阗都鄙,业医课蒙,专于女师。……彼士来游,悯吾窘溺,倡建义学,求我童蒙。教会所至,女塾接轨。夫他人方拯我之窘溺,而吾人乃自加其桎压,譬犹有子弗鞠,乃仰哺于邻室;有田弗芸,乃假手于比耦。匪惟先民之恫,抑亦中国之羞也!……同志之士,悼心斯弊,纠众程课,共襄美举。建堂海上,为天下倡。……[②]

他在提出周详的《女学堂试办略章》后,与康有为支持经元善在上海开办了国人自办的第一所女子学校——经正女学。

当新式学堂的设立成为不可抗拒的历史潮流时,在法规上给予女子教育应有的地位,依然未能得到朝廷最高决策者的认同。他们认为:"中国此时情形,若设女学,其间流弊甚多,断不相宜。"[③]因此,光绪三十年(1904)颁布的《奏定初级师范学堂章程》规定:"中外礼俗不同,未便于公所地方设立女学,止可申明教女关系紧要之义于家庭教育之中。"[④]并根据蒙养家教合一的宗旨,以蒙养院辅助家庭教育,以家庭教育包括女学。原本应由女师范生充任幼稚园教师,因不能开办女子师范,蒙养院只能附设于各省、府、厅(州、县)的育婴堂和敬节堂,"令其讲习为乳媪及保姆者保育教导幼儿之事。由官将后开保育要旨条目,并将后开之官编女教科书,家庭教育书刊印多本,发给该堂,令其自相传习"[⑤]。

但现实中,"近来京外官商士民创立女学堂,所在多有"。为了满足越来越多的女子学校对女性教师的需求,同时也规范已经出现的女子师范学堂的办学,光绪三十三年(1907),朝廷被动地颁布了《奏定女子小学堂章程》和《奏定女子师范学堂章程》。至此,近代女子教育的合法地位才首次得到政府的认可。

由于我国幅员辽阔,自然与人文条件差异甚大,各地女学的开办极不平衡。就徽州而言,光绪三十一年(1905),许承尧在歙县唐模敬宗两等小学堂内附设端则女学堂,虽只有12名学生,却开徽州女子学校教育之先河。次年,婺

---

① 崔运武:《近代中国教会女子教育浅析》,《史学月刊》,1988年,第2期,第44页。
② 舒新城:《中国近代教育史资料》下册,人民教育出版社,1981年,第789–790页。
③ 舒新城:《中国近代教育史资料》下册,人民教育出版社,1981年,第381页。
④ 舒新城:《中国近代教育史资料》下册,人民教育出版社,1981年,第666页。
⑤ 舒新城:《中国近代教育史资料》下册,人民教育出版社,1981年,第382页。

源私立日安女子小学堂开办,黟县西递黄杏仙也创办崇德女子初等小学堂;光绪三十四年(1908),绅士汪宗在婺源刘果敏公祠开设婺源县初等女学堂,有学生20人。宣统元年(1909),郑自熙在歙县郑村独资开办钟英女子小学堂,每年提供经常费500元。从光绪三十年(1904)到宣统三年(1911)的8年间,徽州六县共创办新式小学堂127所,总体看,女子小学比重很小,这种情况一直到民国前期都没有改变。

民国初期,徽属六县虽有少数女子小学,但省立二师(设休宁万安)、省立三中(设歙县县城)以及新安公立甲等商业学校(民国6年即1917年设立于屯溪阳湖)等都不招收女生,全徽州也没有一所女子中学,不仅极大减少了女子在本地接受中等教育的可能,也使小学阶段女子教育的发展缺少师资保障。

第二节　省立四女师的沿革

民国11年(1922),经徽籍教育界人士、南京东南大学教育系主任陶行知,东南大学图书馆主任洪范五,省立二师校长胡晋接,省立三中校长方新等积极倡议,安徽省教育厅长、歙县人江昉(彤侯)决定创办安徽省立第四女子师范学校(简称"省立四女师")。

当时教育经费困难,安徽省教育厅只拨开办费5 000元。程管侯、章芸轩与隆阜东区小学教员潘孝先、地方人士戴英等,认为屯溪近郊、清代著名学者戴震的故里隆阜人口、钱粮多,条件优越,省立四女师设在这里比别处好。经向省教育厅力争,获得同意。这不仅给徽州女子提供了深造的机会,也是徽州女子教育发展史上的大事。

省立四女师在隆阜三门里开办之初,只能租借校舍。先租吴树德堂全屋(一半典入,一半租入),后租戴东原先生读书处基地400平方尺,还租学古轩全屋的一半。民国12年(1923)春,又租进慎余堂屋四进。当年秋,生源增加,无法容纳。又租前边渠吴姓全屋一所(今隆阜中学东首饭厅处,原旧屋已于1958年拆除),作为附属小学校舍。但所有代用校舍都是旧式民房,于教育管理多有不便。其时,婺源旅汉茶商孙静山捐助银洋3 000元,指定作购置校地之用。于是一面相定主簿山地块着手购置,一面请求拨款建筑。厅长江昉批准按年拨给临时费用10 000元,以资建筑。后来,江厅长去职,此项临时费未能领到,建校费遂被搁置。当年孙氏的捐款购下隆阜戴纯甫的基地一块,戴氏只收半价,余款捐赠学校添置设备。民国17年(1928)冬,购下前边渠吴宅,又买下吴姓地基一块,与原购戴氏地基联成一片。次年,在戴氏地基上建教室3排12间,并建男教员宿舍平房18间。民国21年(1932),校长许敦士捐俸建织布厂房一间,又募捐建立了一座小型发电厂,于是学校开始有了自己的电灯照明。同年,还建了5间平房作图书馆。民国24年(1935),陈季伦任校长,扩大了学校的西北角地带,建女生与女教员宿舍楼一座,是当时较好的建筑。当时校址占地24亩多,建筑面积为1 832.5平方米①。

民国11年(1922)11月11日,省立四女师补行开学典礼,徽州不少学校都到场祝贺。省立二师代表余宝勋、程敷锴赴会并致颂词。

陶行知对省立四女师的创办极为关怀,推荐曾留学日本早稻田大学的休宁人、上海神州女校教务主任程仲沂(宗泗)为首任校长。民国12年(1923)9月12日,他游历长城,得到一块明代的长城砖,还转赠四女师。他在给程仲沂的信中写道:

> 今天一个人独游八达岭参观万里长城……
>
> 游览之后,回到青龙桥候车,遇车站工人刘君畅谈。知行②忽对刘君说:阁下府上是安徽。刘君惊异说个是。我又说:阁下住在合肥。刘君更以为神奇。其实我有学生数人,属合肥籍,故合肥话甚易辨别。于是彼此认同乡,颇相得。并且饭好茶香,待我不薄。否则我在青龙桥,不免有在陈之厄了。最后刘君出示长城砖,上有"中部"二字,是明朝永乐年间的东西。刘君说外国人要向他买,他不愿卖,定要送我。我想四女师新校舍不久总要建筑,用此砖来点缀点缀,也是千载一时的盛事。想到这里,我就不客气,把它收下来,并送了他一元钱的回礼。
>
> 教育是共和国的保障,我们四女师既得万里长城之砖,自能在造就人才、保障共和的路途上进行了。不过为这块砖计,既入黄山,就不能出洋了。要说它为贵校牺牲,亦无不可。务必请先生好好的待它。
>
> 知行不久要到杭州,拟亲自带去交该处船行运上。
>
> ……③

省立四女师的校庆日是11月11日。陶行知在四女师纪念校庆的日子里,给该校教员金鸣岐的回信里,对校庆日作了生动的发挥:

> 两个一字就是代表两个铁做的肩膊,上头背了两个十字架。……我

---

① 郑示言、田世庆:《四女师——徽州最早的女中》,方兆本《安徽文史资料全书·黄山卷》,安徽人民出版社,2007年,第544页。

② 当时陶行知先生用名"陶知行"。下同。

③ 陶行知:《陶行知全集》第8卷,四川教育出版社,1991年,第9页。

们每逢十一月十一日,都要想到十字架是要铁肩背的。我们纪念的时候,就要立志硬起肩膊来,为国家背双倍的十字架。①

创办之初,按旧制只设师范预科和附小。民国13年(1924)执行新学制,分为前后相对独立的两期:前期三年均照初级中学办理,称为附设初级中学班;后期三年称为师范。将原预科改为初中,并开始招初中一年级学生②。次年有了后期师范一个年级。到民国16年(1927)秋,共有初中三个年级,后期师范三个年级③。

民国15年(1926),受北伐战争等影响,经费来源断绝,办学条件极为艰难,省内很多学校停办。程宗泗因学校已创办几年,基础奠定,一旦停办,恢复不易,乃决定勉力维持,使得省立四女师弦歌不辍。次年程宗泗离任后,休宁教育界曾在校园为他立碑,以表彰他为省立四女师作出的巨大贡献。

民国16年(1927),安徽省教育厅报经省政府会议通过《安徽中等教育改造方案》,将全省划分为6个学区;每个学区设省立完全中学一所,由所在地的省立中学、师范学校合并改组之;每个学区设女子中学一所。民国17年(1928),省教育厅令省立四女师改名为"安徽省立第四女子中学"(简称四女中)。同年春季,北师大毕业生、桐城人张秉仁(希白)来校任校长④。此时,学校设初中部和高中部,但高中部未设普通科,师范科继续保留,以保证已经在校的师范专业学生完成学业⑤。同年秋,又增设简师班培养小学师资。民国18年(1929)秋,学校还创办初中职业班,学生免收学费,培养职业人才。凡初中和职业班学生毕业,都可再读一年简师,出去教小学。次年,附小增设幼稚园。民国18年(1929)秋时,全校有3个高中师范班,4个简易师范班,3个普通初中班,1个职业班,共有学生300多人⑥。

张希白还立志要培养徽州本地的中学女教师,他在师范科实行分科选习,

①陶行知:《陶行知全集》第8卷,四川教育出版社,1991年,第35页。

②有网友收藏"安徽省立第四女子师范学校附设初中第一届毕业纪念品"墨。长9.5厘米,正面篆书"德智美",下署"民国十四年六月廿七日",钤"皖四女师"长方形印。背面有"安徽省立第四女子师范学校附设初中第一届毕业纪念品",侧有"徽州胡开文制",顶端为"选烟"字样。说明省立四女师第一届初中毕业生毕业于民国14年(1925),该届学生即1922年入校的师范预科生。

③《隆阜中学校史》上保留有一幅民国17年(1928)6月的照片,题为"省立第四女子中学师范、中学、实小三部第一届毕业生合景(影)"。

④四川教育出版社1995年出版的《方与严教育文集·在家和出外都是学》第840页中记载:1928年2月28日,方与严写给学生汪心崖的一封信中说:"现在四女师,校长已另委人来,开学有期,将来办理较善,即可就近入学,不必远游;但是须稍观察。"

⑤四川教育出版社1995年出版的《方与严教育文集·介绍竞赛》第1102页中记载:1931年就有歙县人汪墨香从该校师范科毕业,留在学校附属幼稚园任教。次年,该园主任辞职,汪墨香主持幼稚园工作,遂请方与严帮忙搜集材料、给予指导。

⑥郑示言、田世庆:《四女师——徽州最早的女中》,方兆本《安徽文史资料全书·黄山卷》,安徽人民出版社,2007年,第545页。

鼓励毕业生升大学,后来果然培养了一批中学女教师,抗战时期在各校任教。

省立四女师起始班的学生人数较多。师范预科入学时有60多人,第二年减为40多人,民国14年(1925)改为新制后,师范一年级只剩下30多人,民国17年(1928)毕业时只有6人。从民国17年(1928)起,共有7届高中师范科毕业生,第一届毕业生6人,第二届12人,第三届8人,第四届4人,第五届9人,第六届16人,第七届8人。流生如此之多,一个重要原因,是家长不重视女孩子的教育,一般到了十七八岁,家长便遵从"女大当嫁"的古训,令她们结婚当媳妇了。

省立四女师毕业生的出路,高中师范生7届毕业生63人中有一部分升学,学医学、师范专业比较多,也有不升学而当小学教员的。民国20年(1931)开始有简师班学生毕业,第一届毕业生13人,到民国25年(1936)停办,一共5届,毕业生总数不过百人[①]。简师毕业生大部分当小学教员。但不管师范科或简师班的毕业生,都有一些毕业之后便结婚管家务了。民国23年(1934)毕业的吴树琴,后来与陶行知结为夫妇,长期并肩战斗。

民国21年(1932)春,歙县人许惇士继任校长。民国23年(1934)下半年,因学生太少,高中师范科被当时省主席刘镇华下令停办,学生转入芜湖二女中,次年学校改称安徽省立徽州女子初级中学。简师班办到民国25年(1936)。民国35年(1946)改名安徽省立休宁女子中学,1949年易名皖南区屯溪女子中学,1958年实行男女合校,改名为安徽省屯溪隆阜中学,结束了单一女子学校的历史。

第三节　省立四女师的办学实践

徽州社会风气保守,虽然女子学校已经开办多年,但担忧乃至指责的声音始终没有消停。民国11年(1922)5月,在婺源召开全徽教育协进会第四届常会,省立二师"学区教育联合部"提出的六项议案中,就有一项为"女子教育亟应注重风纪案",认为"此时女子教育,颇有误会解放主义,专以放荡脱略为开通者",故提出要加强风纪教育与管理[②]。即便在胡晋接看来,师范学校是否可以男女同校,"在某等所见,则谓女子教育,要完全发展女性之德智美,似不宜参以男性"[③]。

因此,为避免更多的社会舆论压力,省立四女师除校长程宗泗、文牍程管侯

---

① 徽州地区教育志编写组:《徽州中等师范教育》(征求意见稿),油印本,1986年。

② 省立二师:《黄山钟·公牍·呈报本校在全徽教育协进会提议各案及赴婺考察教育状况由》,1922年(民国11年),第2期。

③ 省立二师:《黄山钟·公牍·徽属中等学校为改行新学制事上教育厅长意见书》,1923年(民国12年),第3期。

外,全部需要女教师。而徽州本地女教师极少,都要向外地聘请。徽州在南京等
地的教育界人士及时给予了支持,尤以陶行知出力为多。省立四女师先后聘得
教务主任与舍监有谭其觉、朱敬白、金鸣岐;国文教师程勤若、陈学昭(后为著名
女作家);英文教师胡自华、江若昭;博物教员刘华锦,数学教员殷懋云,家事教员
周信芳,刺绣教员潘宝凤等。除金鸣岐、程勤若等少数几位原是徽州籍外,其余
外地教师工作时间都不长,一年半载往往就辞聘。迫于无奈,从民国13年
(1924)以后,逐渐聘请男教师任教,胡术五、曹益丞、江植棠、王子经、程雪影、程
应鸣、方圆甫、查景韩、江荫园等纷纷来到省立四女师任教,一时人才荟萃。

省立四女师设立之初,学额暂定280名,分为7班,每班学生数不超过40人
(第一年是双班)。学校分两级招收女生:报考初级中学一年级的学生,必须是
"品端体健、曾在高级小学校毕业(投考时需呈验毕业证书),或有高级小学毕业
相当程度,经试验及格者";报考后三年师范的学生,必须"有初级中学毕业文凭,
经本校试验及格";"凡曾在与本校同等之学校修业,具有同等学力,愿插入本校
肄业者,应先由原校出具转学证书,或在学证明书详列各学期成绩分数,送校察
核,并经本校试验及格者得插入相当学级肄业"。不论考入还是转入,学生入学
时,均须提交本人填写的"入学志愿书"、家长填写的"送学志愿书",并"须有妥实
保证人之保证书"。保证人为"居住学校所在地(或相距半日路程)而有公民资格
者",在保证书上署名后还得加盖姓名图章。主要保证项目为:

　　——保证人如因事故或失其资格时,本校得命该生令请他人代之。
　　——本校于保证人认为不适当时,得命其变更。
　　——保证人如有迁居应通知本校。[①]

民国11年(1922)7月首次招生时,报名者有100余人,学生主要来自徽州
六县。经过编级测验,把年龄小而成绩好的编为师范预科班,年龄大而成绩一
般的,依然编入附小高等班和附小国民班。民国13年(1924)秋季,歙县女生许
彩英从崇一小学考入省立四女师学习,时年十五六岁。此前,她在崇一小学读
书时,有男同学不断写求爱信给她,使她颇受困扰。当时其师方与严得知实
情,建议她报考省立四女师,为此,还出面劝说颇"爱惜金钱"的许彩英父母支
持女儿继续求学,并委托自己的朋友在省立四女师予以关照[②]。

创立之初,省立四女师中学科的学生学费免除,本地户籍的学生只交纳半
额的膳食费用,标准是每生每学年20元,分学期交纳。籍隶外省的学生,每半

　　① 《安徽省立第四女子师范学校学则》。
　　② 方与严:《方与严教育文集》下册,四川教育出版社,1995年,第954页。

年在入学时必须预缴全膳费20元。

学校对于学生有严格的管理,凡"身体羸弱难望成就""成绩过劣""性行不良屡戒不悛"者,都勒令其退学;若"因自己事故中途请愿退学"且经学校许可,也可退学。但凡退学学生,都必须补缴学费、膳食等费用。

省立四女师虽然冠以"师范"之名,但在其开办后的民国13年(1924),因执行新学制,即明确更改为综合培养的方向:"本校为青年女子先谋全人之陶冶,后顺个性的分化,适应社会之需要,分别施以升学预备及教育上需用各项人才为宗旨。"①因此,学生初中毕业后(首届师范预科生毕业时也已改称初中毕业生),如果有升入普通高级学校学习的愿望,还有活动余地。

省立四女师前三年开设的科目主要有社会科、言文科、数学科、自然科、艺术科、体育科和家事科。后三年师范科的科目有公民、人生哲学、国文、英文、数学、教育、自然科、家事科、体育、第二外国语、历史、地理、乐歌、图画和手工。这些学科分属八大类,涵盖了德、智、体、美等各领域:属于修学及经验互换的基本工具者,有国文、英文、数学、第二外国语;属于人生哲学的,有共和国要旨、道德、公民教育、社会学、心理、伦理、论理、哲学概论和近代科学史略;属于教育学的,有教育原理、教育史、教育心理、儿童学、普通教学法、学校行政制度、学校管理法(加图书管理法)、智力测验、教育测验、训育法、学校调查、设计教学法、各科教学法、实习教学等;属于人事研究的,如历史、地理;属于自然科学的,有生物学(动植物)、生理卫生、生理学、物理、化学、地质及矿物;属于艺术的,有图画、手工、美学;属于家事的,有缝纫、家政(家事卫生、家事整理附)、园艺、养护;属于身体及情感方面修养的,有体育(附女童子军训练)、乐歌;其余如游戏、烹饪、洗濯、练琴以及各种集会均列入课外活动范畴。

师范科自始便实行史地、理化、艺术三科选习,选修课因科而异。分科选习的目的在于为升学作准备,所以高中师范科的任务是培养升学,只有简师班是以培养小学教师为目的。

省立四女师很重视教学,聘请的教师不仅素质不错,而且特别注重其教学过程。总体而言,教师的教学方法以讲演为主,高中阶段尤其重视学生的自主学习。为使学生在理化课上易于接受新知识,教师注意利用试验与实物标本、模型、图表、照片、黑板画等辅助教学,生物学科尤重实物观察与标本采制。因此,学校颇为重视图书仪器的添置。到民国19年(1930),学校已拥有图书8 749册(包括一部《万有文库》),物理仪器86种,化学仪器331种,生物仪器、标本130余种,其他博物仪器290余种,另有钢琴两架。这在当时徽州的中等学

①《安徽省立第四女子师范学校学则》。

校中,属于教学条件较好者之一。在课外,教师也重视指导学生练习图画、手工、乐歌、洗濯及其他技能。

教育实习是师范学校训练学生教育教学技能不可缺少的重要环节之一。省立四女师安排第三学年为师范生的实习期,通常先参观实验小学与各县小学(也曾由教师带领学生到沪杭一带参观),进而到附属小学参与教学、训育、级务、校务等实习。但高中师范科学生主要为升学考试作准备,并不着重实习。

张希白来校以后,课外活动更为活跃。共有公民、健康、思想、智能、娱乐等5大类41小项,如健康活动有清洁竞赛会、田赛、球类赛会、各项服务成绩比赛会等。社团也众多,如三民主义宣传队、民众教育委员会、家庭改良会、孙文学说研究会、诗文研究会、教育研究会、学术讲演会、英语讲演会、时事讲演会、数学研究会、史地研究会、缝纫比赛会、烹饪研究会、园艺实习团、书画研究会、化学制造社、生物采集团、国乐研究会、西乐研究会、戏剧表演团等。

学校重视学生的品德养成,设有兼任的训育员多人,分级指导学生,另设首席训育员一人负总责,由党义教师兼任。设舍务员2人,负责宿舍管理。在假期安排上,除了常规的暑假、寒假之外,还有年假、春假、夏节、秋节、冬节、孔子诞日、民国纪念日和本校纪念日,显现出浓郁的传统色彩。

学校主张陶冶性情,提出"爱、敬、勤、洁"四字校训;并创作校歌,引导学生自我砥砺:

> 东原故里,隆阜名村,河洲桃李绿葱茏。万架书山南面拥,俟嗣徽音女教宗。译古训德言永功,启新知平等大同。为国民母为女宗,世永无尽。文化无穷,宏我学校爱、敬、勤、洁之良风。[1]

在严格管理的同时,随着蒋介石政权的巩固,学校中国民党党化政治教育也在加强。民国19年(1930)在省立四女中,"明了党义,奋发精神"就成为"利用本能,发展个性;积极诱导,陶冶性情;培养自治,注重活动;分期训练,完成人格"等五大训育原则之首。

省立四女师也着重妇女解放的教育,反对包办婚姻,反对缠足,提倡男女平权,使一向禁锢在封建家庭中的女孩子思想渐开。但另一方面,男女之间的畛域以及等级观念依然严重,学校管理学生特别严格,学生难得越出校门一步。即使在校内,男工友打钟、传呼学生、递交信件,都只能俯视地面,不能正视女学生一眼,否则便将被辞退。民国14年(1925)以后,才逐步有了转变。但

---

① www.liangjiangranch.com/newshow.asp?partid=330&id=2878。

严于管理、恪守纪律的作风却始终未变。民国19年（1930）的《省立第四女子中学校》介绍了该校训育的特点，也可以看作是省立四女师时期风格的延续：

优点：（一）徽州民性，素有勤劳简朴之风，该校学生，仍能保此美德。（二）徽州女子处万山中，知识饥荒，求知活动，较为强烈；故入校后颇能接受指导，勇于迁善。（三）学校设在乡村，校外环境秀丽，多天然景色，学生接触自然之美，能增强其审美心，所谓美的情趣，美的鉴赏，较一般普通女子发达；故该校学生多愉快的人生观，少忧郁愁闷之悲观。

缺点：（一）少于社会接触，该校学生因环境关系，其日常生活，则多限于家庭，交际狭小，对于外界不引起若何兴味；故其倾向于利己，较普通女子为强。（二）公德心薄弱——不甚爱护公物，与热心合作。（三）缺判断能力，对于食物少善恶是非之判断，多囿于好恶爱憎之感情。[①]

陶行知对省立四女师的创办出力甚多，他将该校作为推行平民教育的实验场。省立四女师创办之初，在陶行知的直接帮助下，附设有平民学校，对隆阜及附近村民进行识字教育。

民国12年（1923）10月，陶行知致信校长程仲沂，询问建校以来学校平民教育的推进程度，并提出了详尽的建议：

……

贵校教员在京之时，曾数次参与平民教育会议；临行时知行曾托金先生带赠挂图一套，教科书一包，以备试验之用。现在进行如何？至以为念。查四女师社会环境中，以家庭为最多，商店次之。兹寄上"中华教育改进社对于羊市大街之推行商店平民教育办法"及"致胡适之夫人说明家庭适用之连环教学法"各一通，以备进行之参考。我以为教育上最重要的事是要给学生一种改造环境的能力。平民教育是改造社会环境的一个最要方法。四女师的教职员似宜在隆阜这个社会环境当中训练学生一种改造的能力。最能引起他们兴味的就是大家同心合力，叫不识字的隆阜化为识字的隆阜；叫黑暗的隆阜在一定时期之内大放光明。我想有几件事可以做的：

（一）在学校左近划分一条街道，请男教员去办商店平民教育的运动。

（二）在学校左近划分一个区域，请女教员率领学生去办家庭平民教

---

① 徽州地区教育志编写组：《徽州中等师范教育》（征求意见稿），油印本，1986年。

育的运动,每三人一组,担负一家完全识字的责任。

(三)凡家在隆阜的教职员、学生,应负一年内全家识字之责(十岁以上之小学生在内)。

(四)凡家不在隆阜的教职员、学生,于冬假、暑假回家时,应在本乡选择聪明妇女数人,用一个月工夫,教毕四本《平民千字课》,等到冬假完毕,就叫这数人在本乡传授别的妇女。

(五)开一平民学校,使本校所有男女佣人以及邻居无人教学之人都能得上学的机会。

(六)劝私塾采用《平民千字课》。

……

歙县方面,我们已经决定把南京歙县试馆每月收入拨作提倡歙县平民教育之用。……①

金鸣岐当时为省立四女师的英语教师兼教导主任,此前深受陶行知的影响。陶行知也曾写信,给予其如何推行平民教育以具体的指导:

前天接到先生的信,晓得第四女师教职员对于平民教育积极进行,不胜欣佩。……

(一)先生问四女师的周岁纪念宜如何办理。光阴过得很快,十一月十一日已是四女师的周年纪念日。……况且四女师虽然只出世了一年,成绩已经大有可观。如果中国各个学校能如此进步,岂不是很可庆贺的吗?……

……贵校教职员中对于平民教育有经验的很有好几位,可否拿推行平民教育为周年纪念的第一件大事?……学校里送社会的礼物,没有再比平民教育好的了。所以我建议:

一、每一个学生家里,送一部《平民千字课》。那家里无人教的,由学生于寒假时带回去教家里的人。

二、学校所在地(隆阜),每一个店家送《平民千字课》一部,以该商店家庭有人教为条件。无人教的可到平民学校来上学。

三、邀约六县知事、劝学所长、县署第三科科长、县视学、教育会正副会长、高等小学校长、主任教员、公正商绅领袖到校参与纪念典礼,并参与平民教育运动。

---

① 陶行知:《陶行知全集》第8卷,四川教育出版社,1991年,第27—28页。

四、本校男女工人限六个月内一律读完《平民千字课》，校工多则开班，少则用连环教学法，即日开始读书，使各地来校参观的人，可以得些"烟士披里纯"①。

五、准备关于不识字的警世画，于是日遍贴隆阜全埠。②

虽然社会上守旧势力很顽固，但隆阜的平民学校还是顽强地生存下来，甚至还吸收了一些年龄较大的学员，有个69岁的老太太也报了名。陶行知得知后，极为振奋，称她是"我们平民教育的大老"，要求和他通信的13岁的隆阜小朋友吴立邦："请你把她的姓名告诉我。我要叫天下人都晓得这件事，好叫那些年富力强的人都发奋起来。"③

平民教育的效力是办学成功与否的依据，也是学校能否生存的关键。省立四女师的教师们为此很是花费了一番心思，并进行了多项具体的探索。首先，平民教育虽然可以依靠"连环教学法"等手段，但识字者教不识字者还必须辅之以适当的方法，"没有受过训练的教员上班费时太多，而得到的结果反少；受过训练的教员费时既少，效果反大"。于是，省立四女师女教师程勤若、胡自华（隆阜人）想出一个训练教师的方法，并征求陶行知的意见，得到"很可以试试看"的肯定答复。其次，徽州方言众多，"我们徽州六县简直是六国，所以说的话至少有六种土语"。《平民千字课》到底是要用国语还是土语教更合适？在与陶行知讨论之后，倾向于使用方言，以降低平民学习的难度。同时，胡自华还被推选为隆阜的平民乐师，利用其在音乐方面的天赋与特长，丰富平民的生活④。

在隆阜的平民教育初见成效时，以金鸣岐为首的一班人又准备向周边更广大的区域推广。前期方向是休宁县的北乡，"欲将不识字的北乡化为识字的北乡；将黑暗之北乡化为光明之北乡"。在陶行知的建议下，首先将突破口选在金鸣岐的家乡西村。为此，陶行知也提出周详的计划：

一、假使西村有小学校，就可通信与校长，说明平民教育的效用，请该校担负全村平民教育之责，拟订全村人民分期识字之计划，令十岁以上的学生带《平民千字课》，用连环教学法到自己家里去教家里的人，请本校教员在家里教自己师母、女儿和女仆，再由教员在家里的师母、女儿和女仆教别人家的师母、女儿和女仆，劝乡村里凡识字的人都愿教不识字的人，

① "烟士披里纯"即inspiration的音译，意为灵感、启发、鼓舞、激励。

② 陶行知:《陶行知全集》第8卷，四川教育出版社，1991年，第33–38页。

③ 陶行知:《陶行知全集》第8卷，四川教育出版社，1991年，第54–56页。

④ 陶行知:《陶行知全集》第8卷，四川教育出版社，1991年，第43–44页。

劝人出钱送书,多寡不计,把《平民千字课》当善书送人。

二、假使没有小学校,只有私塾,就请私塾采用《平民千字课》代替《三字经》《千字文》《百家姓》。读过《平民千字课》四本之后,再读他书。并请私塾先生和学生仿照第一条小学校办法酌量进行,不过比学校里进行要难些。私塾教员如办此事,四个月后学生考试及格,教员可得平民教育教师文凭一张。

三、假使本地又无小学,又无私塾,再怎样办呢?第一步通信于初通字义之亲友,请他们用连环教学法在家里试验。第二步,先生今年年假回家的时候,可偕同令兄、韵芬以及别的受过教育的人,一同回去从事平民教育运动。……[①]

经过一番努力,西村的平民学校终于顺利开办,先后吸收30多个学生参加业余学习。两个月之后,进步快的学生已经能够写信。陶行知在收到西村平民学校学生胡映莲的信件后,于民国13年(1924)4月特地回信大加鼓励:

你读了两个月书,就能写这样好的信,真是难得。西村平民学校现在既有三十多位学生,我希望他们个个人都能写这样的信……

我想,你们三十几个人还有一件事可以做:最好每天回家,个个都教家里的人读书。若是一个人教两个人,三十个就可以教六十个人,要不了两三年,全村全家都会读书了,岂不好吗? ……我不久要写信来给你们全体学生,那一个家里完全会读《千字课》了,我们要送他一副对联或是四个字的匾额。请你先告诉大家听听。[②]

省立四女师的平民教育活动,为在保守、落后的徽州地区普及教育、改造社会作出了有益的尝试。

---

① 陶行知:《陶行知全集》第8卷,四川教育出版社,1991年,第33–38页。
② 陶行知:《陶行知全集》第8卷,四川教育出版社,1991年,第88页。

第六章 二十世纪三四十年代的 省立徽州师范学校（上）

民国17年（1928），省立二师、省立四女师奉命分别改为省立二中和省立四女中。由此，虽然师范科（班）继续附属在省立二中、省立四女中，但作为完整的师范学校在徽州不复存在。直至民国23年（1934）省立徽州师范学校在歙县创立，才使徽州的中等师范教育延续至60年代中期（1978年又复校），为徽州乃至皖南基础教育的维持和发展提供了一定师资保障。但是，由于抗日战争和解放战争的相继进行，国民政府的精力、财力都无法保证师范学校的正常运转，整个徽州的师范教育只是在最低限度上勉力维持而已，相对于省立二师的辉煌，省立徽师则要黯淡得多。

第一节 省立徽师的创办与迁校

民国6年（1917）6月，由徽属六县省议会议员及商界、学界人士发起，以紫阳书院款产为基金的新安公立甲等商业学校创办①，招收小学毕业生，学制三年，歙县人程伯敬任校长，招有学生46人，教职员9人。初借屯溪阳湖乙种商校地址办学，后迁栗树园。民国18年（1929）改校名为新安公立中等职业学校，迁屯溪高枧。民国20年（1931）该校成为省立二中的"二部"。次年更名为省立第八中等职业学校，民国22年（1933）迁至歙县府城试院（原省立三中校舍，今徽园址）办学。

民国16年（1927），自中学、师范合并后，全省仅有女师1所、乡村师范3所单独设置，其余师范科均设在中学。民国22年（1933）3月，教育部颁布《师范教育规程》，规定以中学、师范分设为原则，要求有关各省尽快实施。教育部督学视察安徽教育状况后，在意见书中特别指示："中学多合设师范科，应遵照最近颁布规

---

① 徽州地区地方志编委会1989年由黄山书社出版的《徽州地区简志·教育科技》及稍后出版的《屯溪市志》中，都记载新安甲商创办于民国6年。屯溪区地志办征集到的一张民国12年（1923）9月的"新安公立甲种商业学校学款征收证"上，写明"民国六年六月，奉安徽省长训令，内开前新安中学原有茶业报关捐及旧紫阳书院息租并有酌捐等项，自六年六月一日起，尽数拨充新安甲种商业学校常年经费"。此证电子照片蒙屯溪区地志办鲍屯生主任提供，谨致谢忱。

程,分别设置,以符合师范学校独立设置之原则。"同时指出,中等学校校名"应以
学校所在地方之名"命名。并限定在该年年底前拟定方案呈教育部核定。为此,
省教育厅考查地方情形,斟酌本省财力,制订了改进方案。其原则为:

　　　　一、省立中学、师范、职业学校经费之分配,期于民国二十六年度达到
部定标准;

　　　　二、不骤然增加省库巨额之负担;

　　　　三、逐年渐次更改;

　　　　四、顾及省立中等教育之平均发展;

　　　　五、根据过去历史,社会需要,及校舍现况,规定省立中等学校之分布
地点;

　　　　六、省立中等学校之名称,依照部令命名,以符通案;

　　　　七、根据交通状况,各地现有小学校数及小学生人数,划分师范区,力
求其适当;

　　　　八、省立师范、中学,遵照部令,分别设置,俾得各自发展;

　　　　九、省立中学男女分校,省立师范男女分部,分班教学;

　　　　十、省立职业学校遵照部令单科设立,并斟酌地方情形,适合社会需要。①

　　根据以上原则,全省划分为6个师范区。其中第二师范区含歙县、休宁、婺
源、祁门、黟县、绩溪、旌德、太平、石台九县,全区1 150 053人,估计学龄儿童
115 005人,有小学校496所,小学生22 975人,教职员1 553人。在该师范区,
原省立二中改组为省立徽州中学,设高中普通科3个班、初中6个班,原有高中
师范科3个班办至毕业不再招生。原省立四女中改组为省立徽州女子初级中
学,设初中3个班,照旧附设初级职业科3个班,另附设招收初中毕业生的一年
制简易师范科1个班,原有高中师范科3个班办至毕业不再招生。原省立八职
开设初级商科3个班,因商科学生在内地的就业出路十分困难,故改办简易农
林科,校名改称为省立徽州初级农林科职业学校,在绩溪另选校址筹建。另利
用原省立八职校舍、设备,新设省立徽州师范学校,逐年招收高中师范1个班,
原属八职的商科二、三年级由省立徽师办至毕业。

　　民国23年(1934)8月,在原省立八职校址上正式创办省立徽州师范学校,
校长江植棠。原省立八职商科未毕业的学生继续在省立徽师附设的职业班学
习,直至民国25年(1936)全部毕业(1935届、1936届各24人)。

----

① 安徽省政府:《安徽省行政成绩报告(1934年事)》,1935年(民国24年)。

江兆槐(1890[①]—1977),字植棠,婺源县江湾人。师范学校博物科毕业。民国初年开始,先后任教于省立二师、省立三中以及宣城、芜湖等地的学校。民国7年(1918),在省立三中教博物课时,荣获教育部八等嘉禾章。江兆槐创办徽州师范并任校长五年后,又在歙县私立右任中学、省教育厅、屯溪工业职业学校任教、任职。1950年再入徽州师范任教。1952年起,先后在安徽师院、合肥师院等高校任课并担任生物系主任。在生物课教学中,他将理论联系实际,重视直观教学,制作了大量动植物标本;讲课深入浅出,形象生动。1951年暑期,江兆槐对黄山植物进行全面采集、整理与鉴定,采得动、植、矿物标本共计370余种,编制了《黄山植物名录》。他热衷于校园绿化美化,他在工作过的各校,都直接或间接地参与过该项工作。民国23年(1934),他还曾负责筹策监督歙县西干山园林建设。著有《植物学图解》《徽州小麦、黄豆、玉米问题调查》(未刊)[②]。

抗日战争全面爆发后,为应对全面抗战的需要,政府逐渐形成了成熟的战时教育政策。民国26年(1937)8月,教育部颁发了《总动员时督导教育工作办法纲领》:要求全国各地各级学校在战争期间,务必保持镇静,以就地维持课务为原则;在比较安全区域内的学校,应尽可能扩充容量,收容战区学生;各级学校之训练应力求切合国防需要,但变更课程仍需遵照部定的范围;教员及中等以上学校学生可在本地成立战时服务团体,但须遵照部定办法,也不得妨害学校秩序;并表示教育经费将照常发给。随着持久战状态的显现,教育部又明确了"战时须作平时看"的办学方针[③]。师范教育作为教育体系中的一部分,自然也受其影响。

抗战初期,华东地区的战火尚在沿海一带,加上通讯手段落后,消息传递慢,地处皖南山区的徽州一时没有受到太大的影响,新学年开学也基本正常。但随着上海、南京先后沦陷,特别是国民党第三战区长官司令部撤到徽州,驻扎在休宁潜阜[民国27年(1938)冬再迁至江西上饶]后,一时间,徽州大军云集,日本飞机也经常深入后方肆意轰炸,局势急剧动荡。民国26年(1937)12月27日上午10时45分,日本一架轻型轰炸机,由西北方窜入歙县县城上空,在县府后面投下小炸弹5枚,炸死平民6人、炸伤6人;11时许,又投弹4枚,导致数人死伤。日机的疯狂轰炸,给民众的生命和财产带来严重威胁,如何躲避空袭成为学校面临的重要问题。即便是乡间小学,也把防空袭作为时常演练的项目。现存歙县江村私立橙阳小学五年级一江姓学生在民国26年(1937)11月29日的日记,就生动记录了当时紧张的一幕:

---

① 江兆槐的生年,《歙县志》(中华书局1995年版)第733页作"1898"。查《安徽省立第二师范学校杂志》第三期教职员名录,注为"光绪庚寅",即1890年。此采省立二师杂志。

② 徽州地区教育志编写组:《徽州教育志·人物》(征求意见稿),油印本,1988年。

③ 崔运武:《中国师范教育史》,山西教育出版社,2006年,第132页。

　　十一月二十九日　星期一　晴　48°[①]

防空演习

　　前天下午,第二节课的时候,老师凭空吹讯号,叫我们"防空演习",到山边去躲避。他吹讯号的时候,我还不知道,坐在位上写字,立刻就赶快跑过去排班,这时我一个字还没有写好,连桌上把[②]着习字的用具一点也没有收,只得就排班了。为什[③]字不写好呢? 用具不收的呢? 就是来不及了。倘使当真敌机来了,再还要收拾一切东西吗? 到那时,无论谁,也不会来顾到东西才跑哩!

　　为提高民众的防空袭意识,教育部门也作了力所能及的工作。当时小学《国语》课本上,就有一篇题为《避空袭》的课文,说日机飞临一地轰炸,人们不约而同地躲进防空壕。可有两个壮年人在防空壕里等得不耐烦,便跑了出来,站在空地上,抬头观望,还指指点点,结果被日机的机关枪打死。这样的课文,既贴近抗战时事,又传授防身技能,其积极效用不容忽视[④]。

　　为避敌机肆虐,确保师生安全,江植棠等决定迁校下乡。最后选定的校址在距离县城15里的雄村。该村地处新安江畔,交通方便;明清两朝当地曹姓经商、科举成功者众,祠堂、众厅等可供借用的公产多,深宅大院也有不少;且村中桃花坝、竹山书院等景致优美,环境清幽,与村落浓郁的文化底蕴相映衬,非常适宜于办学〔民国2年(1913)胡晋接选择省立五师办学地点时,也曾将雄村列为备选〕。在商得雄村主事者同意后,民国26年(1937)12月,省立徽师由府城试院迁此。后因战局紧张,人心惶惶,没有多久,学校宣布停课。次年春,形势稍趋稳定,才又复课。当时,计划招初中毕业生、学制三年的高师科和招小学毕业生、学制四年的初师科各3个班,学生200余人。民国28年(1939)秋,江植棠去职,继任者为唐子宗。

　　唐子宗(1899—1991),本名维成,号子宗,绩溪县霞水人。民国11年(1922)毕业于歙县省立三中,曾义务任教于"绩溪暑期义务学校"。民国14年(1925)毕业于上海复旦公学,获文学学位。后参加中国国民党,投入段祺瑞军袁家声旅部,开展策反工作。民国17年(1928)转中国国民党安徽省党部,任宣传科长、皖报社社长等职。次年,任省立一女中、安庆高中教员,后任省立安徽大学讲师。"七七"事变后返回家乡,投入到敌后抗日救亡运动中。民国28年(1939),被选为安徽省临时议会参议员。后出任省立徽州师范学校校长。民

----

　　① 此处指华氏温度。
　　② 把:即"摆",歙县方言两字同音。
　　③ 原文如此。后缺"么"字。
　　④ 方光禄:《徽州学童日记中的1937》,《黄山晨刊》,2011-04-19。

国31年(1942)起,先后应聘为浙江省立英士大学、国立北洋大学、国立浙江大学讲师、副教授。抗战胜利后应台湾省教育厅厅长、歙县人许恪士之邀,赴台办理接收台湾省立师范学院事宜,后受聘为台湾师范学院(后改名为"台湾师范大学")教授兼公民训育科主任,在此执教40余年,是该校资深教授[①]。

民国30年(1941),唐子宗离职,汪忠天继任校长。

次年春末夏初,新安江突发特大洪灾,洪水漫过桃花坝,冲倒"崇报祠"南的全部围墙和祠正厅的部分高墙,学校课桌凳及其他教学设备损失严重,师生安全难以保障,不得已,学校只得宣布停课。之后,学校拟请省教育厅拨款修葺。据说与雄村村董商议时,遭到反对,遂报准于当年暑期迁校到歙北江村。

江村距离县城约5000米,布射河自村西流过,飞布山拱卫其后,地势平缓,在明清两朝是经济繁荣、文风鼎盛的著名村落。该村曾出进士近20人,清朝乾隆年间族人江春是扬州著名盐商,因此在村中借用办学所需的房屋较为便利。坐落在村中"石子坦"的一列三幢豪门大宅(后毁于火,现仅存正面墙及三个大门)是明代御史江东之后裔的房产,加上近邻的两个程家祠堂(今已毁)和一些民房,便是民国30年(1941)国民党第三战区中将参谋邓本殷创办"民族中学"的地方。该校招生5个班,次年停办后,省立徽师便利用其校舍和设备开课。民国32年(1943)初,查景韩接任校长。

查景韩(1896—1971),号宗滉,婺源县凤山村人。省立第三中学毕业后,于民国7年(1918)被保送到北京高等师范数理部学习,参加过五四运动,民国11年(1922)毕业,经林砺儒(解放后曾任国家教育部副部长)推荐,公费赴日作短期考察。回国后,在歙县、休宁、屯溪、绩溪等地担任中学教员、教务主任、训育主任、校长。抗战爆发,他回到婺源,不计报酬,参与筹办婺源县战时高中。民国27年(1938)受聘任南京私立安徽中学徽州分校(简称皖中)教务主任,协同校长姚文采筹建新校舍。曾编导抗日活报哑剧在屯溪、婺源公演。解放前夕,任屯溪工业职业学校校长。当时人心惶惶,他团结师生同心护校。国民党溃军路过高枧,数度破门入校骚扰,他不避危难,以校长身份出面交涉,保护师生。新中国成立后,奉命在行知中学、屯溪中学、绩溪中学、隆阜中学等校任教[②]。

当时,歙县是血吸虫病流行区,尤以丰乐、富资、布射、扬之四水相汇流域周围的平畴地带最为严重,江村就在中心区域。离江村不远的汪家村,咸丰初年有700多人,民国初年已经成为"无人村"[③]。因此,师生都面临被疾病传染的危险。江村的生活用水也不方便,村中井水不能吃,而大河又离得远。烧柴也

① 周文甫:《唐子宗先生生平事略》,黄山市徽学会《徽学研究》,2009年,第1期,第34页。
② 徽州地区教育志编写组:《徽州教育志·人物》(征求意见稿),油印本,1988年。
③ 歙县地方志编纂委员会:《歙县志》,黄山书社,2010年,第912页。

十分困难,需到很远的深山中去挑运。

民国35年(1946)春,省立徽师更名为省立歙县师范学校,校长为黟县西递人胡逢荣,学校也再次迁至歙西潭渡。

潭渡地处丰乐河边,洗涤等生活用水极为方便,又有水运与上游沟通,食堂所需柴火既可从黄山一带运出,又可从较近的山坑、洪坑等村经旱路肩挑到校,血吸虫病影响较小。而且潭渡场地宽畅,校舍充裕,不仅有"黄氏宗祠",而且有国民党军陶广总部所改建的一些建筑物,难得的是中间有一宽阔的运动场地。当时学校有10个班(分普师部、简师部、体师班),学生三四百人,教职员工30余人。

民国34年(1945),省教育厅决定创办省立歙县女子师范,校址设在歙县县城的孔庙(今歙县中学校内)。因此,省立歙师与省立歙女师在招收女学生时就出现了竞争。省立歙县师范先是停办简师,将原有班级并给歙县女师,后来高中师范又停招女生。民国37年(1948),省立歙县师范与女师合并,桐城人、国民大会代表周易任校长,原女师教导主任程应鸣留任,校址定在县城的孔庙。

1949年新中国成立后,省立歙县师范易名为皖南区歙县师范,设立校务委员会,许惇士任主任委员。1950年恢复校长制,首任校长王世杰,教导主任汪定礼。同年10月,改称皖南区徽州师范学校,1952年改称安徽省徽州师范学校。

第二节　学校的基本管理机构

按照《修正师范学校规程》,为对学生实施"锻炼强健身体、陶融道德品格、培育民族文化、充实科学知能、养成勤劳习惯、启发研究儿童教育之兴趣和培养终身服务教育之精神"的各项训练,师范学校必须有一套完整的行政管理机制和高素质的教师队伍。

当时,学校的管理人员比较精干,要求也高。校长一人总理全校事务,还担任教学工作。按照民国23年(1934)的省定标准,学生数在100人以下的,每周教学时数为12小时;学生数在100至300人之间的,周课时为10小时;300人以上的,周课时可为8小时[①]。所兼课程,也不能另行支给薪俸[②]。出任校长的基本条件是品格健全、才学优良,毕业于师范大学,大学教育学院、教育科系,

---

① 安徽省政府:《安徽省行政成绩报告(1934年事)》,1935年(民国24年),第10页。
② 据1934年入校的柯敦厚在《母校三年》中回忆,校长江植棠,受命来歙主持徽师复校,擘画周详,驾轻就熟。由于他在教育界的声望,加上对地方情况熟悉,处处得心应手。他教"生物学",走上讲台,一眼盯着学生,二话不说,便娓娓道来。大把彩色粉笔抓在手,口不停,手也在黑板上点点画画,挥写个不停;甚至口角上堆满了口沫,也不顾。堂下鸦雀无声,好像把学生都引入迷宫去了。

或其他院系而曾习教育学科20学分；如果是毕业于高级师范学校，还必须曾任国立大学教育学院教授或专任讲师1年以上，或曾任省(直辖市)教育行政机关高级职务2年以上且成绩不俗，或曾任高中或初中校长3年以上且成绩卓著。而若违犯刑法证据确凿、曾任公务员交代未清、曾任校长或行政职务成绩平庸、患有精神病等痼疾不能任事、行为不检或有不良嗜好者，均不能任用。

当然，并非完全符合上述任职标准的就是好校长。一个真正管理有方的校长，应该懂得教育教学业务，且有正直的人格魅力、敢于管理的魄力。比如民国35年(1946)至民国37年(1948)任省立歙县师范校长的胡逢荣，资历深，办事认真，平时不多言语，生活朴实，严抓教学管理。每星期一的周会，他都要训话，总结上周工作，布置本周任务；对一些不良现象和教学中的缺陷，敢于提出严肃的批评。他领导下的教务处、训育处、总务处，工作都很得力。他把学校管理得井井有条。

协助校长处理教学管理事务者为教务主任，只设一人。民国23年(1934)婺源人方新任教务主任。他长期从事教育和管理工作，经验丰富，开学不久就很快整合了从四面八方集合起来的教学班子，将教学工作引上正轨，使得全校教学工作井然有序。民国26年(1937)秋季继任者是宣城人孙邦正，他是专攻教育学的行家，写过不少专著，后在台湾大学任教。之后，曹益丞(歙县雄村人)、李炳垲、黄志先、卢宜庆(新中国成立后曾任安徽省政协委员，芜湖师专副校长)等均曾担任此职。

中师学校规模超过6个班级，也可设训育主任一人，协助校长处理学生管理、道德教育等工作。民国23年(1934)，省立徽州师范始任训育主任的是无为人谢季翔。他曾在芜湖、宣城一带工作多年，教育和教学上富有经验，和钱杏邨、陈独秀之子陈延年是旧交。谢季翔平时对学生不摆架子，喜欢找同学谈心。学生既怕他，又爱他。民国33年(1944)前后，南陵人王邦也曾担任训育主任一职。

训育的目的是以最适宜的科学教育及最严格的身心训练，养成一般国民在道德上、学术上最健全的师资。主要途径是通过公民课程教育，承担校内及附近卫生、消防、造林、水利、识字、修路等职责，统一制服，处罚旷课和懈怠行为等，促进学生的自觉意识。具体事务由各班级的级任导师(相当于今之班主任，负责本班教学安排、学生生活以及发现和解决教学中出现的问题)掌管。其人数设置也有规定：学生数在60至100人设2位级任导师，学生数分别为100～200、200～300及300人以上，各设导师3人、4人和5人。他们虽然不另计酬，但每周工作量可各减6小时[①]。

---

① 安徽省政府：《安徽省行政成绩报告(1934年事)》，1935年(民国24年)，第12页。

虽然校长及全体教员均负训育责任,但在实际执行中,抗战时期,皖南有些学校"往往以全校训导责任完全诿之于一、二重要职员,而各级导师或科任教员,仅以智识与技术之传授为其唯一职责,对于学生思想行动,平时既鲜所关心,又不予引导指示,如有谬误表现亦多置若罔闻,不加以纠正与规劝,致'教'与'育'截然分为两途,卒致前教部所通令实施之导师制度,徒有其表而并无实际'收获'"①。尤其是抗战进入相持阶段,社会风气颓唐衰疲,学校不能脱离社会而独立,未免受其影响。而一些主办教育者未能恪尽职守,以学堂为店铺,以学子为商品,玷污神圣教育事业。学校训育出现滑坡,皖南学校学风败坏达到令人吃惊的程度。办在屯溪的《复兴日报》曾举出这样一些极端的事例:

> 学生们在"不治"的状态下过生活,不请假出校游荡几乎是司空见惯的事,驱逐师长,侮辱先生,视若当然。什么三育五育,完全放在脑后,上课用功的学生,大家笑他是傻瓜!勤恳教授的先生,大家更腹讲而心诽。收学生不以学业的程度为准,考试完全是幌子,只要缴得起白米杂费,拿得出有面子人的八行书,以及伪造的文凭证件等等,就可以大步踏进所谓最高学府。……学生们的心目中,早已把学校当作旅馆,把校长当作蛀米虫。甚而至于有一位高中学生,口含香烟,带着恶意的笑容问校长道:你做了这几个学期的校长,究竟净赚了多少钱多少米?校长赧然不对。他又哈哈大笑三声而去,据说那位校长并不敢处分这样质问他的人。
>
> 某私立中学的教师膳食,是由学生供给的,当学生们自己没有菜蔬时,可以任意到先生的桌上抢菜吃,因为是学生膳食项下拿出的,先生也只好隐忍不言。并且请他上席。②

鉴于皖南各中学学生素质差,学风太坏,民国32年(1943)3、4月间,皖南行署主任张宗良针对实况,拟订了"厉行纪律生活、实施战时服务、提倡生产劳动、加紧课程作业、举行各种竞赛、加强体育训练"等整饬皖南学风的六项要点,通令各校一致遵照办理,随时具报,并遣派督学1人、教育视导员4人,分区巡察皖南各县学校,将其结果作为考核各校成绩的依据③。

①《论整饬学风》,大江《战时皖南行政资料·关于文化教育方面》,中国文化服务社皖南分社印刷,1945年(民国34年)。
②朱权士:《快"澄清"皖南的"教治"》,载《复兴日报》1934年7月5日。转引自大江:《战时皖南行政资料·关于文化教育方面》,中国文化服务社皖南分社印刷,1945年(民国34年)。
③《论整饬学风》,大江《战时皖南行政资料·关于文化教育方面》,中国文化服务社皖南分社印刷,1945年(民国34年)。

省立徽州师范此时的学风究竟如何,因无文献资料,尚难以作出判断。但从曾有学潮爆发的事实来看,估计从当局的角度来说,也不容过分乐观。

根据《修正师范学校规程》,师范学校规模在6个班级以上的,可再设事务主任1人,掌管教务、训育之外的学校事务。省立徽州(歙县)师范似乎没有设立该职。

各部门主任均由教员兼任,也必须兼授课程,每周的教学课时也不能少于专任教员最低限度的三分之二。安徽省在民国23年(1934)的规定是:正、副教导主任按照该校班级数酌减教学课时,标准是:1班减4小时,2～3班减6小时,4～5班减8小时,6班减10小时,7～8班各减8、6小时,9班以上各减10、8小时。这部分兼职,同样不再另外计算薪俸[①]。

职员中,校医1人由校长聘用,省立学校的会计则由教育行政机关指派专人充任。图书、仪器、药品、标本、图表管理一般设2～3人;安排在各部门的事务员、书记,原则上全校共计不超过4人,规模超过6个班级的,每增2个班级,可增设事务员(书记)1人。

学校设有训育指导委员会和经费稽核委员会,作为民主管理的重要途径。前者由校长、主任、教员、校医参加,每月开会一次,负一切指导学生之责。后者由专任教员公推3至5人参加,每月开会一次,委员轮流充当主席,负责审核收支账目及单据。

学校事务的组织与实施,基本以会议形式讨论、部署,也有规范的会议制度。校务会议最为重要,校长为主席,全体教员、校医、会计参加,凡全校一切兴、革事项,均得通过该会议,一般每学期召开一至两次。讨论教学以及图书设备购买等事项,要召开由全体教员参加的教务会议,校长或教务主任为主席,每月开会一次。研究训育及管理事项,则召开训育会议,校长或训育主任为主席,各级任教师、校医参加,每月开会一至两次。事务会议主要由主任、全体职员参加,校长主持,每月开会一次。

学生的自治组织也比较健全。省立徽州(歙县)师范时期,全校有学生自治会,各班有班会。另外还有膳食委员会,在总务处领导下,民主管理学生的伙食。

在30年代前期,省教育厅对全省中等学校的管理比较细致。为考查各中等学校学生业业并鼓励教员的教学,教育厅参照部颁课程标准的作业要领,制订了《安徽省教育厅调阅中等学校学生各科作业簿办法》:

一、本厅为改善中等学校各科教学方法,增进教学效能起见,应随时抽调各校学生各科作业簿核阅。

---

① 安徽省政府:《安徽省行政成绩报告(1934年事)》,1935年(民国24年),第11页。

二、应行调阅学生各科作业簿之名目如次：

(一)日记；

(二)国文作文簿；讲授笔记暨课外阅读笔记；

(三)历史、地理、公民等社会学科讲授笔记暨课外阅读参考书笔记；

(四)英文作文簿；文法练习簿暨默写、问答或其他写作练习簿；

(五)数学练习簿；

(六)自然学科练习题解答簿暨实验报告；

(七)职业科实习报告；

(八)师范科实习及参观报告。

三、应行调阅之学生作业簿名目由厅参照附表(表式附后)分别开列，以双挂号寄发各校；各该校收到后应将所调各簿，当日挂号寄呈；其邮局寄发日期戳，须与本厅寄出原表之"邮政回执"上所盖者相同，延期呈送者，不予核阅。

省会中等学校学生作业簿由厅派员携表亲往抽调。

四、前表所列第一、二、三名学生之作业簿必须呈送，其有正由教员批阅或学生准备考试必须参考者，得依次选表上后三名之作业簿递补，但须注明未能呈送原因。

五、调阅之作业簿经本厅核阅后，即用快邮寄回原校；惟认为有疑义时得存备查考。

六、调阅之作业簿，经核阅后其成绩优异或低劣者由厅分别予以奖惩。

七、应行调阅之作业簿，各校未能呈送及延期呈送者，由厅酌予处分。

八、本办法自本厅公布之日施行。[①]

从"办法"中可以看到，省厅的考虑很周全，既保证能考查各校实情，也照顾到各校可能出现的困难。民国23年(1934)第一学期，省厅进行了第一次调阅考查，随后发布了《教育厅对于调阅各中等学校学生作业簿之核示》：

本厅前为考查各中等学校学生在学校学习之勤惰，及教员教学方法起见，特指名抽调学生之作业簿送厅核阅，现已核阅完竣，计予嘉奖者三校，……一为省立池州师范学校国文教员金真逸，修改学生作文，字句极为得当，评语复能对学生思路有所开发纠正。……其省立黄麓乡村师范学校呈送作业簿日期，与邮局回条日期差六日，……均有不合，已令行知

---

① 安徽省政府：《安徽省行政成绩报告(1934年事)》第3编，1935年(民国24年)，第180页。

照。……省立黄麓乡师学生李思芬,国文程度低劣,教师改削平常,且有疏忽;又学生吴曾钰教育概论笔记,仅送教学法一部分,随意抄写数段,且无系统,教员亦未批改;……以上各校,亦分别令饬认真改正,力矫前弊,以重学生学业云。[1]

在此次通报中,获嘉奖者仅省立安庆高中、省立池州师范、省立宣城初中三校;受到批评的除了省立黄麓乡师外,还有泗县初中、私立大光初中、私立东南初中、省立蚌埠初级工业职业学校、私立崇实初中、私立奎文初中等七校。可见,省厅的核查既细致,也明确,各校的震动是显而易见的。

从民国21年(1932)第一学期末开始,省教育厅奉命统一组织各中学的毕业会考。民国23年(1934)第二学期,师范学校应届毕业生也必须参加会考。为此,省教育厅专门聘吴遵明等12人为会考委员,成立中学师范学生毕业会考委员会,制定了"安徽省中学师范学生毕业会考委员会办事细则""安徽省中学师范学生毕业会考主试委员应行注意事项""安徽省中学师范学生毕业会考监试委员应行注意事项""安徽省中学师范学生毕业会考各校监护员应行注意事项""安徽省中学师范学生毕业会考学生须知"等制度。为便于学生参加考试,全省划分为16个区。其中休宁区参加学校为省立徽州中学和省立徽州女子初级中学,毕业学生为高中男生13人(徽中)、初中男生57人(徽中)、女生13人(徽女初中),师范男生28人(徽中),简易师范女生16人(徽女初中)。

将全省当年师范类毕业生会考成绩进行统计,则有下表,请参见表6-1。

表6-1 民国23年(1934)第二学期全省师范毕业生会考结果统计表[2]

单位:人

区别	校名	及格人数	1科不及格人数	2科不及格人数	3科及以上不及格人数	合计	备注
怀宁	省立安庆高中	38	7	1	1	47	
	省立安庆女师	17	8	1	2	28	
休宁	省立徽州中学	5	7	8	7	27	
	省立徽州女初	7	3	2	4	16	简师
阜阳	省立颍州师范	2	1	1	12	16	
宣城	省立宣城师范	16	12	4	1	33	
凤阳	省立凤阳师范	23	18	6	7	54	
合肥	省立庐州师范	40	17	4	2	63	

[1] 安徽省政府:《安徽省行政成绩报告(1934年事)》,1935年(民国24年),第184页。
[2] 安徽省政府:《安徽省行政成绩报告(1934年事)》,1935年(民国24年),第364页。

区别	校名	及格 人数	1科不及格 人数	2科不及格 人数	3科及以上 不及格人数	合计	备注
芜湖	省立芜湖女中	28	13	2	5	48	
	合计	176	86	29	41	332	

从考试结果看,该年省立徽中和省立徽女初中师范类毕业生的学业成绩,不仅与省会安庆的两所学校差距甚大,就是与宣城、凤阳、合肥、芜湖相比,也是明显靠后。

第三节　　难以稳定的师资队伍

民国时期,学校师资及职员的人数受政府编制控制。国民政府教育部颁发的《师范学校规程》对各校的教师编制有原则性的规定:规模上少于6个班级的,专任教员人数平均每班级不得超过2人;7个班级以上的,专任教员人数平均每两个班级不得超过3人。安徽省民国23年(1934)的规定更具体:1、2、3个班级数的师范学校,专任教员人数分别为2人、3.5人、5人,3个班以上的学校,每增一班只能增1.5人[①]。但是,由于当时社会不够稳定,各校每年的招生人数波动很大,且教员续聘任期规定为2年,因此,省立徽州(歙县)师范的教师编制数几乎都超出了规定。请参见表6-2。

表6-2　民国26年(1937)至民国36年(1947)部分年度省立徽州师范教师编制表[②]

年度	1937		1939		1940		1945		1946		1947	
项目	1	2	1	2	1	2	1	2	1	2	1	2
数据	2.8	1:12.5	2.5	1:15.1	2	1:13.4	3.1	1:12.8	2.28	1:16.9	2.3	1:17.6

注:"项目"栏中,"1"为每班平均教师数;"2"为教师数与学生数之比。

具有合格师资是办学的基本前提。随着南京国民政府统治的逐渐确立,近代高等教育也有了比较平稳的发展,这为中等和初等教育师资队伍规范化提供了条件。民国23年(1934)5月21日,教育部发布《中学及师范学校教员检定暂行规程》(第5823号部令),规定了中学和师范学校合格师资的检定程序。

按照《中学及师范学校教员检定委员会规程组织》[第5801号部令,民国

---

① 安徽省政府:《安徽省行政成绩报告》(1934年事),1935年(民国24年),第11页。
② 徽州地区教育志编写组:《徽州中等师范教育》(征求意见稿),油印本,1986年。

23年(1934)5月21日教育部发布],各省及行政院直辖市教育行政机关负责组织检定委员会。委员由7至11人组成,省市教育行政机关长官任委员长,并从主管科科长、督学、现任或曾任大学校长(教育学院院长)中指定或聘请委员。委员会审核决定各项试验规则,审查教员呈缴的各项文件,核定受检教员试验成绩、合格与否的结论。委员会还专门从富有经验的大学教授、中学及师范教育专家中聘请命题阅卷委员若干人,具体从事命题、阅卷等专业事宜[1]。对师范教员资格的检定,分无试验检定与试验检定两种。无试验检定每学期开始前进行,由检定委员会审查申请者的各项证明文件(毕业证书或修业证书、服务证明书、著作,本人履历书、志愿书、近照)决定;试验检定除审查各项文件外,还必须加以试验(测试),至少每3年举行一次[民国36年(1947)4月9日教育部颁发的第19252号部令《中学及师范学校教员检定办法》修正为每学年举行一次,于第一学期开始前举行]。检定合格证书有效期为6年。

按照教育部发布的《中学及师范学校教员检定暂行规程》,师范学校教员如果符合以下资格之一,可以通过无试验检定:

　　1. 教育部认可之国外大学本科毕业者;
　　2. 国内师范大学、大学本科、高等师范学校毕业后,有一年以上之教学经验者;
　　3. 国内外专科学校或专门学校本科毕业后,有二年以上之教学经验者;
　　4. 曾任师范学校教员五年以上,经督学视察认为成绩优良者;
　　5. 有价值之专门著述发表者;
　　6. 具有精练技术者(专适用于劳作科教员)。

师范学校教员如果符合以下资格之一,必须通过试验检定:

　　1. 国内大学本科毕业者;
　　2. 国内专科学校或专门学校本科毕业后,有一年以上之教学经验者;
　　3. 曾任师范学校教员二年以上者;
　　4. 具有精练之艺术技能者(专适用于图画、音乐教员)。[2]

但在民国36年(1947)修正的《中学及师范学校教员检定办法》中,对资格作了较大修改,突出了师范教育经历,提高了入职门槛。师范学校教员如果符

---

① 李友芝、李春年、柳传欣等:《中国近现代师范教育史资料》第2册,内部资料,第375页。
② 李友芝、李春年、柳传欣等:《中国近现代师范教育史资料》第2册,内部资料,第372-373页。

合以下资格之一,可以通过无试验检定:

1. 国内外师范学院或师范大学毕业者;

2. 国内外大学研究院所研究期满得有硕士或博士学位者;

3. 国内外大学教育学院或其他各院系毕业曾修习教育学科二十学分以上有证明书者;

4. 国内外大学各院系高等师范本科或专修科毕业后有一年以上之教学经验者;

5. 国内外专科学校(修业年限须在三年以上并系招收高中毕业生者)、专门学校本科或大学专修科毕业后有二年以上之教学经验者;

6. 曾任师范或其同等学校教员五年以上,经主管教育行政机关考核认定为成绩优良并有专门著述发表者;

7. 具有精练技术者(专适用于劳作科教员)。

师范学校教员如果符合以下资格之一,必须通过试验检定:

1. 国内外大学各院系毕业者;

2. 国内外专科学校(修业年限须在三年以上并系招收高中毕业生者)、专门学校本科或大学专修科毕业后,有一年以上之教学经验者;

3. 检定合格之简易师范学校教员在检定后有一年以上之教学经验者;

4. 曾任师范学校教员三年以上者;

5. 具有精练之艺术技能者(专适用于图画、音乐教员)。[1]

民国时期的诸多事实表明,政府部门的政策设计与社会现实存在很大差距,具有超前意识的政策很难在相对落后的真实的社会活动中得到落实。因此,在经济不发达、地处偏僻山区的徽州,师范学校教员资格要基本符合上述标准几乎是天方夜谭[2]。

仅以教员学历看,省立徽州师范部分年度教员的学历情况,请参见表6-3。

---

① 李友芝、李春年、柳传欣等:《中国近现代师范教育史资料》第2册,内部资料,第496–498页。

② 据《第二次中国教育年鉴》统计,1947学年度第一学期,全国专科以上学校专任教员总共16 940人,其中送经教育部审查合格的教员数为8 226人,仅占总数的48.56%。高等学校尚且如此,中等和初等教育师资合格率也就可想而知了。资料来源:李友芝、李春年、柳传欣等《中国近现代师范教育史资料》第2册,内部资料,第799–800页。

表6-3　民国26年(1937)至民国35年(1946)省立徽州师范教师学历一览表①

单位:人

学历	1937年	1938年	1942年	1944年—1945年	1946年
大学毕业	10	11	11	16	5
大学肄业或专科毕业	6	5	7	6	9
中师、高中毕业	1	4			2

　　教师整体学历不是太高,实际上与当时徽州接受过高等教育人数有限有很大关系。据《安徽省二十八年度统计年鉴》记载,民国28年(1939)原徽州四县(婺源此时已划归江西省,休宁县无数字)人口中,受过高等教育的仅有705人,平均每万人还不到12人。具体请参见表6-4。

表6-4　民国28年(1939)徽州四县人口教育程度统计表②

单位:人

县别	共计	不识字	识字	受过初等教育	受过中等教育	受过高等教育
歙县	357 457	257 126	81 306	15 745	2 946	334
祁门	87 191	65 749	17 251	3 745	382	61
黟县	60 282	40 561	13 608	5 441	587	85
绩溪	89 678	52 867	23 337	12 144	1 105	225

　　教员分专任与兼任两种。原则上要求各学科都必须聘专任教员,考虑到一些学校规模小,学科课时少,一周的教学课时达不到规定的一个专任教员的工作量(16至22小时),也允许与性质相近的学科合并课时数,作为聘用的依据。如果确有困难,可聘用兼任教员,但只限于音乐、图画、劳作等技能学科,且全校兼任教员人数,不能超过全体人数的四分之一。同时,专任教员不得在校外兼任任何职务,每日在校时间至少7小时。

　　当时所有中等学校,无论公立、私立,都实行校长负责制,校长有权聘请或解聘教职工,有权根据实际情况增减班次,有权动用预算以内的经费,并可根据临时实际需要,报请临时费。各科教员的聘用,先由校长开列详细的合格人员履历表,呈报省教育厅核准,之后才备聘书,于学年开始前2个月或学期开始前1个月,送达受聘教员。上报名单中若有不合格人员,教育厅会要求校长更换合格人员。第一次聘用教员,聘期一般为1学年;若属续聘,聘期可延长为2学年。

---

① 徽州地区教育志编写组:《徽州中等师范教育》(征求意见稿),油印本,1986年。
② 王鹤鸣、施立业:《安徽近代经济轨迹》,安徽人民出版社,1991年,第48页。原表中祁门人数分项与共计不吻合,差3人。

受校长负责制的影响,每当校长更替,都会导致教职工的大批更换。加上聘期一般较短、战乱时期人员流动加剧、俸薪总体偏低、并校等因素,省立徽州(歙县)师范在头尾16年的时间里,大约有323人在此工作过,平均每年新聘的教职员大约20人;而省立五师(二师)从民国2年(1913)至民国17年(1928),有统计的教职员仅107人,平均每年新聘教职员只有7人[①]。省立徽州(歙县)师范教员流动性之大可见一斑。

省立徽州(歙县)师范教员来源也比较分散,其籍贯分布在九个省。其中安徽本省占绝大多数,有277人,占总数的85.7%。而徽州六县(含时属江西省的婺源)有161人,占总数的49.8%,大多是原毕业于徽州各中等学校如省立二师、省立三中、省立四女师,再经大学深造的。这与学校所在地始终在歙县有关。六县之中,歙县人得地利,婺源、黟县、绩溪因均有乡人接任校长,因而人数多些。省内来自安庆的也不少,达43人,估计与周易接任校长后大量聘用家乡人有关(如绩溪人程颖之,金陵大学毕业,是徽州知名的数学教师,由于为人耿直,也被周易解聘)。江苏次之,有28人,多为躲避战乱而内迁,且在该省内区域集中的特征不明显。其他各省只有零星分布,且以东中部省份为主,显然与地域相关。具体请参见表6-5。

省立徽州师范建立之初,教师队伍的结构良好:教国文的有王子经、程以人、金瑜;教数学的有婺源人查国珍(号玉髯,曾获七等嘉禾奖章,擅篆书)、董钟甫(兼教物理),教教育概论的是孙邦正(兼)、陈绳祖、章昭雍;朱镇苏教教育心理、测验与统计,并指导教育实习;吴止善教史地;曹绥之、吴迪贤教公民;金晓农教体育;廖梅影、徐溥人教音乐;图画教师鲍锡麟;毕德霖教英语的同时,兼教商业会计、簿记;军事教官是黄珂。后来,胡在渭、程应鸣、汪蔚林、鲍幼文等均一度任教于此,成为各科教学的骨干。学校也聘请一些刚从大学毕业的教员。但总体上,师资参差不齐是长期难以解决的问题。

曾在省立徽师任教的部分教员,在徽州教育史上也有一定知名度,如程以人、胡不归、汪蔚林等。

程以人(1899—1989),名际鉴,祁门县六都村人。其父程昭吾,曾任祁门县劝学所所长、师范讲习所所长、省参议员,创办善和小学,提倡男女同校。程以人民国16年(1927)毕业于国立东南大学文学院外国语文系,先任汉口国民日报编辑,后受聘任省立二中、安徽八职、徽州师范的英语和国文教师。民国27年(1938)参与筹建祁阊中学,任国文、外语教师。民国32年(1943)起,先后执教于浮梁天翼中学、鄱阳正风中学、南昌师范、宜春中学。建国后,出任屯溪女中副校长,旋又执教于黟县中学、徽州师范。1958年参与筹建芜湖师专,任

[①] 此数据根据徽州师范学校2005年编印的《校友录》统计得出。该名单包括了附属小学的校长,但未见收录附小教师;也不清楚是否含有兼职教师名单。虽然可能有重复收录(名与字分作两人)和漏收的情况,但估计偏差不会太大。

中文讲师。程以人上课时讲解透彻,议论精辟,善于举例、设疑、启发诱导,鼓励学生提问。脾气暴躁,待生甚严。每学年结束,各校前来礼聘者纷至沓来,有校长甚至不远数百里亲自到祁门登门礼聘①。

表6-5　民国23年(1934)至民国38年(1949)省立徽州师范教职员工籍贯一览表②

地区	县别	人数	地区	县别	人数	地区	县别	人数
徽州 [161]	歙县	57	皖中 [23]	合肥	6	江苏 [28]	武进	2
	婺源	34		定远	2		江都	2
	黟县	25		凤阳	3		南京	1
	绩溪	24		无为	5		江宁	3
	休宁	19		含山	2		吴兴	1
	祁门	2		巢县	2		宜兴	5
池州 [13]	贵池	5		庐江	3		江阴	1
	东至	4	皖西 皖北 [9]	六安	2		常熟	1
	青阳	3		寿县	1		溧水	1
	太平	1		霍山	2		泗阳	1
宣城 [11]	旌德	1		灵璧	3		松江	1
	宁国	1		亳县	1		南通	2
	郎溪	1	芜湖 [17]	芜湖	9		无锡	1
	泾县	2		南陵	3		盐城	2
	广德	2		繁昌	3		青浦	1
	宣城	4		铜陵	2		其他	3
安庆 [43]	桐城	16	浙江 [6]	萧山	3	湖南 [5]	宁乡	1
	怀宁	12		龙游	1		靖江	1
	岳西	10		绍兴	1		湘潭	1
	安庆	1		其他	1		其他	2
	宿松	1	辽宁	海城	1	四川		2
	太湖	1	河南		1	江西		1
	潜山	2	福建	福州	1	不明		1

胡不归(1906—1957),原名胡传镨,绩溪城东人。民国19年(1930)毕业于上海中国公学大学部文学史系,为校长胡适所赏识。胡不归回皖后,曾执教于省立四中(宣城)、徽州师范(歙县雄村),后在安徽省通志馆、严州中学、金华农校、浙江省通志馆、浙江大学龙泉分校工作。后赴台湾任台北师范学院国文副教授、台湾大学国文教授。民国36年(1947)在浙江金华任英士大学国文副教授③。

汪蔚林(1912—1983),字履实,黟县碧山人。曾入安徽省立一师求学。民国25年(1936)与邑人联合在安庆开设求知书店,销售科技、文化书籍,后被政府查封,汪蔚林被捕。获释后,回碧山崇实小学任教。抗战开始后组织黟西救亡工作

---

① 程虎:《程以人》,《徽州师范》,内部资料,2005年,第14页。

② 徽州师范学校:《校友录》,内部资料,2005年,第5—10页。

③ 绩溪县教育志编委会:《绩溪县教育志》,方志出版社,2005年,第350页。

团,开展抗日宣传。此后在复旦附中皖校、徽州师范、徽州中学、黟县中学、铜陵中学任教。民国37年(1948),协助中共皖南游击队办报。解放后,任黟县中学教导主任。1951年入华北人民革命大学学习,结业后任中央马列主义学院(中央党校前身)教员。1953年调入中国社会科学院文学研究所,任图书资料室副主任,副研究馆员①。

朱镇苏是歙县人。民国20年(1931)春,正在光华大学教育系读书的他,鉴于西洋的教育学、心理学著作翻译成中文的太少,在导师、心理学家沈有乾博士鼓励下,和参加教育学会的其他六位同学一道,合译了美国哥伦比亚大学盖睿所著的《心理学上几个重大实验》②。光华大学毕业后,他先后在上海市教育局和上海工部局学校任职。民国25年(1936),他又翻译了美国辛辛那提大学儿童教养和训练学教授阿莱特的著作《初期儿童心理学》。沈有乾也为其作了颇有趣味的短序:

> 朱君镇苏先后服务于上海市教育局及上海工部局学校,盖非专以译著为职业者。然其业余对于教育心理之译著,非常努力,刊行国内者已有多种。最近又译成《初期儿童心理学》一书,乞予作序以介绍于读众。予复之曰:"读众知君之名者,殆已比知我者多。君之译作又何赖于予之介绍?"是虽戏谑之言,与事实确亦不远矣。即以为序。③

随着抗战全面爆发,朱镇苏回到家乡,在省立徽师任教一直到解放初。

在抗战开始到解放前夕,省立徽州师范无论办学地点在哪,都有一些教师因学识深厚、态度严谨、教学水平高超而赢得学生的称赞。教范氏大代数的程颖之,上课从来不需看教材,在黑板上一边写一边讲,普通话夹杂着绩溪话,语调有板有眼,学生反映"像唱小曲一样,很好听"。教国文的鲍幼文,学问深,讲课好,作风正派、生活俭朴,待人和蔼可亲。教国文的程大任,十足的"老夫子"形象,年岁不大,却弯腰拱背,念起古文来摇头晃脑、津津有味。美术教师蔡春山,国画花鸟画得极好。兼过训导主任的地理教师黄志先、生物教师程应鸣、体育教师谢图强等也都各有特长,教课时各有绝活。学生们听得进,丝毫没有负担,学业也进步较快。半个世纪后,仍有学生这样回忆:

> 最使人难忘的是许惇士老先生。他毕业于北京大学,据说还是陶行

---

① 黟县地方志编委会:《黟县志》,光明日报出版社,1988年,第601页。

② 民国20年(1931)夏,朱镇苏和盛明若毕业,其他五人仍在读。年底,翻译完成,沈有乾亲自校对,并作序。该译著于民国23年(1934)由上海中华书局出版。

③ 阿莱特:《初期儿童心理学·序》,朱镇苏,译,商务印书馆,1936年(民国25年),第1页。

知先生推荐回家乡任教的,先后在隆阜徽女中、徽州中学当教师。新中国成立初,他也代理过徽师校长①。他教学非常认真,别看他平时少言寡语,说话慢慢吞吞,一到课堂,浑身是劲。讲《古文观止》时,摇头晃脑,操一口流利的北京话,且高声朗诵,边讲边做手势,真是循循诱导,引人入胜,深得同学们喜爱。而平时生活十分俭朴,一身布长褂,脚着土布鞋,常常自己洗衣服;凡有同学到他房里请教,他都谦和恭让,彬彬有礼,同学临走时,他都要送到门口,说一声:"××君,你慢走!"②

在潭渡办学期间,虽然学校困难重重,但校长胡逢荣,抓管理、抓教学很严。他平时不多言语,生活朴实,师生都对他有敬畏之心。但对于忧国忧民、年轻气盛、思想活跃的青年教师,如浙江大学毕业的语文教师胡雨融、理化教师黄永丰,以及历史教师周春宏等,向学生发表有关时局的牢骚和批评,给学生输送新思想,他也并不干预和制止,体现了一个有正义感的知识分子的良知。

第四节　日趋微薄的教师待遇

在构成教员的待遇体系中,经济待遇是最基本、最核心的一项。其主要的呈现方式是薪金。薪金水准既是稳定教职员队伍的重要因素,也是学校经常费开支中的主要项目之一。由于此一时期师范学校的办学主体各异(有国立、省立、县立之别),各地经济状况差别又很大,因此,起初无法建立一个统一的标准,故在《修正师范学校规程》中,只是笼统表示:"师范学校教员俸给等级表、年功加俸办法,由各主管教育行政机关规定,径呈或转呈教育部核准施行。""教员等级表之最低级,应参照地方情形,以确能维持适当生活为标准。"③"适当生活"是多高? 规程没有明确指出。直至民国35年(1946)1月,经行政院核定、由教育部公布的《国民学校教职员任用待遇保障进修办法》中,才有比较详细的规定可作参考:

一、薪给以每年十二个月计算,按月十足发给,不得折扣。

二、最低薪金应以当地个人食、衣、住三者所需生活费之三倍为标准,并得比照当地县市级公务人员薪给标准支给。

三、最低薪额之外应按照教职员资历高下、服务久暂、职务繁简,分别增加其薪额。

---

① 指其出任校务委员会主任委员。

② 陈长文:《满园桃李争芬芳》,黄山市徽学会《徽学研究》,2009年,第4期,第45页。

③ 李友芝、李春年、柳传欣等:《中国近现代师范教育史资料》第2册,内部资料,第600页。

四、薪额以发给国币为原则,但得以米、麦等主要食粮代替其折算,价格应依市价。①

担任过省立歙县师范校长的胡逢荣,在解放后曾对抗战时期徽州一带教职员及教育行政人员薪金水平有过这样的回顾:

一个保小教员每月只有20元左右的工资,乡(镇)小学教员每月也只有近25元的收入。特别是保小一般只有一个教员,要负担四个年级的教学任务(采用复式教学或二部制)。……

8所省立临时小学,经费由省教育厅拨由皖南行署转发。这些小学经费比较充足,教员生活待遇也好一些(月薪30多元)。……

行署视导员相当于科员一级干部,工资五六十元,一般都是遴选高级师范毕业、从事小学教育工作多年、能力较强的人担任这一工作,少数也有大学本科毕业的。……

(中等学校)除了校长及其他教育行政人员(如校务主任、训育主任、总务主任及会计、出纳等职员)每月按规定发给固定薪金外,所有教员都是按照教课多少,计算报酬。根据当时安徽省的统一规定,初中每节课每月5元,高中每节课每月7元。教员要取得较多的收入,就必须多教课,当时一般每个教员每月不少于十五六节课。这样,一个初中教员每月可有80至100元的收入,一个高中教员每月可有130元左右的收入。……

皖南行署设了专职督学数人。……督学的地位相当于行署的科长,月薪一般从荐任9级至荐任6级,即240元至300元。……②

胡逢荣的回顾虽然涉及小学、初中、高中乃至行政人员的薪给水平,但实际上,在抗日战争前后的近10年时间里,由于物价上涨等原因,工资变化不仅周期短,而且幅度大③。《徽州中等师范教育》的编者,曾整理出民国26年(1937)至民国36年(1947)省立徽州师范教职员薪给情况,请参见表6-6。

---

① 李友芝、李春年、柳传欣等:《中国近现代师范教育史资料》第2册,内部资料,第525页。

② 胡逢荣、田世庆:《抗战时期的皖南教育》,《安徽文史资料全书·黄山卷》,安徽人民出版社,2007年,第574–577页。

③ 歙县地方志编委会编、黄山书社2010年出版的《歙县志》第527页记载了歙县物价的波动情况:民国27年,每百公斤大米售价12.50元,每百公斤毛茶售价37.50元。民国33年,每百公斤大米售价4 833元,每百公斤毛茶售价5 800元。民国37年,每百公斤大米售价1 052万元,每百公斤毛茶售价3 156万元。

表6-6　民国26年(1937)至民国36年(1947)部分年度省立徽州师范教职员薪给一览表①

单位:元

		1937年	1938年	1939年	1940年	1942年	1945年	1946年	1947年
教 师	最高	174	98.4	74.6	115	465		373	366
	最低	18	39	34	11	83		80	188
职 员	最高	62	65		61			160	
	最低	30	40		40			60	
校长			108	120	160	439		340	300
教导主任				90	50	410		339	

上表显示的水准如何,可与民国32年(1943)10月12日教育部以第49840号部令发布的"国立中等学校教职员薪级表"比对。在中学,校长薪级在7至1级(280～400元),处主任薪级在10至5级(220～320元),高中专任教员薪级在11至6级(200～300元),初中专任教员薪级在13至8级(160～260元)之间,书记(最低级职员)薪级在22至17级(60～110元)②。而也在同年,经行政院批准,教育部公布《部定提高师范学校教员薪给实施要点》,规定各省立师范学校通过检定的教员,其薪给可以在超过该省中学教师待遇25%的范围内提高③。

民国26年(1937)与民国27年(1938),教员的月薪系按钟点制计算。高中师范科每小时1.75元,简师每小时1.25元(即每月每节分别为7元和5元;1938、1939年发国难薪,薪俸标准有所降低)。即便是在民国27年(1938),教员最低工资39元,在歙县市面上也可买到624斤大米。应该说,这在当时的徽州,算是比较好的待遇。

民国29年(1940),又恢复了钟点制。其后几年高师科教员每小时的薪酬标准,请参见表6-7。

表6-7　民国30年(1941)至民国32年(1943)省立徽师高师科教员薪给标准一览表④

单位:元/小时

时 间	1941年(上)	1941年(下)	1942年(上)	1942年(下)	1943年(上)
高师科	1.15元	1.75元	2.10元	2.75元	3.50元

实行钟点制同时,职员薪俸亦有提高,每月最高额、最低额分别为300元和69元左右。

---

① 徽州地区教育志编写组:《徽州中等师范教育》(征求意见稿),油印本,1986年。

② 李友芝、李春年、柳传欣等:《中国近现代师范教育史资料》第2册,内部资料,第477页。

③ 崔运武:《中国师范教育史》,山西人民出版社,2006年,第142页。

④ 徽州地区教育志编写组:《徽州中等师范教育》(征求意见稿),油印本,1986年。

此外,教职员除教授费及薪给,也曾参照省级公务员标准,发放生活补助金、领食公粮(省立学校依据省级标准,县立学校照县级公务员给予,私立学校由校董会筹给)。

但从民国35年(1946)开始,物价急速高涨,币值下跌加剧。虽然教职员月薪按月增加倍数发给,生活补助金也按月有所提高,但薪俸收入增长速度远远落在物价增长速度之后,教职员生活越来越苦。民国37年(1948)1月,《教育杂志》发表黄敬思的文章《教师的待遇保障与其影响》,指出:"现在教师待遇之菲薄,已达空前状况,月俸所入,食不能饱,衣不能暖,斗室未遑安居,疾病难获医治,上无以仰事,下无以俯畜。是求自己生存且不可得,欲其负责任,图改进,其可能乎?"[①]确实是对实际状态的反映。

给予教员进修及学术研究的机会,以提高其业务水平、激发工作热情,也是提升教员待遇的具体举措之一。民国23年(1934),教育部以训令方式通知各省,该年暑假在全国十八所大学为中等学校续办理科教员讲习班,还新开历史、地理、英语等科教员讲习班。安徽省教育厅据此选择了国立中央大学、国立北京大学、国立师范大学、国立武汉大学、国立浙江大学、国立清华大学、国立山东大学、私立金陵大学为培训基地,饬令各中等学校选派教员参加,计有理科教员59人、史地教员59人、英语教员31人入选。后因其中5所大学没有开办讲习班,致使全省得以成行的仅有14人。其中省立徽州师范学校史地教员吴政达在国立中央大学史地科参加了学习。省教育厅随后每员津贴费用20元。

为使教员进修在制度上有保障,民国24年(1935)7月,教育部发布《修正师范学校规程》,第114条对此给予了明确规定:

> 师范学校教员连续在一校任职满九年后,得休假一年,从事研究考查,并将其成绩送由学校迳呈省市教育行政机关,或呈由县市教育行政机关转呈省教育厅备核。
>
> 前项休假教员,应仍支原俸,但以不兼任任何有给职务者为限。[②]

但这样的原则规定,在没有操作细则的情况下是难以实施的。如研究项目如何确定、研究地点在哪里、申报程序是什么、发生费用由谁承担、为其顶替岗位者薪金由谁支付等等,都会困扰具体的办学者和主办者。因此,民国30年(1941)12月9日,教育部颁布第47805号训令《教育部奖励师范教员进修及学术研究暂行办法》,对此作了细化:凡检定合格、在师范学校任教五年以上且有卓著成绩者,

---

① 李友芝、李春年、柳传欣等:《中国近现代师范教育史资料》第4册,内部资料,第1 606页。

② 教育部:《修正师范学校规程》,陕西省教育厅印发,陕西省立师范学校图书室藏本,第25页。

均可申请带薪进修半年,其中分休假研究、参观考察两种类型,各在教育部指定
学校或地区进行。学术研究由师范学校申请,在该校符合上述条件的教员中遴
选1~5人参加,在本校不脱岗进行,期限一年,其奖励金半数津贴用于教员,半
数用于研究材料等项。凡获得以上两类奖励金的教员,除非触犯法律、道德败坏
或健康恶化,均不能解聘[①]。次年,规定每项课题补助研究费300元[民国33年
(1944)增为600元,次年再增至1000元]。但从省立徽州师范现存档案来看,并
未发现与此有关的任何材料。或许对大多数师范学校教员来说,那是可望而不
可即的,自然其所能产生的积极效应也值得探讨。

对于教师精神层面上的鼓励,也在国民政府教育管理部门的谋划之中。
民国29年(1940)4月29日,教育部以部令的形式公布了《教员服务奖励规则》。
该规则奖励的对象包括了各级公立及已立案的私立学校校长及教员。教员服
务奖状为一、二、三等,分别对应奖励给在同一学校连续服务20年以上、15~20
年、10~15年的教员[②]。从奖项的设立意图看,应是鼓励教员立足现有教职,踏
实工作,用实际业绩赢得校长的聘用,进而达到全面提升教育质量的效果。但
是,当基本的物质待遇都难以满足甚至日趋恶劣的情况下,这样的精神奖励到
底能起到多大的作用,也就很难说了。

与此同时,政府也努力营造关注师范教育的良好社会氛围。民国32年
(1943)10月,教育部发布《树立社会风气倡导师范教育实施要点》,要求各省市
每年举行推进师范教育运动周(3月29日—4月4日)活动,召开座谈会、安排教
育行政机关长官向师范生致词;教师节(8月27日)中小学生家长代表率学生
向教师行谢师礼、募集师范生奖学金等[③]。当时,皖南行署秉承上级指示,也举
行推进师范教育运动周,发动地方人士"对师范学校教师表示敬意","师范学
生举行效忠国家,献身教育事业宣誓,并由地方政府派代表向师范学生致词勉
励",试图由此引起社会重视,以利师资训练。然而省立徽州师范也只在歙县
召集地方人士,开了一次会。过后,一切依旧。

对于年龄较大的教员来说,退职后的生活来源问题最为担忧。虽然《修正
师范学校规程》规定,教职员的退休金与抚恤金按照国家有关规定办理,但直
到民国33年(1944)6月22日,国民政府才公布了《学校教职员退休条例》。条
例规定:凡服务15年(其中至少应连续在同一学校服务5年,下同)以上、年龄
达60岁者,或服务25年以上成绩昭著者"得声请退休";凡年龄已达65岁者,或
心神丧失、身体残废致不胜职务者"应即退休"。凡符合上述条件退休者("应

<hr>

① 李友芝、李春年、柳传欣等:《中国近现代师范教育史资料》第2册,内部资料,第445页。

② 李友芝、李春年、柳传欣等:《中国近现代师范教育史资料》第2册,内部资料,第414页。

③ 李友芝、李春年、柳传欣等:《中国近现代师范教育史资料》第2册,内部资料,第474页。

即退休"者需服务15年)可享受年退休金待遇,其数额为退职时年薪的40%至65%(按退休类别及服务年限有区别);凡服务5至15年的退休教职员,只享受一次退休金,其数额为每服务一年给予退职前一个月的月薪标准。或许是预见到可能出现较大幅度的物价上涨,"条例"还特别规定:

> 在非常时期学校教职员之退休金,除依前二条给予外,并应按现任教职员之待遇比例增给之。但一次退休金其增给额不超过其待遇一年总额百分之四十。[1]

若在时局稳定、物价波动正常的年代,就在职人员薪金水准为当时当地人均食、衣、住三项基本开支的3倍而言,享受年退休金的教职员安度晚年问题不大(长期患病或患大病另当别论)。但从民国33年(1944)到民国38年(1949)的五六年间,恰是20世纪经济最糟糕、物价上涨最疯狂的时期,在职教职员尚觉度日艰难,更何况已经退休者呢? 同时,从聘用方的学校来说,虽然退休金由国库开支,但退休人员毕竟给学校带来不少麻烦。因此,在待聘者比比皆是的情况下,除非特殊情况,尽量少聘年龄较大的教职员,是大家心照不宣的事。同样,在省立徽州师范,也少见有年龄很大的教职员登记在册。

与《学校教职员退休条例》同时公布的还有《学校教职员抚恤条例》,对于遗族享受年抚恤金和一次抚恤金的条件、数额、经费来源、领受顺序等事项也作出了具体规定[2]。但在省立徽州师范,未见具体事例,难以对其执行程序等作出复原式的描述。

第五节　　因陋就简的办学硬件

民国21年(1932)12月17日,国民政府公布《师范学校法》。该法条款仅有17条,只对办学的各方面提出原则性的意见。其后附的《师范教育规程》则全面而具体,其中对师范学校的办学硬件同样有十分明确的标准。第七章"设备"共有7条:对于校址,要求"具有相当之面积,且其环境须适合道德及卫生条件"。校内应有的教育教学场所包括普通教室,特别教室(物理、化学、生物、图画、音乐教学之用),工场(木工、金工)、农场、合作社或家事实习室,运动场(如可能,设体育馆),图书馆,仪器、药品、标本、图表室,体育器械室,自习室,会堂,学生成绩陈列室,办公室(职员同室办公,不得占用校内优良屋宇),学生寝室,教职员寝室(如可能,应备教职员住宅),膳堂,浴室,储藏室,校园,其他等18项。这些建筑

---

[1] 李友芝、李春年、柳传欣等:《中国近现代师范教育史资料》第2册,内部资料,第488页。
[2] 李友芝、李春年、柳传欣等:《中国近现代师范教育史资料》第2册,内部资料,第491页。

既要坚固、朴实、实用，又要采用本国式样与本国材料。

关于教学仪器、药品、标本、图表、机械、器件等的数量，规定以够用为原则，其中能自制者，鼓励本校教师与学生共同制备。对于表簿的种类，则规定得很详细，计有师范学校法令、学则等学校章程、各年级课程表、每学期各班每周教学时间表、各班教学用图书一览表、教职员履历表、教师担任学科及教学时间表、教学进度预计簿、教学进度记录簿、学生学籍表、出席簿、请假簿、操行考查簿、奖惩登记簿、学业成绩表、身体检查表、图书目录、仪器（标本、器械、药品）目录、财产目录、预算表、决算表、各项会计表簿、各项会议记录等。总体看来，鉴于国家、地方政府及私人或组织财力有限，该"规程"实际上只是罗列了办学必需的项目，并无具体的数量要求，即便是图书，也仅规定"须足供教员及学生参考阅览之用，其常供学生参考者，尤其具备多数复本"。这就为很多师范学校勉强办学提供了政策空间①。

民国23年（1934）创办的省立徽州师范，校址在今歙县徽园，即原先新安中学堂旧址，面积虽然不大，基本设备却比较齐全，设计也规整。创办当年，省教育厅拨付全省各中等学校修筑校舍款共计103 050.37元，省立徽师没有项目；拨付全省各中等学校修理校舍款共计13 181.39元，省立徽师仅有修建办公室一项125.9元；该年经常费预算中修建费全省合计39 400元，省立徽师只有建造费420元、修理费180元（同期省立徽州中学分别为1 190元和510元；省立徽州女子初中分别为1 050元、450元）②，可见校舍能满足初期班额较少时的基本需要。当年秋季入学的柯敦厚，在70年后的回忆中，对颇有书香气息的校园依然记忆清晰：

> 徽师的大门，面临大街，前面有一道垣墙和街道隔开，短垣东西两端有园门。进入园门，是一个宽广的院落。几株高大的垂柳，枝条伸出垣墙临风飘拂，院内院外，浓荫满地。人们一走到这里，心境顿觉清静起来。北望仪门，边上挂上"安徽省立徽州师范学校"的校牌，令人产生庄严肃穆之想，洗涤市肆嚣尘。跨进校门，一条修长宽阔的甬道出现在眼前。走过甬道，就到了大会堂。这个大会堂好像就是全校鳞次栉比建筑群的中心，教室（包括阶梯教室、美工教室、理化实验室）、宿舍、自修室、办公室、会议室、会客室以及饭厅、厨房等，都从此向着四周辐射展开。建筑群西边，还有一大片南通街、北到城墙的平芜旷野，靠南是大操场，靠北是校园，中间还夹着一个盖上青瓦的雨操场和一段游廊。校园里有参天的乔木、青翠的竹林，其间植桃李等花果树。又有假山、池塘、亭、台、石洞、花坛、草地。磴道纡回、曲径通幽、花香四溢。倘若登上城头，举头瞭望，四围烟树一城

① 李友芝、李春年、柳传欣等：《中国近现代师范教育史资料》第2册，内部资料，第324页。
② 安徽省政府：《安徽省行政成绩报告（1934年事）》，1935年（民国24年），第229页。

花,大可一快胸襟。①

在抗日战争的困难时期,师范学校勉力支撑已属不易,对于教学条件不可能有更多的奢望,场所、器材能代则代,其余一概从简。徽州师范下迁雄村后,学校本部设在桃花坝上的"崇功报德祠"(村人简称"崇报祠",解放后一度改为乡政府)内,并在"余庆堂"(南厅)、"孝思堂"(仁祠)(今毁,遗址已建民房)设置教室,厅、祠楼上为学生宿舍。祠前"大中丞"石坊前有一宽阔的场地,即当时的运动场地。运动场前的新安江边,是长约里许的桃花坝,桃树、紫荆套种成行,一年两季有花,古老的石栏、石桌、石凳在林中时隐时现,风景颇佳,是学子闲暇时自修的去处。

在江村,教学用房也租用宗族祠堂和民房,因受洪水扫荡,又经两次搬迁,设备损坏、丢失严重,也无财力添置,办学条件很差,师生生活艰苦。江村村民尊师重教,支持办学,除腾出公屋、租借私房用作校舍,还帮助学校修整房屋、搬运财产,无偿提供山地、粮地供学校开辟操场。学校也纪律严明,学生无男女相伴嬉戏逛村之举,无扰民之言行,有爱民助民之行为(为学校附近村民家打扫卫生等),晚自修时学生都在汽油灯下看书学习。学校开辟有田径场,每年都举办运动会和多种体育赛事。教学秩序良好。

民国27年(1938)9月至民国35年(1946)春,歙县棠樾、唐模、潭渡一带先后是国民党上官云相所率的第32集团军、唐式遵所率的第23集团军司令部和直属队的驻地。民国29年(1940)至民国35年(1946)间,唐式遵部副司令陶广的总部就设在潭渡(今潭渡中学校园内)。那时,这里东西各有一座黄氏宗祠,东为男祠(现已改建为宿舍),西为女祠(现已荡然无存),均为部队营房;中间是个大操场,连同潭渡河对面沙滩,为该部操练、集训的场所;操场北端建有一座豪华的办公用房(现拆建为新教学楼)。民国35年(1946)春,陶广总部被撤,留下大片营房和场地,省立徽州师范遵从政府指令,迁往潭渡。男祠正面大门即徽师大门,门楣上一度留有"精忠爱国"几个字,祠内为教学场所。女祠为学生宿舍,原司令部为学校办公场所,练兵场正好配做操场用。民国36年(1947)从绩溪考入省立徽州师范的朱光辉后来回忆道:

> 歙师校舍由两座大祠堂做学生宿舍、饭厅和厨房,宿舍里一律通铺。操场北面有一别墅式的楼房,是教师宿舍,校长胡逢荣也住在这里。②

在潭渡,虽然校舍相对宽裕,但教学设施依然不足。于是,师生一道就地取

---

① 柯敦厚:《母校三年》,《徽州师范》,2005年,第36页。
② 朱光辉:《人生之旅》,亚太国际出版有限公司,2004年,第36页。

材,因陋就简,尽可能地改善教学条件。当时,体育训练场地狭小、简陋,为满足民国33年(1944)招收的三年制体师科学生的教学需要,该科的创办者、科主任周宝璋就带领学生自己动手,挖沙坑、修筑跑道、整修球场,女同学则缝垫子,以作技巧运动之用。

民国37年(1948),省立歙师与省立歙女师合并,迁入县城问政山麓的县学(今歙县中学东侧部分)办学。县学占地约20余亩,明伦堂、大成殿等依山就势修建。明伦堂前种植着几株丹桂,廊庑间是隔开的教师宿舍,只有数平方米的面积,进门一张桌,桌后一张床,就基本没有多少余地了。大成殿是主体建筑,飞檐翘角,红墙黛瓦,气势恢宏,既是学校会堂也是学生饭厅,甚至也作阅览室使用;后殿也是一个四合院,都改成教室、办公室和教师宿舍,殿前两廊隔成学生宿舍;殿下挺立着一棵高大的玉兰,曾给无数学子留下深刻的印象。泮池两侧,是四排一层平房,既是教室,也有小间的教师宿舍。平房三面砖墙,临泮池一面才开有一排木窗,窗外是走廊。室内及走廊都是泥巴地面,不平且潮湿;瓦顶,没有天花板。为支撑屋顶,教室中间还竖立两根木柱。夜间照明用汽油灯,哧哧作响,灯下光线刺眼,四周却依然昏暗。学生宿舍还散布在校内其他老房中,因有天井,木板分隔不严密,冬天雪花也会飘落到上铺,晚间老鼠是常客,甚至连狐狸也来光顾。学校门口有一空地,面积有限,并不规则,乱石也多,却是学校可以利用的运动场地。但相比于此前,有一个比较完整的校园是最让师生满意的。

经费是改善办学条件的基础。省立徽州师范的经费由省财政开支,但是,安徽省的财政状况一直很差。民国16年(1927)至民国26年(1937)间,全省年财政收入在全国排名靠后,均为七八百万元左右,仅比甘肃、青海、宁夏、绥远等边远省份稍好。以民国22年(1933)为例,各省财政收入概算,山东、浙江各2 300万元,江苏2 100万元,江西1 700万元,而安徽只有1 116万元(其中含中央补助金328万元)。同期安徽省每年支出均超过1 000万元,每年仰仗中央财政补助300余万元勉强度日[①]。

抗战爆发后,芜湖、蚌埠、安庆、合肥等商业重镇和安徽东北、东南富庶之地相继沦陷,财政来源枯竭,收入锐减。民国27年(1938),全省的地方财政收入居然不到200万元,而抗战需要的支出剧增。在这样艰难的大背景下,省财政给予教育的投入能够保持基本供给,就是万幸。因此,在省立徽州师范办学的年代,一般情况下省财政拨付经常费,很少拨付临时费。以民国26年(1937)与民国27年(1938)的经常费开支为例,请参见表6-8。

---

① 王鹤鸣、施立业:《安徽近代经济轨迹》,安徽人民出版社,1991年,第499页。

表6-8　民国26年（1937）与民国27年（1938）省立徽州师范经常费开支一览表[①]

年度	收入		支出		支出占收入的比例(%)	年度	收入		支出		支出占收入的比例(%)
	项目	金额（元）	项目	金额（元）			项目	金额（元）	项目	金额（元）	
1937	省款	43 256（六班）	俸薪	24 621	56.92	1938	省款	43 256（六班）	俸薪	26 004	60.12
			办公	3 805	8.80				办公	3 706	8.57
			设备	3 610	8.34				设备	3 901	9.02
			其他	11 220	25.94				其他	9 645	22.29

　　在《修正师范学校规程》中的经费一章，对学校经费的支配，有一个大体的分配意见："除学生膳食外，俸给至多不得超过百分之七十，设备费至少应占百分之二十，办公费至多不得超过百分之十。"[②]上表显示：每年省拨经费中，教职员的俸薪开支约占56%到60%，这一数字虽然比规程规定的要低得多，但省立徽州师范学生膳食费是没有另外算的。如果在总数中除去学生膳食数千元（可能包含在"其他"项中），这个比例会上升5个百分点左右。办公费是维持学校运转最基本的开支，有限的设备费也是添置日常设备之用。没有大笔临时费，便无法兴建建筑、购置大设备，学校也只能维持基本运行而已。

　　虽然省立徽州师范的省拨经费只够办学的基本运转，但相比于全国同类学校，似乎又不算太差。民国26年（1937）至民国27年（1938），全国各有中等师范学校364和312所，每年支出经费各为5 312 267元和5 691 929元，平均每校各有14 594元和18 243元。同期中学校平均经费虽各为16 827元和19 755元[③]，只比中师略高，但由于中学生膳食费用自理，实际上学校可自主支配的经费要比中师宽裕。

　　总体看来，从民国23年（1934）到民国38年（1949），省立徽州（歙县）师范的办学硬件很差，除了校舍仅能勉强维持，教学设备极为缺少，理化课很少进行实验，生物课更缺对实物的观察与标本的制作，自然科学教学成为最薄弱的环节。技能课的教学也很不足，音乐课几乎就是唱歌，体育项目也很有限。因此，教师的教学多采用讲演式，传授基本书本知识而已。

第六节　省立徽师的招生

　　省立徽师民国23年（1934）成立时，设有高中师范科（高师），当年秋季招收

---

　　① 徽州地区教育志编写组：《徽州中等师范教育》（征求意见稿），油印本，1986年。原表1938年内，无"设备"一项及数字，"其他"内的比例为"31.67%"，显然有误。此处引者有补改。

　　② 李友芝、李春年、柳传欣等：《中国近现代师范教育史资料》第2册，内部资料，第585页。

　　③ 李友芝、李春年、柳传欣等：《中国近现代师范教育史资料》第2册，内部资料，第802—803页。

初中毕业生1个班，定额40名，修业3年。第一、二届只招男生，民国25年（1936）没有招生。从次年开始，男女生兼招直至解放，这是办学的主体。初中简易师范科（初师）从民国24年（1935）开始招生，招收小学毕业生，修业4年，初期只招女生，后来男女兼招，延续到民国35年（1946）[1]。高中简易师范科（高简师）只招过四届［民国25年（1936）、民国26年（1937）、民国29年（1940）和民国31年（1942）］，招收初中毕业生，修业1年，男女生兼招。

　　鉴于当时小学体育师资短缺，省立徽师在民国32年（1943）招过一期一年制体师，这是我省第一个兼收女生的体育师资班。次年，又开设首届三年制体师科，周宝璋担任科主任，谢季翔、张传起和程中立担任专业课教师，系统地对学生进行体育专业基础理论的传授和基本技术的训练。为配合专业学习，学校和体育老师还克服困难，组织学生参加社会体育实践，如县里的篮球和田径运动会比赛、裁判实习等，以经历实际的锻炼。这届学生在民国36年（1947）毕业后，有一些选择上海东亚体专深造，大多数走上了中、小学体育教师岗位。曾任南京大学体育部副主任的吴唐尧是该班学生，在经过三年中小学体育教学实践后，他参加了1950年全国首届统招，进入南京大学体育系学习，后留校任教近四十年[2]。

　　可能是为避免与刚创办的省立歙县女师在招生上冲突，民国34年（1945），省立徽师开办了首届二年制幼师班，专门培养幼稚园教师，入校学生36人。

　　当时的徽州，风气闭塞，思想保守。尽管新式学校开办已久，但在中等学校中，无论省办、公办、私办，还是中学、师范或其他职业、专科学校，或只招男生，或为女子学校，没有一所是男女生同校的。而省立徽师在民国24年（1935）增办初师时专收女生，与中师男生实行男女同校；次年增办的高简师又实行男女同班，这在徽州教育史上，的确是开了风气的先声。

　　需要指出的是，国民政府教育部在民国24年（1935）6月发布、民国36年（1947）4月修订的《修正师范学校规程》规定："师范学校学生，以男女分校为原则。"[3]省立徽师此后始终坚持男女同校，既与办学者思想观念比较开放有关，估计也想借此突破徽州师范招生区域狭小、生源有限的制约（《修正师范学校规程》规定每班学生以50人为度，但至少须有25人。而当时学生中途流失情况严重）。

　　当然，为减少社会舆论的压力，学校采取了多种措施，将男女生界限划得很清。民国24年（1935），初师女生入校，为解决这些学生的上课、住宿用房，租赁了大北街郑家大屋。次年迁入本部后，在校内东侧设立女生部，门禁森严，不准男生入内。男女同学不到总理纪念周会不能见面。即便是在民国25年

---

[1] 鲍弘道：《忆母校徽州师范》，《安徽文史资料全书·黄山卷》，安徽人民出版社，2007年，第588页。
[2] 吴唐尧：《三年的体师科学习生活难以忘怀》，徽州师范学校《跨越百年》，内部资料，2006年，第82页。
[3] 李友芝、李春年、柳传欣等：《中国近现代师范教育史资料》第2册，内部资料，第586页。

(1936)元旦,学生在学校礼堂演出胡适的《终身大事》和田汉的《战友》戏剧,也是男女生分开表演。男女生交往的藩篱,直到迁校至雄村之后,因限制交往的物质条件不允许才逐渐淡化。据民国23年(1934)到民国36年(1947)的不完全统计,全校男生406人,女生212人,女生约占总人数的34.3%[1]。

师范学校的招生条件,对报考学生的学历有要求,但对其年龄要求较宽松,报考高师的学生年龄在15至22周岁之间均可。报考省立徽州师范的学生,大多是家境不很宽裕但也并不十分艰难的家庭。民国35年(1946)考入省立歙县师范的歙县西溪村人程日宏就是典型的一例:

> 1946年夏,我从问政山歙县中学初中毕业,还不满15周岁,不管做什么,年纪都太小。家中又没有田地,连学种田都没有条件,最好就是继续读书。但家庭经济又十分拮据,全靠父亲一人当教师的工资养活全家12口人。所以要读书,就要考公费学校。选择结果当然是师范学校。当时歙县师范是全公费的,连吃饭都由学校提供,无疑是最理想的了。于是,1946年秋季我就考入了歙师,校址在潭渡村。[2]

当时的招生,都实行自主招生考试。有志向报考的学生先向省立徽州师范呈交高小或初中毕业文凭。这些文凭或为彩色印刷,比较正规,上方正中旗帜交错,其上为孙中山头像,下边围以方框,中间文字一般如:

毕业证书

学生 张庆兰,系 江苏 省 吴 县人,现年 十五 岁,在本校高级 修业期满,成绩及格,准予毕业。此证

歙县政达乡中心学校 校长 汪嵩祝

歙县政达乡中心学校第一分校 教导主任 曹岳峰

中华民国 三十一 年 七 月 日[3]

多数文凭为学校自行油印,纸张粗糙,没有图案,仅有相关文字。

因当时办理毕业证书需要教育行政部门验印,时间很长,为不影响学生报考,有的就凭校长书写的证明。如省立徽州女子中学就为学生开出这样的证明:

---

[1] 徽州地区教育志编写组:《徽州中等师范教育》(征求意见稿),油印本,1986年。

[2] 程日宏:《从徽师走向革命》,徽州师范学校《跨越百年》,内部资料,2006年,第87页。

[3] 原件系徽州师范学校档案室收藏。以下凡未注明者同。

毕业证明书

查学生许兰芬,系安徽省休宁县人,现年十八岁,在本校初中部职业科肄业期满,成绩及格。毕业证书验印未发,合给此证,以资证明。

校长　胡翼谋

中华民国三十三年　七　月　日

当时由于正值战争时期,曾在外地就读的很多学生回徽州避难,原先的毕业证或遗失,或未随身携带,也可由有关学校发给证明:

歙县忠孝乡敬爱保国民学校证明书

迳启者:兹有学生付肇雄,浙江省衢县人,年十四岁,在大洲中心小学高级毕业,避难来徽,因该校所发给之毕业证书未曾随身携带,希准予先行报名为荷。

校长　王志鸣

中华民国三十三年八月

证明书甚至还可以由地方政府发给:

歙县徽城镇镇公所证明书

证字第 2186 号

兹有本镇叶家园住户吴济民之侄女吴超尘,现年十七岁,曾在江苏省无锡锡山小学高级毕业属实。因返里途次不慎,致将毕业证书遗失。兹以该生投考徽师须缴证件,无从检取,据该户长请予证明前来,合给证明书为证。

镇长　王祖述

中华民国三十三年九月

来自沦陷区的考生,辗转多日到达屯溪①,也可由政府专门设立的组织如"第三战区战地失业失学青年招训委员会分会屯溪招致站"审核后出具证明:

事由:函介陷区学生投考由

兹有陷区学生李天治、曹寅生等二名,业经本站审查登记合格,现拟

---

① 籍贯江苏盐城的江苏省立第二临时师范学校一年级学生孙树堃在表格"脱离战区经过"一栏这样描述:自家坐民船起程,至兴化,仍由民船行八到无锡,弄通行证停三日,又由民船达溧阳,后来生即沿途步行,经广德茅村抵绩溪,后仍步行,方达目的地屯溪。

自备费用投考贵校。用特函介,即希查照,准予验考入校为荷。此致
省立徽州师范
（附登记二份）

　　　　　　　　　　　　　　　　主任　何振球
　　　　　　　　　　　　　中华民国三十二年九月十三日

也有由学生原籍政府相关机构发给证明的事例:

监察院江苏监察区监察使署证明书

事由:为董国樑学籍由

　　查董国樑,现年十八岁,籍贯上海市人,曾在春晖中学初中毕业,内迁
升学,因证件不便携带,特此证明。

　　　　　　　　　　　　　　　　右给董国樑收执
　　　　　　　　　　　　　　监察使　吴绍澍
　　　　　　　　　　　　　　监　印　钱华卿
　　　　　　　　　　　　　　校　对　顾琢人
　　　　　　　　　　　中华民国三十四年八月六日

也有的是怕证书邮寄丢失,因此先予说明,待考试时一并亲自带交呈验:

　　兹有本校高小毕业生胡闰余,拟转入贵校肄业,因路程较远,毕业证
书寄递不便,为特具函,希准予提先报名,俟晋歙投考时再与①缴验证件。
尚祈念该生向学心切,姑予先行登记,相应函请查照为荷。此致
徽州师范学校

　　　　　　　　　　　　　休宁县率口乡中心学校分校启
　　　　　　　　　　　　　　　　　　　　八、八

　　如报考的学校有熟悉的教工愿意担保,也可以其他能证明其毕业的材料先报
考。民国35年(1946)8月29日,省立歙县师范教师张传起就为考生盛铎报考歙师
担保,他在交给教导处的盛铎同年8月投考省立屯溪工业职业学校的入场证上,写
明"盛生证件准于入学前缴校,本人可负全责"。盛铎因此获得报考资格。

---

　　① 原文如此。"予"字之误。

甚至只要与学校负责人相熟,凭一纸便函,也得允许。如民国37年(1948)中师科毕业生毕有为当年报考时,仅有一张介绍信:

> 兹有学生毕有为,前来贵校报到。务希照准此请。
> 炳埝、怀仁二兄赐察
>
> 　　　　　　　　　　　　　　　　　　　　　　·　弟侣[①]上
> 　　　　　　　　　　　　　　　　　　　　　　　即日

而当时的教导处主任李炳埝于3月9日在便笺上签署的意见就四个字:准予报考。

一些入学时年龄小的学生,初简师毕业也才十七八岁。一来经验不足,二来教职难寻。如果家境尚可,也会考虑继续求学。如民国37年(1948)中师科毕业生章和政在民国34年(1945)报考时,其父就向校长查景韩写信请求予以照顾:

> 迳启者:小儿章和政,曾于三十三年度在贵校简师四年级毕业,原应遵章服务小学教员一年,再行升学。惟和政年龄尚稚(十七岁),深恐经验未充,难于胜任,因敢具函申请投考贵校高师一年级,继续肄业,俾得更深学识,他日服务社会,以副贵校培植人才期望之殷切,尚希俯鉴下情,赐予录收,无任感戴。此请
> 省立徽州师范学校校长查　教导主任李
>
> 　　　　　　　　　　　　　　　　　家长 章静尘 启
> 　　　　　　　　　　　　　　　　　九月十日

如果严格按照《修正师范学校规程》第12章"服务"中"师范学校毕业学生服务年限,一律定为三年","在规定的服务期内,不得升学或从事教育以外之职务"[②]的要求,省立徽州师范应当谢绝其请求。但教导处主任李炳埝于9月12日在该信件上签署的意见是:准在高一修业。

根据《修正师范学校规程》第78条"师范学校及幼稚师范科入学资格为初级中学毕业,特别师范科入学资格为高级中学或高级职业学校毕业,均须经入学试验及格"的规定,中师的报考资格只限于普通初级中学。而实际上,如果是初级中学职业科的毕业生,或许也被允许报考。但在上级教育行政部门严令之下,已经入学者也不得不退学:

---

① 原文不清楚,未知"侣"字正确否。
② 李友芝、李春年、柳传欣等:《中国近现代师范教育史资料·修正师范教育规程》第2册,内部资料,第596页。

项奉教育厅国字第444号指令,略阅"师范科一上新生〇〇〇[1]等所缴证件均系职业学校学籍,与修正师范科学校规程第78条规定不合,应予迅即斥退,并具报备查"等因。相应函达,即希查照为荷。

此致

学生〇〇〇　贵家长　台鉴

校长　查〇〇

三、二

上引资料显然是教导处办理此类事务的草稿,从目前徽州师范学校档案室收藏的五六张初级职业类中学毕业证明书来看,以此资格报考者尚不是个别(在徽州师范学校校友录上,未见收藏的证书所有者姓名,大约是报考了却未被录取的缘故)。

鉴于战争时期种种特殊情况,省立徽州师范即便在新生入学前没有验证其毕业证书,一般也采取先准许报到上课,稍后继续催缴的方式。浙江昌化仁溪人帅正直民国34年(1945)9月考取省立徽师并入学,但到次年4、5月间,催缴证书的函件还在陆续往来:

昌化县立初级中学公函

教学第296号

中华民国三十五年五月廿八日

案据本校毕业学生帅正直函称:以校方催缴原校毕业证书甚急,务请迅予寄发以资缴送等情前来。据查,该生毕业证书,经呈厅验印,尚未发还。一俟验发到校,即行寄出。除函知帅正直知之外,相应函请贵校查照为荷。此致

安徽省立徽州师范

校长　陈□[2]

学生报考已被录取者,原先的毕业证书应予归还。也有少数学生未及时到教导处领取毕业证书,而在离校之后再函请邮寄:

报　告

三十五年六月十二日于屯溪

窃生李水源,于三十三年秋季考入安徽省立徽州师范学校高师一年级

---

① 原稿如此。疑此为草稿,"〇"或为不确定的学生姓名,或为知名不具,如下边的"校长　查〇〇"。

② 原稿中此字模糊,难以辨认。

甲组肄业,一学期后,因经济困难,不能继续入学,服务于三民主义青年团祁门分团部。今因团方需要缴验学业证明文件,特此恳请钧长赐予,发给肄业证书,并请将投考时所缴之毕业证明书发还。实为恩德。谨呈校长查

　　附邮票五十元

学生　李水源(章)呈

通讯处:屯溪青年路青年团祁门分团部

　　因当时各地基础教育发展不均衡,经济条件有限,考生递交的文凭虽有学校公章和校长私章,但许多没有照片,这也为少数考生冒用他人文凭获得考试资格留下了可能。虽然没有文献作证,但笔者在访谈解放前入学的徽州师范毕业生时,听到说出真名实姓的此类事例。

　　考生文凭验毕合格,可领取准考证。现存一张省立屯溪工业职业学校的准考证,为我们推测省立徽州师范发放的准考证式样提供了参考:

安徽省立屯溪工业职业学校

三十五年八月新生投考

入场证

姓名　盛铎(照片)　　　　科别　　　　座号 44

试场规则

1. 须自备笔墨及应用文具
2. 须按照规定时间入场
3. 须依座位表号次就座
4. 不得发问
5. 不得交谈传递及窥视
6. 不得携带片纸只字
7. 不得撕毁卷内稿纸
8. 书写不得用铅笔并不得潦草
9. 不得于答案外书写任何文字及符号
10. 不得擅自离座或出场
11. 不得逾规定时间交卷
12. 交卷时将卷面浮签撕去
13. 交卷后应即退出试场

考试时值暑假，考生自行前往报考学校参加考试。无论路途远近，多数考生都只能结伴步行。其间的辛苦，难以尽述。民国36年(1947)报考省立歙县师范的绩溪人朱光辉这样回顾他的报考经历：

> 1947年夏，初中毕业，我报考歙县师范(徽师前身)，准备将来当教师。做这个决定很简单，没费多少思考，主要是家里没钱，读师范吃公粮。……赴考前一天，我自县城步行去临溪石榴村余百川同学家……第二天与他同行去潭渡参加新生考试。他嫂嫂特为我们做了上十个腌菜粿，供我们当中饭。一路上天气炎热，我们除带些应考文具外，一人只拿一把麦秆扇子和一块毛巾。走了五十里路到了万年桥边，两人歇息片刻，喝些冷水，顺便吃了一顿冷饭粿。下午到了潭渡，当晚睡在大礼堂(黄氏宗祠)的大饭桌子上。蚊子成群，几乎一夜未睡。第二天考好后，就在潭渡桥头烧饼摊上买了一些山芋和烧饼，吃着又步行返回绩溪了。……①

报考学生通过省立徽州师范的入学考试后，学校即寄发录取通知书，同时将名单在覆盖面较广的当地报纸上公布。20世纪三四十年代，徽州的报业中心在屯溪，以《徽州日报》《皖南日报》《皖南新报》《皖报》《皖南人》《火炬周刊》《中央日报(安徽版)》《中国日报》《复兴日报》《中华日报》《大众报》《大道旬刊》《大道报》影响为大。其中民营的《徽州日报》创办于民国21年(1932)，新中国成立前夕停办，偏重于地方新闻，为多数学校刊登广告之首选②。省立徽州师范也不例外。

民国时期，省市教育主管行政机关对各师范学校师生的管理，在制度上设计得很严密，每学期新生(第二学期是老生)、插班生、复学生、休学生、退学生名单以及校长、教职员的学历、经历、职务、俸给、专兼职务等均需报省，再由省汇总报教育部。其中第一学期上报时限为开学后一个月内。因此，各校对于学生均有按期注册的要求，如果逾期而没有足够的理由，将作为自动退学处理。由于邮政落后，交通不便，新生未能按期报到注册而被拒绝的事情时有发生。对此，学校的作法或许让人感到不近人情，但却维护了制度的尊严。民国34年(1945)③旌德县考生程新义的一封书信，就充分表达了这种遗憾、无奈与不满：

---

① 朱光辉：《人生之旅》，亚太国际出版有限公司，2004年，第36页。
② 徽州地区地方志编委会：《徽州地区简志》，黄山书社，1989年，第307页。
③ 这封信没有署上年份。民国32年(1943)，教育部曾通令转发师范教育讨论会有关实行师范学校新生保送入学等的议案，要求各省市参照办理。次年，又令各省市教育局，规定各省立师范学校在招生时，应指定各该师范学校区内各县市保送80%，毕业后回原县市服务。考虑到安徽省在民国33年(1944)开始执行师范生保送制度的可能性较大，故初步判断此函写于民国34年(1945)。

宗湜校长鉴：

　　贵校去岁招生，旌德县政府奉行署明文令，饬保送初中毕业生若干名，我即向县府报名，参加考试，成绩及格，再赴贵校，按规定考期参加复试，仍及格，列入进取生名额内，我系考高简师的，也因家道困难，束[1]短期间，在经济方面都少要节省一点。

　　旌德相隔徽州约壹百余里，往返须五六天之久，此次往返消耗途费四、五千之巨，也因交通不便的关系，通知接迟了约七八天。再由徽州日报上看到我等列入进取生，当有程国顺等三名先达贵校报名注册，哪知已经超过报名注册日期，所来各生一概不收。该校如此严格，毫不顾全事实，太是[2]人失望矣！该生捶[3]头丧气，没精带[4]采地跑回家了。

　　我在泾邑私立培风中校一张初中毕业证书，交由贵校业已一年矣，三年的精力、经济、光阴完全损失，而获得一点代价，我实乃不捨丢掉，无论如何，我只得伏首恳请贵校长将那张证书，查明投邮寄还给我，实乃不胜感德至之。

　　此颂

公绥

　　　　　　　　　　　　　　　　　　　　　　　　　　　程新义

　　　　　　　　　　　　　　　　　　　　　　　　　　八月二十六日

通讯处：旌德城内旌阳镇公所交可也。

当校长查景韩在此件上签下"捡出退还"四字时，不知内心是否也充溢着内疚？

　　省立徽州师范这样的报考程序，实际上一直持续到1952年。徽州师范1958届毕业生潘楷赵回顾了他1952年的报考历程：

　　　　没有老师送考，一班同学搭车到了县城。我是第一次出远门，一切都很陌生。徽师的工作人员给我们安排了吃住的地方。晚上在饭厅点上汽油灯让我们复习，考试时间是两天，考完后进行了口试。我记得是汪定礼老师找我谈的，只简单的问了问我为什么要考徽师，我很干脆，"愿当教师"，又问了几句，口试结束。我知道，口试是检查一下口表能力，看看能否当教师。口试完毕，我们几个同学当晚走路回家(约一百里路)。

　　　　录取名单是在学校门口的墙上张榜公布的。三阳在城里工作的洪曙

　　① 原文如此。乃"缩"之误。
　　② 原文如此。乃"使"之误。
　　③ 原文如此。乃"垂"之误。
　　④ 原文如此。乃"打"之误。

光同志(后来的县政协主席)看到名单后,先期写信告诉家乡的考生。[1]

师范学校的招生区域,《修正师范学校规程》只是要求各省根据实际情形划分为若干个师范区,每个师范区原则上设立师范学校及女子师范学校各一所。这些师范学校应先就区内各县招生。民国9年(1920),安徽全省划分为9个师范区;民国11年(1922)改划为11个师范区,其中原徽州府所辖六县为一个师范区。因此,省立徽州师范的学生来源以本区为主,皖南附近其他县份及浙江、江苏等省也有少数。民国26年(1937)至民国38年(1949)毕业的省立徽师(歙师,也含与歙师合并后的歙女师)学生的籍贯统计,请参见表6-9、6-10、6-11。

表6-9　民国26年(1937)至民国38年(1949)省立徽州师范毕业生籍贯统计表(一)[2]

单位:人

地区	县	1937届 中师	1937届 高/简师	1938届 中师	1938届 高/简师	1939届 简师	1940届 中师	1940届 简师	1941届 中师	1941届 高/简师	1941届 简师	小计
原徽州府	歙县	6	12	9	19	20	12	14	17	16	21	146
	休宁	3	7	1	11	4	11	11	4	1	10	63
	绩溪	10	3	1	1	1	12	9	8	12	13	70
	祁门	2	5	3	5	1	1	2	1		2	22
	黟县						2		4			6
	婺源	11	12	6		2	4	1	8	1		45
宣城地区	宁国	1										1
	旌德			1						2		3
	宣城								2		1	3
	郎溪					1						1
芜湖地区	泾县						2					2
	芜湖			1			2			1		4
	当涂			1					1			2
	繁昌		1									2
	铜陵								2			2
池州	青阳							1	1	2		4
	太平	1		1		1		1	2			6
	东至								2	1		3
安	怀宁				1	2	2		1			6

[1] 潘楷赵:《艰苦而严肃活泼的学习生活》,徽州师范学校《跨越百年》,内部资料,2006年,第125页。

[2] 根据徽州师范学校《校友录》(内部出版物,2005年,第36-68页)统计而成。

续表

地区	县	1937届		1938届		1939届	1940届		1941届			小计
		中师	高/简师	中师	高/简师	简师	中师	简师	中师	高/简师	简师	
	桐城					1	1					2
皖中地区	无为		1	7				2				10
	庐江			1								1
	合肥			1		2		1	1		1	6
	含山	1		1								2
皖西北	六安						1					1
	凤台						1		1			2
	太和									1		1
浙	昌化			1					1			2
	遂安			1								1
	兰溪									1		1
	嘉善								1			2
苏	南京						1				1	2
	无锡			1								1
	江宁								1			1
	溧阳								2			2
	溧水										1	1
	奉贤										1	1
鄂	蕲县			1								1
贵	镇远			1								1
辽	梨树									1		1
	不明			1			1					2
	小计	35	42	36	36	39	51	42	61	39	53	434

表6-10　民国26年（1937）至民国38年（1949）省立徽州师范毕业生籍贯统计表（二）

单位：人

地区	县	1942届		1943届			1944届			1945届		小计
		中师	简师	中师	高/简师	简师	中师	简师	体师	中师	简师	
原徽州府	歙县	15	29	38	20	35	27	35	5	32	103	339
	休宁	6	17	16		23	2	7		9	11	91
	绩溪	7	10	7		17		5		1	9	56
	祁门					2				3	2	7
	黟县	2	2				3	3	5	6	5	26
	婺源	6	1	8	2	5	3			3	3	31
宣	宁国			2	1		1					4

续表

地区	县	1942届 中师	1942届 简师	1943届 中师	1943届 高/简师	1943届 简师	1944届 中师	1944届 简师	1944届 体师	1945届 中师	1945届 简师	小计
	旌德	1		2	1		1	2	2			9
	宣城			1		1						2
	郎溪	1					1			1		3
芜湖地区	芜湖	1		1				1				3
	当涂	2		4	1		1			1		9
	繁昌						1			1		2
	南陵		1	2	1		2	1	1	3		11
	铜陵			1								1
池州	青阳	3	1			2	1	1				8
	太平	2					2	1		1		6
	东至	1		5			2				1	9
	石台	2										2
	贵池	5		1							1	7
安庆	怀宁	2		1			1			1	1	6
	岳西			1			1		1	4		7
	宿松								3			3
	太湖								1			1
	桐城		1									1
皖中地区	无为				1							1
	巢县									1		1
	合肥	1	1									2
	含山			1								1
皖北	萧县							1		1		2
浙	昌化	1					8		1	3		13
	于潜							2				2
	杭县							1	1			2
	遂安						3		3	4		10
	淳安			1					6	2		9
	建德			1					1		1	3
	桐庐								1	1		2
	寿昌								1	2		3
	孝丰						1	1				2
	兰溪						1		1	1		3
	金华					1			1			2
	永康	1										1
	嘉善					1						1
苏	南京				3		2					5
	无锡			1								1
	江宁	1										1
	金坛	1										1

续表

地区	县	1942届		1943届			1944届			1945届		小计
		中师	简师	中师	高/简师	简师	中师	简师	体师	中师	简师	
	宜兴	1		1		1					1	4
	溧阳							1				1
	昆山										1	1
	句容					1						1
	丰县			1				1				2
	盐城			3								3
鄂	蕲县	1				1						2
	沔阳			1								1
	黄陂	1										1
赣	南昌		1									1
	临川					1						1
沪										1		1
冀	清苑					1						1
不明		6	2	3	15	2	8	1				37
小计		70	66	101	44	97	69	67	34	82	139	769

表6-11 民国26年(1937)至民国38年(1949)省立徽州师范毕业生籍贯统计表(三)

单位:人

地区	县	1946届		1947届				1948届		1949届		小计
		中师	简师	中师	体师	简师	幼师	中师	简师	中师	简师	
原徽州府	歙县	27	33	51	22	40	15	39	47	30	150	454
	休宁	4	6	15	10	1	6	16	8	20	5	91
	绩溪	1	2	9	1	1	2	22	2	28	2	70
	祁门	1		7	2		6	3		8	2	29
	黟县	7		2		2		3		8	2	24
	婺源	2	1	5	4	3		2	5	2		24
宣城地区	宁国	1		2	3			7		6		19
	旌德	2						1		10		13
	宣城	1		1				1				3
	广德		1	6	1			1		1		10
	泾县			1						1		2
	郎溪									1	1	2
芜湖地区	芜湖			1		1			2	2	2	8
	当涂			2				3				5
	繁昌							4				4
	南陵	5		2								7
池州	青阳	1					1	2		1		5
	太平	2	1	2	2			1				8
	贵池			1				1				2

续表

地区	县	1946届		1947届				1948届		1949届		小计
		中师	简师	中师	体师	简师	幼师	中师	简师	中师	简师	
安庆	怀宁	1		1		1		2		1	2	8
	岳西	1			2							3
	宿松	2										2
	桐城								1		2	3
皖中地区	和县				1						1	2
	庐江			4	1			2		4		11
	无为							2				2
	寿县					1					1	2
	全椒									1		1
	巢县				1				1			2
皖北	灵璧							1				1
	凤台										1	1
	颍上							1			1	2
	昌化			3				4		3		10
	吴江							1				1
浙	杭县	1				1						2
	遂安	1				1		4		1		7
	淳安	4			4			1		1		10
	诸暨				1							1
	桐庐	2										2
	寿昌	2		3	1			1		2		9
	孝丰		1	1								2
	绍兴				1						2	3
	金华	1										1
	永康					1						1
	衢县										1	1
	余姚			2								2
	温州									1		1
	龙游			1								1
苏	南京		1									1
	泰兴									1		1
	海门				1							1
	宜兴			2								2
	高淳						1					1
	句容						1					1
	淮阴		1					1				2
	镇江		1			1	1					3
	南通			1								1
	盐城						2					2

续表

地区	县	1946届		1947届				1948届		1949届		小计
		中师	简师	中师	体师	简师	幼师	中师	简师	中师	简师	
鄂	黄安										1	1
	澧陵							1			3	4
	湘阴							1				1
赣	浮梁			1								1
	九江					1						1
	临川			1								1
	进贤										1	1
	新建	1										1
冀	庆云						1					1
川									1			1
闽	邵武										1	1
粤	南海										1	1
	不明		1			1						2
	小计	70	49	125	60	56	36	126	68	136	180	906

统计显示,来自原徽州一府六县的学生人数最多,为1 594人,占总数2 109人的75.58%。如果分县统计,则有表6-12。

表6-12 1937届—1949届省立徽州师范徽州籍学生分县统计表

项目	歙县	休宁	绩溪	祁门	黟县	婺源
总人数	939人	245人	196人	58人	56人	100人
占全校百分比	44.5%	11.6%	9.3%	2.8%	2.7%	4.7%

徽州籍学生中,歙县人最多。一是因为歙县人口多,民国24年(1935)统计数为357 457人,而同年除休宁县为166 254人外,祁门为90 618人,绩溪为98 655人,黟县仅为60 282人[①]。二是学校办学地点始终在歙县。对战乱时期年龄不大的学生来说,就近入学会使家长相对放心。当时四年制简师科招收的是高小毕业生,入学年龄一般在十三四岁,在所有的11届共856名学生中,歙县学生多达527人,占总数的61.6%,远远高于中师、高简师、体师和二年制幼师中歙县学生所占比例。休宁县所占比例稍低,似乎与其人口数不相称,其中主要的原因,除了距离稍远外,是因该县开设了简易师范学校,所以绝大多数简师科学生都未到歙县入学(以

[①] 王鹤鸣、施立业:《安徽近代经济轨迹》,安徽人民出版社,1991年,第46页。

1949届简师科人数最为典型)。绩溪县人口不算多,但比例不低,因该县有深厚的崇文向学传统,《江南通志》对其有"邑小士多,绩溪为最"的描述。黟县地理位置较偏,社会风气相对闭塞,求学人数也有限。祁门县人口与绩溪相近,但在省立徽师的学生数不多,最主要的原因是在徽州六县中,祁门是外来人口最多的县份,文化氛围相对淡薄,以至于在民国28年(1939)的统计数字中,该县无论接受过初等教育、中等教育还是高等教育的人数,都低于黟县。婺源虽然在民国23年(1934)至民国36年(1947)间划归江西省管辖,但其与徽州山水相连及文化的一致性,以及此一时段民间一浪高于一浪的"返皖"运动,都可能促使婺源学子自觉来到徽州府所在地求学。当然,从趋势上看,婺源在省立徽师上学的人数在逐渐减少。

　　抗战爆发后,徽州成为没有沦陷的后方,江苏、浙江等地难民纷纷后迁(其中就有很多是祖籍在徽州但已入籍当地的徽商后裔),屯溪成为皖南的政治、军事、经济和文化中心,外来人口集聚,流亡学生也随之增多。这一时期省立徽州师范的学生,徽州之外的省内外地区人数有所增加。首先,来自徽州邻近区域学生占多数。以安徽为例,来自宣城、芜湖、池州等江南地区学生共196人,占同期学生总数的9.29%;来自安庆、合肥一带皖中地区的学生86人,占同期学生总数的4.08%;而来自皖西、皖北的仅10人,占同期学生总数的0.47%。可见,地域远近是重要因素之一。其次,外省主要是受战争威胁最大的东部邻近省份如浙江(共113人,占同期学生总数的5.36%)、江苏(共43人,占同期学生总数的2.04%),其他如江西、湖北、湖南等省学生人数不多。地域远近仍是关键因素,如籍贯为浙江的学生中,来自和歙县接壤的昌化、淳安、遂安三县学生共62人,占来自该省学生总数的55%。

　　这些来自外地的学生,一旦形势好转,很多会回流到原籍学校(包括祖籍在徽州但家业在外地的一些学生)。写于民国35年(1946)2月[①]的一封省立徽师学生请求老师帮忙办理转学手续的信函就反映了这一事实:

李老师:

　　生等自去年离皖返浙,经过了半月的路途生活,始于年底到达家乡。为了准备功课,一直不曾修函问安,深感歉仄,唯乞谅之。

　　我们这次所投考的学校,是杭师和湘师,成绩都先后揭晓了,我们侥幸地均已录取,谅老师听了一定也替我们高兴吧。

　　前恳发给转学证书一事,已得吾师面允,今寄上照片四张,请吾师设

---

　　① 李蓉英在2月22日写给省立徽师何老师的一封信中,提到"这几天,主席携夫人在杭,所以杭市更形(可能是'显'之笔误)热闹"。杭州市档案局网站上"杭州档案·史海拾贝·历史上的今天"在"02月20日"下有这样的记载:1946年2月20日,蒋介石偕宋美龄抵杭州,由浙江省政府主席黄绍竑陪同在笕桥机场检阅青年军二〇八师及二〇九师代表队。

法早日寄下,生等不胜感激。

　　学校定十号至十二号注册报到,明天生等拟返家一行,转学证书请寄杭州三元坊浙西日报社陈济民先生转。余言再禀,敬祝

教安

生

斯美　怀志　云琛　蓉英　谨上

二、二十三

　　该信收件人或许是当时教务主任李炳埝。四名学生中,周斯美的籍贯是绩溪,竺怀志的籍贯是浙江孝丰,黄云琛、李蓉英的籍贯是浙江余姚,他们都应是民国36年(1947)高师科毕业生。因抗日战争已经结束,家乡形势稳定(周斯美的家人可能在杭州生活),他们便于民国34年(1945)底回到浙江杭州,着手准备必须通过的转学考试。同一天李蓉英写给何老师的一封信中,还提到"体师徐光润考锦堂师范体童科去了,他的转学证书托我们代做,那么我们又得麻烦老师向李老师说一声(附上照片一张)"。徐光润是同届体师科学生,籍贯为浙江淳安。淳安与歙县地理相连,新安江水路也十分通畅,他还是要转学到离籍贯更远的锦堂师范(地点在浙江慈溪观海卫),如果不是他家居住在杭州附近,便更证明到皖南的徽州求学只是战时迫不得已的一种选择。

　　当然,这些外来的学子,对在远离家乡的时间里得到省立徽师老师的关爱,也表示了感激:

何老师:

　　在学校未揭晓前,这颗悬挂着的心是无法安定下来的,为了离家乡近一点,终于别了我亲爱的老师和同学。忆及在徽州时吾师这种真挚的爱护,在很早失去父爱的孩子,更是永远铭感心板。的确,我要是有这样一个慈爱的爸爸,我好如何地幸福,也就为了老师爱我们如子女,所以当我将离别之前,特别感到难过,记得那天晚上我不能自禁地流过几次泪。就这样地作为默默地陈诉。老师啊,许多话我仍没有对你说,因为那天我实在太难过了,一方面也是不会说话的缘故。

　　…………

生　蓉英　谨上

二、二十二

　　这种如父爱的师爱,在战乱不息的年代,对这些远来学子们来说,是多么珍贵!

第七章　二十世纪三四十年代的省立徽州师范学校(下)

在战乱年代,省立徽州(歙县)师范四迁校址,颠沛流离;设施简陋,聊胜于无;经费紧缺,生活艰难。即便如此,师生依然遵守学校的各项规章制度,学校也是尽可能地保障师生的各项权利。正是他们对师范教育的苦苦坚守,才使得徽州师范这一脉能薪火相传,并迎来一个全新的时代。

第一节　省立徽师的学籍管理

学籍管理是学校的基本制度之一。其执行是否规范,是评价一所学校作风是否严谨、管理是否科学有效的重要依据。因为师范学校学生的学习、生活等费用由政府承担,所以对这类学校的学籍管理要求更加严格。

民国时期,中等师范学校仅设置普通师范科、幼稚师范科和特别师范科三类,在安排课程时略有不同。"为养成小学体育、劳作、美术及音乐等专科教员起见",规定"各省市应指定省市立师范学校一二校,于施行一般训练外,分组修习专科科目"[①]。省立徽州师范在民国32年(1943)招收了一年制体师科,次年招收三年制体师科,专门从事对小学体育教师的培养。因为所招学生的体育素质和性格未必都适合专业培养,所以就有宁国籍学生吴献义拟转专业的请求:

> 窃学生吴献义,因有志求学师范,故于上学期转来本校,幸蒙钧座录取于体师。但生因性情好静不好动,而有志入普师,且体力又瘦弱,常生疮害病,对体育不能专心研究,荒废学业甚重,前途危险万分。上学期已经要求转入普师未果,当时勉强读于体师,可是无情之光阴已逾半载,而于体育毫无心得,且阻碍学业上进。又不幸临期考之日,身染重病,至今尚未痊愈,思之能不痛心而惭愧之至? 今特恳钧座恩准,转入普师为祷。

　　此呈教务主任李

体师学生　吴献义　呈

九、一五[②]

对此,教导主任李炳埝只是在其申请上签署"存查"两字,未予答应。或许是普通师范科学额已满,无法满足其要求了。

但是,对于在原专业难以继续就读,在其他方面尚有一定基础的学生,省立徽师还是给予了转圜的空间。民国34年(1945)9月15日,校长查景韩给了教务处这样的批示:

---

① 李友芝、李春年、柳传欣等:《中国近现代师范教育史资料》第2册,内部资料,第587页。

② 原件存徽州师范学校档案室。以下若没有另外注出,同此。

　　凡上期有数科不及格之学生,如原在普师肄业,而体育成绩在八十分以上者,准在体师旁听。如原在体师肄业,而国文科在八十分以上者,准入普师旁听。第一次月考仍有不及格科目,即着予休学。

　　教导处接到批示后,经过核查,同意普师高一甲学生刘植楠(籍贯宁国,体育成绩85分)、高一乙学生叶宗智(籍贯歙县,体育成绩86分)在体师旁听。而体师学生国文成绩在80分以上者无。查徽州师范学校2005年整理的《校友录》,刘植楠仍被列为民国36年(1947)高师科毕业生,叶宗智在同届的高师、体师科均有其姓名,估计叶宗智最后是办理了在体育科旁听的手续,而刘植楠是肄业还是转学,不得而知。

　　考试既是考查学生学业情况的重要方式,也是决定学生晋级或留级的依据。在《修正师范学校规程》中,规定了考查学生成绩的方式是日常考查(含口头问答、演习练习、实验实习、读书报告、作文、测验、调查采集报告和工作报告、劳动作业等)、临时试验(在教学时间内举行,事先不告知学生,每学期至少两次)、学期考试、毕业会考或毕业考试四种。无论哪种考查,学生都比较重视,现存资料即可说明:

报　告
十一月三日于本校

　　窃高二甲学生陈乃仁、李义元,因于前日复发疟疾,经昨日未愈,以致今日未能参加第一次临时试验,特此敬恳老师允后补考。是所至祷。谨
呈教务主任李　核

　　　　　　　　　　　　　　　　　　学生:陈乃仁 李义元 (章)

陈乃仁(籍贯休宁)、李义元(籍贯浙江寿昌)均为民国36年(1947)高师科毕业生,故该报告递交于民国34年(1945)11月3日。根据规程,各科学期成绩由平时成绩(占五分之三)和学期考试成绩(占五分之二)合成;平时成绩由日常考查成绩(占三分之二)和临时试验成绩(占三分之一)合成。一次临时试验因病未能参加,对于该科目的学期成绩影响不是太大。但学生还是郑重地申请补考,可见对其重视的程度。同日,李炳埝签署了"准予补考"的意见。

　　同日同届的体师科学生金仁宅(籍贯休宁)也提交了缺考报告:

　　　　体师学生金仁宅,当本期入校之时,校中开课已久,各科所缺之课颇

多,生天资不慧,在此短促时间内,实难以将所缺之课补起,所以第一次月考不敢参加。今生拟以后再行补考,特此向钧处告假一天(十一月三日)。伏乞照准。

　　此呈教务主任李

体师学生金仁宅谨呈

此报告中,11月3日的考试被称为"月考"。若真的是月考,当与临时试验有别。相比于陈乃仁、李义元,应该说金仁宅的理由不够充分,但李炳埝依然"准予补考"。与其说李炳埝把握规则随意,倒不如认为他真正科学地运用了教育方法。

　　当然,学科补考也是有底线的,即学生每学期各科缺席时数不得超过该科教学总时数的三分之一。如果超出,学期考试不得参加。民国35年(1946)2月25日,高师科毕业班学生叶立义(籍贯浙江寿昌)向教导处递交了一份报告:

　　窃高三学生叶立义,缘因上期中途染疾,请归医治,业经叩准,校方惠予长假。兹值开学在即,按章缺席未逾上课时三分之一者,得予补考。理合谨具报告,送请钧长核夺,并祈俯准批遵,俾可进办入学注册手续。至深感荷。

　　谨呈教导主任李

学生　叶立义　谨具

2月25日是周一,农历一月二十四,正是寒假结束后的开学前夕。李炳埝次日即批:"请郑先生查卷,有否超过,照章决定。"很快,教导员核查后报告"该生缺席四十四天"。虽是寥寥数字,却反映出省立徽州师范有严格的考勤制度和对国家教育制度的坚定执行,良好的学风、教风、校风由此可见一斑。

　　按照当时的规定,如果学生有两门学科的学期成绩没有或不及格(或虽只有一门无成绩或不及格,但这一门是公民、国文、数学、理化、劳作及教育学科),下学期必须随原班级附读,待补习、补考成绩合格,才准许升级;若仍不及格,则留级。如果学生有三门课程的学期成绩没有或不及格(或虽只有两门无成绩或不及格,但都在公民、国文、数学、理化、劳作及教育学科之内),下学期必须留级(当时春秋两季始业的学校并存)。且连续留级不得超过两次。若本校没有对口专业和班级,可以让其转入其他学校。民国34年(1945),因当年省立歙县女师开办,省立徽师停招四年制简师。9月15日,查景韩通知教导处:

"简二不及格学生，既无级可留，暂准自费试读。倘学额未满，可将登记学生补入。"教务处核查后，拟定孙玉兰、汪葆、黄逸芬、吴超尘、许大信、谢光霞、沈佩华、汪杏香、汪笃信"自费试读"[①]。

学生不遵守学校规定，学校可以给予其处罚。民国35年(1946)高师科毕业生刘英明(籍贯南陵奎潭)即是一例：

> 查学生刘英明上期因不守校规，予以停学。今经多方侦察，该生既诚心悔过，复查停学时间未超逾限，今经教务、训育、军训等处及导师保证属实，特准入校留堂察看。入校手续仍遵规定。即请核办。此致教务处

此件是校长查景韩手书，时间是9月7日，年份当在1945年或1944年。

学生因身体不佳，难以坚持学习，可以申请休学一学期或一学年(最长为两年)。申请可由个人提出。如民国33年(1944)11月22日歙县籍学生王维舞递交的休学报告：

> 兹有高一乙组学生王维舞，因患恶疾返里，计本学期在校受课仅三星期，而迄今身体向[②]未复原，自知功课废弛过甚，不能随班听讲，虽自己学习心急，加之家庭又极贫窭，奈病体未复，只得休学返里自修，待下学年再设法复学。即此敬乞俯允。谨呈校座查　钧鉴
>
> 　　　　　　　　　　　　　　　　　学生　王维舞(章)　敬呈

王维舞获准休学一年，属民国37年(1948)毕业生。如果家庭遇到特殊情形，难以继续学业，也可申请休学。如民国34年(1945)11月5日体师科学生钱斌杰的申请：

> 窃生本期因家庭经济窘迫，无力继学，恳求母校发修业证书一纸，以便有机凭证继学。谨呈教务主任李　校长查
>
> 　　　　　　　　　　　　　　　　　　　　学生 钱斌杰

钱斌杰次年复学后，因无后续的体师科，故转入高师科，属民国37年(1948)毕

---

　　① 查核2005年徽州师范编印的《校友录》，孙玉兰、黄逸芬、吴超尘、许大信、谢光霞仍在1948届学生名单中，可能是后来成绩跟上，允许恢复到原年级；汪葆在1949届学生名单中，可能是继续试读，最后与省立歙女师合并后的首届简师学生一同毕业；沈佩华、汪杏香、汪笃信三人在1948年以后的名单中未见，则可能是转学或退学了。

　　② 原文如此。疑为"尚"之误。

业生。

休学申请也可由家长或与学校负责人相熟的人代为提出:

炳埝吾兄鉴:兹恳者舍侄孙鲍树民,前在贵校高师一年级,因病以致未能到校受课,今特函前,务恳代为保留学籍,以便明春仍旧入校就读为感。专此奉恳并颂

教安

弟鲍吕人[①](乙?)

三十四、十、一四

当少数学生请假时间过长,又未及时回复学校后续安排意见时,学校也会发信催促回校,用语或有基于维护校纪严肃性的较为严厉的批评。如民国34年(1945)11月21日高师科乙班歙籍学生苏致源的母亲请人回复李炳埝的信函:

教务主任钧鉴:

敬启者,前小儿在校患病,请假十日,来舍诊治,后以所患之病一时不克转好,复于修函从十月二十一日起至十一月二十一日止,续假一月。兹据医生云及该病,属湿温之症,须作长期调养,方能奏效。近接校方通知,谓该生藐视校规,不重学业云云,查小儿患病,于假满之日六日已经修具续假之信,寄呈许卫民级任导师处,并未不重校规。兹因小儿之病仍须调养,不能如期来校,再为续校半月。伏请照准为幸。肃此敬颂

钧安

家长 苏朱氏 检衽

十一月二十一日

李炳埝接阅后,于26日批道:"查明该生请假总时间,有无超过学期三分之一(七周)。如未超过,姑准续假。如已超过,通知休学。"结果,苏致源因"缺席已达五十天,应予休学",后列入1949届学生名单中。

从徽州师范学校现存档案看,学生的休学申请,均以教导处主任李炳埝签署意见为多,说明这种手续的办理均属一般事务。休学申请一经批准,即办理休学手续,学校出具"休学证明书":

---

① 原文很潦草,是"人"还是"乙"还是其他字,难以判定。

休字第　拾　号(骑缝,仅存一半)

安徽省立徽州师范学校休学证明书

休字第壹零号

　　学生翁时俊,系浙江省龙游县人,现年二四岁,在本校高师二年级第一学期肄业,因病(未能继续求学),请求休学一年,特给休学证明书,以凭复学。

　　　　此证

校长　查宗滉(红色人名章)
中华民国三十四年十一月三日

　　如果因病或因事学生不能及时到校,必须提前办理请假手续。如民国34年(1945),汪嵩寿因病兼丧,直至10月23日才到校,此时已经过了学校统计上报学生升、留、转、补情况的时限。为能顺利注册,他有详细的报告:

　　　　学生汪嵩寿,当本期入学时,通知学生入校。时届生因家丧事之累及自身,又蔓延疟疾甚厉,上述两因,故不能遵校通知办理入校手续,曾有函向训导处请假。及今丧事完毕,来校时注册逾期,特此恳请准予注册。伏祈恩准。此呈教务主任台鉴

体师学生　汪嵩寿呈

　　由于手续完备,李炳埝准予他注册。但如果缺课过多,则不会同意。如同年11月3日,祁门籍学生李克勤呈递了请求按时注册的报告;

　　　　窃生李克勤,自上期暑假整装返里之后,即染疾在身,延至校中开学,但病仍未脱体,曾作书向校中告假,奈病绵绵有时,逾期多日,照章应予休学,但生病今已瘥,求学心切,故跋涉来校,恳请钧长,俯念生之苦衷,以全求学之志,恩准注册,则感恩不尽矣,理合备文呈请鉴核。谨呈
　　教务主任李

学生　李克勤谨呈

　　李炳埝在其报告上签的意见是“姑准自费试读”。李克勤的名字后来出现在民国35年(1946)毕业生名单中,可能后来又从试读生转为正式生了。

　　如果得到了休学准许,但因情况好转,缺课也未达学期总课时三分之一,

可以缴销休学证明,回到原班级继续上学。民国36年(1947)毕业生、浙江龙游籍翁时俊就有这样的一次经历:

> 李夫子大鉴:
>
> 　生自十一月三日休学后,四日赴歙城,本拟由朱家村坐船返里,奈徽港之水甚浅,难以行舟;汽车去浙,此又甚稀少,一时不易坐到。因之生又改道赴绩溪孔灵金医师处诊治。经金医师施行妙术,检验生之身体内部,均无毛病,夜间咳嗽乃为身体衰弱所致。今生之病已告痊愈,仍拟来校复学,缴回全部返还之费及休学证明书,未知是否可能。若在可能范围,万祈吾师竭力代为设法。生之幸也。专此敬颂
>
> 　台安!
>
> 生　时俊　敬启
十一月十四日

休学期满的学生,可以请求复学。学校同意后编入与原学期或学年衔接的班级继续学习。如民国31年(1942)入学的歙县西溪人汪曾仁于民国35年(1946)2月25日提交复学报告:

> 　查高三级学生汪曾仁,因痫病请求休学,早已告愈。现在感着学识不够应用,不得已请求校方准予复学,以便将来从事教界工作。是否照准,谨呈教导主任李　代呈校长查
>
> 高三级学生汪曾仁　谨呈

因汪曾仁是民国34年(1945)上半年(时读三年级)因病休学一年,故复学后"照章应准复学高三",于民国35年(1946)毕业。

但也有一时难以重新获得公费资格者:

> 景公校座台鉴:
>
> 　前次所谈汪生慧云复学事,承面允设法,迄今周余,恐事繁未能顾及,兹着该生趋前面谒,恳予指示。该生拟在简二复学,一切皆请面示该生可也。专此即颂
>
> 　台安

弟　许□□^① 上

九、八

虽然出面请求的是查景韩的熟人,又有教导处"查汪慧云确在简一第二学期修业,成绩及格"的批注,但查景韩最后仍然签署的是"简二名额已满,暂准在简二自费试读"。

　　根据《修正师范学校规程》,学生要求转出学籍只有两种情况:一是考试成绩及格而"必须转学其他师范学校",二是应当留级但本校没有后续专业和班级可留。转学手续的办理时间都在学期或学年终了。而转入学校接受这类插班生,前提是相应班级有缺额,转学学生手续齐备(有转学证明或成绩单),且通过考试。各专业班级的第一学期和最后一学年都不接受插班生。

　　省立徽州师范学生转出学籍的情况也比较多,尤其是抗战结束之后,外地学生转回原籍,一些祖籍徽州的学生也因家长外出需随同就学。民国35年(1946)5月2日,已在省立歙师简师科就学一个半学期的叶广绩,在随父外出两三个月之后,还请求学校发给转学证书,以便寻找机会继续上学:

　　　　窃生于三十四年度第一学期在本校简师二年级第一学期肄业期满,兹因随父外出,不克仍在本校攻读,而拟转读他校。爰具报告,敬祈发给肄业证明书及转学证书各一件,俾资证明。谨呈校长查

学生叶广绩呈

　　转入省立徽师的学生多因战乱。如歙县籍的黄文中,原就读于浙江萧山的湘湖乡村师范,因避乱回乡。大约在民国34年(1945)11月中旬才委托歙县知名人士黄警吾出面,申请转入省立徽师:

　　景韩校长大鉴:

　　　　学生黄文中,前在浙江湘湖乡村师范高二上学期肄业,避乱来徽,证件遗失,虽在呈请该校补发中,然以学业关系,拟先行入校上课,一俟证件寄到,即行补缴。特函证明,恳予俯准是荷。特专^②敬请

　　文安

弟　警(章)

即日

---

① 原稿中此两字模糊,难以辨认。
② 原文潦草,拟断为"专"字。

虽然已过了规定的申请必须在学期或学年开始前的时限,正式的转学或学籍
证明也仍在"呈请该校补发中",但在"学业关系"的名义下,更因黄警吾与校长
查景韩、教导主任李炳埝称兄道弟的密切关系,转学还是顺利实现了。查景韩
的签批很具体周到:"炳埝主任:警吾兄介绍,证件准予后补,请予报到试读为
荷。"虽然当年高师二已经满额,遂将黄文中编入体师二,但从民国36年(1947)
毕业生名录看,黄文中还是从高师科毕业的。

　　按照规定,师范学校接收的插班生此前也应在师范学校就读,但由于学
籍审批大权在地方教育行政机关,因此,从普通中学违规转入也有可能。当
时安徽省政府皖南行署股长宋思明在其名片上有一给查景韩的便函,就是这
种情况:

　　查校长景韩:
　　　　学生汪朝阳如用普通中学高一肄业期满证件,插入贵校高师二肄业,
　　先由学校呈报,行署核准,亦可给予学籍。专此布达。顺颂
　　教安

现存另一张由浙江省立临时联合高级中学于民国32年(1943)9月为21岁的宁
国籍学生汪超洋出具的肄业证明,说明此事曾进入实际操作程序[1]。
　　转出复转入的情况较为少见。但民国34年(1945)10月25日简师科学生
江玉金、江侬华的复学申请却属此类:

　　　　窃生江玉金、江侬华,自就读本校,于兹三载,前因一时错误,转学二
　　女师。躐等之动机,只求减轻家庭教育之负担。后经诸学友之真诚劝告,
　　静夜深思,豁然悔悟,当即据实请求二女师退学,幸蒙允准。惟思本校开
　　学已久,注册日期亦已截止,今请复学,照例自属不可。然以一念之错,致
　　于中途辍学,或竟永无求学之机会矣,言念及此,焦灼万分。素谂钧座热
　　心教育,爱护青年无微不至,是敢冒昧上请,准予破格收录,得免失学,则
　　感恩不尽。请呈校长查
　　　　　　　　　　　　　　　　　学生　江玉金　江侬华　谨呈

---

[1] 1945年9月12日有一份汪超洋的复学报告:"窃生原于三十二年度投入本校高师一年级肄业,因中
途休学一年,今欲来校复学,肄业于高二,恳祈即予报到注册。"李炳埝在其上注明:"暂准在高二上试读,
宋思明来刺存查。"说明此处"汪超洋"即宋思明当时在名帖上写的"汪朝阳",且徽州师范1947届学生名单
上也有宁国籍的"汪朝阳"。只是不知为何1943年他还是从一年级起读,而不是直接插班到二年级。

十、二十五

江玉金与江侬华的这次转学与复学过程很值得玩味。申请中提及的"二女师"即民国34年(1945)在歙县创办后改称的省立歙女师。按照新办学校的一般做法,创办当年只招一年级学生,之后逐年递升。江玉金与江侬华已在省立徽州师范就读三年,次年夏季即将毕业,在最后一学年还转学到二女师,二女师难道是为了迅速扩大规模而从开办之初就从简一到简四、高师一到高师三全面招生?或者是允许她们直接从简三报考高师科(可以提前一年获得高师文凭)?"诸学友之真诚劝告"表明还在省立徽师求学的同学曾对她们进行了不懈的动员,这其间除了因同学间的情谊,是否还有学校的原因?江玉金与江侬华最终又能"豁然悔悟",请求复学,到底是觉得二女师靠不住还是其他什么原因?这背后的种种疑问,也许都与资料中偶有流露的两校争夺女生不无关系。而查景韩签署的"自费试读,专案呈报,核准后方得给予学籍"的意见,自然是考虑到各方利益,显得既八面玲珑又滴水不漏。

有关学生毕业的工作相对烦琐。在办理毕业手续前两个月,学校要准备应届毕业生履历及历年各项成绩表,呈报省级教育行政机关核准后,举行毕业考试或毕业会考。学生毕业后一个月内,学校又要准备毕业生毕业成绩表及分配服务办法,呈报省教育行政机关转报教育部备案。在战乱未息的民国时期,举行统一的毕业会考几乎没有可能。因此,在绝大多数年份,毕业生的毕业资格都由各校自行掌握。获得毕业资格的学生,都能领取毕业证书。民国31年(1942)3月22日,教育部公布《修正师范学校毕业生服务规程》,规定师范学校毕业生必须有3年在小学任教的服务期,主管教育行政机关将其毕业证书验印后代为保存,等服务期满,在证书上加注"服务期满"字样,再由毕业学校发给。因此,毕业生往往都是持学校出具的证明先行就业,随后再联系母校领取毕业证书。请求函寄者有本地毕业生:

> 迳启者:学生吴淑玉,业于民国三十一年夏季,在雄村毕业(简师),至今三年期满,顷据行署友人来信,正式毕业证书已由行署验印,颁发到校,故特专函前来,务恳于收信后,将生之毕业证书,邮寄黟县复旦中学俞子箴先生收转为盼。特此谨呈教务处
>
> 　　　　　　　　　　　　　　学生　吴淑玉谨启
> 　　　　　　　　　　　　　　十一月二十九日

也有远在大西南的,既怕毕业证书邮寄丢失,又急需证件使用,只得请求寄发

学校证明：

    学生于民国三十二年七月初，在母校简师毕业，即于是年十一月随叔离皖来渝。当时以临行仓促，未能领得毕业证书。厥后因战事紧张，湘桂沦陷，交通阻绝，曾屡函舍下及在皖同学代领，迄无回信。兹因在渝小学任教，必须呈验毕业证件，方得受聘用。特具呈敬恳鉴核，赐寄证明书一纸，以资应用为祷。谨呈校长钧鉴

学生　黄卿云　呈

三十四年七月八日于重庆歇台子石扬湾二号

    省立徽师的学生，往往入学人数较多，但完成学业拿到毕业证书者比例并不高，仅有一半左右。请参见表7-1。

表7-1　民国26年（1397）至民国37年（1348）省立徽州
师范部分专业就读与毕业人数比较表[①]

单位：人

类型	高师科	简师科	高简师科	体师科	合计
就读学生总数	826	676	161	94	1757
毕业学生总数	431	294	64	132	921
毕业生占总数之比	52.18%	43.49%	39.75%		52.42%

    学生在中途流失原因很多，如休学、退学、留级、开除等。民国24年（1935）至民国26年（1937）入学的四个班级学生情况的汇总，请参见表7-2。

表7-2　民国24年（1935）至民国26年（1937）省立徽州师范四个班学生流失情况一览表[②]

单位：人

年度	班级	原有学生	减少原因					实际毕业	备注
			休学	转学	退学	留级	开除		
1935	简师一	38	17	2				19	
1936	中师三	40	4	4	1		5	26	开除5人，3人因闹学潮，2人"性行不良"。
	简师甲	41	10	1	2	4		25	
1937	简师三	53						30	

---

    ① 此表就读学生总数源于徽州师范学校2005年编印的《校友录》，毕业学生总数引自歙县教育志编委会编、黄山书社2009年出版的《歙县教育志》。《校友录》有漏有重，数字不很准确；《歙县教育志》所用体师科数据有误，因省立徽师仅有1944届的一年制体师班、1947届三年制体师班。另有1947届幼师36人未统计。

    ② 徽州地区教育志编写组：《徽州中等师范教育》（征求意见稿），油印本，1986年。

中途流失的学生也可以向学校申请肄业证明书,凭此也能在社会上谋职时使用。应在民国34年(1945)毕业的南陵籍学生陈文精,在民国32年(1943)底离开学校后,即谋得教员之职,大约在民国34年(1945)5月他才致信校长,请求出具肄业证明:

> 宗渑校座钧鉴:违教数载,无时不念。维玉体安适、校务顺遂为祷。生以家境关系,自离校后均服务教界,一切尚安。兹有恳者,现托朱秉彝、汪希维二同学前来,祈发高中师范科二年级第一学期肄业期满证明书一张,以俾服务有所证明。千祈核发至祷。谨此奉函,敬颂
> 　尊安
>
> 　　　　　　　　　　　　　　　　　学生　陈文精　叩上
> 　　　　　　　　　　　　　　　　　五月二十二日

也可请在校同乡、同学代为领取再转寄。民国36年(1947)高师科毕业生、绩溪籍舒祥恒就曾于民国34年(1945)12月31日出面为同班的歙县籍同学王兆松申请办理修业证明:

> 前接王兆松同学来信,以彼因家庭问题,不克继续求学,嘱代具领修业证书一纸。因此,敬恳钧长转请教务处,颁发王君高师一年级修业证书一纸,以便转寄。是所至祷。
> 　谨呈查校长　台核
>
> 　　　　　　　　　　　　　　　　　高二甲学生　舒祥恒(章)

对于此类申请,学校在查核该生没有欠费的前提下,都发给肄业证明书。

第二节　师范生的待遇

民国时期,尽管对于教育的投入总体不足,但对师范教育却给予了相对丰厚的财政支持,尤其是给予师范生的公费待遇,对于吸引贫寒家庭子弟入学,进而补充基础教育师资队伍及改善其面貌,有着很大的贡献。

《修正师范学校规程》第11章"待遇及奖学金额"规定:"师范学校学生一律免收学费,各省市应斟酌情形,免收学生膳食之全部或一部。""师范学校不得

征收图书及体育等任何费用。"学生入学时，需要交纳保证金5元至10元（此款由学校另为存储，不得挪用，学生毕业时发还本人。若退学或被开除学籍者不退，作为添购图书之用，并需专案呈报教育行政机关备案）[①]。

民国33年（1944）12月，行政院公布、教育部第56631号训令转发《全国师范学校学生公费待遇实施办法》，对师范学校学生享受的公费待遇及经费来源等给予补充说明。公费待遇分两部分。一是"应享受公费部分"，由经费负担单位（师范学校主办单位）全部承担，分三项：

一、师范生除保证金外免缴学费宿费及图书、体育、医药、卫生等杂费。

二、膳食（包括主食费副食费）全部由学校供给，但主食费得依照规定数量拨发公粮。

三、所用各科教科书由学校供给。

二是"得享受公费部分"，"负担经费之各机关斟酌财力一部或全部实施之"：

一、制服应由学校供给，每三年每生发单制服二套、棉制服一套。

二、第三年依照规定，外出之参观用费由学校供给。

三、劳作、美术、理化、生物等科实习材料费由学校供给或酌予补助。

四、新生到校及毕业生经分派服务者应按程发给或补助旅费。[②]

具体到师范生每项公费待遇的享受标准，因各省财政状况不同而有差异。学生膳食费是开支最高的一项。安徽省在民国22年（1933）执行的标准是每名学生每月津贴膳食费银洋6元。这一标准"按诸社会生活状况及各中学支用情形，当必有余"，为防止"支多用少，糜费殊多"，教育厅专门颁布了《安徽省立中等学校师范生及职业学校女生膳费管理暂行办法》：

第一条 凡本省省立师范学校，中学师范科，及职业学校女生，由公款支给膳费者，均依本办法行之。

第二条 本省省立师范学校，中学师范科学生，及职业学校女生，凡在上课期间，均由省公款支给膳费。

第三条 各校膳事，以由各校员生合组自办为原则，其办法由各校自定，并呈厅备案。

---

① 李友芝、李春年、柳传欣等：《中国近现代师范教育史资料》第2册，内部资料，第595页。
② 李友芝、李春年、柳传欣等：《中国近现代师范教育史资料》第2册，内部资料，第500页。

第四条　公款支给膳费,每月实支数,由本厅依照各校所在地一般生活程度以命令定之。

第五条　公款支给膳费,每月二十五号以前由厅先行发给一部分,各该校应于下月五日以前,将上月实支之款结算清楚,依照颁发表式填明呈厅复核,即行发清本月之款。

第六条　各校支给公款膳费,其实支数目,何月之款仍应随同何月经常费计算案内造报。

第七条　本办法自二十二年度下学期起实行。[①]

民国30年(1941),膳费每生每月增至10元,次年再增至30元。为防止物价上涨引发的货币贬值,民国32年(1943)开始,主食支付实物,每生每月支给公粮2市斗1升,7月起加至2市斗3升;副食依旧以货币形式拨付,起初每生月支25元,5月份起追加至30元,7月份起再追加为60元,民国33年(1944)下半年增为月支150元,次年1月增至月支300元,4月份起增为600元,8月份再增为1 500元。且从该年开始,主副食均按12个月发给(以前按10个月发给)[②]。虽然学生膳食各费历年均有所提高,但始终跟不上物价飞涨的速度,学校学生膳食费入不敷出,伙食条件日趋恶化。

学生的用书、制服及一切工艺材料,按照规定,也可由学校所在地教育行政机关组织学校消费合作社,廉价发售,但安徽的省立师范学生享受书籍、制服津贴费。民国28年(1939)至民国31年(1942),每生每学期书籍、制服津贴费10元,民国32年(1943)提高为15元,民国33年(1944)为30元,民国34年(1945)下半年增为500元。

《修正师范学校规程》还规定:"师范学校学生无故退学或被开除学籍者,应追缴其学费,如免膳费者,并追缴其膳费。"从现存资料看,没有发现有关追缴的证据。再揆情度理,在当时那样的社会管理水平和通讯、交通等条件之下,当学生已经退学,又能通过什么途径去向学生及其家长追索呢? 反倒是当学生以经济困难或身体欠安等理由成为流生,并请求学校给予肄业证明时,学校只要查实其不欠费,便会满足他们的请求。

民国22年(1933),安徽省教育厅对全省中等学校学生学业及操行成绩进行了一项调查,"发现优良之学生中百分之六十以上,俱系贫寒,家庭绝对无力助其上进;顽劣学生中百分之五十以上,俱属富裕,家庭虽有培植子弟之力,子弟竟无可造之资"。为鼓励优秀学生专心学业,积极进取,遂将原先面向大专

①　安徽省政府:《安徽省行政成绩报告(1934年事)》,1935年(民国24年),第22页。
②　安徽省政府:《安徽政绩简编》,1946年(民国35年),第1—13页。

以上学生的奖学金,扩大到中等学校。当年所需奖助金,由该年度国内各大学奖学金缺额未补经费移充使用,次年起汇入留学费及国内各大学奖学金项下统筹支配,并颁布了《安徽省立中等学校清寒优秀学生奖助金暂行办法》:

第一条　本省省立中等学校学生请领奖助金,须具备下列各条件:

一、家境清贫,无力担负求学经费;

二、学业总成绩平均在八十分以上;

三、操行成绩列甲等。

第二条　奖助金名额本年度暂定一百名。

第三条　奖助金生除免缴学费外,每年每名奖助金额分别规定如下:

一、高级中学及男子高级职业学校学生六十元;

二、初级中学及男子初级职业学校学生四十元;

三、师范生及女子职业学校学生二十元。

上列奖助金额每年分两学期发给之。

第四条　省立中等学校奖助金生每校分配名额至多不得超过全校学生总数百分之二,但全校学生总数不满百名者亦得分配奖助金生二名。

第五条　凡分配省款奖助金生三名以上之学校,应自行另筹清寒优秀学生奖助金,每省款三名,至少须添设自筹名额一名。

第六条　凡请求奖助金之学生,应于学年开始前,由家长具备申请书,并由入学保证人填具保证书,送请校长调查确实,于开学后一月内汇案呈报教育厅审核。

第七条　凡受奖助金学生,如查有虚报情事,其已领之奖助金,应由校长及保证人负责追还。

第八条　凡成绩不佳之学校或成绩退步之学校,得不给予奖助金名额,或撤销其已得之奖助金名额。

第九条　本办法由教育厅呈请省政府核准后,公布施行。[①]

在实施该办法的第一年,省立徽州中学有5个名额(其中自筹1人),发放奖助金200元,经计算可知,其中应有师范生1或2人。

民国32年(1943)10月,教育部也以训令的形式出台了《教育部颁发各省市清寒优秀师范生奖学金办法》。办法规定:按照全国师范生总人数确定奖学金额度和获奖人数;教育部将奖金按确定的名额下发到各省市,再转发给各校;评奖

---

① 安徽省政府:《安徽省行政成绩报告(1934年事)》,1935年(民国24年),第194页。

条件是成绩较优(新生以入学考试成绩与当年秋季最初三个月的学习成绩合并计算,老生以当年春季与秋季最初三个月的学习成绩合并计算)、家境贫寒;学校必须成立审查委员会确定获奖学生,并通过集会举行授奖仪式,以资激励而昭公允[①]。此办法实施后,省教育厅的奖助金是否继续发放,尚不清楚。

第三节　省立徽师的课程设置

《修正师范学校规程》在"课程"一章,根据学校性质、专业方向、招生对象的不同,开列了师范学校、乡村师范学校,三年制、二年制幼稚师范科,招高中生、高职生的特别师范科等六组稍有差异的课程。其中普通类的师范学校,规定开设的教学科目为公民、体育、军事训练(女生习军事看护)、卫生、国文、数学、地理、历史、生物、化学、物理、论理学、劳作、美术、音乐、教育概论、教育心理、小学教材及教学法、小学行政、教育测验与统计、实习等。六个学期的课时安排,请参见表7-3。

表7-3　师范学校教学科目及各学期每周教学及自习时数一览表
(师范学校及女子师范学校适用)

时数　　学期　学科	第一学年		第二学年		第三学年	
	第一学期	第二学期	第一学期	第二学期	第一学期	第二学期
公民	2	2	2	2		
体育	2	2	2	2	2	2
军事训练	3	3				
军事看护	(3)	(3)				
卫生		2			4	2
国文	4	4	5	5	3	3
数学	3	3	4	4	2	
地理	3	3				
历史			4	4		
生物	5	4				
化学			4	4		
物理					4	4
论理学					2	
劳作[农艺、工艺、家事]	3	3	2	2	2	
美术	2	2	2	2		

[①] 李友芝、李春年、柳传欣等:《中国近现代师范教育史资料》第2册,内部资料,第475页。

续表

时数　学期　学科	第一学年		第二学年		第三学年	
	第一学期	第二学期	第一学期	第二学期	第一学期	第二学期
音乐	2	2	2	2	1	1
教育概论	4	3				
教育心理			3	3		
小学教材及教学法			3	3	3	3
小学行政					4	
教育测验与统计						4
选修科目	3	3	3	3	3	
（英文）	(3)	(3)	(3)	(3)	(3)	
（国文）	(3)	(3)	(3)	(3)		
（教育史）	(3)					(3)
（幼稚教育）		(3)				(3)
（民众教育）			(3)			(3)
（乡村教育）				(3)		(3)
（农村经济及合作）					(3)	(3)
（地方教育行政）					(3)	(3)
（教育视导）						(3)
实习					9	12
每周教学总时数	36	36	36	36	35	35
每周课外运动及在校自习总时数	24	24	24	24	25	25

该表之后有一关于实施计划的详细说明：

1. 军事训练施于男生，军事看护施于女生。

2. 劳作科分农艺、工艺、家事三类，男生应选农艺或工艺，女生除应习家事外，于第二学年应就农艺、工艺二类中选习一类。

3. 选修科目共分九种。自第一学年第一学期至第三学年第一学期，每学期列选修科目三科，每学生任选一种。最后一学期列选修科目七种，每学生于已选修之科目外，任选二种。但选修英文者应自第一学期开始选修，并以继续选修完毕为宜。

4. 选修科目，应有十五人以上选修，方可开办。

5. 实习包括参观、试习、试教三种，每项实习前后须具预备、报告、讨论三种手续，每三小时之实习约须占半日时间。

6. 师范学校学生每日上课,自习及课外运动总时数规定为十小时,每星期以六十小时计算。

7. 每日除上课时间外,以一小时为早操及课外运动时间,余为自习时间。

8. 在校自习及课外运动时间均须有教员督促指导。

9. 在校自习,住校学生必须一律参加,通学生晚间可免参加,应惟由各校严定督促考查办法。

10. 各地方如有特殊情形与需要,对于选修科目之时间与实习之时间,得酌量变更。但须呈请主管教育行政机关转呈教育部核准。①

省立徽州师范高师科的课程开设情况是否与规程要求一致,现该校档案室收存一张民国34年(1945)1月由学校寄给高师科一年级甲班鲍树民家长的通知书(相当于今日的成绩报告单),详细开列了他民国33年(1944)第一学期各项成绩。鲍树民的通知书中,分"学业"、"体育"(含"体育成绩""等第"两项)、"操行"(含"等第""奖、惩""评语"三项)、"补考科目"。其中"学业"栏的内容,请参见表7-4。

表7-4 省立徽州师范高师科学生鲍树民在民国33年(1944)第一学期的"学业"成绩单

科目	每周时数	成绩	科目	每周时数	成绩
公民	2	78	美术	2	86
国文	5	83	农工艺/家事	2	92
数学	3	70	生产劳动	1	91
地理	2	75	英语	3	
历史	2	81	应得总分	2 505	
博物	3	76	平均	80.81	
教育心理	3	76	缺席时数	18	
军训/看护	4/2	89.8	缺席应扣分数	0.9	
音乐	2	75	实得成绩	79.91	
体育	3[男]/2[女]		等第	乙	

"体育"栏里,体育"成绩"一项为55分,"等第"为丁。"操行"栏中,"等第"为乙,"奖、惩"为无,"评语"项未填写。"补考科目"一栏注有"体育"。

两相对比,省立徽州师范将历史、教育心理提前到一年级开设,而将教育概论推迟开设,生物改开设博物,劳作分成劳作、生产劳动两门,选修科目开设的是英语。课时上也略有变动:国文、体育、军训各多1课时,地理少1课时,博物少2课时。

像省立徽州师范这样调整课程与课时,在其他同类学校是否常见?徽州师范学校档案室还保存一张省立池州师范学校民国31年(1942)7月发给蔡瑞

① 教育部:《修正师范学校规程》,陕西省教育厅,1935年(民国24年)。

魁在上年度第二学期读高师二年级时的成绩通知单,可以作为比较的依据。其"学业"栏已填写内容的项目,请参见表7-5。

表7-5　省立池州师范学校学生蔡瑞魁在民国30年(1941)第二学期的"学业"成绩单

科目	每周时数	成绩	科目	每周时数	成绩
公民	1	81	教材及教学法	2	77
国文	4	83	测验统计	3	73
算学	2	61	社会教育	1	66
历史	4	82	教育辅导	2	67
化学	2	77	学业成绩总平均	75.2	
农工艺/家事	2	62	实得总平均成绩	75.2	
美术	2	80	体育成绩	66	
音乐	2	80	军训成绩	84	
教育心理	2	73	战时后方服务成绩	75	

与《修正师范学校规程》相比,省立池州师范的课程与课时也有调整:教育测验与统计提前两学期开设并减少1课时;民众教育更改名称为社会教育,推迟了一学期开设,还减少了2课时;教育视导更改为教育辅导,提前两学期开设且减少1课时;增加了军训、战时后方服务两门课程。公民、国文、教育心理、小学教材及教学法各减少1课时,算学、化学各减少2课时。由此可见,各地各学校在执行规程时,可以根据形势变化和学校师资、设备等因素对课程进行微调的。

四年制简师及一年制高简师的课程设置,应该是以此为基础的增减(省立徽州师范四年制简师的课程设置情况请参看本书第八章第三节,一年制高简师课程开设情况,尚未见到原始资料)。

二年制幼稚师范科的教学科目,《修正师范学校规程》规定为公民、体育及游戏、卫生、国文、算学、历史、地理、生物、理化、劳作、美术、音乐、教育概论、儿童心理、幼稚园教材及教育法、保育法、幼稚园行政及实习。四个学期的课时安排,请参见表7-6。

表7-6　二年制幼稚师范科教学科目及各学期每周教学及自习时数表

时数　　学期 　学科	第一学年		第二学年	
	第一学期	第二学期	第一学期	第二学期
公民	1	1	1	1
体育及游戏	3	3	3	3
卫生	1	1		

时数　　　学期	第一学年		第二学年	
学科	第一学期	第二学期	第一学期	第二学期
国文	5	5	5	5
算学	3	3	2	
历史	2	2		
地理	2	2		
生物	2	2		
理化	2	2		
劳作[农艺、工艺、家事]	农艺2、家事2	农艺2、家事2	工艺2	工艺2
美术	2	2	2	2
音乐	3	3	3	3
教育概论	2	2		
儿童心理	2	2		
幼稚园教材及教育法	2	2	2	
保育法			2	2
幼稚园行政			2	
实习			12	18
每周教学总时数	36	36	36	36
每周课外运动及在校自习总时数	24	24	24	24

该表之后也有关于实施计划的说明：

　　1. 实习包括参观、试习、试教三项。每项实习后须具预备、报告、讨论三种手续。每三小时之实习,约须占半日时间。

　　2. 幼稚师范科学生,每日上课、自习及课外运动总时数规定为十小时,每星期以六十小时计算。

　　3. 每日除上课时间外,以一小时为早操及课外运动时间,余为自习时间。

　　4. 在校自习及课外运动时间均须有教员督促指导。

　　5. 在校自习,住校学生必须一律参加,通学生晚间可免参加,应惟由各校严定督促考查办法。①

因资料所限,省立歙县师范二年制幼稚科的课程开设与课时数尚不清楚。抗战前,中等师范的教育比较规范,省教育厅筹集了较多的财力组织全省

---

① 教育部:《修正师范学校规程》,陕西省教育厅,1935年(民国24年)。

性的集中教育活动,如学生的军事训练。

学校军事教育的目的,"在于锻炼学生心身,涵养纪律、服从、负责、耐劳诸观念,提高国民献身殉国之精神,以增进国防之能力"。就安徽全省而言,对于各高中以上学校,实施较为扎实。民国23年(1934)暑假,省教育厅要求高中以上学校学生参加军事训练。并从中选拔训练成绩优良的学生160人,于8月15日至31日集中于安庆六邑联立中学,参加军事干部训练,以培养下学年各校受训学生的班长。省立徽师当年才成立,估计没有参加上述活动(之后也未被纳入检查之列)。10月,省教育厅又委派视察委员熊文钦,对省立徽州中学等全省19所中等学校的军事训练情况进行视导。视察项目为三项:一是学校方面,如对军训是否热心协助、设施是否完备;二是教官方面,如教官能力及学生对其的信仰、学科及术科的进度、主要困难;三是学生方面,如接受程度、对军训的认识、精神及纪律等。

为提高训练效率,省教育厅随后规定,从民国24年(1935)开始,高中及同等学校的一年级学生,必须于第二学期的4月11日至7月10日,参加全省集中训练三个月。指定安庆市的集贤关营房为集训地。在计划书中,省立徽州师范受训学生30人(省立徽州中学33人),携带行李于4月7日早上在歙县汽车站上车,分乘调拨的2辆汽车在次日下午三时前到达芜湖,随同皖南片受训学生乘轮船到达安庆。全省集训总队共966人,编为2个大队,下各设4个中队,每中队下设3区队,每区队最多设9分队(小组),各分队人数为13至14人。

集训总队的军训科目有步兵操典摘要、射击要领、阵中要务令摘要、国防浅说、防空常识、战车常识、简易测绘、瓦斯防护、手枪轻机关枪手榴弹之构造及性能、步兵工作要领、战争概要等。在训育方面,也安排了精神讲话(每周6小时,遵照部令及蒋介石手电内容确定讲题)、特别讲演(升旗时或总理纪念周安排)、小组训练(开会、讨论等)、劳动服务(洒扫洗涤、炊事、社会运动、识字运动、户口调查、建筑马路)、体育训练(田径、自行车、爬山、行军)、娱乐(组织音乐组、戏剧组、俱乐部,游戏)、其他(成立消费合作社、创办皖涛日刊、编辑壁报、成立图书馆和贩卖书店)等活动,并通过写自传、个别谈话、测验的方式进行考核。为防止学生普通学科学业荒废,在学生自习时间,还聘请导师指导其国文、外国语、数学、理化等学科的温习①。

第四节　省立徽师附小的创设与师范生的实习

教育实习是师范学校教育中不可缺少的重要环节之一,是训练学生职业

---

① 安徽省政府:《安徽省行政成绩报告(1934年事)》,1935年(民国24年),第129页。

技能的主要途径。为便于学生接触、观察、了解小学生,尝试运用教育教学理论,民国21年(1932)12月17日,国民政府发布《师范教育法》,明确提出:"师范学校为便利学生实习及实验初等教育起见,应设附属小学,并得附设幼稚园。""附属小学与幼稚园,应设于师范学校附近。"[①]

　　早在民国24年(1935)秋和次年春,江植棠两次赴省会安庆,请求省教育厅同意创办附属小学,均未获批准。到了民国25年(1936)下半年,省立徽州师范已创办第三个年头,三年制的高师科已到了最高年级,而供教育实习的附属小学付诸阙如。为满足教育实习的需要,江植棠征得县城内的县立明伦堂小学、县立南街女子小学校长同意,暂借两校为师范生教育实习场所,先听课一周,再商议试教安排。同时还联系北关识字学校等城乡其他几所小学,组织学生前往听课。

　　不料,因评课问题起了风波。省立徽师教师朱镇苏带领学生听课后,按照常规在师范学校内召开教学评议会。谁知师生的发言内容被两小学教师获悉,他们大为不满,以两校全体教师的名义,具函邀请师范学校参加听课的师生到明伦堂小学出席"茶话会"。起初,朱镇苏和学生一致拒绝。江植棠反复做师生思想工作,劝说大家以学校大局为重,并约请熟人说情,又请两小学教师光临师范学校聚餐,一场风波才逐渐平息。但创办附属小学的事情已成燃眉之急。

　　民国25年(1936)寒假,江植棠再次赴安庆汇报。省教育厅长杨廉同意筹建,但提出必须按照省教育厅规划的普及教育实验区路子办:附小不得办在城里,要办在农村,规模要小,布点要多,先办三、五所,以后逐年增加;附小不办正常的四二学制(初小4年,高小2年),一律办三年简易制(3年初小毕业,达到4年义务教育的标准),教材先由教师将现有教材精简而用;延长师范生集中实习时间,实习即顶岗上班;要开门办学,加强农民教育、扫盲教育,要有战时教育的打算。江植棠认为这不适合师范生实习的需要。经省通志馆馆长江晖(曾任省教育厅长、歙县人)周旋,决定仿照江苏省办亭林小学以纪念顾炎武的办法,在歙县县城开办一所纪念清朝歙县著名学者程瑶田的小学,江晖负责劝募校舍和设备问题,省厅每年拨付经常费。民国26年(1937)春,省教育厅下发《徽州师范附属简易小学设置办法》,除未提及瑶田小学外,其他同原议。

　　经积极联系,省立徽州师范的4所附属小学完成筹备。民国26年(1937)8月24日,江植棠在师范大会堂召开相关人员会议,介绍筹备情况,标志着筹建工作完成。

---

① 李友芝、李春年、柳传欣等:《中国近现代师范教育史资料》第2册,内部资料,第345页。

按最初设想,拟在圭山脚下程瑶田祖居一带(今歙县中学操场附近)购地新建瑶田小学。后因抗战爆发,暂借江家祠堂(今行知小学东侧,已拆除)①为临时校址。开办四二学制初小两个班,首任校长方立堂(省立二师毕业,从事小学教育多年),省立徽师民国26年(1937)毕业生王开福、饶奕清协同工作。

依据确定时间先后,第一简小办在歙县水南的瀹潭。该村原由旅沪商人方蕴山等人捐资开办小学一所,因师资不稳,几乎停办。定为附属小学后,搬入新维修的大祠堂办学,原设高小称承华高小班,附设于简小,但经费由地方自筹。校长为婺源汪口人俞苍然,另聘省立徽师民国26年(1937)毕业生江德新、潘兴为教师。

第二简小办在歙县城南郊的琳村。该村原有初小一所,因经费困难停办,校舍、设备闲置,当地群众欢迎省立徽师介入。定为附属小学后,校长为程光裕,与教师许广镛、曹助照均为省立徽师民国26年(1937)毕业生。

第三简小办在歙县接近屯溪的南溪南。该村原有完小一所,因经费困难即将停办。当地群众主动要求省立徽师接办,商定按瀹潭模式办理。首任校长董懋鑫,与教师邵盛义均为徽师民国26年(1937)毕业生,原有教师由简小续聘。

民国26年(1937)12月,省立徽师下迁雄村的同时,瑶田小学也随之迁往雄村附近的小村丰隆岭,但学生仅有20多人。次年春季开学后,只有方立堂一位教师。是年秋,鉴于教材精简难度大,省立徽师决定三所简小仍采用四二学制。

民国28年(1939)秋,唐子宗任省立徽师校长。为便于就近安排实习,他分别委任胡振武、胡裕树为第一、第三简小校长,同时将所设高级班交地方办理;第二简小(琳村)停办,撤销建制。次年春,又将瑶田小学、第一简小、第三简小合并为完小,选址在雄村对河的柘林(同时将县立柘林小学并入),称徽师附属瑶田小学(本部),委任胡振武为主任(不称校长)。丰隆岭原瑶田小学改为分部,另在雄村上游不远处的岑山渡新建分部一所。原第一、第三简小改为分校;不久又在歙北清流新建分校一所,方立堂负责。全校(本部1所、分部2所、分校3所)共有十多个班,五六百名学生。

民国30年(1941),汪忠天接任省立徽师校长后,附小本部主任由吴肃雍接任。

次年秋,省立徽师迁至江村。鉴于原先设在新安江沿线的附小不便于学生就近实习,乃将附小柘林本部、南溪南分校、丰隆岭与岑山渡分部全交地方接办,脱离附小建制。另在江村新设附小,仍称徽师附属瑶田小学,汪洪炯为

① 此说从潘兴、柯敦厚《徽师附小的诞生及其新中国成立前简况》(《安徽文史资料全书·黄山卷》,安徽人民出版社,2007年,第592页)及2010年出版的《歙县教育志·行知小学》中得来。1995年出版的《歙县志》中记为许氏宗祠。

校长;下辖瀹潭(俞苍然负责)、清流(方立堂负责)两分校。

　　民国32年(1943)查景韩接任校长后,俞苍然任附小校长(兼瀹潭负责人)。民国35年(1946)省立歙县师范迁潭渡后,8月,江村附小、瀹潭与清流两分校移交地方接办,另在潭渡建立一所附小,定名为歙师附属小学,俞苍然任校长(俞苍然逝世后由叶贵达接任)。民国37年(1948)秋,省立歙师与省立歙女师合并,迁校到县城,歙师附属小学也从潭渡迁回城内,临时借用大北街黄姓人家三间房屋开课。此时,学生仅有3个班,均不足额。由吴雨玉任校长。

　　自从附属小学建立,省立徽师(歙师)学生就有了稳定的教育实习基地。虽在战乱时期,从附属小学的诸多变迁,仍可看出师范学校对其的重视。

　　这一时期,政府也在师范生实习活动的规范上不断提出新的要求。民国30年(1941)12月6日,教育部发布了《师范学校(科)学生实习办法》,对师范生的实习活动作了全面的规范。首先要求成立由师范学校校长、各部主任、教育学科教员、附属学校校长组成的实习指导委员会,聘请与实习有关的乡镇保长、中心学校(国民学校)校长、民众教育馆馆长为名誉委员。除毕业前最后一学期集中实习2到5星期外,应分散安排到其他学期。在各项实习活动中,参观与见习均占总时间、总成绩的十分之三,内容包括学校行政、教学与训导实施、社会教育事业、县(乡、保)教育行政、乡(保)一般自治及行政事务,其中最后一学期要安排外埠参观;教学实习由3至5人为一组,在小学部、民教部分别进行,单级、复式教学兼顾,实际从事教学活动不能少于1800分钟(折合40课时),此项活动均占总时间、总成绩的十分之四;行政实习包括学校行政(教导、事务、社会教育、辅导国民学校)实习、社会教育行政(民众教育馆、参与社会教育事业)实习、地方自治及行政(地方教育行政、民政、生产事业、国民兵队)实习,均占总时间、总成绩的十分之三。实习成绩不及格,不得毕业[①]。

　　限于时局和其他困难,师范学校在实际执行中,虽然有些松懈和走样,但以小学教育教学实习为重点的做法还得以坚持。在为期一个月左右的实习中,实习内容是全方位的,从校长、教导主任、班主任到科任教师,全部接手,轮流担任。民国35年(1946)的歙师高师毕业生汪曾仁,在潭渡小学实习时,就曾担任过潭渡附小的校长。只有到了解放前夕最为松懈的阶段,才可能出现只要求每一学生试教一节课就算完成实习任务的极为不正常的情况。

　　为让师范生接触到发达地区的小学教育实际,起初,省立徽师秉承省立二师的传统,遵照《修正师范学校规程》中"师范学校应随时利用余暇,领导学生参观邻近小学;最后一学期,并应为参观旅行,其时间以两周为限,费用由学校负担"[②]的要

求,在第一届中师生的第三学年(1936—1937),组织学生前往芜湖、南京参观了几所办学有特色的小学,到巢县参观了著名的黄麓师范,还安排学生听专家、学者讲演。学生普遍感到很有收获。随着抗日烽火的蔓延、内战的展开,时局不靖、人心难稳、经费困难[民国23年(1934)安徽省政府规定的师范学校费用开支项目中,有作为"特别费"的师范生参观费一项,每生20元,照三年级实际学生数编列。但此后物价飞涨,这点经费也就杯水车薪],组织这样的活动也就没有任何可能了。

除了师范生到小学实习,省立徽师一些教师也曾深入小学,既为了解小学教育教学实际,又能给小学教师以专业上的指导。开办在歙县县城南街、由方槛山任校长的"南街女小"规模较大,方槛山德高望重,办学认真,也想借助省立徽师的师资,多方面培养人才。民国24年(1935),省立徽师与其商量,把南小作为实践基地。双方协商成立了"教学及课外活动指导小组",由徽师教师鲍锡麟(字君白)、吴止善分任正、副组长,定期到"南小"指导,"南小"也选配该校三位老师参加工作。

"指导小组"配合"南小"各学科教学,开展了多项活动,如出墙报、作文竞赛、讲演竞赛、朗诵比赛、书法竞赛、歌咏比赛、乒乓球赛、舞蹈课、学演话剧等。这些活动的开展,既加强了教学,又开发了学生的潜能,同时锻炼了师范生的实践能力。当年就读"南小"五年级的罗奋先,在70年后还有清晰的回忆:

> 我还记得,鲍君白老师亲自填词,由音乐教师——他的师母吴衡香老师谱曲的《好春光》一首歌,颇具诗情画意,点染了童年的美好春光。又教唱《渔歌曲》《燕双飞》《葡萄仙子》《月明之夜》《苏武牧羊》等一二十首歌。吴止善老师的妹妹吴佩英老师与洪端芗老师选歌《渔光曲》《燕双飞》等教我们跳舞。校庆时,登台表演,增添喜庆气氛。
>
> 徽师学生,曾在徽师礼堂演话剧,在当时,也是一种叫"文明戏"的新时尚。整个歙城,轰动一时,鲍、吴二位老师,又组织"南小"部分同学去看演戏,去学习。回来后,又给我们小学生导排一个《小小画家》的歌剧。争取安排在徽师礼堂演出。"南小"赢得荣誉,也使乡亲们耳目一新。[①]

第五节　紧贴时代的学生活动

省立徽州师范创立之初,当时任职的校长和教导主任都有多年的办学经验,对于教育教学管理很严格。江植棠身为校长,工作再忙,每星期总要解剖

---

① 罗奋先:《七十年前难忘的记忆》,徽州师范学校《跨越百年》,内部资料,2006年,第161页。

一种生物,用文字标明各种器官的名称、性状、功能、位置等,展示在过道边角,让学生去学习、研究。学校校园原已荒芜,整理工作也由他一手操办。对学生,规定吃饭要排队,教师不入席(每桌1位教师6名学生,四菜一汤),不许动筷子吃饭。晚上熄灯钟一响,教师就巡查学生宿舍。鼓励学生发展特长,民国26年(1937)高师科毕业生、婺源庆源人詹阜民就经常在办在歙县的《徽声日报》的副刊"杭育"上发表作品①,还参与了王璜、王任之、方士载等人到歙县义成实地调研王茂荫故居、存世资料等活动②。

省立徽师创办前后,国民政府统治日趋稳定,经济和社会事业发展势头良好,徽州与外界的封闭状态已被打开③,对黄山的开发也正式启动④,来徽州的学者名流逐渐增多[民国23年(1934)3、4月间,受东南五省交通周览会和歙县县长石国柱之邀,郁达夫、林语堂等文人到徽州,留下了著名的《出昱岭关记》《屯溪夜泊记》《游白岳齐云之记》三篇游记],歙县往往是他们停留的重要地点。省立徽师和万安徽中、隆阜女中,同为当时徽州的最高学府,也常有人来参观。江植棠非常重视利用这些社会资源,常极力邀约他们来校与师生见面,既拓展学生视野,借以引导学生发展。

黄宾虹老家在歙县潭渡,他曾是紫阳师范学堂和新安中学堂的老师。他回家乡时,到徽师走走,跑遍校内各场所,对学生非常关心,问东问西,垂爱有加。民国24年(1935),国画大师刘海粟上黄山游览创作。当时,省立徽师的图画教员鲍锡麟是他在上海艺专的得意门生,鲍锡麟得知消息,立即邀约。素有奖掖后进热情的刘海粟黄山归来,即在徽师住了两晚。他不仅把在黄山写生的作品在大会堂展出,指点学生如何去作艺术欣赏,而且在第二天带学生站在河西桥上,看他亲自写生,并予讲解。倡议并支持修建歙县西干景区和渐江墓的至德人、时任国民政府赈济委员会委员长的许世英也应邀到过徽师,向学生发表了演说。当年亲聆他演讲的徽师学生柯敦厚曾回忆道:

> 这趟他来歙县,亲笔为"渐江和尚墓"五字写下篆书的墓碑。……江

---

① 黄值源:《回忆汪蔚云》,《安徽文史资料全书·黄山卷》,安徽人民出版社,2007年,第988页。

② 陈平民:《王任之、方士载是王茂荫研究史上所不能忘记的人物》,黄山市社联《徽州社会科学》,2013年,第3期,第45页。

③ 徽州地区地方志编委会编纂、黄山书社1989年出版的《徽州地区简志》第124页记载:1933年11月徽杭公路通车;12月,屯溪至淳安、屯溪至芜湖公路通车;1935年10月,屯溪至景德镇公路试车;12月,安庆大渡口至歙县岩寺的大岩线通车。

④ 1932年,由国民党元老许世英发起,皖籍抗日名将张治中、实业大家徐静仁等参与,筹备成立黄山建设委员会。1934年1月,黄山建委会在南京成立。6月,设黄山办事处。随后,划定风景区范围,并开始整修景区道路。见黄山志编委会《黄山志》,黄山书社,1988年,第9页。

校长请他对学生演讲。我以为他是一位高大健壮、器宇轩昂的大人物。哪知见面以后,他的个子却很矮小,穿上一袭天蓝色的布长袍,走路慢悠悠地,不慌也不忙。他对我们说到新安画派在艺术上的地位和影响,渐江生活的环境和他的艺术风格,还谈到西干景区形胜遗迹,以及许多文人、学者、书画家在那里的集会活动。也谈了些勉励我们的话。①

抗战初期,国共合作,徽州出现民主抗战的气氛。民国27年(1938)1月,歙县战地服务团成立,黄珂、汪任民分任正、副团长,团员以本县青年教员和学生居多,包括少数外地流亡来歙人士,人数达到一百五六十人,团址即设在省立徽师②。该团及上海劳动妇女战地服务团经常向师范生教唱《毕业歌》《救亡进行曲》。受此影响,徽州师范学生也组织剧团,曾在雄村、屯溪、歙城等地演出《烟苇港》《菱姑》等大型剧目,宣传抗日救亡。民国28年(1939),"五九"纪念日,在歙县民众抗日总动员委员会推动下,省立徽师的学生抗日总动员委员会将全体学生编为20队,分赴屯溪、深渡等地,劝募慰问品。共募得毛巾142条、法币480余元、手帕1 000多块、慰劳信1 000多封,慰劳抗日战士③。

在国共两党合作的背景下,中国共产党的地下组织也在悄然发展。省立徽师作为在歙县的最高学府,学生接近成年,独立思考能力较强,也成为重要的发展区域之一。当时,省立徽师中成立了"中华民族解放先锋队"(简称"民先"),成为团结学生开展抗日救亡运动的重要力量。民国28年(1939),中共歙县县委成立后,曾在徽师发展党组织。后来活跃在我军军工战线上的吴同基、烈士黄宝豫就是当年省立徽师地下党的成员。

吴同基(1922—1986),歙县西溪南人。民国28年(1939),在省立徽师就读时加入中国共产党,为校党支部成员。次年初夏,因反对强迫学生集体加入国民党而被开除学籍,旋由党组织派遣在歙县富溪、容溪山区开展党建工作。后调新四军军部参谋处任见习参谋。皖南事变中被俘,在押解途中因熟悉容溪附近地形而摆脱敌人。不久到达天长的新四军二师,入抗大学习后在新四军二师参谋处、七师兵工厂等单位任职。民国35年(1946)赴东北接管沈阳兵工厂,主持厂工会工作。1952年后,先后任军工部所属重庆兵工厂、成都兵工厂党委书记④。

---

① 柯敦厚:《母校三年》,《徽州师范》,2005年,第37页。

② 潘明志:《抗战初期的歙县战地服务工作》,中共歙县县委党史办《新安江畔战旗扬》,安徽人民出版社,1991年,第99页。

③ 潘明志:《歙县民众抗日总动员委员会始末》,中共歙县县委党史办《新安江畔战旗扬》,安徽人民出版社,1991年,第133页。

④ 歙县地方志编委会:《歙县志》,中华书局,1995年,第720页。

黄宝豫(1923—1945),女,又名行素、王行、黄晟,歙县西溪南竦塘人。出生在上海,民国21年(1932)随父返故里。14岁考入省立徽师。参加学校歌咏队、话剧队,假期在家乡竦塘尾、琶村、石桥演出抗日剧目。民国27年(1938)秋,参加共产党领导的"民先",负责徽师"民先"的组织和领导工作,9月加入中国共产党。次年春依照组织决定转学至隆阜的省立四女中,先后任四女中党支部书记、中共徽州中心县委妇女部长、中共义乌县委宣传部长等职。民国34年(1945)8月,在与浙江保安团特务搏斗中牺牲①。

受进步思想影响,一些学生在民族大义面前,分得清,站得正。皖南事变发生后,就有徽师吴姓学生冒着危险,掩护事变中被搜捕的共产党员郑惠珍,帮助她脱离险境。

郑惠珍(郑里明),原战地服务团党支部宣传委员,在新四军军部民运部工作。皖南事变后被捕。在被关押的日子,她不断想着逃跑的方法。有一天,国民党派了一个营的兵员,武装押送新四军的1 000余人,其中有女兵20余人去上饶,每天徒步行走60里。郑惠珍听说大队人马要向歙县进发,心中暗喜,她之前在这里做过群众工作,有两个好朋友,地利人和,对逃跑非常有利。进城后,1 000多人的队伍引起了民众的好奇,小县城的街道挤满了人看热闹。突然空袭警报响起,队伍、人群大乱,郑慧珍趁机向小巷一钻,飞快地逃跑了。因为路熟,七拐八转跑到了原师范学校的吴同学家,进门后,在楼上见到了母女俩。当她们得知郑惠珍参加新四军北上抗日,却被国民党抓去并押送上饶,很是同情,要把郑惠珍藏在家里。郑惠珍绝不想牵连她们,想尽快女扮男装出城去乡下。她们于是给郑惠珍穿上棉袍罩衣,像出门拜年的样子,告诉她,先躲在南乡小洲村张同学家里。张家离歙县50里路,是偏僻的小山沟,可通往浙江。母女俩也都换上过年穿的新衣服,拿上2大包用大红纸包的糕点,让小儿子前面探路,郑惠珍走中间,母女随后作掩护。郑惠珍学着路上的商人,走路稍低头,双手伸进袖里,有模有样地走,夹在行人中混过了岗哨,平安逃离了城关。吴同学陪着郑惠珍走到小洲,住进了张同学的家,装病躺着不出门,大家编了一套话瞒过了张同学的父母。几天后,张同学从城里回来,告诉她俘虏队已开走,通行证也搞到了,还递给她一套学生服。张同学让家人准备了上路的干粮,不辞辛苦送了她30多里,才依依不舍地返回。②

---

①吴立奇:《黄宝豫烈士小传》,中共歙县县委党史办《新安江畔战旗扬》,安徽人民出版社,1991年,第195页。

②任务:《上海女工辗转抗战两万里》,网站:"斟灌春秋·永远怀念",www.zgcqls.com/memory/6-6.htm。

　　皖南事变之后,虽然国内政治日趋沉闷,但省立徽师学生的抗日宣传活动并未消停。在江村时,由学生自治会组织领导,课余活动时间,学生们还经常开音乐会唱抗战歌曲,组织演讲宣传抗日,演出抗日短剧等救国活动,不仅学生爱国情感得以强化,当地群众也颇为欢迎。

　　省立徽师(歙师)学生也经常参加地方上的大型活动。民国29年(1940)5月,省立徽师和省立女中在屯溪公共体育场举行一场女子篮球赛,观者如潮。民国33年(1944)4月下旬,歙县召开第一届运动大会,这是抗战期间少有的规模盛大的学校体育赛事,可能借此为当年5月初在屯溪举办的皖南第一届春季运动会选拔选手。为此,歙县专门成立了规格极高的组委会,陶广(浙苏皖边区挺进军副总司令)、张宗良(皖南行署主任)、张一寒(国民党安徽省执委皖南办事处主任)、赵复汉(警备司令)、廖梓英(安徽省第七区行政督察专员兼保安司令)、戴传薪(驻军146师师长)、王埒为名誉会长,莫寒竹(歙县县长)为会长,江文彬(国民党歙县党部书记)、查景韩(省立徽州师范校长)、汪嵩祝(私立芜关中学校长)、柏岁寒(柏文蔚之子、私立右任中学校长)、卢正涛为副会长。比赛分中学、小学两类,其中中学分设男子甲组、乙组和女子组。省立徽师获中学组总分第一名,民国33届(1944)高师科方文岐、简师科刘玉瑢、体师科汪金根,民国34届(1945)高师科陈玉泽、罗秀接,民国35届(1946)高师科汪定端等获得个人奖状。

　　民国33年(1944)5月4日,由第23集团军总司令部和国民党中宣部东南区战地宣传专员办事处举办的皖南第一届运动大会在屯溪公共体育场举办,历时5天,主要设田径、篮球、足球等比赛项目,分男子公开组(苏、皖、赣、浙边区的军队官兵,以及社会人士参加)、高中组、初中组和女子组,选手千余人。省立徽师的学生选手与太平、宁国、祁门、休宁县立中学,省立徽州中学,省立徽州女中,私立建国中学,以及沦陷区内迁的复旦大学附中(设黟县)、南京安徽中学徽州分校(设屯溪)的选手同组比赛。谢图强(省立徽师体育教师)和吴声、周祖望等组成的"江南"篮球队也参加了比赛,引起较大轰动。

　　民国35年(1946)春,徽州专区召开抗战胜利后首届中学生运动会。当时物价飞涨,学校无力支付参加运动会的费用,校长查景韩腾出屯溪家中的住房和借用邻居房舍,解决师生食宿问题,使得学生能够参加运动会,并取得优秀成绩。

　　省立徽师(歙师)因管理比较严格,教师队伍相对整齐,学生的学习氛围浓厚,文体活动活跃。每天清晨6点吹号,学生起床,接着早操、早自修后用餐。上午四节课,下午三节课。4点以后的课外活动是学生的自由天地。体育场上,篮球、排球、足球、田径等体育项目都有学生参与;大会堂、音乐室里,或唱歌、排戏,或弹琴、吹号,也是一片鼓乐丝竹之声。民国38届(1949)高师科毕业生陈长文曾描述过这样的场景:

> 学生们课余时组织各种"学习研究会",开展丰富多彩的学术研究活动,如开座谈会,出墙报,搞作文比赛,演讲比赛等。这种学习研究会有的由"同乡会"组织(打破班级界限),有的由志趣相投的同窗好友自愿组织;名称五花八门,有"紫阳""华阳""碧阳""海阳""长风""浪涛"等等,全校不下数十个。每个研究会都出一种墙报,所以每逢节、假日,校园内外墙壁上飞红点翠、五彩缤纷,十分壮观。那时的文体活动也很频繁,体育老师谢图强抓得很紧,"温迈艾温"(一个盯住一个)常常挂在口头上,班际之间、校际之间的球赛几乎天天都有。每到课余,球场上龙腾虎跃,一片欢笑。文艺演出经常性的有"周末晚会"(每班出节目),每周举行一次;大型演出每学期终或节庆日举行。①

学生自治会是学生活动的主要组织者。该组织设理事、常务理事,均由各班学生选举产生,总负责人为理事长。理事会根据学生学习、活动的实际,下设若干股。民国36届(1947)体师科学生曹阶泽,因母亲病故、父亲卧床,不能如期参加期考,于6月14日向教务处递交请求下期补考的报告,就写在"学生自治会学术股赠"的"省立徽师学生自治会演讲竞赛优胜纪念"便笺上。一个学生自治会的学术股,竟然能为一次校内普通的演讲竞赛而印制数量有限的专门便笺,可以想见必有一定的行政和财力支持。而民国34年(1945)11月26日该自治会拟举行演讲竞赛,专门行文给学校教务处请求停课半天:

　　　　　　安徽省立徽州师范学校学生自治会
　　　　　　　中华民国卅四年十一月二十六日
　　送达处:教务处
　　事由:为举行演讲竞赛本日下午(十一、二十六)拟请停课备文敬请核夺由
　　本文:窃查本会于本日下午一时至五时(十一、二十六日)举行演讲竞

---

① 陈长文:《丰乐河畔的笑声》,徽州师范学校《跨越百年》,内部资料,2006年,第85页。

赛会,届时拟请准予停课。事关学校行政,理合备文呈请核夺,并祈指令示遵,至为公便。

　　谨呈教务主任李

　　　　　　　　安徽省立徽州师范学生自治会常务理事长　程仁铨①

李炳埝在该报告上签署的意见也爽快明了:

　　布告全体,本日下午一时起停课半日,并通知教师。

　　　　　　　　　　　　　　　　　　　　　　　　　　埝

　　　　　　　　　　　　　　　　　　　　　　　　十一、二十六

由此足能说明学生自治会在校内是受到重视的。

　　许多青年教师与学生成为朋友,积极参与和指导学生的课余活动,对课余活动的开展发挥了重要作用。化学教师黄永丰,爱好文艺,曾经为学生排练话剧《雷雨》《上海屋檐下》,京剧《借东风》《洪羊洞》《女起解》,以及歌剧《渔光曲》等,并在校内成功演出。不仅当时反响很好,而且为一部分学生日后以文学、艺术为职业的打下基础。

　　这一时期,针对政府的腐败和学校管理中存在的弊端,学生也采取对抗行动。民国31年(1942)冬,因当时小学教员既无地位,经济待遇又低,师范生前途暗淡;且处于物价高涨形势之下,省立徽师对伙食管理不善,账目不公开,因此爆发了学潮,后由歙县县长莫寒竹派兵将学潮镇压下去,校长汪忠天被迫离职。

　　民国35年(1946)以后,随着国民政府经济状况日益恶化,省立歙师学生的生活条件愈加艰苦,不仅宿舍卫生状况极差,传染病流行(在潭渡时,多数同学染有疥疮,奇痒难忍,严重时在教室上课都不能坐),更让学生难以忍受的是日复一日、挥之不去的饥饿。学生朱光辉在省立歙师求学期间,从潭渡到县城,虽然校区不同,但是饥饿一样:

　　　　在潭渡,学生吃公粮,伙食太差,经常吃不饱,早上半铁盆子连汤带水煮黄豆下稀饭,中饭一盆青菜一盆豆腐清汤,上面漂着几滴油花,八个人一桌,饭菜都不够,肉就根本甭提了,真是"三月不知肉味"。有时没办法就跑到厨房里去找锅巴吃,不时的发生抢锅巴事件,与工友吵起来,工友举起大锅铲追上来,我们就跑。但抢归抢,打归打,我们和工友之间还是有感情的。我们不时还到厨房走走,和工友们讲几句贴心话,诉上几句

---

　　① 原件存徽州师范学校档案室。

苦,意思是:你得可怜可怜我们,高抬贵手呀! 多放点米,多舀点菜。最后
笑嘻嘻的伸出手来,从饭桶里摸一块锅巴就跑。工友无可奈何、哭笑不
得,几分同情,几分讨厌。有时菜买不到,一次涨大水,我们只好整天吃烂
蚕豆。青年人发育时期,吃不饱是最大的威胁。回家拿菜次数有限,私菜
大家吃,也只一二餐而已,解不了馋。上街买吃的又没有钱,不得已利用
星期天到校后面田里去拔萝卜生啃、摘辣椒腌腌吃,但得小心,那是温州
佬种的,是危险的……

省立歙师与省立歙女师合并后,校址转到县城,学生伙食并未得到改善:

> 我和维养一样饭量大,总是吃不饱。有时两个人趁下课空隙摸到厨
> 房里水井头拣些大白菜根头,洗干净,放在搪瓷缸里搁在大厨房的火膛里
> 炖炖,然后弄点油和盐当菜吃。我生疮后,特别觉得饿,整天饥肠辘辘。
> 一出校门临街都是饭店,走在街道上,从那里溢出的葱花油香总是诱惑着
> 我。可身上无几,实在不行才买一、二个馒头填一下肚子。当时货币贬
> 值,开学时父亲给我的一块银圆舍不得兑成现钞,老放着不用,实在不得
> 已才到河西桥头源丰馆(绩溪人开的),几个人一起去,一人吃一碗肉丝
> 面,或者买一碗肉丝豆腐汤,搞一顿白米饭打打牙祭。

因此,学生们在激愤之下,常常以带有破坏性质的行动表达不满:

> (在潭渡)我和几位绩溪同学有一次晚饭吃好,饭厅上菜盆饭桶未收,
> 一顿牢骚之后,几个同学把铁盆从窗子往外一扔,发泄了一通,大声的叫:
> 共产党赶快来吧! 把我们接收了!

而学校管理人员面对这样的情况,往往息事宁人,退让了事。民国37年(1948)
下半年就发生了这样的事:

> 有一个星期天上午,我在教室作业未完,听说师三同学欲与校方开会
> 谈判,可能是校方向师三同学让步,答应把学生的伙食费给他们去杭州旅
> 游,这样做不更影响我们全校学生的伙食水准吗? 我心中不服。丢下作
> 业,急忙赶到会议室(离教室只百步之遥)公开表示,我代表我班不同意此
> 做法。结果因为我一番话的干涉,而中止了会议。校方人员教导主任、教

官、总务人员迅速退出了会场。[①]

抗战胜利后,国民政府也加紧了对学校的政治控制。政府主要采取两手策略:一是通过训导主任和专职公民教员对学生上"公民"课和平时与学生谈话,灌输国民政府主张的伦理道德观念和"正统"思想;二是通过国民党省军管区委派的军训教官对学生进行压制。此外,国民党皖南调查室和各县室的中统特务,还不时到学校与党团组织(当时不少学校都有国民党的党团组织)配合,暗查进步师生的活动,开黑名单,进行迫害。

随着时局的急剧变化,一些学生通过阅读外地亲朋好友邮寄的进步书刊等途径,对时局也有了比较清晰的看法[②],青年学生中因前途的渺茫难测所产生的不安与焦虑情绪急剧蔓延,为反对军训教官或训育主任对学生的强行压制而采取的激烈对抗,也并非少见:

> 1949年开学时,歙师学校曾发生一起殴打训导主任许某的事件。许某是教"公民"课的政治老师,专门管制学生的思想言行。据说他还是国民党县党部派来的。有天晚上,他抱着一摞点名板(木板上贴有学生名册)到我们班来检查晚自习。当时,教室里挂有一盏汽灯,是那种燃烧煤油汽化的灯,灯光极亮、炽热,还发出"呼呼"的响声。它是用麻绳挂在讲台的上空,另一头即绑在学生座位边的窗棂上。
>
> 训导主任点名时发现有些学生缺席,便斥责我们这个班的学生"最不守校规"。我们听了很反感,便发出一阵阵的"嘀嘀"的起哄声,还不断地掀起那种往上启开式的桌面,故意弄得"噼噼啪啪"的乱响。训导主任气得大发雷霆,骂我们是"赤化分子"。
>
> 这时,有位同学便用剪刀剪断那系在窗棂上的绳索。猛然间,"哗啦"一声巨响,那"呼呼"燃烧的汽灯如同一颗重磅炸弹从空而降,在训导主任的眼前摔落下来。顿时,教室里一片黑暗。我们就趁机抓起书桌上的石砚朝训导主任砸去,把他打得头破血流。
>
> 事后,校方追查事件"幕后人",并要开除几个领头的学生。我们即派代表找校方讲理。后来,因解放军要渡长江,战事吃紧,校方只得贴出一

---

① 朱光辉:《人生之旅》,亚太国际出版有限公司,2004年,第36~38页。

② 据1949届学生胡清和在《情萦恩师与学友》(《徽州师范》2005年,第40页)中回忆,他的邻村同乡、学长吴唐尧的亲属常从上海给他寄《申报》《大公报》,以及储安平主编的《观察》杂志(解放后改为《新观察》)。吴唐尧常把这些报刊借给同学看,大家由此了解到国民党选"国大"等一些内幕。

纸布告,给学生们以"留校查看"的处分了事。[1]

解放前夕,由于解放军的胜利推进,逃亡军队、官员从歙县过境日多,传言与猜测到处蔓延。教师与学生,一方面是对腐朽的国民政府强烈不满,另一方面是对中国共产党和中国革命的渴望。在焦躁与不安的等待中,省立歙师平日的宁静和欢乐不见了,上课成了可有可无的形式,生活成了等待着的煎熬,学校前院的小石桥上,天天都传递着不同讯息,并进行着各种思想的交流与碰撞。教学秩序几近崩溃。学校匆忙举行毕业考试,好让学生提前毕业离校。

解放军渡江作战开始,有教师不告而走。不久,刘汝明部溃兵、保安团南撤,他们大量抓挑夫,群众不敢出门。学校见不能保障学生的生命安全,决定暂时停课放假,示意大家疏散。少数学生打算随国民党军队南逃,而大部分学生则以安全计,觉得返家躲避为妥。1950届高师科毕业的余百川这样描述了当年惊心动魄的历程:

> 大约占十分之八的歙县籍同学纷纷回家迎接解放。一批远处如宁国县的10多位同学,因交通阻梗只好待在校中。而当时绩溪籍的20多人却决定撤出,沿着芜屯公路朝绩溪方向开拔。
>
> 虽然揣着惶恐,还算平安走完40华里抵达绩溪临溪。不料杀出几名国民党残兵,横枪喝令止步。我们中有人与之交涉无果。还威胁说:"前面有共匪,你们要不要命!"大家只好空着肚子原路折回。因为我的家就在离临溪六七里地的山坳里,执意往右一拐回家。这时,年长的同学对我说:"小余,这两位女的实在走不动了,不妨跟你回家避避。"在零星的枪声和惴惴不安中,约摸半个小时,两位女同学就跟我一道回到我家里。父亲见着,感到这兵荒马乱中责任太大,就把她俩藏在一栋老屋的楼上。第二天风声更紧,又请村民背她俩蹚溪过河,藏身在山坞里一处烧石灰的窑洞里。第三天都说已经"解放了",她俩才沿着登源河小路平安回到绩溪县城的家中。[2]

4月25日后,皖南游击队的侦察、宣传人员进入县城。留在学校的胡清和、戴远亮、程日宏等少数学生,接受其委派,在歙县城大街小巷刷写"热烈欢迎中国人民解放军""中国共产党万岁"等标语及"中国革命与中国共产党""新民主主义论""中国人民解放军布告"等材料,落款"歙师宣",在县城的老

---

[1] 胡清和:《情萦恩师与学友》,《徽州师范》,2005年,第40页。

[2] 余百川:《往事片羽》,徽州师范学校《跨越百年》,内部资料,2006年,第92页。

百姓中产生很好的反响。

28日早上,县城四周响起枪声,解放军二野三兵团12军35师(师长李德生)103团开始攻城,仅一个多小时,就占领歙县县城。下午,学校也有了驻军。

停课十天左右后,学校又向学生发通知,大意是:亲爱的同学,现在已经解放,希望大家返校,复课闹革命。于是师生陆续返校。学校秩序逐渐恢复,歙县军事管制委员会和5月21日成立的歙县民主县政府先后指导工作开展。除了教学常规,参加各种政治活动是一项新任务。充满激情的青年学生很快成为主力军,校园里充满欢庆景象。50多年后,当年的参与者还能详尽地描述出那热烈的场面:

> 是时,歙县军管会等领导机关,决定组织一次庆祝上海解放的胜利大游行。消息传出,全校师生为之欢呼雀跃,并纷纷进行准备。
>
> 这次大游行有歙县各界人士参加,但主力是青年学生,特别是徽师。
>
> 全校师生一齐出动,"十八般武艺"全使了出来。除了红旗、锣鼓等仪仗队外,排练的文艺节目就有大秧歌、打莲花、打腰鼓、火炬队、笛子队、口琴队等等,单是扭秧歌的方阵就有上百人。我参加的是口琴队,有十五六人,天天练习吹奏革命歌曲,也学吹《梅花三弄》等传统名曲。
>
> 整个校园热烈欢腾,激情燃烧,歌声此起彼伏。练唱的主打歌曲是:《解放区的天是明朗的天》《你是灯塔》《没有共产党就没有新中国》和《团结就是力量》,也唱《解放军进行曲》和《三大纪律八项注意》等。操场上、教室外、走廊里,处处是人群,大家一边唱着歌,一边扭动着身躯。
>
> 记得大游行在6月初的一个晚上举行。从东门外学校出发沿街一直到西门外的太平桥头。沿途店家、百姓燃放鞭炮,同学们手举三角小彩旗,振臂高呼"庆祝解放大上海""打倒蒋介石,解放全中国""把革命进行到底""中国共产党万岁"等口号。
>
> 这次大游行的热烈程度是歙县历史上所不曾有过的。大游行组织得非常严密但又生动活泼。领队的、指挥的、领唱的、领喊口号的都落实到人,既热烈奔放,又井然有序。[①]

接着,参军参干热潮在省立歙师掀起。1949届的胡清和、戴远亮、程日宏、王自贞(女)等人报考了三兵团军政大学;同届高师的陈长文、戴光照,简师的陈琛眉、胡采仙等十多人进了皖南干校。他们投身革命熔炉,在战争或建设的战线上得到锻炼,并作出了积极贡献。留校的学生继续参加毕业考试,办理毕

---

① 余百川:《往事片羽》,徽州师范学校《跨越百年》,内部资料,2006年,第93页。

业手续。因此,1949届毕业生就持有解放前、后两份毕业证书。

第八章　二十世纪三四十年代
徽州各县的简易师范

国民政府在民国21年(1932)12月17日发布的《师范学校法》所附《师范学校规程》中规定,"各地方为急需造就义务教育师资起见,得设简易师范学校或于师范学校及公立初级中学内附设简易师范科";简易师范学校"以县市设立为原则","应于可能范围内设在乡村地方",直至"地方小学师资足敷分配时",方停止办理①。据此,在20世纪三四十年代,徽州各县先后出现了一批简易师范学校或在初级中学附设了简易师范班。这些简易师范班或后独立设置的简易师范学校,虽然规模不大,办学时间不长,但也是徽州三四十年代师范教育重要的组成部分,且由于分布广泛,曾产生较大的社会影响。

　　徽州最早创办的简易师范是民国22年(1933)在屯溪隆阜创办的新安公立乡村简易师范。该校由紫阳书院款产委员会动用书院款产3万元为基金而建立。民国24年(1935)迁往高枧原省立第八职业中学校址,改办为安徽省第十区农林实验中学,师范科为附设。次年,师范科改由设在休宁万安的省立二中代办,招收高小毕业生,学制三年。本科学生学费全免,只交纳膳食和书籍费。该班办学经常费由两部分组成:一是每年租息2 200元(其中息金、租金1 880元,歙县、休宁、黟县、绩溪监捐320元);二是常年捐920元(芜湖、南京两徽州会馆捐600元,徽州教育联合会捐100元,杂捐220元),合计3 120元。收支基本平衡。

　　民国28年(1939),国民政府公布《县各级组织纲要》,正式实施"管教卫合一"三位一体"新县制"。在教育方面,就是将乡镇一级的乡镇长、中心小学校长、壮丁队长,及保一级的保长、国民学校校长、保壮丁队长职务,定为一人兼任,乡镇、保的经济、警卫、文化、卫生等建设事业的执行,也由小学教师负责分掌。所有组织民众、实行自治的使命,完全以小学为中心。安徽省也规划从民国31年(1942)起,实施国民教育五年计划,即将小学和补习教育合并进行,在乡镇设中心学校、保设国民学校。中心学校和国民学校都分为小学部和民教部。小学部收6至12岁儿童,对其实施义务教育。民教部设初级或高级成人班,实施以四个月、六个月到一年的补习教育。在实施该计划的五年内,预计全省共需要培养小学新师资2万多人。为此,省政府先后增设立煌(今金寨县)、太湖、颍州、池州师范学校,后于民国34年(1945),在桐城、歙县分设省立第一、第二女子师范,恢复凤阳师范;还决定在各临时中学酌设师范班、简师班,并在初中三年级增开师范课程②,多方培养小学师资,以应急需。

　　当时,抗日战争正处于最为艰难的战略相持阶段。民国26年(1937)12月5日,日军飞机首次轰炸绩溪县城,死伤20余人。此后,徽州各县城以及休宁

---

　　① 李友芝、李春年、柳传欣等:《中国近现代师范教育史资料》第2册,内部资料,第327、345页。

　　② 安徽文化史编委会:《安徽文化史》(下),南京大学出版社,2000年,第2 050页。

万安中学、祁门贵溪村等地,都先后遭到轰炸①。据周鸣雷先生调查,从民国26年(1937)至民国33年(1944),仅歙县城区一带,日机至少轰炸20多次,炸死、炸伤平民100多人,炸毁、烧毁房屋100多间②。但由于徽州地处皖南山区,日军地面部队尚不敢进入。徽州教育虽然也受影响,但还可勉力维持。就全省师范学校而言,到民国27年(1938)夏,只有开办在歙县的省立徽州师范、青阳县的陵阳乡师坚持办学③。遵照省府指示,徽州各县先后依托初级中学的师资与设备,开展师范教育。

第一节　　各校沿革

祁门县最早开设的初级中学是民国28年(1939)由该县茶商集资创办的私立祁闻初级中学,招收学生110人④。民国31年(1942),祁闻初中附设简师班,学制一年。次年改称祁门县简易师范科,学制四年,均招收高小毕业生。第一年招收的学生也由一年制改成四年制。至民国36年(1947),共招四届,1950年裁撤⑤。

绩溪县初级中学的开办历尽波折。民国14年(1925)拟合并县立一小、私立胡氏小学、私立淑培小学创办初中,未果;民国17年(1928)复办,次年又停办;民国29年(1940)县长叶广培主持复办,成立绩溪县初中筹建委员会,才于当年9月正式开学。当时,筹委会曾拟定了一个三年计划,拟从第二年开始,每年招收初中、简师一年级各一个班,并在绩溪县初中附设高简师一个班。由于时局不靖,未能实施。民国31年(1942)3月,根据皖南行署政三中字第718号的指示,绩溪县立初中应在春季开设一年制简师科一班。由于该校复办不久,筹备时间短促而未及时开设,后延至该年9月方照章招生上课。学生47人(内含女生8人;一说共46人),学制仍定为一年,年经费2 000元。民国33年(1944)8月,县立初中正式附设简师科,学制4年,招收高小毕业生。为此,县立初中设立了简师部,毛福全、胡稼民等先后任主任。简师面向偏僻山区招生,报考人数约70余人,最后录取了40多人。9月份到绩中报名,简师科单设一个班级。开始时胡稼民任班主任,后来周其成、吴名骧等接任。民国34年(1945)后,县立初中未再续招新生。民国37年(1948)首届毕业生毕业后即停办⑥。

---

① 徽州地区地方志编委会:《徽州地区简志》,黄山书社,1989年,第20页。
② 周鸣雷:《日寇在徽城的暴行》,《歙县文史资料》,第五辑,第174页。
③ 安徽文化史编委会:《安徽文化史》(下),南京大学出版社,2000年,第2 049页。
④ 祁门县地方志编委会:《祁门县志》,安徽人民出版社,1990年,第566页。
⑤ 祁门县地方志编委会:《祁门县志》,安徽人民出版社,1990年,第573页。
⑥ 绩溪县地方志编纂委员会:《绩溪县志》,黄山书社,1998年,第714页。

　　休宁县的中等师范教育有较为厚实的基础,民国2年(1913)省立二师从歙县迁至屯溪荷花池,次年再迁万安新棠村;民国11年(1922),在屯溪隆阜又创办省立四女师。民国17年(1928)两校分别改为省立二中、省立四女中。民国32年(1943),休宁县创办简易师范学校,首任校长陈绳德,继任校长有民国36年(1947)春接任的程礼耕、当年秋接任的汪耀祖。解放后首任校长石振中(1949),1950年继任为吴若兵。校址初设在城郊的秀阳乡麦岐村,后迁县城南街,1949年再迁入休宁县中原址。学校招收高小毕业生,学制四年。1950年并入歙县师范学校①。

　　民国32年(1943),黟县县立初级中学筹建,校址拟设在原碧阳学堂,次年9月开学上课。初一设3个班、初二设1个班,另附设一年制高级简易师范1个班(约40余人),共招生239人。民国34年(1945),又附设四年制初级师范班,招生35人,民国36年(1947)停办,学生并入普通班②。

　　民国34年(1945)夏,歙县县立初级中学在深渡附设简易师范科2班,学制一年。次年下半年奉令单独设校,定名为"省立歙县简易师范学校",学制改为4年③。学校首任校长为黄值源(1946.7—1948.2在任),余绳祖(1948.2—1948.5在任)、黄倬源(1948.5—1949.7在任)先后继任。黄值源、黄倬源均为歙县郑村镇梅村人(黄倬源为省立二师毕业生),从事教育工作多年。1949年4月解放军南下,国民党军队向南溃退,曾强行在学校驻扎一晚。出于保障师生安全的考虑,校长决定临时放假,要求师生回家暂避。5月复校。随后,歙县人民政府接管了歙县简师,教职员全部留用。因暑假临近,仍由黄倬源任校长至7月。8月,省立歙县简易师范学校更名为皖南区歙县师范学校深渡分部,柯敦厚受命任主任,负责该校事务。1950年2月,撤销分部,并入本部。1951年春,在原歙县简师校址上,办起了私立米丘林初级中学。

　　民国34年(1945)8月,婺源县创办简易师范学校,设在县城孔庙,招收高小毕业生,修业四年;初中毕业生修业一年。当年招收学生34人。民国37年(1948)因经费困难停止招生。1949年时学生只剩69人,11月停办④。

第二节　教工队伍与管理

　　各县简易师范或为附设,或为单设,教工队伍的情况差别很大。附设的简

---

①休宁县地方志编委会:《休宁县志》,安徽教育出版社,1990年,第433页。

②黟县地方志编委会:《黟县志》,光明日报出版社,1988年,第393页。

③徽州地区教育志编写组:《徽州中等师范教育》(征求意见稿),油印本,1986年。

④婺源县地方志编委会:《婺源县志》,档案出版社,1993年,第436页。

师班,其师资多由原普通中学教师兼任,一般没有专门的职员。独立开设的简师,因规模不大,教师和职员人数也不多。如相比之下规模较大的歙县简师,全校专任教师才13人,加上会计、出纳、庶务、教导员(主要是刻钢板)、膳食管理员等职工,总共22人。休宁简师教职员27人,其中专任教师13人,其编制相比之下比较宽裕。请参见表8-1。

表8-1　休宁简易师范教师编制数一览表[①]

年度	1945		1946		1947	
项目	班均教师数	师生比	班均教师数	师生比	班均教师数	师生比
休简师	2	1:18	2.5	1:13.8	2.25	1:14

教工一般由校长聘用,通常聘书一年一发,流动性强。教师中,既有刚出校门的中专毕业生,也有工作多年的中老年教师。从来源区域看也比较复杂。歙县简师教工中,既有本县人,也有外地人,如祁门、黟县人,甚至还有来自湖南、江苏南通、江西婺源等外省的教师。从学历看,以中专为多,只有个别有大学学历。毕业学校类型也多样,既有原省立二师,也有屯溪工业职业学校等其他非师范类学校,尤以普通高中为多。

其实,早在民国23年(1934),国民政府教育部就制定《中学及师范学校教员检定暂行规程》,其中对于简师教师的任职资格及认定办法等有明确的规定:简易师范学校教员具有下列资格之一者,得受无试验检定:

　　1. 具有师范学校教员无试验检定规定资格之一者;
　　2. 国内外专科学校或专门学校本科毕业后,有一年以上之教学经验者;
　　3. 与高级中学程度相当学校毕业后,有三年以上之教学经验,于所任教科确有研究成绩者。

简易师范学校教员具有下列资格之一者,则必须接受试验检定:

　　1. 国内大学本科、专科学校或专门学校本科毕业者;
　　2. 与高级中学程度相当学校毕业后,有一年以上之教学经验者;
　　3. 与高级中学程度相当学校毕业有专门著述发表者;
　　4. 曾任简易师范学校教员二年以上者;

---

① 徽州地区教育志编写组:《徽州中等师范教育》(征求意见稿),油印本,1986年。

5. 具有精练之艺术技能者(专适用于图画、音乐教员)。[①]

民国36年(1947)4月,教育部又以第19252号部令的方式发布了《中学及师范学校教员检定办法》,对民国33年(1944)颁布的办法进行了修正,明显提高了入职要求,细化了标准:

可以通过无试验检定者,必须具有下列资格之一:

    1. 具有师范学校教员无试验检定规定资格之一者;

    2. 国内外大学各院系高等师范本科或专修科、师范学院初级部及师范专科学校毕业者;

    3. 国内外专科学校(修业年限须在三年以上并系招收高中毕业生者)、专门学校本科或大学专修科毕业后,有一年以上之教学经验者;

    4. 曾任简易师范或其同等学校教员五年以上,经主管教育行政机关考核认为成绩优良者;

    5. 具有精练技术者(专适用于劳作科教员)。

可以通过试验检定者,必须具有下列资格之一:

    1. 国内外专科学校(包括五年制专科学校)、专门学校或大学专修科毕业者;

    2. 与师范学校程度相当学校毕业后,有二年以上之教学经验,并对所受检定学科确有研究成绩或有专门著述发表者;

    3. 曾任简易师范学校教员三年以上者;

    4. 具有精练之艺术技能者(专适用于图画、音乐教员)。[②]

但实际上,因徽州地理位置的偏僻、经济的落后,师资状况不很理想,不仅各县师资的学历差异较大,总体学历也偏低,很难达到教育部颁布的标准。如歙县、休宁简师在办学已经基本稳定时期的师资学历情况,请参见表8-2。

表8-2 歙县简师、休宁简师教师学历统计表[③]

单位:人

---

① 李友芝、李春年、柳传欣等:《中国近现代师范教育史资料》第2册,内部资料,第372-373页。
② 李友芝、李春年、柳传欣等:《中国近现代师范教育史资料》第2册,内部资料,第497-498页。
③ 徽州地区教育志编写组:《徽州中等师范教育》(征求意见稿),油印本,1986年。

学历	1944年—1945年	1946年		1948年	
	休宁简师	歙县简师	休宁简师	歙县简师	休宁简师
大学毕业			2	1	1
大学肄业或专科毕业	2	4	6	8	3
中师、高中毕业	1	2	2	4	9

全校的管理机构也比较简单,人员较少,通常只有一位校长,下属常设教导主任、总务主任、女生指导,一般也各一位。由于女生人数少,相对来说,女生指导事务不繁,是个闲职。比如歙县简师黄倬源任校长那学年,担任此职的便是他的夫人吴淑娟。管理学生的主要任务都由班主任承担。

除了校长,其他教职工都不带家属。办学条件尚可的,每人安排一个房间,白天是办公室,晚上是寝室。伙食也同学生一样,8人一桌统一吃饭,四菜一汤。教工不缴房租和伙食费,晚上每人一盏“美孚”灯(煤油灯),煤油也由学校统一提供。

教工工资一般分两种类型:一种是职务工资,如教导主任、班主任、庶务等;另一种是教师,按照钟点(课时)付酬为多。请参见表8-3、8-4。

解放战争后期,正值国民政府经济迅速衰退的时期,货币贬值十分严重,教工生活受到极大影响。民国37年(1948)8月19日,国民政府发布《财政经济紧急处分令》,宣布实行“币制改革”,在其所附的《人民所有金钱外币处理办法》中规定:自本办法公布之日起,黄金、白银、银币及外国货券,在中华民国境内,禁止流通买卖或持有,要求在9月30日前向中央银行或其他委托银行兑换金圆券[1]。兑换比率为法币300万元折合金圆券1元。当年9月,刚到歙县简师参加工作的教师月工资可以领到30多元金圆券,但随着10月1日国民政府被迫宣布放弃限价政策,准许人民持有金银外币,并提高与金圆券的兑换率,物价猛涨,金圆券急剧贬值。到1949年解放前夕,新教师月工资高达1亿4千万元关金券(是“海关金单位兑换券”的简称,关金1元折合法币20元)。数字虽然高得惊人,但实际上只能买到30斤米,要想凭此养家糊口,简直是天方夜谭。曾在歙县简师任教的郑克励老师曾有这样的回忆:

　　　　在沉重的经济压力面前,教师们一度意见很大,商议之后,一致推选汪洪锟老师为代表,向校长申诉。汪老师是祁门人,年届中年,为人正派,做事稳重,待人热心,在教工中素孚声望。黄倬源校长深知教师们的艰难处境,但捉襟见肘的办学经费也让他一筹莫展。于是,他想到了深渡地方上一批

---

① 白寿彝:《中国通史》第12卷,上海人民出版社,1999年,第630页。

对于教育颇有热心的商界人士。经过联络,他召集开了商界、教界人士座谈会。会上,汪老师再次向大家倾诉了生活的困境。最终,不少商界人士伸出援手,给予学校以一定的经济资助,暂时地缓解了教师的生活困难。[①]

表8-3　简师教师钟点制薪金标准[②]

年份	1941年(上)	1941年(下)	1942年(上)	1942年(下)	1943年(上)
薪金标准	0.90元	1.65元		2.00元	2.50元

表8-4　歙县、休宁县简师教师月薪一览表[③]

单位:元

年度		1945		1946		1947	
学　校		休宁简师	歙县简师	休宁简师	歙县简师	休宁简师	歙县简师
教师	最高	292	208	328	274	344	288
	最低	72	172	112	188	182	112
职员	最高	90	50	90	50	90	80
	最低	50	50	50	50	50	80
校长		324		264	282	464 (兼教导主任)	296
教导主任		312	226	338	274		310

第三节　课程、设施与经费

国民政府教育部曾在民国24年(1935)7月颁布《修正师范学校规程》,其中规定了简易师范学校的教学科目及各学期每周教学及自习时数(设在乡村的简易师范学校稍有不同)。这一时期徽州的简易师范课程开设情况,限于资料,不很清楚,但徽州师范学校民国23年(1934)至民国28年(1939)开办简师班的教学计划,可以作为参考,请参见表8-5。

表8-5　徽州师范学校民国23年(1934)至民国28年(1939)开办简师班的教学计划[④]

---

① 黄山市徽学会:《徽学研究》,2011年,第3、4期合刊,第46页。
② 徽州地区教育志编写组:《徽州中等师范教育》(征求意见稿),油印本,1986年。
③ 徽州地区教育志编写组:《徽州中等师范教育》(征求意见稿),油印本,1986年。
④ 歙县教育志编委会:《歙县教育志》,黄山书社,2009年,第261页。

学科	第一学年	第二学年	第三学年 (上学期/下学期)	第四学年 (上学期/下学期)
公民	2	2	2	2
国文	6	6	6	5
应用文				0/1
国语音符				1
数学	4	4	4	2
历史		3	3	1/0
地理	3	3	1	
物理			4	2/0
化学		4		
植物	4			
动物	4			
生理卫生	2	1		
教育概论		3		
教育心理			3	
教材教法				6
小学行政				3
教育测验与统计				3
乡村民众教育				3
参观实习			0/3	0/4
军训				1/3
军事看护				1
战时常识				2
童子军		1		
劳作	3	2	2	2
音乐	2	2	2	2
美术	2	2	2	1
体育	2	2	2	2

在教育部颁布的《修正师范学校规程》中,还就简易师范有关课程内容及教学活动作了明确规定:

1. 公民科内容须包括乡村自治及乡村问题。

2. 实习包括参观、试习、试教三项;每项实习后须具预备、报告、讨论三种手续;每三小时之实习约须占半日时间。

3. 简易师范学校学生每日上课、自习及课外运动总时数规定为九小时,每星期以五十四小时计算。

　　4.每日除上课时间外,以一小时为早操及课外运动时间,余为自习时间。

　　5.在校自习及课外运动时间均须由教员督促指导。

　　6.在校自习,住校生必须一律参加;通学生晚间可免参加,惟应由各校严定督促办法。①

　　但是,这一时期的徽州简师,由于附设为多,不成规模,受师资、设备、经费等多方面制约,课程开设较为混乱。如绩溪附设的简师班,所授课程只是在初中科目基础上予以增减,另加习师范科课程。

　　无论附设的简师班还是独立的简师学校,办学条件都极为艰难,多数办在原县学等公共建筑内,也有租借民房的。如歙县简师就设在歙县深渡满坦(今深渡中学校址),与深渡隔昌源相望,一座一米来宽的板凳桥连接两岸。校舍是一组民房稍加改建而成的徽派建筑,较为破旧。校园门口稍大的一块空地就是篮球场。在其他狭小空地上,竖立了一些单杠和双杠,既是体育课的教具,也是学生课余娱乐的重要器材。

　　学生教材由学校统一选购,或由教师自编,部分讲义为学校油印。当时,教育部有审定的简易师范学校及简易乡村师范学校专门的教科书。以《国文》为例,该套教材由叶楚伧主编,汪懋祖、叶溯中校阅,唐卢锋选注,正中书局民国25年(1936)初版,民国37年(1948)6月上海还在继续发行。在歙县南乡日前发现有名为李家根使用的此套《国文》教材第二、三两册,说明解放前夕徽州有的简易师范就选用了该教材。现摘录其第二册目录,可知教材编写者的大致意图及难易程度:

　　　　一、今后雪耻的两条路(胡汉民)

　　　　二、救国的正路(刘复)

　　　　三、任公画像赞并序(彭绍升)

　　　　四、少年侦探(亚米契斯著,夏丏尊译)

　　　　五、军中歌及旋军歌各二首(黄遵宪)

　　　　六、新生活运动训辞(蒋中正)

　　　　七、有恒与保守(蔡元培)

　　　　八、毅力(梁启超)

　　　　九、示程在仁(汪缙)

---

　　① 中华民国教育部:《修正师范学校规程》,陕西省教育厅,1935年(民国24年)。

一〇、复查翼甫书(张裕钊)

一一、体育的歧途(曾虚白)

一二、欧洲人冬夏两季的生活(李石岑)

一三、篮球比赛(叶绍钧)

一四、第六届全国运动大会开幕词(王世杰)

一五、鞭虎救弟记(蒋衡)

一六、张诚(蒲松龄)

一七、母(叶绍钧)

一八、小蚬的回家(叶绍钧)

一九、发展山东水产教育意见书

二〇、科学社社员蔡元培等请拨赔款关税说帖

二一、最后一颗子弹(蒋星德)

二二、黄花冈烈士事略序(孙文)

二三、林尹民传(天啸)

二四、廉耻(顾炎武)

二五、满江红两阕(岳飞　任中敏)

二六、论严格教育旨趣书(张謇)

二七、谈作文(朱光潜)

二八、作文的基本态度(夏丏尊)

二九、戒兄子严敦书(马援)

三〇、寄弟墨书(郑燮)

三一、三十年前好用工(吴澄)

三二、初夏的庭院(徐蔚南)

三三、荷塘月色(朱自清)

三四、硫磺塘记(徐宏祖)

三五、中国旅行社征文函

三六、舍己为群(蔡元培)

三七、自由与放纵(蔡元培)

三八、颍葛冈社学碑记(沈近思)

三九、守望社题词(陈宏绪)

四十、丧礼帖式举例①

---

① 叶楚伧:《国文》,正中书局,1936年(民国25年)。

由于战乱未息，经济凋敝，加上物价飞涨，同徽州普通教育一样，大多数简师极度缺乏图书、仪器，物理、化学等学科所必需的实验器材、药品一时也无法购置。歙县简师没有图书馆。休宁简师唯有少数如动植物标本等简单教具，学校曾设法利用普通材料自行试制，但限于各种原因，种类与数量都有限。因此，不仅自然科学课与技能课的教学比较薄弱，学生的课余学习生活也很单调。

学校教学秩序总体良好。学生每日上早读，白天6～7节课，晚上自备煤油灯统一自习2小时。教师的教学方式基本为讲授与练习。休宁简师在办学上，多借鉴原省立二师的成功经验，以德、智、体三育为重，努力使每一学生都成为"品格健全、学识丰富、体魄强健的优良师资"。各科教学中多注重学生在教师辅导下的自学，要求较高，教学也比较认真，学生国文、英文两科都要背诵，作文每期15篇，最少12篇；数学演算草稿、日记、大小楷及各科问答，每日都要由有关教师审阅。体育方面，学生以性别、身长、体重等组成体育班级，由体育指导委员会指导学生锻炼。胡稼民当时负责绩溪县简师班的教材教法和公民教学，多年后，学生仍能回忆起当年的片段：

> 胡老师特别重视我们的道德品质教育，在班会和讲课中总反复强调："学高为师，德高为范。"师范就是要为人师，为人范，现在读书就要从品学两方面打好基础。有的同学学习马马虎虎，纪律不能严格遵守，胡老师不点名批评并告诫大家：你们是师范生，未来的育人者，而且吃国家的公粮（师范班学生伙食米由国家供给），你们不能白吃，应严守纪律，奋发学习，为将来教书育人打好基础。
>
> 当时绩中每个班级每月定期出一次墙报，张贴在学校显目处。胡老师……对我们说：你们毕业后是当老师的，就应该比其他班办得好。①

为培养优良师资，学校比较重视品德教育，除了班主任日常的教育管理之外，每周一上午第一节课，安排为集中训导，全体学生集中在大会堂，校长等行政管理人员、任课教师轮流主讲，结合学生的表现，主要进行品行、修养、学业等方面的点评和训育。

教育实习是师范生教育教学技能训练的主要途径。相对来说，简师比较重视。如休宁简师到第四学年第一学期，便按参观、见习、试教三步安排学生进行教育实习，第二学期还到外埠参观。绩溪县的简师班学生到了第四学年，

---

① 胡助安：《谆谆教导记心间》，绩溪稼研会《胡稼民先生纪念集》，内部资料，2002年。

也被安排到县城规模较大的胡氏小学、章氏小学等校进行毕业实习,先观摩教学,再试教。

简师均为县立,经费由县下拨。由于各县经济都比较困难,下拨经费的标准也都相对较低。如民国33年(1944),县立休宁简师原预算两班津贴共44 028元,实际上半年支一班,下半年支两班,共支34 308元,其中学生津贴18 000元。平均每班11 436元,仅为当时县中每班平均数的三分之二左右(县中平均数为15 000元)。下半年两班实支10 014元,每月1 669元,当年下半年教职工的俸薪每月1 194元,占支出总数的71%,尚有475元。其他费用便比较紧了。至于上半年一个班,实支为5 007元,平均每月834.5元,而每月俸薪支出为759元,占90%,其他费用几乎没有[①]。所以休宁简师在报告中叹苦不迭,确实连维持都困难。县立简师的情况显然比省立师范的情况更差。

在县财政难以保障的情况下,一些县级政府试图向旅外人士劝募。如歙县在上海工作的人员较多,部分有一定的经济实力,尤其是歙县旅沪同乡会成立较早[民国12年(1923)成立],长期关心家乡事务,曾在救灾赈济、资助县志出版、呼吁改善交通等方面作出努力,自然成为县政府重要的劝募对象。民国37年(1948)县长杨步梁就向该会请求救济,以解决歙县简师遇到的经费困难问题:

　　　　歙县县政府公函　1948年2月23日
　　　　事　由:为呈请救济匪区学生事情函请查照由
　　　　县立简易师范本年二月十九日呈称:实属校学生籍贯统计,家陷匪区共计有八十余人,几占全校学生三分之二。本期校依照规定每生应收费用及主副食品折价当在三百五十万元,更加书籍、零用将达四百余万元。以该生等家遭赤祸之来,尤属无力负担,本属校支出,限于预算,且无基金可挪,鉴于免费生给津贴殊不可能,但以职责所在,又急需抢救,免沦匪化,为呈请务乞拨款救济,核示祗送等情,相应函请贵会应予设法救济,并希见复为荷。此致
　　　　歙县旅沪同乡会

　　　　　　　　　　　　　　　　　　　　　　歙县县长　杨[②]

虽然未知结果如何,但学校及县政府财政吃紧的窘境已不言自明。

第四节　招生与就业

---

① 徽州地区教育志编写组:《徽州中等师范教育》(征求意见稿),油印本,1986年。
② 唐力行:《城乡之间:徽州旅沪同乡会的救乡功能》,《安徽史学》,2013年,第1期,第116页。

根据国民政府在民国21年（1932）发布的《师范学校规程》规定：简易师范学校入学资格为小学毕业生的，修业期限为四年；入学资格为初级中学毕业生的，修业期限则为一年。起初，各县简师招生对象多为高小毕业生，修业一年（婺源招收有初中毕业生，修业一年）。但随后都按照规定纷纷改为四年制。各校自主招生。由于有政府拨款和部分社会捐助，学生入学需缴纳的学费、膳食住宿费用不多，相对于普通初中和高中，费用要少些，因此对于家境比较贫寒的子弟，有一定的吸引力。但在基础教育极为薄弱的年代，各校实际招生数量都不大，每年多为一个教学班。休宁简师民国35年（1946）有学生83名；民国37年（1948）班级最多，6个班，学生251人；新中国成立前共招七届简师生386人。歙县简师民国37年（1948）学生数最多，为152人。婺源县简师民国35年（1946）在校生110人，次年在校生117人，此后连年下降。

各校学生基本来自本县。休宁简师民国35年（1946）的83名学生中，绝大多数是休宁人，只有个别来自黟县和绩溪。歙县简师民国37年（1948）的152人中，以歙县籍（尤其是歙县南乡）为多，达137人；极少数来自毗邻的浙江昌化、淳安县一带。女生尤少。各校均要求学生住校。因为离家较远，每周休息一天，很多学生只有春假（清明3天）、暑假、寒假才回家。

各县简师学生都享受公费待遇。在抗日战争的困难时期，相比于中等师范，学生的津贴要少一些。民国30年（1941），省定的津贴标准为每名学生每月津贴膳费5元，由于待遇偏低，次年提高为每名学生每月津贴膳费10元，但全年只按10个月发给。民国32年（1943）开始，主粮不再发钱，而是直接支给公粮，上半年标准为每名学生月支公粮2市斗1升，自7月份起增为2市斗3升，副食费仍然发钱，每名学生月支5元，全年按10个月发给。随着物价上涨速度的加快，民国33年（1944），副食费支给标准提高为月支24元。次年，除副食费月支60元外，每学期每生书籍、制服津贴60元[①]。在学校，学生吃饭统一开伙，8人一桌，早上稀饭，中、晚两餐为干饭，一般两菜，少见荤腥，勉强填饱肚子。学生的住宿条件也有限，大通铺，跳蚤很多。虽然开学前学校要组织教师事先喷洒灭虫药水，但效果不明显。

因家庭困难等原因，简师学生中途流失的比例很高。休宁简师总共只有3届毕业生，毕业学生79人。绩溪简师科民国33年（1944）招收40多人，至民国37年（1948）夏如期毕业时仅21人。婺源简师毕业生总共才57人。歙县简师第一届毕业生毕业时，正值新旧政权交替，从现存校友照片看，有毕业生33人的合影。但是，是哪所学校通过什么渠道为其办理毕业手续尚不清楚[②]。祁门祁阊初中附设简师班（师范科）民国31年（1942）、民国32年（1943）、民国33年（1944）、

---

①徽州地区教育志编写组：《徽州中等师范教育》（征求意见稿），油印本，1986年。
② 2010年出版的《歙县教育志》认为该校没有学生办理过毕业手续。

民国 35 年(1946)、民国 36 年(1947)分别招生 30、49、37、49、50 人[民国 34 年(1945)及民国 37 年(1948)以后未招生],毕业时分别只有 17、18、29、41 人[民国 36 年(1947)毕业生未统计];而女生数量更少,民国 32 年(1943)、民国 33 年(1944)、民国 35 年(1946)新生中分别只有女生 5 人、4 人和 1 人[①]。

　　按照当时情况,学生简师毕业后,如果家庭经济状况良好,学业不错,可以继续报考中等师范,深造三年。若想就业,也可以从事小学教育。但是,能否顺利找到教职,既要看学生的学识水平和教学能力,更取决于学生家长是否有足够丰厚的社会人脉(关系)。绩溪县简师民国 32 年(1943)的毕业生,由县政府教育科分配到各保国民学校当教员;民国 37 年(1948)毕业的 21 人中,除了两位同学家庭经济条件尚可,报考了徽州师范学校深造之外,其余全部在县内山区的各所小学任教。

　　在各县兴办简师的同时,部分县还根据普及民众教育或加强国民教育的需要,开办短训班。民国 26 年(1937)上半年,绩溪县政府曾借孔庙举办一期民众普及教育推广员训练班(简称民众师资训练班),招收年龄为 20 岁的社会知识青年约百人,由县长陈必昵任主任,教育局长余蒸云任副主任,教授国文、教育学、注音、数学、音乐、军训等课程,为期半年,暑期毕业。根据毕业考试成绩,录用三分之一学生,拟分配至各乡创办民众学校。由于"八一三"事变,日本侵略军加紧了侵华战争,被分配的学生未到校就业。此后,学生自谋职业,不少人仍转入了普通小学教师队伍[②]。

　　民国 32 年(1943)元旦,绩溪县立初中又奉令开设半年制国民教育初级师资训练班。该班学生由各乡镇公所选送初中毕业生,或与初中同等学校肄业一年以上者,或有同等学力、年满 17 足岁者(后两种人要考试)。初入校 41 人。由县政府津贴每人每月 20 元(伙食费)、开办费 1 600 元、常用经费 1 000 元。该班有 2 名专任教师,其余教师均由县立初中教师兼任(共 9 人)。所授课程有国文、公民、数学、历史、地理、教育概论(增加了"儿童心理学"的内容)等,教材由学校自编。7 月份毕业后,由县政府教育科分配到各保国民学校当教员或校长。

第九章　　徽州女子师范的余韵
——省立歙县女子师范

　　① 祁门县教委:《祁门县教育志》,内部资料,1989 年,第 132 页。
　　② 绩溪县教育志编委会:《绩溪县教育志》,方志出版社,2005 年,第 173 页。

民国29年(1940)以后,安徽省政府除积极恢复原有各级师范学校外,还继续扩充,"不仅恢复旧观,抑且超过战前校数"。抗战胜利后,便依照原订战后师范教育计划,将已有师范学校按九个师范学区进行调整,并力争每一师范区设齐省立男、女师范学校各一所。因此,民国34年(1945),省政府在桐城、歙县分别设立省立第一、第二女子师范。省立二女师后易名为省立歙县女子师范,民国37年(1948)并入省立歙县师范。

省立二女师首任校长是倪畅予(1904—1949)。倪畅予原名倪润芳,祁门县渚口人。民国9年(1920)赴安庆就读于安徽省立女子师范学校,民国14年(1925)考入由国民党左派与共产党合办、于右任任校长的上海大学中文系,接受了马列主义思想,倾向革命。后南下广州,在国共合作的国民党中央妇女部供职,结识在此工作的邓颖超并共寓一室。民国16年(1927)4月,她随总政治部抵达上海。四一二政变后,被拘留于龙华监狱,旋被营救获释,后暂蛰居武汉。次年在安庆国民党领导的妇联会工作。民国20年(1931)回到徽州,在省立四女中任教。抗战中,辗转流离,先后在四川省夹江中学和成都县女中任教。民国30年(1941)仍回屯溪执教于省立四女中。为筹建省立二女师,曾往返数百里,偷渡穿越日占区,前往设在大别山区立煌县(今金寨县)的省教育厅筹措办学经费。同时,她积极参加社会妇女工作,先后兼任皖南和安徽省妇女联合会主任、省临时参议会第二届参议员,筹办屯溪战时妇女工厂,为前线抗日将士缝制军衣、军鞋,筹募慰劳品。民国36年(1947),调任省立宁国师范学校校长。民国38年(1949)因患胃癌在南京病逝[1]。她调离后,桐城人周易接任。

倪畅予给学生的印象是以身作则,既严格,又能干,在教职员中有魄力。她关心学生的成长,常告诫学生不要过早参与政治。一段时期,"戡乱队"[2]经常通过学生家乡的保甲长等头面人物动员学生参加民众自卫队,倪畅予提醒学生以学业为重,少接触、不参与。

教导主任程应鸣,也很受学生崇敬。训育主任初期是全椒人吴健瑜。她穿着朴素,同学生一样,一头短发。她很关心学生的身心健康。当时,徽州风气保守,女师学生虽然正处身体发育的重要时期,但绝大多数学生还是按照旧习惯贴身穿着密扣紧身小背心,将胸部束得紧紧的。吴健瑜不仅劝说学生不要穿,甚至还经常检查,不许学生穿。

___

[1] 祁门县地方志编委会:《祁门县志》,黄山书社,2008年,第946页。
[2] 民国36年(1947)底国民政府成立的由情报机关控制的武装部队,全称为"戡乱建国工作总队",在皖南等戡乱实验区各设大队,下辖中队、组。主要任务是领导和推动国民政府基层政权清查户口,实施联保连坐;举办乡保甲长讲习会,设立青年感训班;印发反共宣传品;训练壮丁,编组民众自卫队;设卡盘查,并村筑寨,建立防御据点;组织情报网,监督地方社会治安,破坏中共地下组织;实行经济管制,强行征集物资以配合国民革命军镇守等。

省立二女师校址设在原歙县县学。县学地处歙县城东问政山麓(今歙县中学东侧一半),初创于南宋淳祐十年(1250),后经明、清两朝多次修建,规模宏大,占地约20余亩。全部建筑依山就势,层层上升,气势非凡。北侧主要建筑为明伦堂,五开间,占地面积1 020平方米。堂后为训导廨、尊经阁;堂之东为崇圣祠;堂前东、西两侧分别为成德斋、达材斋;再前为大成殿,两侧为庑;前面依次为大成门、下马碑、儒学公署、教谕署、泮池、科名坊等。虽经清末战乱,但主要建筑依存。略加改建之后,能勉强容纳学生三四百人。首届学生姚礼贞这样描述道:

> 穿过科第坊,是歙县原县学的下马碑,走过种满荷花的泮池上的小石桥,上几步阶梯即为学校大门。进门后是教室,后边是学生宿舍。大成殿是饭厅。明伦堂里是校长室、教导处等部门的办公地点,堂前两侧斋室为教师宿舍。[①]

女师课程有几何、代数、教育行政、教育概论、儿童心理学、家事等。其中"家事"课由吴玉仙担任,主要内容是教学生缝纫。学生从家中带来些布头、针线,学做鞋、衣服和布玩具。不少学生在成家后养儿育女时,就凭借这样的一手技能解决了生活中的不少问题。学校还在课外活动时间,为高年级学生开设英语、古典文学等选修课,以满足部分学有余力的学生的学习需要。教员上课要求严格,但对学生不骂、不打,下课后也十分亲切随和。不少教师教学认真,水平很高,如程颖之的"数学"、程应鸣的"生理卫生"、李蓝之的"国文"、金鹏文的"音乐",学生毕业多年后还能记忆起他们生动的形象。学校操场在校外徽州医院(设在紫阳书院旧址)的下边,面积不大。体育教员上课比较正规。甚至一度要求学生上体育课时要打绑腿,穿黑色制服。

在学生教育和管理中,省立歙女师对学生进行"地方自治"的教育,"采取现行乡镇保甲自治的办法,按训管教合一的要求,成立学生自治组织"。把全校学生按乡镇保甲的编制组织起来,实行"地方自治"式的生活,培养学生"自治"能力。要求学生宣誓:"奉行三民主义,效忠党国。"[②]学生平时不准上街,遇到特殊情况,请假获准后取得一个专用徽标,门卫才放行。路近的学生周六下午可以回家,周日晚上必须返校上自习。早晨全体学生集合做早操,举行升旗仪式,校长或训育主任训话。晚上自修,每人一盏煤油灯,灯油自备。后来教室里统一配备汽油灯,照明条件改善了很多。学生统一穿由家庭自备的校服,上身蓝色的士林

---

① 笔者于2013年3月对姚礼贞老师进行了采访。本文许多细节的描述均来自她的回忆。谨致谢意。
② 徽州地区教育志编写组:《徽州中等师范教育》(征求意见稿),油印本,1986年。

布裙,左胸口绣有校名,脚穿白力士鞋(白帆布面胶底鞋),全剪齐耳短发。学生宿舍分班安排,一班住一间,上下铺。从床单到被子、枕巾,全部白色。学生都养成整洁的习惯,被子铺得四四方方。当然,木板床里的木虱,不管学校采取怎样的手段,总是难以消灭。学生从家里带点干菜,由学校统一放置在储菜室,饭前定期开放。冬天学生洗脸,每人两勺热水。学生每人一个搪瓷脸盆,用毕统一放在大成殿外四周,整整齐齐。省立歙师还曾慕名组织学生参观女师的内务。

按照教育部《修正师范学校规程》[民国24年(1935)6月2日公布,民国36年(1947)4月9日修正],省立师范的开办、经常、临时各费,由省款支给;"师范学校经费之支配,除学生膳食外,俸给至多不得超过百分之七十,设备费至少占百分之二十,办公费至多不得超过百分之十"[①]。虽然省教育厅同意创立歙县女师,但因在抗战后期,之后又卷入内战,政府财政十分困难。民国35年(1946)全省预算收入55亿元,但支出达155亿元;次年全省收入预算155亿元,支出却高达413亿元[②]。办学经费因此短缺。民国34年(1945),省立二女师创办时,第一次才领到开办费130万元,第二次领到添办设备费240万元。而修缮和改建教室、学生寝室、教职员室,共计需要工料款就达903万元[③]。为了补足巨额缺款,校长倪畅予只能通过私人关系,找到善后救济总署安徽分署中的熟人,争取到工账面粉15吨,才抵补了这笔费用。此后几年,歙女师的办学经费一直没有得到解决,成为制约学校发展的主要因素。歙县女师大多时段处于维持或勉强维持的境地。

为节约起见,学校利用食堂里的泔水,养了猪和羊。校园内也有一些旱地,主要是种菜。学生入学时要带锄头,由学校安排在菜地劳动。但由于学校蓄养的羊经常窜入菜地,学生的种植难有收获。学生虽然吃公粮,但是标准不高,后期伙食难以保障,学生家庭还得补贴部分大米。吃饭是7人一桌,早上吃稀饭,每人半块豆腐乳,另有煮黄豆一盘。中餐和晚餐为干饭,三菜一汤,初期一般都有豆腐角烧肉,后期少见。盛菜的餐具开始为碗,后因学生有意、无意打碎严重,改为用洋铁皮做的盒子,内分四格,各盛一种菜肴。进餐和结束都以值班教师吹哨为号,时间较紧,刚入学的新生因吃饭比较慢,在规定时间内吃不完饭。随着经济状况日趋紧张,为防止学校管理人员和食堂工作人员克扣学生粮食、菜蔬和菜油,高年级学生还参与食堂监督。每天安排几名学生分任"监米""监菜""监油"等职。"监米"的学生天没亮就起床,跟随食堂起早火的

① 李友芝、李春年、柳传欣等:《中国近现代师范教育史资料》,内部资料,第585页。
② 王鹤鸣、施立业:《安徽近代经济轨迹》,安徽人民出版社,1991年,第505页。
③ 民国33年(1944),歙县每百公斤大米售价4 833元,每百公斤毛茶售价5 800元。见歙县地方志编委会《歙县志》,黄山书社,2010年,第527页。

工友到仓库量米、称米,监督工友洗净下锅烧开,才可离开食堂。"监油"者相同。"监菜"者则陪同工友从上街采购开始,一直到下锅。后来,伙食越来越差,招致学生不满。高年级学生牵头,曾发起一次声势浩大的斗争。她们相约在餐后同时将餐桌推倒,发泄愤怒。夜间,悄悄在校内各处张贴大字报,揭露学校管理上的弊端。甚至公开指责训育主任、男教师许某是"衣冠禽兽"(与女学生发展情感)。受此压力,学校一度改善了伙食。

省立二女师开办三年制中师和四年制简师。为能扩大生源,又设立了二年制幼师。民国34年(1945)创办当年,三个专业招生。入学考试科目有国文、算学、三民主义等。全校最多时共设9个班(二年制幼师1个班、三年制中师3个班、四年制简师5个班),在校学生429人。

全校学生来源以歙县为主,约占总数的70%。徽州其他五县次之,本省外专区、省外学生只有十分之一左右。请参见表9-1。

表9-1　部分年度歙县女师学生来源一览表[①]

单位:人

	绩溪	休宁	歙县	太平	祁门	黟县	外专区	外省	合计
1945年幼师	2	6	15		6		1	6	36
1945年中师	9	12	24		1	4		16	66
1945年高师	1	5	75		2	2		16	101
1946年简师	1	8	66	1	3		1	6	86
1949年简师	3	2	71		1		1	1	79
合计	16	33	251	1	13	6	3	45	

在校期间,学生流失情况也很严重。歙女师的学生,中途因休学、退学、留级、开除而减少的人数也不少。原因比较复杂,有的学生家境较好,嫌读书太苦,不愿继续学习;有的因父母工作变动而转学;也有因学习成绩差,跟不上进度而退学的。相对而言,因家庭经济困难而退学的倒不多。请参见表9-2。

表9-2　部分年度歙县女师学生流动一览表[②]

单位:人

时间	班级	原有	减少原因		实际	备注

① 徽州地区教育志编写组:《徽州中等师范教育》(征求意见稿),油印本,1986年。注:原表可能有误:其一,民国37年(1948)秋歙县女师并入歙县师范,而表中仍有次年歙县女师的数字;其二,其他资料未见歙县女师开办过高(简)师(招高中毕业生,修业一年)。

② 徽州地区教育志编写组:《徽州中等师范教育》(征求意见稿),1986年油印。

			休学	转学	退学	留级	斥退开除		
1945年	幼师	36	10				6	20	斥退
	中师	66	7		7	11	12	29	原因
	简师甲	48	13		9	2	1	23	为"行
	简师乙	53	19	3	3	6	2	20	为不
1946年	简师甲乙	86	10	5	8	5	2	56	端"

歙县女师的教师编制数,目前未见具体资料,仅有建国后经整理的少数数据,可略见其大概。请参见表9-3。

表9-3　歙县女师的教师与学生数、班级数比较表[①]

年度	1945		1946		1947	
项目	(1)	(2)	(1)	(2)	(1)	(2)
歙女师	1.5	1:30.5	2.8	1:13.3	2	1:21.3

注:"(1)"为每班平均教师数;"(2)"为教师数与学生数之比。

歙县女师的课外活动也很丰富。周末通常都在明伦堂组织晚会,学生表演舞蹈、哑剧、京剧等。活动由学生自治会(下设文体、宣传等部)负责组织。因学排京剧需要专业教师指导,曾有一段时间,学校出经费,学生自行到歙县城区有名的徽声京剧团联系教员,在晚自修结束后,全体演员集中到明伦堂后面排练。学生还组织诸如"建新社"等社团,在校内定期出墙报。

主要参考文献

一、地方志

---

① 徽州地区教育志编写组:《徽州中等师范教育》(征求意见稿),1986年油印。

[1]黄山市地方志编纂委员会.黄山市志[M].合肥:黄山书社,2010:1269.

[2]黄山志编委会.黄山志[M].合肥:黄山书社,1988.

[3]徽州区地方志编委会.徽州区志[M].合肥:黄山书社,2012.

[4]绩溪县地方志编纂委员会.绩溪县志[M].合肥:黄山书社,1998:714,884,886,888,889,896,899.

[5]绩溪县教育志编委会.绩溪县教育志[M].北京:方志出版社,2005:173,343,347,348,350.

[6]祁门县地方志编纂委员会.祁门县志[M].合肥:黄山书社,2008:573,946.

[7]黟县地方志编纂委员会.黟县志[M].北京:光明日报出版社,1988:393,601.

[8]歙县地方志编纂委员会.歙县志[M].合肥:黄山书社,2010:912,1200,1240,1324.

[9]歙县教育志编委会.歙县教育志[M].合肥:黄山书社,2009:261,275,276.

[10]屯溪市地方志编委会.屯溪市志[M].合肥:安徽教育出版社,1990:436.

[11]婺源县地方志编委会.婺源县志[M].北京:档案出版社,1993.

[12]许承尧.歙县志[M].石印本.上海:1936.

[13]休宁县地方志编委会.休宁县志[M].合肥:黄山书社,2012:806.

二、著作

[1]安徽省政协.安徽文史资料全书·黄山卷[M].合肥:安徽人民出版社,2007.

[2]安徽文化史编委会.安徽文化史[M].南京:南京大学出版社,2000.

[3]白寿彝.中国通史[M].上海:上海人民出版社,1999:630.

[4]陈贤忠,程艺.安徽教育史[M].合肥:安徽教育出版社,2006.

[5]程永宁.辛亥革命前后的徽州[M].北京:团结出版社,2011.

[6]崔运武.中国师范教育史[M].太原:山西教育出版社,2006:13,132,142.

[7]冯煦.皖政辑要[M].合肥:黄山书社,2005:500,514,553,554,558.

[8]方与严.方与严教育文集[M].成都:四川教育出版社,1995:399,831,832,954.

[9]黄炎培.黄炎培考察教育日记[M].上海:商务印书馆,1914:134,140,141,148.

[10]李琳琦.徽商与明清徽州教育[M].武汉:湖北教育出版社,2003.

[11]李琳琦.徽州教育[M].合肥:安徽人民出版社,2005:14,61,160.

[12]刘汝骥.陶甓公牍[M]//官箴书集成.合肥:黄山书社,1997.

[13]璩鑫圭,童富勇,张守智.中国近代教育史资料汇编·实业教育师范教育[M].上海:上海教育出版社,1994:606,607,799.

[14]璩鑫圭,唐炎良.中国近代教育史资料汇编·学制演变[M].上海:上海教育出版社,1991:536,651,741,990,1 005,1 012.

[15]舒新城.中国近代教育史资料[M].北京:人民教育出版社,1981:5,27,28,30,44-45,60-61,69,71,77,248-249,381,382,501,665,666,667,670,679,681,789-790,974.

[16]陶行知.陶行知全集(第8卷)[M].成都:四川教育出版社,1991:9,27-28,33-38,35,43-44,54-56,88,149.

[17]翁飞.安徽近代史[M].合肥:安徽人民出版社,1990:459-463.

[18]王鹤鸣,施立业.安徽近代经济轨迹[M].合肥:安徽人民出版社,1991:46,494,499,505.

[19]王中秀.黄宾虹年谱[M].上海:上海书画出版社,2005:40,41,43.

[20]许承尧.歙事闲谭[M].合肥:黄山书社,2001:602.

[21]中共歙县县委党史办.新安江畔战旗扬[M].合肥:安徽人民出版社,1991.

[22]张南.简明安徽通史[M].合肥:安徽人民出版社,1994:453.

[23]周文甫.斯文正脉[M].合肥:黄山书社,2012:41,47,48,229,294,364,366,369,370,376,381,382,384,397,409,410,415,425,426.

[24]朱有瓛.中国近代学制史料[M].上海:华东师范大学出版社,1989:304,352.

三、论文

[1]鲍义来.许承尧与敦煌遗书拾掇[J].档案,2001(5):22.

[2]崔运武.近代中国教会女子教育析论[J].史学月刊,1988(2):44.

[3]柯六六.五四运动前后柯庆施日记、家信选摘[J].中共党史研究,2009(5):38.

[4]李琳琦,储常连.简论徽州传统教育发达的原因[N].光明日报,2009-03-03.

[5]马勇虎,李琳琦.民国初年社会转型中的地方教育发展[J].华东师范大学学报:教育科学版,2011(4):79.

[6]唐力行.城乡之间:徽州旅沪同乡会的救乡功能[J].安徽史学,2013(1):116.

[7]周文甫.浅谈清末民国时期的徽州教育[J].社会科学战线,2007(6):166.

四、其他

[1]安徽省政府.安徽省行政成绩报告[M].1934年(民国23年).

[2]安徽省政府.安徽政绩简编[M].1946年(民国35年).

[3]大江.战时皖南行政资料[M].屯溪:中国文化服务社皖南分社印刷,1945年(民国34年).

[4]省立二师.安徽省立二师附属小学校实施新学制标准及其教法[M].刻印本.1923年(民国12年).

[5]省立二师.黄山钟[J].石印本.1921年—1927年(民国10年—民国16年).

[6]省立二师.教育季报[J].刻印本.1923年(民国12年).

[7]省立二师.省立二师杂志[J].石印本.1914年—1920年(民国3年—民国9年).

[8]省立二师.学生半月刊[J].刻印本.1922年(民国11年).

附　录

徽州府师范学校成立日告诸生文

许承尧

自全球交通，外力横厄，族竞弥烈，优胜劣败，胜存劣泯，非澳前辙，言之寒心。于是海内志士，响和影附，舌枯笔秃，争有所改革，以固吾国藩户。是诚然矣！然吾窃有疑焉者，民德未进，民智未牖，而徒更张政制，将愈棼乱，而无效果之可言。此以群学公例断之，固万无可疑者也。故商榷今日所以振兴拯救吾国方法，或步武法美，或规范英日，鼾毕而号，万喙嚣声，悫儒孤诣，至殉躯命。当轴警醒，亦谋速化。不幸揆之学理，如其所设施，不特不能策其始愿所祈之效，且因果相反，往往有殊弊巨患，踵迹俱至，而不易避，是大可痛也。而时局沓纷，又复迫于眉睫，不容吾有从容暇豫、徐徐布画之一日，然则奈何？吾尝备举种种方法，比较其迟速利钝及百变之情态，而求其会归，要必以教育普及为的。

教育普及者，国民之炉冶，而增进民德比智之喤导也。此方法似迟实速，似钝实利，安而不倾，坦而易由，质直而不迂廓。旷观万国，莫不率是以兴。诸生疑吾言疏缓不及事乎？吾昔亦疑此，今乃知舍是无他道，而及今犹可为也。诸生注意！无本之木必倾，无源之流必涸。重台崔嵬，奠基于址石；体魄强固，嘘生于血管。故今日学校乃吾国一线曙曦，诸生注意！行陆无车，行水无航，踯躅流涕，废于半途，谓之不预。稚子制锦，侏儒扛鼎，强以不任，绝脰伤手，事所必然，不足诧笑。故今拯救中国方法，不以教育普及为的，无论如何，皆以长乱而召祸。如前说，学校之关系若何重大？诸生之责任若何重大？诸生试思之！教育普及安始？始于蒙、小学，则急设、多设蒙、小学为要。然无师范生，蒙、小学无由兴，则师范为尤要。此人人所熟之。然吾愿诸生注意！诸生今日为本校之受学者，他日即各县、各乡蒙、小学之创造者。改造风尚，改造礼俗，改造行谊学术，改造莘莘童稚之脑藏，即改造林林同族之脑藏，可易言乎？

吾徽扃闭野塞，囿于闻见，盲人腾古扣槃而含沙，寻瑕蹈隙，犹有忍以学校为诋谮者。诸生所值愈艰，则愈不容已于观导启譬，愈不容有失检过激之行为彼所藉口而长疑。必先自进德，乃能进群德；必先自益智，乃能益群智。诸生勉之！吾昔为中校诸生告有三义：曰爱国；曰爱身；曰爱时。充斯义也。崇公德，明公理，守秩序，教勇敢，励坚忍，戒偷惰，除嚣张，拳拳恳恳，以期教育普及。庶可藩国，可卫种，可私群，可革汙习、存国粹。诸生勉之！时局艰迫，不吾久待。如行千里，今方裹粮。前途荣悴，诸生自择！诸生学殖勤怠，行检敬肆，吾徽他日皆将食其报，固不徒关区区一校之令誉已也！愿诸生常味吾言！

资料来源：许承尧《疑庵诗》，黄山书社，1990年

紫阳师范学堂记

许承尧

光绪三十二年,丙午春,承尧监督新安中学既一年。私念教育基址在小学。小学不得良教师,因仍简陋,皮傅貌饰,根荄既乖,材质斯萎,非端本之善画也。谋于知府王君振声暨吾徽人士,拟以紫阳书院常款,建本府紫阳师范学堂。

时紫阳书院已改校士馆,虚应律令,徒更其表而已。王君亦甚非之。乃如议。通牒大府,得诺。三月开校,先设简易科应急用。同县鲍君振炳,实助承尧主其事。

本年正月始,由府城故试院迁县城故紫阳书院学舍。增益学科。校中才俊腾踊,已毕业出而治小学者,成绩斐然。各县小学初芽得此一溉,欣欣荣长。惟仍以费绌,所就简,供不应求为憾。

承尧惟吾徽学风称盛于宋。儒宗大师,渐被数百年。紫阳故祀朱子,山高水长,遗泽远矣! 国朝江、戴、金、程、凌、胡诸魁硕,熊熊东南,全国景附,巍然为学界宗宿。今之视昔,其将如何? 时艰世屯,待才乃如亢旱十年之望甘澍;而肩养蒙之责者,其致功微密无伦,其收效极于冶铸习俗;孕育万业,亦阂远无伦。且其职固当守寂茹劳,持以恒久,非一举手一投足所能振厉自见。然则承学之士,殆不可不自高贵,奋然力任,以求达其所期。而此校之急须扩张,其尤不可一日缓也已。因记其缘起,以待方来。光绪三十三年,丁未十一月许承尧记。

　　　　　　　　　　　　资料来源:许承尧:民国《歙县志·艺文》

徽州近代师范学校历任教职员名录(1905—1949)

表附2　新安中学堂附属师范科、紫阳师范学堂教职员名录

姓名	籍贯	姓名	籍贯	姓名	籍贯	姓名	籍贯
黄曾源	—	吴敦仁	歙县	吴日法	歙西溪南	王锡韩	江苏通州
王振声	—	许朝藻	歙县	李家骧	祁门	程致泽	歙县

表附1　安徽省立第二师范学校分科选习计划表
（1917—1918学年编制）

科目＼年度	预科·前期	预科·后期	本科 第一年·前期	第一年·后期	第二年·前期	第二年·后期	第三年·前期	第三年·后期	第四年·前期	第四年·后期
修身	修身实践、演习礼仪	同左	伦理学	同左	同左	同左	同左	教师之道、教授方法	本国道德之特色	
读经	孟子	孟子	孟子	论语	论语	礼记	礼记	续前		
教育					心理学、论理学	同左	教育学、哲学	哲学、教授法	教育史、学校卫生法、管理法	教育实习
国文	国语、会话、文字、讲读、作文	国语、会话、文字、讲读、作文	国语、会话、文字、讲读、作文	国语、会话、文字、讲读、作文	国语、会话、文字、讲读、作文	同左	文学史、讲读、作文	续前并教授法、讲读、作文	讲读、作文	
习字	篆书、楷书	篆书、楷书	同左	草书、行书	同左	行书、草书、黑板字练习、教授法				
外国语	发音、拼字、读法、译解、默写、会话	同左、加文法	读法、译解、文法、会话、作文	同左	读法、译解、文法、会话、作文	同左、教授方法				
历史			本国历史	本国历史	同左	同左、教授完毕、教授方法				
地理	地理概论、本国地理									
数学	算术	算术、珠算	簿记、代数	同左	代数、平面几何	同左	同左	同左	平面几何、立体几何、平三角	三角两数
博物	生理及卫生（附公共卫生及救急法）	植物	植物、动物	动物	植物、动物	动物	矿物	矿物、地质学、教授法		
物理化学					物理	物理	物理	化学	化学、教授方法	补习理化
法制经济									法制经济	

续表

学科目 \ 年度	预科前期	预科后期	第一年前期	第一年后期	第二年前期	第二年后期	第三年前期	第三年后期	第四年前期	第四年后期
图画	毛笔临画、铅笔临画、及写生画	同左	铅笔临画、写生画、图案画	同左	临画、写生画、图案画、用器画、黑板画	同左	同左	同左	同左、教授方法	补习图画
手工	竹工		竹工	木工	木工、粘土、细工、石膏细工	同左 一	小学校各种细工	同左 一	金工、教授方法	补习手工
农业或商业							栽培、土壤、肥料、农具、商业要项、商业算术	续、蚕桑、植树法、商业簿记	畜牧农业、创造农业、经济、教授法、商业地理、商品学、教授法	补习农业、补习商业
乐歌	基本练习、歌曲	同左	基本练习、乐典大意	同左	同左、乐器	同左	乐典歌曲、乐器、乐器使用方法	同左、教授方法		
体操	普通游戏	同左	普通兵式游戏	同左	同左	同左	同左	同左、教授方法		
选习科目 国文科 国文							讲读	同左	同左	补习国文
选习科目 国文科 史地							外国历史	同左	同左	
选习科目 国文科 英文							外国地理	同左		
选习科目 英文科 国文							读法、文法、会话、作文	同左	同左	补习英文
选习科目 英文科 史地							外国历史	同左		
选习科目 英文科 英文							外国地理	同左		

资料来源:徽州地区教育志编写组:《徽州中等师范教育》(征求意见稿),油印本,1986年。

刘沛然	—	胡清澍	祁门	苏 瑾	歙县篁墩	方瑞云	婺源荷田
刘汝骥	—	胡文光	黟县	刘耀先	巢县	刘毅诒	江苏通州
许月涵	—	马维骆	合肥	李盛豫	含山	汪国杰	歙县
程锦稣	歙县	严 达	江苏清河	胡春林	含山	杨健中	江苏泰兴
洪寿彭	祁门	智贞益	江苏盐城	虞育英	合肥	罗运松	歙县呈坎
洪廷俊	休宁	胡正修	绩溪	范家煌	合肥	吴 棣	歙县城里
鲍振炳	歙县	黄开祥	休宁	李毓龙	黟县	罗 尊	歙县容溪
许承尧	歙县	江友燮	歙县	程敦模	歙县仁里	汪邦钊	歙县城里
洪汝阆	歙县	金宗祁	歙县	汪达本	歙县揭田	黄 赓	歙县潭渡
黄家驹	歙县	李嘉会	黟县	江之穆	婺源江湾	严 通	江苏清河
张起先	桐城	陈同桢	巢县	李宏麟	休宁	汪 俊	江西婺源
费善机	江苏吴江	许 譔	歙县	鲍天滋	歙县揭田	方定冕	歙县
黄 质	歙县	鲍维一	歙县	陈葆荃	桐城	陆连衡	湖南清泉
陈去病	江苏吴江	汪天衢	歙县	史乾刚	桐城	史简南	桐城
贺师栋	湖南善化	巴光斗	歙县	王家佐	歙县	江仁纶	歙县
费蓉镜	江苏震泽	程钟秀	歙县	黄高镇	歙县潭渡	高 镌	贵池
陈六如	甘肃秦州	汪国颖	歙县				

表附3　省立五师、省立二师教职员名录

姓名	籍贯	姓名	籍贯	姓名	籍贯	姓名	籍贯
胡晋接	绩溪	程士范	绩溪	郑承绪	歙县	许大受	歙县
方 新	江西婺源	江邦庆	江西婺源	唐 毅	江苏武进	孙克绳	歙县
沈 钰	休宁	胡孝堃	江苏江都	董秉铨	浙江嘉兴	葛祖贤	江苏南通
金宗祁	歙县	樊 骏	江苏海门	樊 篱	江苏海门	单 默	江苏六合
汪开安	江西婺源	吴 骧	黟县	程万选	浙江绍兴	戴家麟	江苏六合
胡正沅	湖南长沙	申鸿漩	浙江嘉兴	韩 同	江苏泰县	孙汇和	江苏南通
汪启祚	歙县	张宗望	浙江	章大木	绩溪	柳 营	歙县
胡正修	绩溪	张一堃	浙江遂安	胡杰民	黟县	汪天衢	歙县
叶德嘉	歙县	程宗鲁	绩溪	樊庆善	江苏海门	胡晋英	绩溪
黄 锦	歙县	汪 岷	歙县	梁正璜	江苏海门	郑建威	歙县
程敷锴	绩溪	唐 廉	江苏常州	唐 毅	浙江鄞县	鲍幼文	歙县
程敷鹣	绩溪	王树棠	江苏无锡	詹子璋	休宁	程干埏	绩溪
方宗灏	歙县	方世树	休宁	周至渭	绩溪	董承琳	浙江定海
章恒望	绩溪	周本达	绩溪	徐天璋	江苏泰县	詹振铎	黟县
洪家麒	江西婺源	叶世官	休宁	董 梅	江苏南汇	江 浩	旌德
毕恩桂	歙县	潘守恂	歙县	江 源	江西婺源	胡慎之	休宁
潘宗张	江西婺源	程登瀛	休宁	程镇第	歙县	周锡培	绩溪

续表

姓名	籍贯	姓名	籍贯	姓名	籍贯	姓名	籍贯
胡 筹	绩溪	程晋徽	歙县	叶光钧	歙县	胡正清	绩溪
吴永丰	绩溪	王廷勋	江西婺源	刁维翰	合肥	程 郁	歙县
胡麟玉	江西婺源	汪鹳翔	祁门	胡俞衡	江西婺源	俞墦高	江西婺源
孙 揆	江苏武进	郑 文	祁门	俞 弼	江西婺源	倪启后	祁门
冯景荣	绩溪	叶新丰	黟县	刘芹生	江苏南通	王昭三	绩溪
周家培	绩溪	王文翰	休宁	陈贞璟	绩溪	程欲仁	江西婺源
黄开祥	休宁	周慈猷	绩溪	詹番勋	江西婺源	王恒禄	黟县
江友升	歙县	林家瑛	休宁	计 诚	江西彭泽	胡裕厚	绩溪
胡在渭	绩溪	汪永嘉	江西婺源	辛国恩	太湖	汪 谔	江苏南通
刁维翰	合肥	胡稼民	绩溪	许名杰	歙县	李 鼎	祁门
袁士鑫	浙江杭州	吴光辉	歙县	张 森	桐城	王鸿春	江西婺源
程秉彝	绩溪	王寿年	黟县	罗长铭	歙县	吕贤才	休宁
林 铮	广东潮阳	汪本慰	江西婺源	严其华	浙江鄞县	程干湘	绩溪
江兆槐	江西婺源	汪本楹	歙县	潘华国	江西婺源	丁锡华	江苏武进
胡培潜	绩溪	江 樾	江西婺源	姚日篆	歙县	陈 铨	江苏南通
周赞贤	绩溪	查辅绅	江西婺源	方兴仲	歙县	陈 谦	浙江昌化
余宝勋	江西婺源	余鸢翔	江西婺源	喻宗元	宁国	汪嵩树	江西婺源
黄宗培	绩溪	查国珍	江西婺源				

表附4　省立徽师、省立歙师教职员名录

姓名	籍贯	姓名	籍贯	姓名	籍贯	姓名	籍贯
江植棠	江西婺源	程梦平	绩溪	翟光滇	芜湖	徐世惠	六安
谢季翔	无为	孙家洛	浙江萧山	巫可任	无为	许素英	歙县
程以人	祁门	李济平	宿松	吴雨玉	江苏宜兴	王世杰	歙县
曹问和	江西婺源	郑友淳	歙县	姚传姒	繁昌	毕 朴	桐城
曹绥之	绩溪	邓淑霞	凤阳	王皖生	潜山	金芸生	休宁
吴政达	歙县	江益君	歙县	石 琢	江苏	周普兴	桐城
陈绳祖	休宁	汪爱潭	岳西	汪道普	庐江	周长本	桐城
毕德林	江苏武进	李欲平	灵璧	张昌禄	休宁	周季英	桐城
查国珍	江西婺源	程薪齐	歙县	姚 荣	安庆	饶养和	歙县
鲍锡麟	歙县	王华明	岳西	查汝康	江西婺源	王锦湘	歙县
廖震霖	四川	王严森	贵池	王七香	浙江绍兴	吴培铨	歙县
陈应选	浙江龙游	张明新	休宁	洪宝书	歙县	王研生	贵池
江禹功	歙县	管鸣凤	南陵	胡逢荣	黟县	曹选良	歙县
江 藩	江西婺源	孙珊馨	浙江吴兴	黄志仙	江苏武进	姜文华	芜湖

续表

姓名	籍贯	姓名	籍贯	姓名	籍贯	姓名	籍贯
方兆有	江西婺源	黄栗庄	黟县	洪渊复	歙县	陈晋文	青阳
凌维新	歙县	卢前骏	无为	黄永丰	黟县	陈秋	桐城
方俊骧	江西婺源	王甸平	太湖	吴锡瑞	宣城	郭家淑	灵璧
丰文涛	歙县	汪蔚林	黟县	朱仰贤	休宁	王士杰	岳西
游祥礼	江西婺源	张维中	辽宁海城	方高韵	绩溪	汪全文	岳西
方新	江西婺源	叶贵达	黟县	孙维榕	浙江	陈绳德	休宁
娄雪梅	江苏南京	汪文卿	黟县	吴嗣恒	绩溪	王邦	南陵
吴迪贤	歙县	章亚冰	贵池	余琢如	桐城	吴世芳	岳西
刘前棠	巢县	孙澜	浙江萧山	汪钟琇	歙县	郭屏岩	灵璧
江益谦	江西婺源	田汝英	芜湖	许炯烈	江苏江阴	宋思明	南陵
冯瑞兰	休宁	吴秉成	岳西	汪淑泉	歙县	李克渊	怀宁
俞静贞	芜湖	储春鳌	岳西	江善庆	江西婺源	郑又玄	歙县
金瑜	休宁	葛铨	芜湖	李云峰	东流	黄永枢	合肥
杨雅涵	歙县	程敏	祁门	吴报璋	泾县	孙治民	寿县
江兆翰	江西婺源	查宗滉	江西婺源	查秉行	江西婺源	何愚	江苏溧水
程振钟	绩溪	李炳埝	繁昌	欧杰礼	湖南	狄福珍	江苏溧水
胡在渭	绩溪	鲍典章	歙县	张传起	合肥	翟瑞贤	宣城
章昭雍	绩溪	金耀三	无为	徐孝钧	至德	赵金荃	凤阳
程仰垓	绩溪	张振华	绩溪	王荣道	怀宁	黄佐虞	歙县
詹幼衡	江西婺源	罗来科	歙县	王太庆	铜陵	许瑾玉	广德
孙广济	江西婺源	沈德华	休宁	金维骐	郎溪	周宝璋	浙江湖州
徐德霖	歙县	陈梅仙	江苏宜兴	鞠维埔	江苏靖江	程乐三	歙县
方世树	歙县	金畹芬	桐城	孙裕椿	江苏无锡	连耕南	江苏泗阳
黄珂	江西	黄宝华	歙县	张炽良	歙县	金铺	潜山
张绮和	合肥	王逸书	江西婺源	曾彭年	江苏江都	汪洪炯	歙县
王纶	黟县	李亦英	凤阳	何章俊	怀宁	胡雨融	黟县
朱镇荪	歙县	张昭才	宣城	朱玉珽	芜湖	汪濂	绩溪
金泽春	庐江	汪钦誉	歙县	程颖之	绩溪	汪文甫	黟县
董钟甫	江西婺源	查亦清	江西婺源	邹恩雨	广德	胡华璋	黟县
洪静渊	江西婺源	查景仁	江西婺源	胡为灿	宁国	程征玉	歙县
孙邦正	宣城	洪祝子	歙县	曹筱青	歙县	郑又玄	歙县
邹季婉	湖南湘潭	俞士修	江西婺源	汪忠台	岳西	赵珍	怀宁
罗运榘	歙县	楼关然	浙江萧山	江渭川	黟县	汪景勋	休宁
黄瑞麟	江苏松江	吴立道	绩溪	王克仁	怀宁	谢唐书	歙县
吴标元	休宁	冯奕孚	江苏宜兴	曹润宜	歙县	吴国骋	黟县

姓名	籍贯	姓名	籍贯	姓名	籍贯	姓名	籍贯
王大中	江西宜兴	詹静峰	江西婺源	吴乃宏	黟县	胡秉康	黟县
程勤若	歙县	查管之	江西婺源	胡丽康	黟县	胡健依	黟县
许家骥	绩溪	程益群	江西婺源	黄振华	黟县	黄绍棠	黟县
胡家仁	江西婺源	查挹清	江西婺源	汪文秦	休宁	江英武	黟县
刘怀庆	河南	李景石	江苏盐城	程大任	黟县	孙沛祯	休宁
程利生	桐城	何万卢	休宁	程中立	怀宁	程葭英	歙县
陈以德	青阳	廖增瑞	福建福州	徐干臣	桐城	谢挺生	江苏宜兴
曹益丞	歙县	徐侃	江苏江宁	周易	桐城	柳营	歙县
杜德鑫	贵池	周必正	江苏	卢宜庆	六安	黄棣华	黟县
李庆萱	合肥	章丽耀	江苏	叶宗招	怀宁	王侣笙	歙县
王平如	芜湖	张良径	江西婺源	程应鸣	歙县	江福华	怀宁
周亚东	桐城	郑友杰	歙县	许惇士	歙县	陶凤林	合肥
朱子芬	歙县	余爕棠	休宁	鲍幼文	歙县	王梵卿	泾县
唐子宗	绩溪	曹定行	芜湖	江敦义	江西婺源	黄少牧	黟县
汪忠天	岳西	查梅溪	江西婺源	周春宏	桐城	吴东儒	桐城
曹颂增	歙县	潘光庆	无为	高大田	贵池	俞浩	桐城
胡乐丰	绩溪	詹嵩山	江西婺源	姬俭书	定远	孙景岳	黟县
潘政策	庐江	吴业瑛	江西婺源	王光	怀宁	吴肃容	—
胡琴伯	绩溪	程春吾	休宁	黄佳芬	休宁	吴承珪	歙县
胡钟英	黟县	詹振棣	绩溪	穆士彦	绩溪	徐家彬	至德
江载菁	歙县	许崇华	定远	周彦儒	绩溪	洪渊复	歙县
高景	旌德	查良榴	江西婺源	黄宗衍	绩溪	胡澈艻	黟县
欧阳琼英	四川	吴惠仙	休宁	张希平	铜陵	马佑卿	江苏江宁
章本赞	绩溪	张正葭	歙县	胡福同	绩溪	宦葆光	芜湖
詹鼎文	青阳	姚怀仁	繁昌	唐大邦	绩溪	程超群	怀宁
李默涵	桐城	汪国栋	休宁	曹介丞	歙县	胡祥坝	歙县
陈光升	太平	程友晖	江西婺源	刘运笏	霍山	章毓茂	绩溪
许卫民	歙县	孔庆炤	合肥	沈奎	怀宁	宗奇辉	怀宁
方立堂	歙县	黄炎	江苏南通	杨瑞才	亳县	方国骅	桐城
成英静	湖南宁乡	盛汝铺	巢县	俞子箴	东流	黄炎	江苏南通
吴止善	—	乔国屏	江苏盐城	钱锦华	江苏青浦	龙星煜	湖南
储惠群	岳西	朱光纯	江苏江宁	金谷园	潜山	谢图强	—

表附5　省立二女师、歙县女师教职员名录

姓名	籍贯	姓名	籍贯	姓名	籍贯	姓名	籍贯

续表

倪畅予	祁门	董子平	怀宁	周孝仪	合肥	葛宗义	江苏盐城
程振钟	绩溪	吴慰慈	休宁	徐峄峰	泾县	程日芳	歙县
徐德霖	歙县	陈光升	太平	金芸生	休宁	郑克己	祁门
吕　曦	江苏宜兴	柳　营	歙县	唐必嘉	北京	王锦湘	歙县
黄国珧	江苏如皋	吴健瑜	全椒	张学兰	巢县	金鹏文	含山
陈　梅	江苏宜兴	倪选贤	江西浮梁	宋履冰	来安	章耕心	江西浮梁
李莅之	休宁	金　瑜	休宁	马端履	巢县	甘鸿奎	芜湖
钮贞义	江苏兴化	陈含珍	休宁	倪启鹍	祁门	沈月华	休宁
吴惠仙	休宁	程文珍	休宁	杨沛霖	青阳	饶养和	歙县
汪玉笛	歙县	吴玉仙	休宁	王传礼	祁门	郑振文	江西浮梁
姚怀仁	繁昌	余　玮	湖北宜昌	查管之	江西婺源	戴德珈	休宁
倪启鸿	祁门	黄倬源	歙县	汪尔齐	黟县	黄佳芬	休宁
许惇士	歙县						

表附6　歙县县立简易师范教职员名录

姓名	籍贯	姓名	籍贯	姓名	籍贯	姓名	籍贯
凌集机	歙县	郑维皓	歙县	郑景歧	歙县	汪映辽	歙县
黄值源	歙县	汪　榕	歙县	黄倬源	歙县	程芝莹	歙县
郑鸣鸾	歙县	江武煌	歙县	倪永洪	祁门	程承勋	歙县
黄良栋	歙县	舒世泽	歙县	汪　禀	黟县	陈梦熊	青阳
汪石铭	歙县	姚克绳	歙县	唐昭明	江西婺源	张馨松	歙县
洪蔗传	歙县	洪立礼	歙县	籍　灿	湖南	吴尔修	歙县
曹　恂	歙县	程德辉	歙县	王鸿禧	庐江	郑翰颖	歙县
杨子嘉	歙县	项恩棠	歙县	陈知稼	江西婺源	吴茂水	歙县
姚楹庵	歙县	陆　瑛	江苏	郑克励	歙县	余绳祖	歙县
方心良	歙县	吴汝鋐	歙县	程日宽	歙县	宋笑尘	歙县
罗赞文	歙县	黄秀民	歙县	吴淑娟	歙县	郑长禔	歙县
胡志涵	歙县	王子俊	歙县	吴永春	歙县	汪洪錩	祁门
冯龙焕	歙县	姚文浩	歙县	王进贤	江苏南通	过常龄	含山
汪文卿	黟县	朱学文	歙县	吴福余	歙县	姚安祥	歙县
孙邦新	宣城	凌建予	歙县	叶春遐	歙县	胡光耀	歙县
叶振华	歙县						

表附7　休宁县县立简易师范教职员名录

姓名	籍贯	姓名	籍贯	姓名	籍贯	姓名	籍贯
陈绳德	休宁	王耀宗	桐城	赖德辉	四川	吴国骅	休宁

朱纪彪	休宁	汪薪传	休宁	程文光	休宁	朱昌基	休宁
曹润宜	歙县	胡元箸	休宁	汪品云	休宁	朱汝移	休宁
陈永盛	休宁	程永建	休宁	吴若兵		黄锡章	休宁
鲍椿年	浙江吴兴	汪守愚	休宁	程绍懋	休宁	余信诚	休宁
戴德珈	休宁	汪缋之	休宁	嵇家钰	怀宁	吴良振	休宁
吴锡年	休宁	朱荫昌	休宁	汪厚耀	休宁	程从元	休宁
黄蔚文	江西婺源	耿居正	怀宁	潘友若	休宁	刘云庆	休宁
方烈武	休宁	薛世庆	湖北巴东	吴雨玉	宜兴	张贵旺	休宁
舒松山	休宁	倪玉书	休宁	汪钟秀	休宁	汪恕常	休宁
高秉镇	休宁	薛白	湖北巴东	陈馥毅	芜湖	汪良忠	休宁
陈文佐	休宁	田炳坤	阜阳	吴凤林	休宁	余文	休宁
张敏	浙江萧山	石振中	休宁	吴震亚	休宁	胡志成	休宁
程启淑	休宁	汪荣昌	休宁	籍灿	湖南	余廉绅	休宁
汪永宁	休宁	吴玉仙	休宁	汪春和	歙县	欧金山	四川
唐文淑	休宁	张甫廷	桐城	石义财	湖北	詹有龙	休宁
盛诗品	巢县	汪传纯	休宁	吴维生	休宁	吕季元	休宁
陈锦善	休宁	金家骐	休宁	钟长春	休宁	张金榜	皖北
庄瑞源	广东	吴金海	休宁	彭维汉	四川	汪志诚	休宁
汪映光	祁门	吴金排	休宁	刘诚昌	休宁	戴远玲	休宁
许承涌	歙县	江香仍	休宁	曹作舟	休宁	汪魁斗	江西婺源
黄冠民	休宁	汪皮姜	休宁	汪受之	休宁	胡世昌	休宁
吴永吉	休宁	吴长才	休宁	汪诚松	休宁	吴灿如	休宁
黄栗庄	黟县	汪炜华	休宁	吴澍	泾县	程韵仙	休宁
张启美	休宁	吴耀庭	休宁	戴渊若	休宁	汪耀祖	休宁
张铮	祁门	吴敏康	休宁	吴桂鸿	休宁	汪孟熙	休宁
汪文甫	黟县	汪振国	休宁	戴建侯	休宁	潘家骥	休宁
朱典雯	休宁	毕长林	休宁	方耀南	休宁	潘家骏	休宁
舒声祖	休宁	宋阿寿	休宁	吴钟英	休宁	吴兆镛	歙县
程礼耕	休宁	陈玉林	休宁	刘元经	合肥	程肇麟	休宁
应钟	休宁	汪裕祺	休宁	吴芳洲	桐城	詹青萍	江西婺源
汪景勋	休宁	汪韵仍	休宁	潘家驹	休宁	汪志定	休宁

徽州近代师范学校学生名录(1905—1929)

表附8　新安中学堂附属师范科、紫阳师范学堂时期学生

(a)1907届(一年制、春季)学生

姓名	家庭住址	备注	姓名	家庭住址	备注	姓名	家庭住址	备注
汪逢源	祁门							

(b)1909届(半年制,春季,讲习科)学生

姓名	家庭住址	备注	姓名	家庭住址	备注	姓名	家庭住址	备注
汪奎照	婺源大畈		詹元亨	婺源庆源		方与严	歙县王充	
黄祥鑫	婺源金田		朱裕师	休宁霞瀛		汪誉襜	休宁城内	
邓仁镜	休宁东亭		吕邦道	休宁梅林		邵濂	休宁龙源	
程馨	祁门六都		江应蛟	婺源江湾		吴国均	休宁石岭	
孙奎藩	休宁霞塘		胡德植	歙县堨田		朱焱	休宁芳干	
罗宪	歙县呈坎		柯忠全	歙大谷运		胡庆	休宁城内	
朱祖荫	休宁蟾溪		曹洧清	婺源晓鳙		韩珣	休宁城内	
程家栋	休宁汉口		余正寅	休宁上易		黄祖耀	休宁黄村	
汪启宜	休宁凤家墩		詹嘉模	婺源庆源				

(c)1909届(半年制,秋季,讲习科)学生

姓名	家庭住址	备注	姓名	家庭住址	备注	姓名	家庭住址	备注
朱道远	—		金传裕	休宁		汪廷璧	休宁	

(d)1915届(三年制、春季)学生

姓名	家庭住址	备注	姓名	家庭住址	备注	姓名	家庭住址	备注
吴永焕	歙西溪南		江观政	婺源晓起		陈昌	—	
汪章选	歙水界山		汪大受	婺源樟前		程云翼	—	
金阆	歙县潜口		胡开元	绩溪		严明耀	—	
王齐贤	歙县芝篁		汪仰辰	绩溪		王锦堂	—	
吴永学	歙西溪南		鲍震甲	歙县蜀源		杨宗俊	歙县潜口	
杨家骏	歙县潜口		吴永发	歙西溪南				

(e)其他届别学生

姓名	家庭住址	备注	姓名	家庭住址	备注	姓名	家庭住址	备注
沈度如	屯溪		耿坤	绩溪		李宏麟	休宁	1909前

表附9　省立二师学生名录
(a)1918届学生(1913年4月入学,即第一次本科,一年预科、四年本科)

姓名	家庭住址	备注	姓名	家庭住址	备注	姓名	家庭住址	备注
方世树	休宁西街		程振钟	歙县西溪		李贞明	黟县	

姓名	家庭住址	备注	姓名	家庭住址	备注	姓名	家庭住址	备注
吴鸿晋	歙县轮台		江祯豪	绩溪高塘		程临燮	绩溪	未毕业
柯尚懋	歙水竹坑		胡树滋	绩溪临溪		章文华	绍兴	未毕业
程敬琦	歙县东山		胡在瀛	绩大东门		潘襄儒	婺源	未毕业
饶惠煦	歙大北街		胡观榜	绩麻石巷		俞本晖	旌德	未毕业
程承宠	休宁庵东		章正顺	绩水圳磅		汪思明	祁门	未毕业
汪敦允	休宁芳干		周其巽	绩觉今园		俞垲高	婺源	休学
王廷勋	婺大庙街		陈贞璟	绩溪蜀马		胡国瑾	绩溪	未毕业
江祖泽	婺源江湾		汪守璠	婺源对坞		王栋梁	绩溪	病　故
查辅绅	婺源山坑		方俊鉴	婺源荷田		汪本敦	婺源	未毕业
戴崇恩	婺源许村		汪松树	婺源大畈		汪承圭	婺源	未毕业
程耿光	婺大庙街		郑洪钧	婺城后街		潘　杰	歙县	未毕业
余翰祖	婺源沱川		汪尧民	婺源大畈				

(b)1919届学生(1914年8月入学,即第二次本科,一年预科、四年本科)

姓名	家庭住址	备注	姓名	家庭住址	备注	姓名	家庭住址	备注
姚学洛	歙县渔梁		李家骐	祁门景石	留入	谭　诚	旌德	退学
许敦楷	歙福三管		章昭煌	休宁隆阜		程干荣	—	休学
柯友根	歙水竹坑	留入	程宗潮	绩溪仁里		章渭全	绩溪	退学
吴光辉	歙上路街		张正春	绩溪东村	留入	黄钰声	—	先留后退
杨肇遇	休宁板桥		程庸熙	绩中正坊		游桢益	婺源	退学
王文翰	休宁商山		汪永嘉	婺源大畈		洪文坤	婺源	未毕业
程延鉴	婺石家巷		江学沂	婺源龙尾		汪承祖	旌德	未毕业
王荣第	婺大庙街		方培智	婺源荷田		毕成良	歙县	未毕业
汪鹤翔	祁店埠滩		程　达	祁门善和				

(c)1920届学生(1915年8月入学,即第三次本科,一年预科、四年本科)

姓名	家庭住址	备注	姓名	家庭住址	备注	姓名	家庭住址	备注
郑大源	歙县揭田		汪周瀚	绩溪仁里	休学	陈必觊	—	退学
凌成基	歙县洽河		方宗厚	歙呈村降	先留后休	曹　强	—	退学
方炳文	歙县罗田		郎仁寿	婺源清华	休学	黄谋述	—	未毕业
毕立贵	歙县长陔		詹德树	婺源庆源	先留后休	崔桂森	—	未毕业
汪任民	歙县稠墅		范厚基	黟县柏山	休学	胡明桂	—	退学
毕松秀	歙县长陔		胡钟瑞	绩溪霞水		江钟禧	—	退学
鲍典培	歙县棠樾	留入	程怀谟	绩溪仁里		程士英	—	退学
吴金熙	歙县石桥		程秉模	绩溪仁里		罗时新	—	退学

姓名	家庭住址	备注	姓名	家庭住址	备注	姓名	家庭住址	备注
王家梁	休宁湖边		程本魁	绩十四都		汪启堂	—	退学
程科皁	休宁牛坑		江之镜	婺源龙尾		刁松森	—	退学
王钟英	婺源玉坦		叶新丰	黟县叶村	留入	唷宗浚	—	退学
汪本根	婺十字街		吴开藩	宁国胡乐	休学	江启缙	—	退学
江祖伦	婺源江湾	留入	胡伦彝	婺源东门	休学	范崇琨	—	退学
江培桂	婺源江湾		程嘉咏	—	退学	程际鉴	—	退学
胡培瀚	绩溪霞水							

(d)1921届学生(1916年8月入学,即第四次本科,一年预科、四年本科)

姓名	家庭住址	备注	姓名	家庭住址	备注	姓名	家庭住址	备注
毕华封	歙县长陔		胡广平	绩溪东街		程 万	—	休学
黄文衡	休宁黄村		胡开璜	绩溪东街		任自钟	祁门张阐	休学
吴 鼎	休宁大连		周其焌	绩溪周坑		汪锦枢	婺源裔村	休学
汪本慰	婺源东门		程民任	绩溪城东	退学	黄宗荣	绩溪中村	退学
程欲仁	婺源龙山		程焕彩	休宁苏田	退学	汪德修	祁门芦溪	退学
汪本海	婺源东门		章洪熙	绩溪北村		程拱熙	祁门善和	退学
张大勋	婺源甲道		江国华	婺源江湾	退学	余起晖	—	退学
郑 文	祁门西街		江 容	旌德江村	退学	方毓贤	—	退学
王敏志	祁门高塘		吴剑青	歙县白杨	退学	谭 栋	—	退学
王寿年	黟县西递		汪光祯	休宁商山	退学	汪 燮	—	未毕业
周懋猷	绩溪城里		汪师古	祁店埠滩	退学	俞明树	—	未毕业
胡家俭	绩溪城东	留入	汪 惠	祁门伦坑	病故	汪肇仕	—	未毕业

(e)1922届学生(1917年8月入学,即第五次本科,一年预科、四年本科)

姓名	家庭住址	备注	姓名	家庭住址	备注	姓名	家庭住址	备注
林瑞堂	太平郭村	留入	朱毓基	—	退学	王镜第	—	退学
吴永茂	歙西溪南		吴国华	—	退学	柯尚惠	歙县竹溪	先留后退
唐柳华	歙西里街		程宝民	—	退学	罗敏学	歙县呈坎	先留后退
沈永忠	休长干磅		程干钰	—	退学	汪思勉	祁门伦坑	先留后退
余宽济	休宁蓝田		吴敏棠	—	退学	吴得训	—	退学
董钟汉	婺源		江福亨	休宁城里	退学	程 度	婺源溪头	病休
江启新	婺源		金爵星	婺源城内	退学	汪守玙	婺源对坞	病故
郑朝佐	婺源		汪达鑫	休宁城里	退学	吴鸿仪	歙县水南	先留后休
董钟浩	婺源		方 藩	歙县罗田	退学	饶金来		休学

续表

姓名	家庭住址	备注	姓名	家庭住址	备注	姓名	家庭住址	备注
汪绎炘	祁门伦坑	留入	俞明鑑	婺源石源	先留后退	章善松	—	休学
胡致和	黟县		俞光鋈	婺源石源	先留后退	李深远	—	休学
汪惟安	绩上西坑		汤霖昌	太平贤村	先留后退	程应参	歙县槐塘	退学
江福元	休宁城里		金家聚	休洲阳玕	退学	吴谪星	歙县白杨	退学
方秀生	婺源荷田	先留后转	余怀瑾	歙县伊坑	退学	程发	祁门六都	退学
董佩荪	婺源城东	先留后转	陈显诰	祁门文堂	先留后退	汪国杖	—	退学
程干埏	绩溪仁里	先留后休						

(f)1922届学生(1921年8月入学,一年制师范讲习科)

姓名	家庭住址	备注	姓名	家庭住址	备注	姓名	家庭住址	备注
方蔚文	歙县坡坦		王学	婺源北门		胡瑞元	黟县东区	
唐起棣	歙县槐塘		王旋吉	婺大庙街		胡鹏举	绩溪荆州	
许敬溥	歙县唐模		胡廷凤	黟县西递		周其荫	绩项家桥	
张逢仁	歙县仁源		巴振先	休宁璜源		汪敦信	—	未毕业
方炳连	歙县坡坦		戴龙孙	休宁隆阜		叶庭映	—	休学
方至坤	歙县坡坦		胡果	休宁小溪		涂树棠	—	退学
洪中和	歙县西村		余抟	婺源沱川		胡彬熙	—	退学
朱坤培	休宁长安		胡树芳	黟里六都				

(g)1923届学生(1918年8月入学,即第六次本科)

姓名	家庭住址	备注	姓名	家庭住址	备注	姓名	家庭住址	备注
黄惟智	—	留入	程志廉	绩溪	退学	程景贤	绩溪	退学
黄振华	休宁		李朝宏	合肥	转学	邓养涵	婺源	退学
王家学	—	留入	曹典举	—	转学	汪期成	绩溪	退学
朱配沨	休宁月潭		鲁会宾	合肥	转学	潘立鳖	婺源	退学
吴自恭	休宁万安		刁松森	—	退学	曹球	歙县	退学
潘华国	婺源		江家鑫	—	退学	吴元照	—	未毕业
汪殿华	祁门	留入	胡昭万	—	退学	方学逊	—	未毕业
汪殿英	祁门	留入	程嘉禾	绩溪仁里	退学	洪宝仁	—	未毕业
胡彩云	祁门		方继勋	祁门北街	先留后退	董礼铨	—	退学
章善机	祁门	留入	江浩	旌德江村	留入	江世杰	—	退学
倪启后	祁门		方文匡	祁唐坑头	先留后退	张养义	婺源梅坦	先留后退

续表

姓名	家庭住址	备注	姓名	家庭住址	备注	姓名	家庭住址	备注
王韶藻	—	留入	吴荣森	歙县		方盛谟	—	退学
倪启基	祁门	留入	唐起棣	歙县	留入	汪浚	—	退学
方继业	祁门	留入	毕相辉	歙上路街		程干蔚	—	休学
王亲民	祁门	留入	毕培隽	歙县城里	先留后休	潘烈勋		休学
孙之杰	黟县古筑		汪秀逸	祁门	先留后休	汪浚		病故
朱大勋	绩溪		程宗敏	绩溪仁里		李国茂	—	病故
曹履福	绩溪							

(h)1924届学生(1919年8月入学,即第七次本科)

姓名	家庭住址	备注	姓名	家庭住址	备注	姓名	家庭住址	备注
方兴仲	—	留入	游仍芳	—	病故	许敦植	—	退学
姚民俊	歙县深渡		方英弼	—	先留后休	唐熙	—	退学
姚日荟	歙县深渡		吴承煜	—	退学	洪哲志	—	退学
许敬彬	歙县唐模	休学入此	汪承圭	—	未毕业	姚睿	—	退学
王德星	歙上路街		程家甲	—	退学	程干侯	—	病故
黄倬源	歙县梅村		江声洋	婺源东山		胡文荣	—	病故
余绍模	休下余村		胡承祚	祁门贵溪		王韶蕃	—	留入
程宝祥	婺源龙山	留入	倪永怀	祁门渚口		汪元瑞	—	退学
郑澜安	婺源城里		许家宝	绩溪磡头		胡云程	—	退学
詹享邦	婺詹家山		章四瑞	休宁首村		胡承泽	—	退学
程云轫	婺源城里	休学入此	江泽澄	旌德白地	留入	胡德英	—	退学
方崃	石台竹溪		游广泰	—	病故			

(i)1925届学生(1920年9月入学,即第八次本科)

姓名	家庭住址	备注	姓名	家庭住址	备注	姓名	家庭住址	备注
许敬溥	歙县唐模	留入	方信	宁三知达		吴承宗	—	未毕业
潘政富	歙县浩川		喻宗元	宁国胡乐	休学入此	张志善	—	未毕业
吴国栋	歙县澄塘		程仰思	婺源城里		刘广植	—	未毕业
郑怀恩	歙县里汰		倪启鉴	祁门渚口		张如衡	—	未毕业
朱典麟	休宁月潭		王恒禄	休宁东亭		程应参	—	未毕业
黄永樨	休宁程村		程宗钧	绩溪仁里	留入	曹诚浩	—	未毕业
董钟林	婺源城里		邵名鹤	绩溪纹川		许必镛	—	未毕业
程昌镐	婺源城里		胡名杰	休宁蓝渡		胡敬之	—	未毕业
王泽农	婺源城里		曹祖杰	休宁隆阜		汪松年	—	未毕业

续表

姓名	家庭住址	备注	姓名	家庭住址	备注	姓名	家庭住址	备注
朱文杰	婺源城里		洪宝箴	婺源古坦	留入	王友奎	—	退学
吴 瑛	婺吕莙山		汪家驹	—	转出	胡征班	—	先留后退
俞东生	婺源龙腾		詹永禄	—	未毕业	许敬先	—	先留后退
程延钊	婺源城里		柯广尧	—	未毕业	吴承勋	—	退学
程昌炽	婺源城里		胡富读	—	转出	王十祥	—	退学
程鹤皋	婺江芜台		程丕文	—	未毕业	黄惟贤	—	退学
程杰文	婺源城里		章恒传	—	未毕业	洪德富	—	退学

(j)1925届学生(1922年9月入学,1923年9月改入讲习科二年级,即第一次三年制师范讲习科)

姓名	家庭住址	备注	姓名	家庭住址	备注	姓名	家庭住址	备注
宋兆贵	歙县上丰		章善根	祁门平里		王韶尊	祁门箬坑	
程 宣	歙县城内		许家华	—		陈 谦	昌化十都	
汪鹤年	歙县湖田		王鼎臣	绩溪择里		陈 谟	昌化十都	
汪善泽	歙县黄坑		胡能辉	绩溪荆州		陈 诒	昌化十都	
郑又玄	歙县郑村		邵华澍	歙县井潭		汪 仁	—	休学
方绍舟	歙周岭山		汤占初	—		方上达	—	休学
方寿贵	歙县坡坦		杜联辛	太平贤村		陈存仁	—	休学
方春榜	歙县范川		曹希周	青阳南乡		余光禧	—	休学
罗会魁	歙县呈坎		林义承	青阳梅溪		周其荫	—	休学
方增鋆	歙县范川		潘祖舜	婺源孔村		吴清慎	—	休学
徐家燕	歙县璜川		朱兆隆	婺石头坑		方月恒	—	退学
王忠良	—		戴 钺	婺源岩前		曹克让	—	退学
吴裕昌	休宁珊溪		戴 忠	婺源岩前		朱凤池	—	退学
江有年	婺源江湾		齐朝升	婺源翀田		方绍彭	—	退学
江震椿	婺源江湾		倪伟成	祁门许村		林石麟	—	退学
程 骧	婺源城里							

(k)1926届学生(1921年9月入学,即第九次本科,前二年预科,后三年本科)

姓名	家庭住址	备注	姓名	家庭住址	备注	姓名	家庭住址	备注
叶广培	歙县竹林		郑 强	—	休学	王嵩甫	—	退学
黄惟恭	歙县岩寺		何腾芳	—	病故	周厚铭	—	病故
吴清鹏	歙县金村	留入	程大宠	—	未毕业	王韶芗	—	休学
程绍候	休宁大阜		王发钟	—	未毕业	陈 麟	—	未毕业

姓名	家庭住址	备注	姓名	家庭住址	备注	姓名	家庭住址	备注
黄振域	休宁黄村		吴本固	—	转学	洪宝铮	—	未毕业
黄承庆	婺源黄村		周道元	—	先留后转	洪宝棻	—	未毕业
汪维藩	婺源罗田		汪社贵	绩溪尚田	留入	曹履厚	—	未毕业
汪如庆	婺源大畈		吕伟书	太平贤村		汪钟贤	—	未毕业
王圣瑞	婺源玉坦		林执中	青阳梅溪		沈永信	—	未毕业
程　恺	婺源梓槎	留入	黄祖武	休宁黄村	休学	邱兆芬	—	先休后退
胡宗德	婺源玉坦		曹厚铭	—	病故	吴世泽	—	退学
吴得寿	黟县燕川		余　熙	浙江于潜	病故	胡家麟	—	退学
吴嗣铨	绩溪城内	留入	江泽润	—	先留后休	吴叶芳	—	退学
胡守节	绩溪上川		汪宗麒	—	休学	程王兰	—	退学
胡守芝	绩溪上川	留入	朱懋顺	—	退学	曹乘庚	—	退学
胡守籙	绩溪上川		江蓉生	—	退学			

(l)1926届学生(1923年9月入学,新制即六年制完全师范第一班, 1926年前三年师范普通科课程结束后,1927年补办毕业手续)

姓名	家庭住址	备注	姓名	家庭住址	备注	姓名	家庭住址	备注
汪钰源	休宁言田		孙汝达	黟县古筑		汪邦涛	—	休学
王光扬	歙县城里		许家斌	绩十五都		洪应侯	婺源官源	病故
程毓麟	歙县城里		曹立鍉	绩溪旺川		曹瑞熙		退学
舒子绩	歙上泽亭		胡云隆	祁门贵溪		王鹏万	—	休学
项崇伟	歙县坑口		詹　燮	婺源壶川	休学	孙　阶		休学
徐寿田	歙县韶坑		江治标	歙县岩寺	退学	洪学礼		休学
汪家煊	歙县堨田		郑启亮	—	转学	戴昌泰	—	休学
汪家煌	歙县堨田		陈曰理	休宁岩脚	休学	姚鉴民		休学
汪台坤	婺源城里		戴瑞图	—	转学	曹延俊		休学
朱永年	婺源城里		朱光斗	—	退学	汪登洛	—	退学
游祥礼	婺源济溪		郑兆纯	—	病故	黄鸿钰	歙问政山	退学
汪　源	婺源大畈		余德生	—	退学	程彝生	休宁芳干	退学
詹国华	婺源秋溪		查忠猷	—	未毕业	梅毓清		退学
洪芳洲	歙县叶村		宋权修	歙县上丰	未毕业	仰崇礼		退学
叶声赫	婺曹家坦		梅正梁	旌德七都	未毕业	倪启峥	—	退学
潘　龙	婺巡检司		毕炳贵	歙县城里	休学	张景祥	歙县武阳	退学
齐　杰	婺源岭北		汪承谞	歙县堨田	转学	许湘波		退学
方绍彭	祁门城里		程礼涵		休学	徐闻政	歙县韶坑	转学
谢学铣	祁高田山		芮　良	旌德白地	未毕业			

(m)1927届学生(1922年9月入学,即第十次本科,前二年预科,后三年本科)

续表

姓名	家庭住址	备注	姓名	家庭住址	备注	姓名	家庭住址	备注
罗时喜	歙县蓉溪		舒英	歙县绍泽		程劲	绩十五都	
方世辉	休宁城里		曹绍曾	绩溪旺川		高跃镜	绩溪霞间	
高维义	歙上路街		曹勇	绩溪旺川		曹钦	绩溪连川	
程先俊	歙县横山		胡观为	绩溪东街		汪丽仙	旌德城里	
汪钰章	休上溪口		章滋	休宁潜皋		汪景勋	休宁枫林	
朱典凤	休宁月潭		余世锐	婺源沱川		孙浒清	青阳城里	
戴瑞	休上溪口		汪守琰	婺源对坞		金立和	休宁汪溪	未毕业
汪毅	休宁溪口		汪云辊	祁石谷里		方世柏	休宁城里	休学
黄振志	休宁黄村		廖经制	祁石门桥		冯声阆	绩溪七都	休学
金诰	婺源城里		谢士翘	祁门城里		唐德昌	绩大北门	休学
汪振声	婺源段莘	休学入此	胡在钦	绩溪东街		金邦达		转学
张正树	绩溪一都		周公抚	绩溪校头				

(n)1927届学生(1924年9月入学,新制即六年制完全师范第二班,1927年前三年师范普通科课程结束后办理毕业手续)

姓名	家庭住址	备注	姓名	家庭住址	备注	姓名	家庭住址	备注
程华瑞	休宁龙湾		查江贞	婺源凤山		汪振昌	—	休学
汪亦浚	歙县石冈		潘蔚文	婺源坑头		邵之瑾	—	休学
汪尚贤	歙县岩寺		章洪澄	绩溪西山		朱国泰	—	休学
汪家姃	歙县湖田		胡迪	绩溪上川		程作模	—	休学
余克忠	休宁蓝田		周其明	绩溪莲川		仰崇礼	—	休学
汪家燮	歙县湖田		张东林	宁国西街		高则权	—	休学
舒子和	歙上泽亭		汪融	—		吕国栋	—	休学
江家明	歙上泽亭		王定让	婺源王村		汪光灼	—	先留后转
江美铨	歙县渔梁		胡江开	休宁杨村	休学	金邦铎	—	休学
姚宏柏	歙县渔梁		余宽广	休宁蓝田	休学	俞天爵	—	休学
萧元凤	歙县渔梁		方人清	歙柿木坦	休学	潘兆衡	—	休学
汪加松	歙中华川		何方进	—	转学	陈煌	—	休学
郑长褆	歙县湖田		何方炳	—	转学	曹延俊	—	休学
鲍家骝	歙县蜀源		胡学斌	—	转学	汪家庆	—	退学
黄光钰	歙县双溪		曹台登	—	转学	吴绍洛	—	退学
陈朝海	婺源龙尾		汪加柏	—	休学	汪承经	—	退学
汪振洛	祁门侯潭		金家镭	休洲阳圩	休学	朱懋礽	—	退学
潘立衡	婺太白司		胡春明	休宁杨村	休学	曹念沛	—	退学
王伊农	婺源中云		金家骒	—	休学	徐华	—	退学

（o）1928届学生（1925年9月入学，新制即六年制完全师范第三班，
1928年前三年师范普通科毕业）

姓名	家庭住址	备注	姓名	家庭住址	备注	姓名	家庭住址	备注
程敦尧	休宁隆阜		方俊骧	婺源荷田		王贞义	歙县渔岸	
吴寿祺	歙县石桥		张源训	歙县正口		张国威	绩溪二都	
汪海观	休宁梅林		汪家明	绩八角井		胡继侯	歙珠光里	休学
宋爕欧	—		胡守庭	宁国竹峰		余恭陞	休宁蓝田	休学
张正书	绩溪一都		陈维鼎	六安		吕克定	旌德西乡	休学
芮　正	旌下洪川		张国士	绩溪二都		舒正德	绩溪西川	休学
周锡玮	绩溪城里		杜维恩	休宁万安		谭　鑑	旌德洋川	休学
姜兆全	黟县北街		章际瑟	—	插班	张宗麟	休宁高枧	休学
胡永源	绩溪五都		任光德	—	插班	戴远奎	休宁隆阜	病故
戴家禹	太平殷溪		江泽宗	歙上泽亭		方绍周	休宁黎阳	转学
胡洪瑜	绩溪八都		张世厚	六毛坦厂		汪忠熙	歙县渔梁	休学
李承舜	休宁屯溪		吴嗣恒	绩学背后		凌士美	歙县正口	退学
程汉兴	婺彰睦坦		林瑞鸿	太平郭村		方俊晶	婺源荷田	转学
项崇佩	歙县坑口		朱振钧	休宁蓝田		王　政	婺王家墩	休学
汪殿梁	婺源段莘		洪沛生	宁国城里		张　杰	绩溪湖村	退学

（p）1928届学生（1925年9月入学，第二次三年制师范讲习科）

姓名	家庭住址	备注	姓名	家庭住址	备注	姓名	家庭住址	备注
汪　渊	—	江渊？	戴攀桂	太平绥川		汪民新	绩溪二都	
戴仁坤	太平殷溪		黄惟尧	歙县岩寺		方光显	祁黄畲山	
汪序昭	婺源晓起		胡钺兴	绩溪八都		胡春明	—	插班
胡其新	绩溪荆州		胡灶寿	绩溪八都		胡江开	—	插班
王　歧	浙江遂安		胡尚洪	歙县璜田		胡观志	绩溪八都	休学
吴义耀	歙县札源		俞绍绥	旌德八都		朱学悦	旌德朱旺	休学
吴景森	婺源花桥		巴燡南	歙县渔梁		王炳年	黟县小坞	休学
查汉祥	婺源凤山		金仁宏	休宁西街		胡懋勋	旌德城里	退学
吴运昌	休宁大连		绍启道	歙县井潭		梅大樑	旌德三都	退学
张松龄	婺源游汀		郑义坤	歙县丰口		江　洲	旌德江村	待考
吴廷荣	歙县槐塘		郑由金	歙县丰口		李建屏	太平南湖	退学
洪永安	歙县石际		毛鸿友	休宁屯溪		姚培相	—	退学

（q）1929届学生（1926年9月入学，新制即六年制完全师范第四班，

续表

1929年前三年师范普通科毕业)

姓名	家庭住址	备注	姓名	家庭住址	备注	姓名	家庭住址	备注
汤尚寿	—		江全富	—		金振笙	婺源城里	
吴清贵			方俊发			陈承松		
游翔鲲	—		程存鹏			章正己	—	
胡厚锡	—		孙进修	—		王沛霖		
汪 奇	—		梅烛天	—		吴嗣和	—	
胡炽昌			胡观长			黄企筠		
黄值源	—		叶贵达			胡秉纲		
余柏祥	—		胡观顺			廖纶日		
方青松	—		汪隆春			詹庆廉		
胡永山	—		鲍安祁	—		张学正		休学
冯明垲	—		方鹏万			江振永		休学
郑初民			孙广济	—		汪廷瑶		休学
孙保和	—		胡 熙	—		李 度		休学
金筱春			张正曜			唐 棣		休学
程锡润			凌 极			方集齐		休学
方徽汉	—		宋家泰	—		林慧龄		休学
叶广植			程仁钜			康国鑫		休学
汪泽钰			张正棣	—		毛蔚文	—	休学

(r)1920届学生(1920年8月,第一次暑期国语讲习会,获修业证书者)

姓名	住址	备注	姓名	住址	备注
唐明性	歙县	歙县县立第一高小教员	罗时新	歙县	歙县十七区国民学校教员
詹国瑞	婺源	休宁二雅国民学校教员	胡在谟	绩溪	绩溪城西周氏国民学校教员
程临燮	绩溪	隆阜亦政国民学校教员	汪 承	歙县	歙县堨田汪氏小学校教员
张正春	绩溪	绩溪胡氏高小教员	程 达	祁门	祁西带经国民学校教员
李寰声	休宁	休宁云路第一国民学校教员	孙 洛	黟县	黟县第五区第四国民学校教员
郑可训	祁门	祁西高小教员	唐德政	绩溪	绩溪云山国民学校校长兼教员
吕邦道	休宁	溪边村道南国民学校教员	汪正达	绩溪	绩溪蔚北国民学校校长兼教员
胡祖泉	绩溪	绩溪县立第一高小教员	汪思模	祁门	祁门县立第四区国民学校教员
王 谟	祁门	祁西高小教员	叶 瑜	休宁	隆阜务实国民学校校长兼教员
程敬琦	歙县		李恩沛	祁门	祁东区立第五国民学校教员
程光锐	祁门	祁门县立第一国民学校教员	谢学谦	祁门	祁东区立第一国民学校教员
程锡光	婺源	溪头缉熙国民学校教员	邱邦瑞	祁门	祁门鳙塘翔实国民学校教员
胡汉宗	绩溪	绩溪民雍高小教员	周国永	黟县	黟县第三区第一国民学校教员

姓名	住址	备注	姓名	住址	备注
方　浩	绩溪	绩溪旺川萃升高小教员	胡彬熙	黟县	黟县杏汀学校助理教员

(s)1921届学生(1921年7—8月,第二次暑期讲习会,获修业证书者)

姓名	住址	备注	姓名	住址	备注
方就深	歙县	歙县南乡储英学校教员	胡彬熙	黟县	本邑各学区巡回国语教员
方光烈	歙县	歙县南乡崇村私塾教员	周国永	黟县	黟县渔亭育德小学教员
方玉成	歙县	歙县南乡石川私塾教员	詹吟铎	黟县	休宁西乡天泉国民学校教员
潘竹溪	歙县	歙县南乡钟山学校教员	曹运鸿	绩溪	绩溪中川国民学校校长兼教员
张逢瑞	歙县	绩溪西乡燃藜小学教员	曹诚涛	绩溪	绩溪旺川望云小学教员
方烈辉	歙县	歙县西乡竹林小学教员	程临燮	绩溪	休宁隆阜亦政小学教员
罗时新	歙县	歙十七区立第一国民学校教员	胡世贤	绩溪	绩溪校头周氏小学教员
汪文斌	歙县	歙县南乡开元小学教员	周厚铭	绩溪	绩溪临溪小学教员
方至坤	歙县	歙县南乡坡川培本小学教员	姚祖虞	旌德	休宁第九改良私塾教员
方至明	歙县	歙县南乡马家枧私塾教员	汪　演	旌德	歙县齐武绳正小学教员
洪中和	歙县	歙县南乡坡川培本小学教员	周懋猷	绩溪	本校学生
胡嘉麟	休宁	休宁三十三都大川口私塾教员	邵名鹤	绩溪	本校学生
王　春	休宁	休宁三十三都茶源山私塾教员	汪社贵	绩溪	本校学生
戴诚焯	休宁	休宁隆阜求是小学教员	周道元	绩溪	本校学生
汪　湘	休宁	休宁三十三都汪村私塾教员	曹祖杰	青阳	本校学生
戴昌源	休宁	休宁隆阜云路第一国民学校教员	吴本固	广德	本校学生
胡　果	休宁	休宁六都西村私塾教员	方根浚	歙县	
汪　贞	休宁	休宁三十三都汪村私塾教员	戴龙孙	休宁	
林家瑛	休宁	省立二师附属小学教员	胡廷凤	黟县	
余秉钲	婺源	休宁西乡爽西小学教员			

后　记

　　2011年3月,我和同事合作申报了安徽省教育科学规划课题"近代徽州的师范教育研究",获得立项(序号:JG11264)。起因是我供职的安徽省徽州师范学校为筹备2005年的建校百年庆典,组织人员搜集有关资料,编撰校史,我有

注:表中"—"表示信息不详。

幸参与,并负责整理校友名录。由此,接触了有关徽州师范的一些资料,对其办学历程有了比较清晰的了解。之后几年,我陆续搜集到部分省立二师的原始材料,虽然零散,但真实有趣。于是想将徽州中等师范教育的历史整理出来。只因懈怠,几次起意,终又搁置。后迫于课题结项的压力,终于将粗糙的草稿赶了出来。

仅选择近代一段,是因为1949年以前现存资料虽然较少,但目前搜集、整理还有可能,若干年之后,或许难度更大;而1949年以后的资料太多,当事人也都健在,对于我们来说,既没有充分占有资料的条件,也缺少评判现实生活的能力。

我们知道结项的书稿很粗疏,即便再次修改、完善之后,仍然感到不很满意。但要想在较短时期内提高到一个档次,我们也觉得无能为力了。本着梳理线索、保存资料的想法,我们敝帚自珍,还是决定付印。至少,我们在上世纪80年代徽州地区教育志办公室的先辈们编印出《徽州中等师范教育》油印本的基础上,又向前迈出了一步。

回想起来,需要借此机会表达的敬意很多。郑克励先生是最不能忘记的,早在十多年前,他就将珍藏的一套徽州地区教育志办公室编印的《徽州教育志》赠送给我,后又多次接受我们的请教。周文甫先生和绩溪稼研会不仅长期赐阅会刊,还为我参阅省立二师杂志和程应鸣先生日记提供了最为便捷的方式。毕娟娟女士将她收藏的全套《陶行知全集》《方与严文集》等赠送给我,是我精神动力的重要来源之一。歙县档案局汪俐局长及郑国屏、郑海英副局长等为我查阅档案提供了帮助。黄山学院马勇虎教授不仅对课题进行具体指导,还将其最新研究成果提供给我们借鉴。安徽师范大学历史与社会学院2009级研究生刘猛学弟,提供了该校图书馆收藏的紫阳师范学堂毕业证书照片及文字稿。屯溪区地志办的鲍屯生主任也提供了珍贵的照片资料。隆阜中学胡滨校长赠送了该校校庆的全套资料。歙县教育局姚辉、徐鑫先生,练江牧场方有正先生在百忙之中提供资料、帮助审稿。黄山市教育局教科所李沛民副所长、洪新华副所长、方韶华女士,屯溪四中汪起发副校长,歙县二中程鸣先生,对我们课题开题、结项都给予了有效的指导。歙县行知小学王刚先生得知我们想采访他年逾八旬的母亲姚礼贞女士,乐于牵线;姚女士不顾年迈,欣然腾出时间接受访谈。汪耿星女士不怕烦琐,多次为我们参阅学校档案提供便利。我们的同事朱丽老师,虽然工作任务繁重,但依然为本书设计了封面草稿。最不能忘记的是复旦大学中国历史地理研究中心的王振忠教授,他是学术界知名的"徽王",不仅长期给予我以学术上的教导和精神上的鼓励,还在繁忙之中审阅全书,提出建议并赐序。安徽师范大学出版社副总编辑黄成林教授,对于拙著的出版,也给予了大力支持。此外,我们还参考了大量文献,吸收了其研究成果,限于篇幅,未能在此一一罗列,敬请谅解。

　　当然,我们这一团体的齐心协力也是不能忘怀的。在本书中,各自执笔的情况是:方光禄撰写了第一章、第二章、第三章(第一、二、三、四、五节)、第四章(第一、二、三、四、五节)、第五章、第六章(第一、二节),并整理了参考文献、附录;许向峰撰写了第三章第六节、第四章第六节;凌青撰写了第六章第三、四、五、六节;章慧敏撰写了第七章、第九章;汪雪忠撰写了第八章。全书由方光禄统稿。

　　对于一个较长时段和较广区域教育史的研究,我们还是第一次,缺少经验,专业功底也不厚实。同时也由于时间、精力、经济等方面的制约,实地访谈、档案馆资料查询等还不是很全面。因此,本书存在的问题应该不少,敬请读者指正!

方光禄
2013 年 5 月